초등 학급운영 2

일상활동 꾸리기

초등 학급운영 2

ⓒ 우리교육, 2005

2005년 4월 25일 처음 펴냄
2013년 12월 10일 1판 10쇄

엮은이 · 우리교육
펴낸이 · 신명철
펴낸곳 · (주)우리교육
주소 · (121-841) 서울특별시 마포구 서교동 449-6호
전화 · 02-3142-6770
팩스 · 02-3142-6772
등록 · 제313-2001-52호
홈페이지 · www.uriedu.co.kr

ISBN 978-89-8040-622-7 14370
ISBN 978-89-8040-624-1 (세트)

· 이 도서의 국립중앙도서관 출판시도서목록(CIP)은 e-CIP 홈페이지(http://www.nl.go.kr/cip.php)에서
  이용하실 수 있습니다. (CIP제어번호: CIP2005000784)

초등 학급운영 2

일상활동 꾸리기

우리교육

《초등 학급운영》을 펴내며

　　어린 시절, 누구나 한번쯤 퍼즐 놀이에 골몰했던 기억이 있을 것입니다. 처음 퍼즐 조각을 집을 때에는 완벽하게 다 맞춰서 끝을 보리라는 마음으로 시작하지만, 그 과정은 매우 어렵습니다. 작은 조각들을 여기에 놓을까 저기에 놓을까 망설이다 포기해 버리기도 합니다.

《초등 학급운영》을 만드는 과정이 꼭 이 퍼즐 맞추기 같았습니다. 몇백 개의 조각 퍼즐처럼 전국 각지에서 펼쳐 내는 학급운영 사례를 접하면서 어떤 자리에 올려야 선생님들의 열정과 지혜를 온전히 담아낼 수 있을지 무척이나 어려웠습니다. 그러다 보니 적지 않은 준비 기간을 두었음에도 출간이 많이 늦어졌습니다. 기대를 저버리지 않고 끝까지 기다려 주신 여러 선생님들 덕분에 늦었지만 이제서라도 지난한 작업을 매듭짓게 되었습니다.

　　책을 마련하는 첫 삽을 뜨기 전, 우리교육에서 내는 학급운영 개론서는 어떠해야 하는지에 대한 고민을 가지고 여러 선생님들을 만났습니다. 선생님들의 공통된 의견은, 프로그램의 나열이 아닌, 각 교실에서 이루어지고 있는 학급운영의 의미를 밝혀, 성찰의 자리를 마련해야 한다는 것이었습니다. 또한 15년의 역사를 가지고 있는 교육 전문 월간지 《초등 우리교육》의 성과를 알차게 모으되 현재의 학급운영 흐름을 비중 있게 반영해야 한다는 의견도 있었습니다. 학급운영과 교과지도, 그리고 생활지도가 톱니바퀴처럼 맞물려 돌아가면서 아이들의 올곧은 성장을 지원해 줄 수 있어야 한다는 점도 강조하였습니다.

이러한 조언들을 밑거름으로 학급운영이라는 바탕을 점검하고, 그간 여러 선생님들이 싹 틔워 낸 다양한 사례로 그 빛깔을 더했습니다. 이 책이 마치 학급운영의 '정답지'인 것으로 오인되지는 말았으면 하는 바람입니다. 이 책은 학급운영이라는 너른 퍼즐판에 길을 잡아 갈 수 있도록 힌트가 되는 몇 개의 퍼즐 조각을 얼기설기 짜 맞추어 놓은 것에 불과합니다. 나머지 퍼즐 조각을 들어 올려 하나하나 제자리에 놓는 것은 독자인 선생님들의 몫입니다. 선생님들이 완성한 퍼즐들은 제각각 다를 테지만, 그 속에는 아이들에 대한 각별한 애정과 헌신, 그리고 열정이 공통으로 들어가 있을 것입니다.

모두 세 권으로 이루어진 이 책은 초등 선생님들의 교육활동을 살펴 일 년의 흐름과 하루의 호흡을 중심으로 구성했습니다. 1권의 주제는 '만남'입니다. 새 학년 아이들과의 첫 만남부터 학급운영의 든든한 동반자인 학부모와의 만남까지, 그리고 학급임원 선거, 모둠활동, 교실환경 가꾸기 등 학급운영의 골격을 갖추기 위한 일상활동을 망라했습니다. 2권은 선생님의 하루를 따라 아침 시간과 수업, 마침 시간을 잇대어 살피며, 아이들 삶을 보듬는 생활지도와 상담의 지혜를 보탰습니다. 3권은 학급운영의 폭을 넓히고 깊이를 더하는 다양한 학급활동을 소개하며, 평가와 마무리까지 촘촘하게 다루었습니다.

일 년 학급운영에서 가장 중요한 것은 학급이라는 텃밭을 소중히 하는 마음과 그 텃밭에서 커 나갈 아이들을 중심으로 생각하는 것입니다. 각 권에서 다루고 있는 주제에 대해서 여러 선생님들이 생생한 목소리로 아이들과 함께한 [우리 반 이야기]를 들려주며, [한뼘 더]에서 주제에 대한 깊이 있는 성찰을 일깨웁니다. 다양한 학급운영 소재를 상상해 보는 [이런 건 어때요]와 [정보 쌈지]로 학급운영에 윤기를 더하고자 하였습니다.

아이들이 얼마나 재기발랄한 대안의 창조자인지는 아이들을 가르치고 있는 선생님들이 더 잘 아실 겁니다. 아이들과 들숨과 날숨을 같이 하며, 아이들의 번득이는 재치와 귀여운 제안을 들어 보십시오. 그리고 그것을 《초등 학급운영》과 함께 버무려 멋진 일 년 학급운영을 설계해 보시기 바랍니다. 그 성찬에 우리교육이 조금이나마 보탬이 된다면, 지난한 편집 과정의 수고는 큰 영광으로 남을 것입니다.

이 책이 나오기까지 기획과 책임집필을 맡아 주신 신명기 선생님과 기획 단계에서 인터뷰에 응해 주신 선생님들, 좋은 원고로 책을 풍성하게 꾸며 주신 선생님들, 그리고 편집 과정 동안 응원해 주시고 격려해 주신 모든 선생님들께 진심으로 감사하다는 말씀 전합니다.

2005년 4월 우리교육

차례

즐거운 아침이에요~

I

아침 시간

만들기

01 | 아침을 여는 지혜

누구나 한 번쯤 '시작하자!' 라는 마음을 아로새기는

꼼꼼한 계획표를 만들어 본 경험이 있을 것입니다.

그리고 그 경험의 몇 곱절이나 되는

도로아미타불의 경험도 있을 것입니다.

하지만, 우리는 늘상 '시작' 이 가져다주는 삶의

불연속을 기대하고, 언제든 그 유혹에 빠질 준비가 되어 있습니다.

아침은 그 유혹의 출발선입니다.

선생님은 오늘 하루를 어떤 기대로 시작하십니까?

공식적으로 학교의 하루는 시간표에 채워진 수업이 전부이지만,
아이들의 몸과 마음 상태를 읽고 미리 준비하지 않으면 하루 생활을
다스려 내기 힘들다. 수업을 시작하기 전, 어떻게 아침 시간을
보내느냐에 따라 그날 하루 교실생활이 달라진다.

새벽이 아침으로 밝아 오면서 햇빛이 신호를 보낸다. 창문으로 들어오는 햇빛의 신호를
기분 좋게, 때로는 행복하게 받아들인다. 이제 또 하루가 시작되는구나, 오늘도 아이들을
만나야지, 아이들과 이야기를 나누어야지. 교사의 아침은 기대와 설렘으로 시작된다.
만약 자가 운전자가 아니라면 교사의 출근길에는 보통 사람들보다 더 풍요로운 이야깃거
리가 만들어진다. 전철 안에서 잠시 만난 사람도, 고된 와중에 잠시 하는 생각도, 길을 걸
으며 마주치는 나뭇잎들도 집도 먼지들도 모두 아이들에게 살아 있는 희망을 말하는 소재
가 된다. 아이들은 움직이는 것들에 관심이 많다. 그러므로 출근길에 본 사람들, 전깃줄에
앉아 있던 외로운 비둘기 한 마리, 졸졸 따라오는 집 없는 강아지, 담벼락에 핀 노란 개나
리, 뒤켠에 숨어 있는 꽃, 마지막 남은 잎사귀 하나도 모두 아이들과 이야기할 거리가 된다.
교사의 삶은 아이들과 마주할 때 그 자체로 훌륭한 이야깃거리이다. 그러므로 많이 느끼
며 살아야 한다. 아침에 눈을 떠서 학교에 오는 길에서도 때론 숨차게 바쁜 시간을 보내더
라도 늘 생각하며 느끼고, 그 중심에 아이들과의 '삶'을 놓아야 한다.
출근길에 등교하는 아이들 모습을 보면 경외감이 들기도 한다. 3월 그 쌀쌀한 날부터 여름
비 오는 번거로운 날을 지나 오들오들 몸을 떨게 하는 추운 겨울까지, 아이들은 한결같이
맑은 얼굴로 학교 가는 길을 채우고 있다. 아이들은 저리도 온몸으로 학교의 삶을 살고 있
구나 하는 느낌에 학교 가는 아이들을 만나면 머리를 쓰다듬고, 그들의 이야기에 끼어들
어 한마디 나누게 된다. 간혹 "선생님 저, 아세요?" 하고 묻는 아이도 있다. 아침에 학교 가
는 골목길, 통학로에는 재잘재잘 웃음과 수다가 끊이지 않는다. 그렇게 학교 가는 아이들
을 보면 웃음이 나온다. 아이들은 무엇을 기대하며 열심히 학교로 가고 있을까? 학교 안의
어떤 것들이 저리도 즐겁게 이야기하게 할까? 여러 모습으로 학교로 오는 아이들에게 교
사는 새로운 마음으로, 따뜻한 마음으로 아침을 맞이하게 해 주어야 한다.

여유 있는 하루를 만드는 아침 교실

칠판에 쓰는 아침 편지

퇴근하기 전에 칠판에 아이들에게 보내는 편지를 써 보자. 아이들이 아침에 교실에 들어섰을 때 제일 먼저 교사의 편지를 읽고 마음이 따뜻해지도록 아이들의 감성을 일깨우는 사랑의 편지를 쓰자. 아이들은 아침에 오면 제일 먼저 교사의 편지를 보게 될 것이다. 매일 매일 편지를 읽다가 어느 순간 아이들도 교사가 오기 전에 답장을 쓰기 시작한다. 아이들이 답장을 쓸 만큼 마음을 열지 못하면 답장을 쓰도록 편지 내용을 생각하면 된다.

'애들아, 어제 수업은 참 좋았단다. 특히 수학 시간에 기영이가 생각을 기발하게 해서 너무 좋았어. 여자 아이들은 모두 눈이 초롱초롱 빛나던 걸. 선생님은 늘 수업 시간이 행복한데, 여러분 가운데 행복을 느끼지 못하는 눈빛이 있어서 마음이 아팠단다.'

편지를 써 놓으면 아이들은 '선생님 표현 굿!' '저도 눈빛이 빛나지요?' 등의 답장을 써 놓는다.

'애들아, 어제 우리 반 아이 가운데 한 명이 혼자 우유 창고에서 우유를 정리하고 있더라. 선생님은 놀라서 가슴이 콩닥콩닥 뛰기까지 했어. 혼자서 보다가 나중에 꽉 안아 주었단다. 선생님은 그런 아이가 우리 반에 있어서 행복해. 그 아이가 누구게? 하고 편지를 써 놓으면, 아이들은 '정나래죠?' '나도 정나래에 올인.' '나도 했는데 왜 저는 못 보세요? 저도 칭찬해 주세요.' 등의 답장을 써 놓는다. 가끔 몇 글자를 지우고 자기들이 생각하는 재미있는 내용으로 바꿔 놓기도 한다.

간혹 아이들이 답장도 쓰지 않고 편지를 보지도 않는 것 같아, 하루 이틀 건너뛰는 날도 있다. 그런데 몇 번 편지가 없는 날이 이어지면 아이들은 무슨 일이 있었느냐, 편지를 왜 쓰지 않았

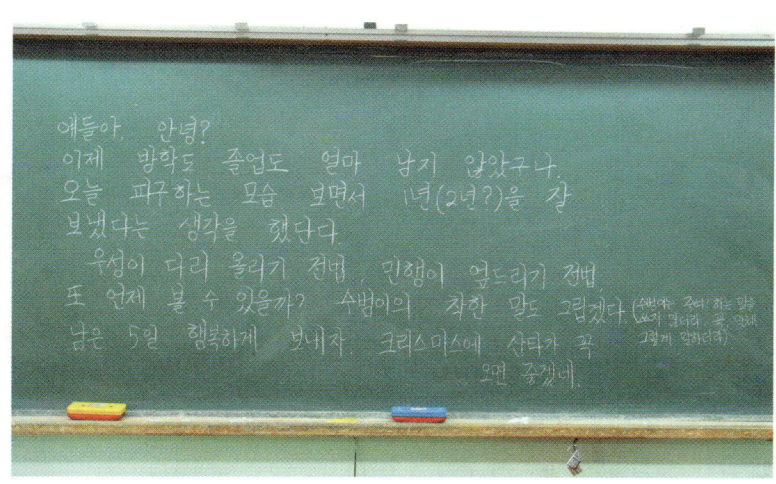

느냐는 말을 또 써 놓는다. 아이들은 겉으로 표현하지 않아도 아침에 오면 제일 먼저 편지를 읽고 선생님의 사랑을, 혹은 자기에게만 보내는 연애(?)의 표현을 기다리고 있는 것이다. 칠판에서 교사의 애정과 관심이 담긴 편지를 읽은 아이들이라면 하루를 여유와 만족으로 시작할 수 있을 것이다.

공부할 내용, 미리 귀띔해 주기

아이들은 시간표를 보고 하루 공부할 내용을 생각한다. 만약 칠판 한쪽에 매일 그날 공부할 내용을 적어 놓는다면 아이들이 훨씬 즐거워하며 그날 공부할 내용을 준비하게 될 것이다. 이때 공부할 내용은 아이들의 호기심을 자극할 수 있도록 적는 것이 좋다. 예를 들어 읽기를 공부한다고 하면 '읽기 : 와우! 10쪽을 5줄로 줄일 수 있다고?' '읽기 : 우리가 좋아하는 공룡들' '읽기 : 선생님 어릴 적 이야기를 듣는대.' '읽기 : 설명글도 연극으로 할 수 있다고?' 등으로 적어 놓는 것이다.

아이들은 공부할 내용을 보고 자기들이 내용을 바꿔서 적어 놓기도 하고, '좋아하는' 이라는 말을 '싫어하는' 으로 바꾸어서 자기들 마음을 표현하기도 한다. 무엇보다 공부할 내용에 관심을 갖게 된다는 장점이 있다. 학교에서 교과 공부가 차지하는 비중이 크다는 점을 생각한다면 아침에 공부할 내용을 자연스럽게 생각하도록 장치를 마련하는 것도 좋은 방법인 것 같다.

아이들보다 먼저 교실로

누군가 나를 위해 미리 만남을 준비한다는 생각이 들면 마음이 따뜻해진다. 교사가 아이들을 위해 매일 먼저 교실에 도착해서 준비를 하고 아이들을 맞으면 아이들은 따뜻하게 하루를 시작할 수 있다. 교사는 빈 교실 문을 열고 들어가면서 한 명 한 명 들어올 아이들 생각을 한다. 교실에 불을 켜면서 전깃불도 아이들에게 소중한 역할을 할 것임을 확인한다. 아이들 책상도 돌아보고 삐뚤어진 자리도 정리해 둔다.

따뜻한 물과 차도 준비한다. 하나 둘 아이들이 들어올 때마다 둥그렇게 앉아 차를 따라 주고 이야기를 나눈다. 예닐곱 명이 될 때까지 자연스럽게 차를 마시며 어제 보낸 하루와 오늘 지낼 하루를 이야기한다. (아이들이 예닐곱이 넘어서면 차 마시는 자리를 정리한다.) 아이들이 우르르 몰려 들어올 때면 한 명 한 명 다가가 인사를 하며 아이들을 맞이한다. 집에서는 부모님이 그렇게 하듯이, 교실에서는 선생님이 아이들 마음을 어루만지며 하루를 시작할 수 있을 것이다.

따뜻한 인사말로 여유 있게 시작하기

초등학교 아이들은 아직 어리다. 6학년도 관심과 사랑에 무조건 마음을 열고 좋아하는 어린 아이들이다. 그런 아이들에게 교사가 먼저 아침 인사를 하자. 교사가 출근하면 먼저 와서 삼삼오오 이야기하는 아이들이 있을 것이다. 어떤 아이들은 "안녕하세요?" 하고 반갑게 인사를 하기도 하지만 교사를 보고도 자기들 이야기에만 열중하는 아이들도 있을 것이다. 그럴 때 살짝 아이들 곁에 가서 인사를 하는 것이다. "대림아, 사랑해요." 그리고 한 명한 명 교실에 들어올 때마다 조용히 "진주야, 사랑해요."로 인사를 한다. 아이들 반응은 다양하다. "저도 사랑해요." 하면서 밝은 웃음으로 대답하는 아이가 있는가 하면 "선생님, 하지 마세요. 이상해요."라며 쑥스러운 표정을 보이는 아이들도 있다. 하지만 대부분 싫지 않은 반응을 보일 것이다.

아이들 한 명 한 명에게 이런 인사를 하다 보면 아이들이 평소 가정에서 부모님과 어떤 마음의 대화를 나누는지도 알 수 있다. 하루는 "사랑해요."라고 인사를 했다면 다음 날은 "현석아, 하루를 희망차게 시작합시다." "영은아, 즐거운 아침입니다." "민경아, 반가워요." "유미야, 함께 웃어요. 씩!" 등 교사가 먼저 마음을 나누어 준다. 불편한 마음으로 학교에 온 아이도 선생님의 말 한마디로 맺힌 게 풀어지고, 아이들은 서로 마음을 나누며 행복한 모습으로 자라나게 된다.

✏️ **오늘 아이들에게 이런 말을 해 주세요**

기대의 말
"너라면 할 수 있어. 열심히 해 보렴."
"지켜보고 있단다."

격려의 말
"열심히 했구나."
"이렇게 노력하고 있단다."

상담의 말
"어떻게 하면 좋을까? 좋다고 생각하는 방법으로 해 보렴."

신뢰의 말
"맡길 테니, 자유롭게 생각해 보렴."
"좋네. 나도 그렇게 생각한단다."

칭찬의 말
"잘했네. 역시 감동했단다."

감사의 말
"고마워요. 도움이 됐어요."
"고마워요. 선생님도 기뻐요."
"우리 반이 이렇게 달라졌어요. 이것은 여러분의 힘이에요."

좋은 아침을 열기 위한 약속

등교 시간 정하기

아침 열기의 첫 번째는 등교 시간을 정하는 일이다. 각 학교 또는 학급의 실정, 교사의 학급운영 방향에 따라 등교 시간은 조금씩 차이가 난다. 아이들도 가정마다 생활 리듬이 다르기 때문에 지나치게 교사의 입장만을 앞세워 등교 시간을 정해서는 안 된다. 예를 들어 수업이 9시 10분에 시작하는데 8시 20분까지 등교하라고 하면 학부모로부터 호응을 얻지 못할 것이다. 학교의 1교시 수업 시간을 고려하여 어떤 아침활동을 할 것인지 미리 생각한 뒤 등교 시간을 정한다. 등교 시간은 '몇 분부터 몇 분까지' 식으로 범위를 정해 주는 것이 좋다. 너무 일찍 학교에 오면 교사가 없는 상태에서 아이들끼리 놀기 때문에 안전사고가 일어날 위험이 높다.

등교 시간을 정할 때는 교사의 출근 시간도 거기에 맞추어야 한다. 아이들에게는 등교 시간을 지키라고 하고 정작 교사가 늦게 오는 일은 없어야 할 것이다. 학급 회장, 부회장이 앞에 나와 아이들을 조용히 시키느라 애쓰고 있고, 교사는 1교시 수업 시간이 다 되어 출근한다면 등교 시간 약속은 아무런 의미가 없다.

준비물 갖추기, 교문 밖에 나가지 않기

아침을 제대로 열려면 학교에 올 때 문방구점에서 볼 일을 다 보고 오게 하는 것과 군것질을 하지 않도록 하는 것도 중요하다. 학년 초에 학부모통신을 통해 준비물은 반드시 전날 준비하도록 당부해 둔다. 미리 준비하지 못한 경우에라도 꼭 학교에 오는 길에 문방구점을 들러 준비하는 습관을 들여야 한다. 학교에 온 뒤에는 되도록 다시 교문 밖을 나가는 일이 없도록 한다.

그리고 3월 초에는 아침마다 군것질을 했거나 먹을 것을 사서 교실로 가져온 아이가 있는지 조사하여 그런 아이가 없도록 한다. 아침에 군것질을 하는 것은 아이의 건강을 위해서도 꼭 막아야 하며, 학교로 먹을 것을 사 가지고 오는 아이들이 많아지면 교실에서 음식물을 먹지 않도록 하는 생활지도가 힘들어진다. 3월 초에 아이들이 교사의 확실한 의지를 알면 그런 행동은 곧 없어진다.

집에서 떠난 시간과 교실에 온 시간 확인하기

대부분 도시 초등학교 아이들은 학구에서 생활하기 때문에 학교와 집이 가깝다. 그런데 가끔 집에서는 일찍 나오는데 교실에는 늦게 들어오는 아이가 있다. 아침마다 친구들과 놀거나 문방구점 앞에서 괜히 이것저것 구경하다 늦는 경우이다. 고학년 가운데는 학교 오기 전에 PC방에 들렀다가 오는 아이들도 있다.

옛날에 시골에서 학교를 다니던 선생님들은 아침에 친구들과 만나 학교에 가면서 이런저런 이야기를 나누고 가끔 간단한 놀이도 하느라 등굣길이 즐거웠던 경험이 있을 것이다. 그런 시각에서 바라보면 아침에 아이들이 조금 늦는 것이 대수롭지 않은 일일 수도 있다. 그러나 도시의 등굣길은 아이들이 놀이를 하면서 오기에는 위험한 편이다. 번화한 찻길이나 몇 번씩 건너야 하는 횡단보도는 물론이고, 문방구점이나 PC방 등 아이들을 유혹하는 눈요깃거리들도 위험하긴 마찬가지이다. 아이들이 아침에 집에서 떠난 시간과 교실에 도착한 시간이 어떠한지 확인해 두는 일도 필요하다.

글쓴이 · 도움 주신 분들 신명기 | 서울 영훈초 교사 · 조성실 | 서울 누원초 교사

이럴 땐 학교 가기 싫어요

비가 오는 날은 집에서 쉬고 싶어요

아침에 비가 오면 우산을 쓰고 가야 하고, 급식실은 시끄럽고, 학교에서 공부를 하면 짜증이 나기 때문에 학교에 안 가고 집에서 푹 쉬고 싶다. 학교에 가면 잠만 온다. 학교는 지옥이다. 지옥이라서 학교 가기가 싫다. – 이완준 –

숙제를 안 했을 때 얼마나 괴로운 줄 아세요?

나는 숙제를 안 했을 때 학교가 가기 싫다. 먼 곳에 사는 친척들이 집에 왔는데 얼굴도 못 보고 학교에 가야 할 때, 시험 보는 날 자신이 없을 때, 개학할 때, 내가 제일 싫어하는 친구와 같은 반이 됐을 때, 아침부터 짜증이 날 때 나는 학교에 정말 가기 싫다. – 정제문 –

늦잠 자서 지각할 때

어느 날 아침 일어나 보니 8시가 넘어 있었다. 허둥지둥 이불을 개고 세수하고 머리 빗고 옷을 입고 책가방을 챙기는데 잠이 온다. 이럴 땐 정말 학교 가기 싫다. 왜냐하면 공부할 때 잠이 와서 눈이 감기기 때문이다. 눈을 감고 존 적도 있다. 아무도 못 보았지만 부끄럽고 창피했다. 특히 음악 시간이 제일 졸린다. 나도 모르게 잠이 와 버린다. – 김현영 –

따돌림 받을 땐 학교 다니기 싫어요

나는 친구들로부터 따돌림을 받을 때 제일 학교 다니기 싫어진다. 그리고 몸이 아프고 비가 오는 날도 학교에 가기 싫다. 학교에서 주사 맞는다고 돈 가지고 오라고 할 때도 마찬가지이다. – 윤성희 –

친구와 다투면 마음이 너무 울적해요

4학년 때였다. 점심을 먹다가 가장 친한 친구였던 향희와 욕까지 퍼부어 가며 심하게 다투었다. 다른 친구들이 내 편을 들어 줄 줄 알았는데 정반대였다. 친구들은 모두 다 내가 잘못한 거라고 했다. 그리곤 향희에게만 가서 귓속말로 내 욕을 하는 것 같았다. 나랑 친하게 지내던 보람이도 향희 편만 들었다. 나는 다른 친구들이 향희와 내가 싸울 때 향희 편만 들어 주었다는 것이 싫어서 다음 날 학교에 가기 싫었다. 하지만 용기를 내어 학교에 가 향희에게 사과를 했다. – 이현아 –

친구들이 돼지라고 놀려요

나는 학교에서 아이들이 날 보고 '엄돼지'라고 놀릴 때 학교 가기 싫어진다. 왜냐면 아이들과 이야기하면 엄돼지가 무슨 말이 많냐며 놀리기 때문이다. 하지만 내가 엄돼지라니 믿어지지 않는다. 지난 8월 29일 뉴스에서 일본에서 다이어트를 하다 죽음을 맞이한 여성이 전체의 4%나 된다고 한다. 나는 그래도 내 몸매는 표준이라고 생각한다. 하지만 내가 표준이라고 해도 아이들은 믿어 주지 않는다. 이럴 땐 학교생활이 싫어진다. – 엄인선 –

친구들이 날 때려요

나는 싸움을 잘 못한다. 그래서 싸움 잘하는 아이들에게는 제대로 놀리지도 못하고 때리지도 못한다. 그런데 어느 날 친구가 별로 잘못도 하지 않은 것 같은데 나를 마구 때렸다. 나는 싸움을 못해서 몇 대 때리지도 못했다. 그 다음 날도 나는 그 친구가 나를 때릴까 봐 학교에 가기 싫었다. – 노석순 –

잘못한 다음 날 학교 가는 두려움을 아세요?

내가 2학년 때 일이다. 그때 나는 당번이었는데 화분을 나르다가 하나를 모르고 깨뜨려 버렸다. 내가 깨뜨렸다는 죄책감 때문에 교실에 남아 있을 수가 없었다. 나는 깨진 화분을 치우지도 않고 집으로 훌쩍 가 버렸다.

집에 가니 엄마는 왜 왔냐며 화를 내셨고, 숙제도 몰라서 할 수 없었다. 다음 날 학교에 가면 야단맞을까 봐 겁이 났다. 엄마에겐 아프다는 핑계를 댔다. 하지만 나는 학교에 가야만 했다. 도착 시간 9시 10분. 아프다는 핑계로 지각을 하고 말았다. 용기를 갖고 교실에 들어섰다. 선생님께 매도 맞고 벌도 받았다. 그날은 진짜 학교 가기 싫은 날이었다. – 김규진 –

친구의 비밀을 지켜 주지 못했을 때

내 친구 영미와 어떤 비밀이 있었다. 절대 말하지 않기로 굳게 약속한 비밀이다. 그런데 내가 그 약속을 깜박 잊고 다른 친구에게 영미의 비밀을 말해 버린 것이다. 그래서 난 영미와 싸우게 되었다. 나는 영미가 미워서 마주치기도 싫고 말하기도 싫었다. 미안하기도 했지만 막상 사과를 하려니 잘되지 않았다. 친구와 사이가 안 좋은 날은 정말 학교 가는 것이 싫어진다. – 김미향 –

※전남 장흥초등학교 5학년 5반 아이들이 들려준 학교 가기 싫은 마음입니다.

저학년 학부모와 이야기를 나누어 보면 가방을 메고 하루도 빠지지 않고 학교에 가는 것만으로도 아이들이 대견하다는 말을 많이 한다. 사실 그렇다. 저학년은 준비물을 챙기고 가방을 메고 학교에 오는 활동 자체가 학교를 다니는 중요한 이유가 될 수 있을 것 같다. 그러므로 매일 아침, 교사는 자기의 할 일을 하나하나 배워 가는 저학년 아이들을 좀 더 세심하게 맞아 줄 필요가 있다.

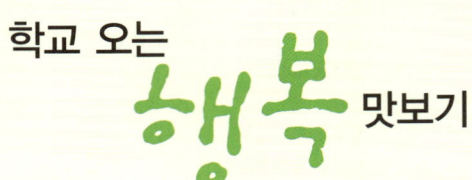

학교 오는 **행복** 맛보기

조성실 | 서울 누원초 교사

행복 1 보살핌을 받는다는 느낌 주기

저학년 아이들은 복도에서 맞아 주어도 좋다. 특히 1학년 아이들 중에는 잔뜩 주눅이 들어 복도까지 오고도 쭈뼛거리며 교실에 들어오지 못하는 아이들도 있다. 3월과 4월 동안 교사가 복도에서 아이들을 맞아 주면 아이들은 편안하게 하루를 시작할 수 있다. 실내화 주머니를 신발장에 넣는 모습도 끝까지 지켜보고, 교실 자기 자리에 앉아서 준비물을 약속한 대로 정리하는 것도 보아 주고 행동이 서툰 아이들에게는 잘할 수 있도록 격려를 해 주는 것도 좋다.

행복 2 작은 재미 나누기

저학년 아이들에게도 칠판에 편지를 써 놓으면 아침을 기분 좋게 시작할 수 있다. 편지를 쓸 때, 받침을 몇 개 빼놓고 쓴 뒤 아침에 다 함께 틀린 글자를 찾아보는 것도 재미있다. 특히, 학년 초에는 친구를 소개하는 글을 써 놓고 누구인지 알아맞히도록 하면 친구 이름을 자연스럽게 외울 수도 있고, 친구에게 관심이 생겨서 더 잘 사귈 수 있을 것이다.

행복 3 **마주 보고 이야기하는 기쁨**

저학년은 교실에서 교사와 얼굴을 마주하면서 이야기를 나누고 싶어하는 아이들이 많다. 어제 놀았던 이야기, 아침에 본 신기한 구름 이야기, 게임 이야기, 선생님을 보았다는 이야기, 부모님이 싸운 이야기까지 자기 마음속에 담은 이야기는 다 하고 싶어한다.

그러므로 저학년의 아침 시간은 교사와 마주 보고 이야기를 나누는 '마주 이야기 시간'으로 보내는 것이 좋다. 마주 이야기를 할 때는 간단히 숙제를 확인한다거나 책을 한 권 읽고 와서 이야기를 한다거나 하면서 수업 시간보다 자유로운 분위기로 한 명 한 명과 이야기를 나누는 것이 좋을 것이다. 특히 저학년은 아침 시간과 수업 시간을 정확히 나누는 것보다는 교실에 도착하면 자연스럽게 교사와 이야기를 하고, 다른 아이들도 옆에서 함께 이야기를 하다가 수업으로 이어지도록 하는 것이 부드럽게 아침 시간을 보내는 방법이다.

아침 시간, 아이들 살피기

1. 등교 시간은 지키고 있는가?
수업이 시작되어도 학교에 오지 않는 아이들이 종종 있다. 다른 문제상황이 아니라 단순히 늦잠을 잔 경우라면, 아침에 몇 시에 일어났는가보다 밤에 몇 시에 잤는가를 먼저 확인해 본다. 아이를 채근하기 전에 학부모와 연락을 취해 일찍 자고 일찍 일어나도록 도움을 구하자. 지각을 꾸짖기보다 "늦게 오면 손해다."라고 생각할 수 있도록 재미있는 아침을 만들자.

2. 활기차게 인사와 대답을 하고 있는가?
아침에 등교하여 멍하니 있거나 말을 걸어도 담임이나 친구의 옆을 그냥 스쳐 지나가거나 인사 목소리가 작은 아이는 없는지 살펴본다. 아침 시간에 아이들이 전하는 인사와 대답은 하루 생활의 지표이다.

3. 종이 울리면 제자리에 앉는가?
종이 울려도 놀이나 잡담에 빠져 자리에 앉지 않거나 학습 준비를 하지 않는 아이들이 많다. 하루를 여유 있게 시작하되 아이들이 규칙을 잊어버리지는 않도록 해야 한다.

4. 집중하여 말을 듣고 있는가?
나른한 듯 팔꿈치를 괴고 듣거나 손장난을 하면서 다른 사람의 말을 주의 깊게 듣지 못하는 아이들이 있다. 저학년 아이들에게는 아주 작은 태도 하나도 반복 연습이 필요하다. 바르게 앉아서 듣는 태도를 일러 주도록 한다.

우리 반 이야기

1. 백묵으로 쓰는 편지

최은희 | 충남 아산 거산초 교사

퇴근하기 전에 꼭 하는 일이 있다. 일기장에 그날 있었던 일을 간단하게 적는 것과 칠판에 편지를 쓰는 일이다. 아이들과 된통 싸운 날은 사과의 편지를 쓰고, 기분이 좋은 날은 고마운 마음을 편지로 쓴다. 처음에는 아침활동을 밋밋하게 내기가 낯부끄러워서 쓰기 시작했는데 아이들 반응이 좋아서 꾸준히 쓰게 되었다.

내가 사과 편지를 쓴 어느 날은 교실에 들어왔더니 아이들이 아침 청소를 말끔하게 해 놓고 음악을 틀어 놓고 아침활동을 하고 있었다. 그 전날 자기 할 일을 미루고 게을리하는 것 때문에 내가 화가 나서 크게 꾸지람을 했는데 편지를 읽고 저희들도 내 마음을 알게 된 모양이었다. 속으로 창피하기도 했지만 은근히 기분이 좋았다.

편지 내용은 그때그때 날씨라든가, 계절의 변화라든가, 또 아름다운 시 한 구절을 적을 때도 있다. 아이들에게 말로 하기 쑥스러운 것을 글로 표현하다 보니 내 마음을 전달하는 데 이보다 더 좋은 방법이 없는 것 같다. 몇 아이는 내가 쓴 편지를 제 일기장에 옮겨 쓰기도 했다.

얘들아, 오늘 아침에 보았니?

메마른 가지에서 눈곱 떼며 "아함!" 하고 기지개 켜는 새싹의 몸짓을……

못 본 사람은 집에 갈 때 꼭 보고,

오늘 아침활동은 '전통무늬 꾸미기'야.

제일 먼저 이 편지를 읽는 사람이 선생님 책상에 있는 '전통무늬' 인쇄한 것을 나누어 주렴.

그럼 있다가 보자.

— 선생님이

3학년 4반 아이들에게

어제는 미안했어. 따지고 보면 그렇게 화내고 소리 지를 일도 아니었는데 선생님이 성급했던 것 같아. 그렇지만 우리가 사는 교실을 우리가 청소하지 않고 서로 미루면 어떻게 되겠니? 나 하나만 편하자고 내 일을 다른 사람에게 미루는 사람은 정말 싫어. 내가 하기 싫으면 다른 사람도 하기 싫은 법이잖아.

너희들 모두 돌아간 교실에서 나 혼자 남아 생각해 보니 그래도 내가 소리를 막 지르면서 화낸 것은 잘못한 일이란 생각이 든다. 차근차근 이야기를 했어야 했는데 내 성질이 불 같아서 말이야. 어제 많이 놀랐지?

미안해. 사과할게!

그렇지만 오늘부터는 즐겁게 지내자. 어제 일은 잊고 말이야.

오늘 아침활동은 '너에게만 얘기할게'야. 제일

먼저 온 사람이 컴퓨터 책상 위

에 있는 글쓰기 종이 나눠

줄래?

— 선생님이

얘들아,
오늘 아침에
보았니?

2. 창문을 열기 전 마음을 먼저 열자

조복순 | 서울 신명초 교사

아침 여덟 시가 조금 넘은 나의 아침은 진철이와의 만남으로 시작된다. "안녕! 오늘도 일찍 왔구나!" "선생님! 제가 어제 농구에서 3점 슛을 넣었어요." "와! 그래? 대단한 걸. 어떻게 그런 훌륭한 기술을 익혔을까? 선생님은 정말 넣기 힘들던데."

진철이는 아침 일찍 학교에 와서 선생님과 어제 집에서 있었던 일을 말하길 누구보다 좋아하는 아이다. 덩치가 또래 아이들에 비하여 무척 큰 이 아이는 이야기의 대부분이 먹고 운동한 것들이다. 진철이와 대화를 마무리하고 창문을 여는 사이에 새침떼기 규원이가 와서 소리 없이 꾸벅 인사를 하고는 자리에 가서 앉는다.

자유로운 출발, 자기 방식대로 인사하기

우리 반 아이들은 아침에 오면 자기 방식대로 다양한 인사를 주고받는다. 아이들 생김새가 제각각이 듯 인사법도 여러 가지이다. 영어를 막 배우기 시작한 아이들은 서양식으로 "하이!"라고 하기도 하고 텔레비전에서 본 중국어 인사말도 간간히 섞어서 한다. 오자마자 덥썩 끌어안고 볼을 부비는 인사를 건네는 아이도 있다. 남과 다르게, 어제와는 색다른 방식으로 인사를 하는 것은 하루를 기분 좋게 시작하는 첫 단계이다. 아이들과 인사를 나누며 간단히 한두 마디씩 대화를 하는 사이사이 아이의 안색을 살피고 손을 잡아 준다. 그런 뒤 아이들은 집에서 써 온 일기장을 내 책상 위에 두고 자리에 가서 앉아 정해진 아침활동을 시작한다. 아이들이 주어진 아침활동에 열중하는 그 시간이 내겐 일기장을 검토하는 시간이기도 하다.

어제 네가 한 일을 선생님은 알고 있다

불과 열서너 시간이 지난 다음에 만난 것이지만 일기 내용은 마치 총천연색 파노라마 사진처럼 다양하다. 강아지가 처음 집에 왔다면서 일기장이 천정으로 솟아오를 듯 팔짝거리는 민희, 고모부 생신 때문에 온 가족이 노래방에 가서 신나게 유행가를 부르고 왔다는 경석이, 집에 갈 때부터 머리가 아프다

더니 저녁 먹고 자기 전에 토하기 시작했다는 지선이. 일기장을 읽으며 아이들의 심리, 감정 상태를 알고 출발하는 하루는 아주 소중하다. 열 사람을 열 개의 시선으로 바라보기 위해서는 각자의 경험이 존중되어야 한다. 그래야 개인이 전체 속에서 상처받지 않고 온전히 주어진 생활 시간표 속에 녹아들 수 있을 것이다. 일기를 읽은 뒤에 간단히 달아 주는 답글은 석 줄 이상을 넘기지 않고 간단명료해야 한다. 첫 수업 시간을 방해하지 않기 위한 지혜이다.

호흡을 맞춰 보자, 무엇이 달라졌지?

아침활동을 마치고 아이들은 오늘 새로 앉게 된(자리는 매일 돌아가며 바꿔서 앉는다.) 짝꿍과 간단히 눈을 맞추며 인사를 한다. 내가 먼저 구령을 "하나!" 하고 부르면 모두 숨을 들이마시고 친구 얼굴을 똑바로 본다. (이런 활동을 할 때는 절대 웃지 말고, 혼자서 먼저 하지 않는다는 규칙을 미리 알려 준다). 그리고 친구 눈을 똑바로 보면서 짝꿍과 인사를 주고받는다. "안녕? 너랑 짝이어서 참 좋아." "응, 안녕. 나도 너랑 한번 앉아 보고 싶었어." 그런 다음 "둘!"이라는 구령을 하면 바른 자세로 앞으로 돌아앉아 짝꿍의 좋은 점, 오늘 새로 발견한 점을 여러 친구들에게 한 가지씩 큰 소리로 칭찬하는 시간을 갖는다. 오늘 내 짝은 옷차림이 단정해요, 내 친구 경현이는 친절해요, 민철이는 웃는 모습이 참 예뻐요 등. 그렇게 칭찬을 이어 가면서 첫 시간 수업을 준비한다. 아이들은 오늘도 학교에 오기를 참 잘했구나, 집에 있는 것보다는 친구들과 함께 어울려 지내는 것이 정말 행복한 일이구나, 친구들은 나의 이런 점을 좋아하고 있구나, 하면서 하루의 시작이 잘될 거란 생각과 다짐을 하게 된다.

하루의 시작인 아침! 창문을 열기 전 마음을 먼저 열고 아이들이 그 창문에서 새로운 것을 호흡할 장을 마련하는 일! 그것은 교사의 중대한 사명 중 하나라고 생각한다. 좋은 아침이 좋은 하루를 만들고, 좋은 하루가 좋은 저녁을 오게 할 것이며, 그렇게 잠들고 깨어난 아이들은 좋은 하루를 연속적으로 경험하고 행복하고 보람 있는 일생을 살게 될 것이다. 중요한 처음을 실천하는 선생님이 되자.

02 | 아침 시간 운영

우리 교실은 복작복작 학습에 치여

여유 있게 쉴 시간도 공간도 없습니다.

아이들은 때로 삼삼오오 짝 지어

자기들만의 이야기를 하고 싶어합니다.

빽빽한 교과서를 잠시 덮어 두고 숨을 고를 수 있는 시간도 필요합니다.

학교환경도 조금 더 여유 있고 넉넉하면 좋겠습니다.

그런 의미에서 교사는 아이들이 아침 시간만이라도

조금 더 자유롭게 보낼 수 있도록 계획을 짜야 합니다.

교사가 수업을 보충하거나 무언가를 가르치기 위해 애쓰는 시간이 아니라

아이들이 스스로 하루를 준비하는 시간이 되면 좋겠습니다.

아침 시간은 수업을 시작하기 전 아이들의 생활 리듬을 살피고 조정하는 데 할애되어야 한다. 아침활동을 마련할 때에도 교사의 의도를 앞세워 아이들에게 부담을 주는 것이 아니라 하루를 시작할 수 있는 힘을 북돋는 프로그램을 준비하는 것이 좋다.

학교에 따라 약간씩 운영 방침이 다르긴 하지만, 아침 시간은 각 학급에 주어지는 일종의 자율 시간이다. '자율'이라는 이름으로 강요되는 일제 학습의 문제만 벗어날 수 있다면 학급 담임이 어느 정도 재량권을 확보할 수 있는 시간인 것이다. 하지만 아직도 많은 학교에서 시간을 허비하지 말아야 한다는 방침에 따라 어린이신문을 일괄 신청해서 문제를 풀거나 자율학습이라는 명목으로 한자나 수학 문제를 풀면서 이 시간을 운영하고 있다.

아침 시간이 이렇게 운영되는 것은 아이들의 생활 리듬에 대한 이해와 배려가 부족하기 때문이다. 아침 시간 동안 아이들을 자유롭게 두면 말썽을 부리고 떠들고 제멋대로 할 것이고, 그렇게 시간을 허비하면 학습에 중대한 손실이 있을 것이라는 어른들의 일방적인 생각이 깃들어 있다.

그러나 조금만 다른 시각으로 생각해 보자. 아이들에게 노는 시간은 삶의 즐거움을 느낄 수 있는 시간이고, 앞으로의 삶을 개척할 힘을 주는 시간이다. 등교 시간을 조금 더 늦춰 잡는 게 좋겠지만 그렇지 못하더라도 아침 시간은 아이들에게 돌려주어야 한다. 자율이라는 이름의 통제가 아니라 진정한 의미의 자율을 경험할 수 있게 해 주어야 한다. 이를 위해서는 '학습에 어느 정도 도움이 될까?' 하는 생각은 미뤄 놓고, '아이들이 얼마나 즐거울 수 있을까?' 하는 생각을 앞세워야 한다.

아침 시간은 조회와 잇대어 배치되어 있기 때문에 만남의 의미를 확장할 수 있다. 또한 수업이 시작되기 전에 자기를 추스르는 예비 단계라는 점에서 좀 더 다양한 자기 탐색 활동 시간으로 쓸 수 있다. 문제는 어떤 계획을 세우느냐와 얼마만큼 지속적으로 추진하느냐에 달려 있다. 자칫 거창한 계획을 세우고 추진하다가 '자율'의 개념이 자리 잡기도 전에 끈을 놓치고 흐지부지하면 나중에 추스르기가 더 어렵다. 그리고 꼭 교과 외 활동으로 채우는 것이 '교육적'인 것만은 아니다. 어떤 주제로 운영하든 아이들의 관심과 성정을 좀 더 꼼꼼하게 챙기고 격려해 주는 과정이 중요하다.

특히 아침 시간을 꾸리면서 교사가 다른 시간보다 좀 더 배려할 부분은 '아침 기분'이다. 아침 시간이 아이들에게 부담스러운 내용으로 꾸려진다면 아이들은 수업을 하기 전부터 또 다른 긴장을 하게 된다. 숙제 검사도, 준비물 확인도, 아침 자습도 모두 아이들 기분을 먼저 생각해 주는 교사의 배려 속에서 이루어져야 한다. 하루 생활을 위해 아침 시간은 좀 더 즐거운 '꺼리'들로 채우도록 하자.

 ## 하루를 준비하는 아침 시간 운영

정리정돈으로 시작하는 아침

교실에 들어오면 항상 자기 물건을 정리하고 아침을 시작하는 습관을 들이는 것이 중요하다. 아이들이 가방을 메고 학교에 온 것은 학습활동이든 친구와 놀기 위해서든 무엇인가 이유가 있기 때문이다. 교실에 들어와 책상에 앉으면 제일 먼저 가방 속에 있는 물건을 모두 꺼내어 사용하기 편하도록 책상 서랍이나 사물함, 또는 책상 위에 정리하도록 한다. 빈 책가방은 책가방 걸이에 걸거나 따로 정해 둔 책가방 놓는 곳에 갖다 놓는다.

하루 공부 중에 공책이 필요한 과목은 무엇인지 미리 책상 속에 준비해 놓고 연필을 비롯한 기본 학습도구도 다 갖추어 놓도록 한다. 일기장, 알림장, 그날의 숙제 등도 모둠 또는 개인별로 정해 놓은 장소에 갖다 놓는다. 이런 작은 일들에 습관이 들지 않으면 교실생활이 산만해지고 질서가 없게 된다. 그렇게 아침을 시작하면 하루 중심을 세우기 어렵다.

조회를 아이들의 시간으로

조회는 말 그대로 아침 회의이다. 그런데, 교사가 진행하는 조회는 인사와 출석 확인, 전달 사항으로 이어지면서 회의라기보다는 통보에 가깝다. 조회가 회의라면 모두가 참여하여 서로의 안녕을 묻고, 그날 하루 생활에 대한 제안과 생각을 교환할 수 있어야 한다. 대부분 아침 시간은 조회 시간과 이어져 있는데, 이럴 경우, 조회 시간을 확대해서 아침활동으로 운영하는 것도 한 방법이다. 특히 아이들이 중심이 되는 자치조회는 단 몇 분 안에 수습하기 어려울 때가 많으므로, 아침 시간을 활용하면 좀 더 여유 있게 진행할 수 있다.

한 명씩 돌아가며 진행하는 조회를 통해 아이들은 학급생활에 대한 안목뿐만 아니라 생각을 정리하고 발표하는 능력을 키울 수 있다. 또한 한글날, 식목일, 동지 등 계기가 있을 때는 작은 활동이나 기념식을 하면서 아이들이 스스로 활동을 기획하는 능력을 키워 줄 수도 있다. 이런 자치 조회를 진행하기 위해서는 아이들과 함께 일주일이나 한 달 단위로 학급의 특성에 맞는 적절한 프로그램을 준비해야 한다.

생각해 봅시다

예시 **학급 자치조회**

하루 이야기로 시작하는 우리 반 자치조회

아이들이 진행하는 조회를 준비하기 위해 먼저 돌아가며 조회할 순서를 정한다. 발표 시간은 10분 안에서 자유롭게 하도록 하지만 만약 특별한 행사(요즘 아이들의 유행에 대해 토론하기, 한글날이라면 한글 알아맞히기 놀이 등)를 준비한다면 시간을 더 늘려서 한다.

미리 아이들에게 원고 형식을 정해 주고 예시자료와 함께 조회를 진행하는 방법을 설명한다. 원고 틀은 일정한 형식을 프린트해서 모두에게 한 장씩 나누어 주거나 일주일 혹은 전날 나누어 준다. 조회를 맡은 아이는 하루 전에 기본적인 원고를 준비해 오고, 발표 당일 아침에 본 것이나 느낀 것을 추가해서 원고를 완성한 다음 교사에게 보여 준다. 교사는 아이가 정리한 원고를 보고 고쳐 주어야 할 부분이 있으면 함께 고쳐 나간다. 이렇게 몇 차례 하다 보면, 원고를 자세히 쓰지 않고 발표 내용을 몇 가지 단어나 문장으로 요약해서 준비하더라도 발표를 잘할 수 있게 된다.

년 월 일 요일 ( ) 가 준비하는 조회	
오늘 소개하기	○월 ○일 ○요일, 조회를 시작하겠습니다. 오늘은 △△△ 날입니다.
오늘 느낌	아직 새로운 친구들과 서먹서먹하지만 인사를 나누며 이야기를 많이 나누어 빨리 친해지도록 합시다. 저는 3월이 싫습니다. 날씨는 쌀쌀하고 춥고, 옷은 두텁지 않아서 겨울보다 더 쓸쓸하게 느껴집니다.
학교 올 때 느낌, 본 것, 있었던 일	제가 오늘 아침에 본 것 가운데 인상적인 것을 이야기해 보겠습니다. 오늘 아침에 교문에 현수막이 걸려 있는 것을 보았습니다. 우리 1학년 동생들이 입학하는 날이라고 합니다. 제가 1학년에 처음 들어왔을 때는 겁이 나서 학교에 오기도 싫었는데 이제 커서 학교에 잘 다닙니다. 1학년 동생들이 학교에 즐겁게 다녔으면 좋겠습니다.
요즘 우리 사회의 일, 관심 있는 일, 연예인, 과학에 관한 것	요즘 국회에서는 호주제 폐지에 대해 이야기를 하고 있다고 하는데 들어 보셨습니까? 개인별 기록부제를 할 가능성이 높다고 합니다. 모든 개인은 태어나면 주민등록번호, 부모님, 형제 관계가 따로따로 기록이 되는 제도라고 합니다. 자기의 주인은 자기가 된다는 의미가 될 수도 있을 것 같습니다. 여러분은 호주제 폐지에 관심이 많으십니까? (그 밖에 반가를 부르거나 간단한 토론이나 작은 행사 등을 할 수 있다. 행사 계획은 뒷면에 따로 쓴다.)
오늘 수업, 오늘 할 일, 오늘 행사 소개	오늘은 국어 두 시간, 수학 두 시간, 그리고 우리가 좋아하는 체육과 실과가 있습니다. 재미있게 공부를 합시다. 오늘 당번은 3모둠입니다. 즐거운 하루를 만듭시다.
마치는 인사	이상 조회를 마치겠습니다. 저는 조회를 진행한 ○○○입니다.

(조성실 | 서울 누원초 교사)

아이들과 한 명씩 숙제를 확인하며

숙제 검사를 겸해 형식을 갖추지 않고 한 명씩 아이들과 만나 이야기를 하며 아침 시간을 보내면 하루를 부드럽게 시작할 수 있다. 아이들은 숙제를 부담스러워하고 하기 싫어 하지만 숙제를 하고 난 결과에 성취감을 느끼도록 교사가 확인 과정을 챙기면 열심히 잘하기도 한다. 아이들이 교실에 도착하면 도착한 순서대로 옆 친구와 여러 가지 이야기를 하면서 숙제를 확인 받는다. 교사와 아이들은 숙제의 내용과 글씨, 공책 정리를 비롯해서 여러 가지 소재로 짧은 이야기를 나눈다.

"《너도 하늘말나리야》를 읽었니? 조금 지루했지? 일기글 같아서 읽기 힘들었지? 포기하지 말고 끝까지 읽어 봐. 《개미》를 읽었어? 나도 읽었는데, 조금 어렵지? 개미 203호, 맞아. 개미가 사람들을 뭐라고 부르더라? 손가락. 그래, 맞아. 손가락이었어. 정말 재미있었어. 너는? 다 읽으면 또 말해 주라."

"음, 옷을 새로 샀네. 누가 사 주셨어? 엄마가? 참 안목이 좋으시구나. 멋진 걸."

"어, 눈이 왜 이렇게 빨갛니? 어제 몇 시에 잤니?" "2시요." "와, 게임했구나?" "아니오. 텔레비전 봤는데요." "뭐 봤니?" "그냥 영화 봤어요." "뭔데?" "싸우는 거요." "그렇구나. 난 싸우는 영화는 싫은데. 근데 너 오늘 졸리겠다. 졸리면 쉬는 시간에 세수하고 와라." "네." "그리고 오늘은 일찍 자라." "네."

숙제뿐만 아니라 읽은 책이나 일상생활 등 아이들에게 관심을 기울일 수 있는 소재는 무척이나 많다. 이야기를 나누고 숙제를 확인한 것은 간단히 표시를 해 두어야 빠진 아이가 없는지 챙길 수 있다. 아이들을 지도하는 데 가장 필요한 것은 아이들을 잘 아는 일이고, 아이들을 살피는 데는 개별 접촉이 가장 좋은 방법이다. 아침에 짧은 시간을 이용해서 아이와 이야기를 나누고 마음을 차분하게 다스리도록 도와준다면 아이들은 일 년을 늘 행복한 마음으로 생활할 수 있을 것이다.

아이들 관심사로 다양하게 꾸리는 아침활동

요일별로 아이들과 함께 아이들 감성을 살리는 여러 가지 활동을 할 수도 있다. 예를 들어 월요일은 아침마다 노래를 부르거나 리코더를 연주하는 것이다. 교사와 함께 아름다운 음악을 연주하거나 노래하며 화음을 느끼고, 학급이 음악으로 하나가 되는 것을 느낄 수 있을 것이다. 또 주변의 삶을 자세히 느끼는 그림 그리기도 할 수 있다. 나의 옆에 있는 물건, 사람, 생물에 애정을 느끼며 관찰하고 자세히 그리며 하루를 시작해도 좋을 것이다. 한 달씩 소재를 정해서 아침마다 뜨개질과 바느질로 인형을 만드는 활동을 할 수도 있다. 뜨개질과 바느질은 차분하게 집중할 수 있고, 작품을 완성한다는 기대감도 주기 때문에 아침에 하기 좋은 활동이다. 자유롭게 글쓰고 발표하기, 시 읽기, 산책하며 이야기하기 등 요일을 정해서 아침 시간을 보내는 활동을 계획할 수 있다. 학급 아이들 수가 적은 반에서는 차를 나누어 마시며 아침 이야기를 나누는 활동을 한다는 이야기를 들은 적이 있다. 아이들과 차를 나누어 마시는 것이 마음을 나누는 의식처럼 느껴질 수도 있을 것이다.

이처럼, 아침 시간은 교사마다 학급마다 다양한 활동으로 채워 나갈 수 있다. 활동을 구성할 때에는 아이들 입장에서 지겹거나 부담스럽지 않으면서 하루를 기분 좋게 시작하는 활동을 계획해야 할 것이다.

제각각 하고 싶은 활동으로

사실 수업을 시작하기 전까지의 시간은 오롯이 아이들의 시간이다. 아이들과 수업을 시작하기 전 아침에 무엇을 하고 싶은지 의논해 보고, 일정한 형식을 두지 않고 아이들이 하고 싶은 일을 스스로 하도록 하는 것도 좋은 방법이다. 아이들은 축구를 하고 싶다든가 자유롭게 수다를 떨고 싶다든가 책을 읽고 싶다고 이야기한다.

형식을 두지 않더라도 아이들에게 의미 있는 시간이 될 수 있도록 일주일에 한 번씩 그 다음 주의 아침 시간에 대한 계획을 확인해 두어야 한다. 혼자서 스스로 아침 시간을 꾸리기 힘들어하는 아이들이 있다면, 모둠별로 매일 할 일, 혹은 일주일 동안 하고 싶은 일을 계획할 수도 있다. 물론 실행한 다음에는 평가와 반성을 함께 하며, 그 다음 주 계획을 세우도록 한다. 아이들은 수업 시간과는 달리 스스로 계획하고 쓸 수 있는 시간이라는 점에서 만족을 느낄 수 있다. 계획을 짤 때에는 하루를 시작하는 아침 시간으로서 의미를 갖는 활동이어야 함을 강조할 필요가 있다.

글쓴이 · 도움 주신 분들 신명기 | 서울 영훈초 교사 · 조성실 | 서울 누원초 교사

'오늘은 무슨 재미있는 일이 있을까?' 아직 학교생활에 낯선 저학년 아이들이 이런 기대를 품고 학교에 올 수 있도록 교사에겐 아이들을 사로잡을 '꺼리' 가 풍부해야 한다. 재미있는 이야기를 들려주거나 놀이 보따리를 풀어 아이들과 하나하나 펼쳐 보아도 좋을 것이다. 다만 아침활동은 이 가운데서 시간이나 내용을 고려해 부담이 없는 것으로 선정하도록 한다. 수업을 하기 전에 마음을 추스리고 자연스럽게 수업으로 이어 갈 수 있는 활동이 좋다.

저학년 만나기

재미있는 아침시간 만들기

박지희 | 서울 상경초 교사

1. 요렇게 조렇게 읽는 아침 편지

물음표 편지 처음에는 글자를 읽는 것을 목표로 삼아 짧고 간단하게 교사의 마음을 전하는 편지를 칠판에 써 놓는다. 이때 아이들의 반응을 살피거나 의견을 물어보는 질문을 넣어 아이들과 함께 아침에 나눌 이야깃거리를 준비할 수 있다. 아이들이 모두 등교를 하면 다 함께 편지를 읽으면서 교사의 편지에 대한 답장을 아이들에게 말로 해 보게 한다.

예시

> 애들아, 안녕!
> 너희들 처음 보았을 때 너무 귀여웠는데, 너희들은 선생님 처음 보았을 때 어땠니?
> 애들아, 어제 알까기 술래잡기 재미있었니? 오늘은 술래잡기 할까, 책 읽어 줄까?

> 어제는 선생님이 화단에서 도라지꽃을 발견했어.
> 가방 두고 화단을 둘러보고 와서 무엇을 보았는지 이야기해 보렴.
> 어떻게 생긴 것인지 자세히 이야기해 줘.

알쏭달쏭 편지 매일 쓰는 아침 편지에도 여러 가지 재미를 넣을 수 있다. 어떤 날은 아이들이 잘 틀리는 글자를 발음 나는 대로 써서 아이들이 스스로 고쳐 보게 하고, 또 어떤 날은 받침을 빼고 편지를 써서 무슨 이야기인지 맞혀 보라고 하는 것이다. 예를 들어, 틀린 글자를 찾는 편지는 개미를 '게미'라고 쓰거나 노랗다를 '노랐다'라고 써 놓는 식이다. 평소 아이들이 잘 틀리는 글자를 살펴 두었다가 공부 느낌을 덜 주면서 재미있게 쓰기 공부를 하는 방법이다. 또 〈예시〉처럼 적어 놓고 아이들과 알맞은 받침을 찾아 넣어 편지를 완성해 보는 것도 재밌다. 정답은 "어제 우리 찰흙인형 만들었지? 재미있었니? 오늘은 선생님이 칠교 만들기 가르쳐 줄까?"이다.

어제 우리 차흐이혀 마드어지?
재미이어니?
오느으 서새니이 치교 마드기
가르쳐 주까?

2. 나는 이렇게 하루를 보냈어요

규칙적인 생활에 익숙하지 않은 저학년 아이들이 시간을 익히고 규칙적인 생활습관을 지닐 수 있도록 하루 생활을 점검해 보는 활동이다. 이 활동을 통해 일기를 자주 빼먹거나 쓰기 힘들어하는 아이들에게 자연스럽게 일기 쓰기를 안내할 수도 있다.

활동 1 | 그림으로 그려 보는 내 생활

활동 2 | 하루 생활 계획표 만들기

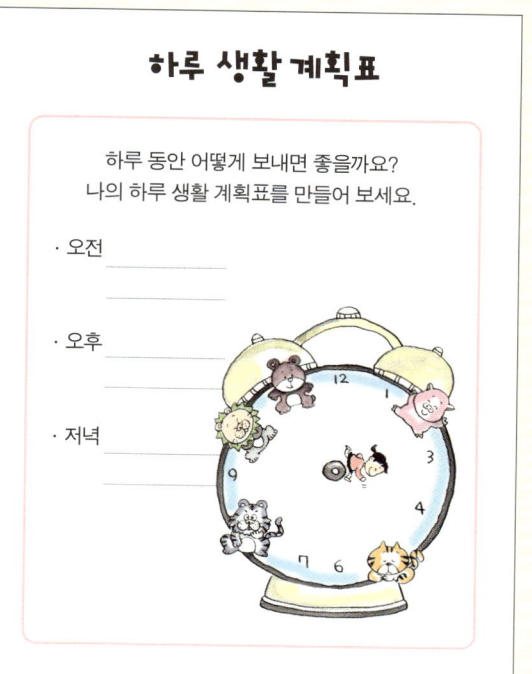

활동 3 | 나는 이렇게 하루를 보냈어요

활동지를 나누어 주고, 〈활동지 1〉에 〈활동지 2〉의 그림과 낱말 카드를 시간 순서대로 오려 붙이도록 한다. 활동지를 완성하면, 돌아가면서 발표한다.

〈활동지 1〉

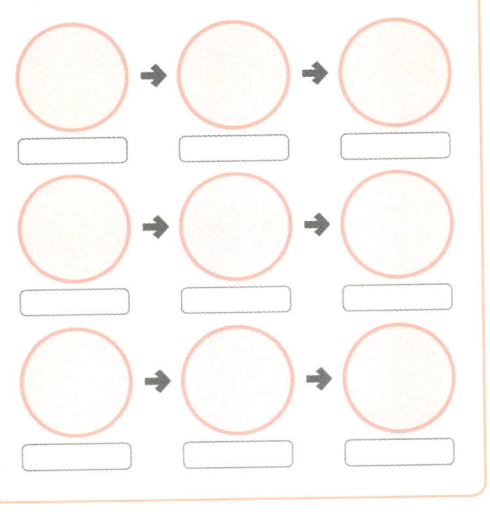

〈활동지 2〉

우리 반 이야기

아이들과 함께 엮어 가는 아침모임 시간

박정아 | 강원 동해 북삼초 교사

나는 조회와 종례라는 말 대신 아침모임, 마침모임이라는 말을 사용한다. 아침모임 시간은 학급이라는 작은 세상에서 아이들과 담임이 마음으로 만나는 장이다. 나는 시 지도와 책 읽어 주기를 중심으로 아침모임을 운영하고 있다.

높은 학년을 맡았던 몇 해 전부터 날마다 아침 시간에 아이들에게 내가 읽은 글을 읽어 주었다. 한국 글쓰기연구회에서 나오는 《우리말과 삶을 가꾸는 글쓰기》나 《우리말 우리얼》, 어린이신문 〈굴렁쇠〉, 월간지 《작은책》, 《우리교육》, 《우리 아이들》, 인터넷 사이트 〈책 읽어 주는 선생님〉 따위에서 글을 골랐다. 참 좋다, 마음이 따뜻해진다, 사람이면 당연히 이렇게 살아야지, 이거 정말 문젠걸, 우리 애들은 어떻게 생각할까 싶은 걸 읽어 주었다. 이런 매체에 실리는 글은 아이들이 한번 생각해 볼 만한 요즘 사회 문제를 아이들 눈높이에서 이야기해 줄 수 있어서 무척 좋았다. 어느 날 아이들이 너무 욕을 많이 한다 싶어 《우리말과 삶을 가꾸는 글쓰기》(2001년 4월호)에 실린 구자행 선생님의 〈참나무야, 대나무야, 밤나무야〉를 읽어 주었다. 시골에서 자란 소년이 도시에 갔다가 싸움이 벌어졌는데 도시 아이들의 욕을 듣고는 분한 나머지 "이 참나무야, 대나무야, 밤나무야!"라고 했다는 이야기다. 그랬더니 요즘도 아이들 입에서 가끔씩 욕 대신 "이 참나무야! 이 대나무야! 이 밤나무야!"라는 말이 들려온다. "욕하지 마라, 듣기 싫다."는 훈계를 하는 것보다 훨씬 더 자연스럽게 아이들을 이끌 수 있었다.

9·11 테러가 일어났을 때에는 〈굴렁쇠〉에 연재되었던 전쟁 반대 성명서와 이슬람 문화 바로 알기, 테러의 역사를 꾸준히 읽어 주었다. 그것을 계기로 아프가니스탄 아이들에게 성금도 보내고, 인터넷 사

이트 〈Peace 21〉에 들어가 전쟁을 반대하는 글도 올려 보았다.

박기범의 〈문제아〉를 들려주면서 뒤를 이어 학급 지정 도서 읽기를 함께 했다. 《괭이부리말 아이들》(김중미, 창비), 《마당을 나온 암탉》(황선미, 사계절), 《죽데기밥데기》(권정생, 성바오로딸수도회), 《문제아》(박기범, 창비), 《전태일》(위기철, 사계절) 등을 함께 돌려 읽었다. 평범한 또래 아이들 이야기, 이웃의 살아가는 이야기를 읽어 주는 것으로 야단치고 싶은 것을 대신하기도 하고, 칭찬과 격려의 말을 대신하기도 했다. 아이들이 살아가면서 간직했으면 하는 마음도 책에서 옮겨 왔다.

2학년 아이들을 맡으면서는 아침 시간에 겨레아동문학선집(보리)에서 이원수가 쓴 시를 한 편씩 골라 가르쳐 주었다. 그 시들은 요즘 아이들이 느끼지 못하는 아름다운 우리말과 삶의 흔적들이 녹아 있는 귀한 교육자료이다. 또 또래 아이들이 쓴 시도 함께 외웠다. 백창우가 가락을 붙인 시노래모음 〈딱지 따먹기〉(보리)에서 좋은 시노래를 한 편씩 골라 칠판에 써 놓고 아이들과 함께 외웠다. 이때 아이들이 돌아가면서 시를 함께 외우는 시간을 이끌어 가는 도우미를 맡았다. 그 아이가 아침모임 진행자가 되는 것이다. 학년 초에는 교사가 시 외우는 시간을 재미있고 다양하게 진행하면서 선을 보이고, 아이들에게 맡기면서 몇 가지 주의할 점이나 지켜야 할 점, 말하는 법 등을 알려 주면 2학년도 의젓하게 사회를 맡을 수 있다. 2학년 우리 반 아이들은 자기 차례를 몹시 기다렸다. 여러 가지 방법으로 시를 낭송하는 시간을 엮어 가게 도움을 주었더니, 어떤 아이는 배운 시를 가지고 퀴즈를 내 오기도 하였다. 내가 외우자 하는 것보다 아이들이 더 즐겁게 그 시간을 채워 갔다.

우리 반 아이들은 〈해바라기〉라는 긴 시를 참으로 잘 외우고 즐겨 불렀다. 목요일 아침에는 월요일부터 배

예시 **아이들과 함께 만든 시노래 테이프 표지**

앞면　 시의 노래

1. 우리 집 강아지 2. 딱지 따먹기 3. 제비꽃 4. 해바라기
5. 큰길로 가겠다 6. 연필 7. 걱정이다 8. 내 자지
9. 감홍시 10. 가을 11. 비 오는 날 일하는 소 12. 까만 새
13. 문제아 14. 시험 15. 아기 업기 16. 복숭아

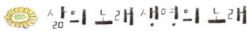

뒷면　삶의 노래 생면의 노래

1. 아버지 얼굴 이쁘네요 2. 사탕 3. 사람이나 새나
4. 해바라기(이원수 시) 5. 우리 어머니 6. 부르는 소리
7. 찔레꽃 8. 가을 9. 시험 10. 어릴 때 내 꿈은
11. 봄시내 12. 고향바다 13. 겨울 물오리

운 시를 노래로 다시 배웠다. 이런 아침활동은 교과 시간으로도 이어졌다. 우선 국어과에서 시 단원을 배울 때 그 역할을 톡톡히 했다. 그리고 학년 공개 연구 수업 때도 아침에 배운 시를 소재로 하여 수업을 구안했다. 학년 말에는 그동안 배운 시와 노래를 테이프에 녹음해 하나씩 나누어 가지며 소중한 추억을 엮었다. 이렇게 아침활동은 학급 마무리로까지 이어졌다.

시를 다 외우고 나서는 아이들에게 옛이야기 보따리를 풀어 주었다. 어린 학년에게 꾸준히 책을 읽어 주는 시간은 참으로

학급문집 《느티》(2003년 5호)에 실린 아이들 글과 수업 시간에 활용한 자료

5. 28. 목. 뻐꾸기 소리가 나지막히 들려오는 날 아침에
〈씨 뿌리는 강아지〉를 듣고 — 서정오의 옛이야기 보따리 3권 《메주도사》에서

다 들려주고 아이들에게

"착한 사람은 복을 받고 나쁜 일을 하는 사람은 벌을 받는다는 것을 배울 수 있겠지? 우리는 이것을 믿고 살자. 그런데 옛이야기에는 심술쟁이 형과 착한 아우가 많지? 이것은 아무래도 아우 쪽이 형보다 힘이 약하기 때문이야. 옛이야기는 언제나 약한 쪽을 편드니까. 하지만 형이라고 해서 다 욕심쟁이이고 아우라고 해서 다 착한 것은 아니지. 그러니까 이 세상 형들은 하나도 속상해할 것 없어."

아이들이 또또종이에 쓴 글

- 씨 뿌리는 강아지는 불쌍한 것 같다. 고작 그 강아지는 착한 일 하고 나쁜 오빠한테 죽다니! 불쌍하다. (은지)
- 욕심 많은 형이 돌배나무에 깔려서 눈이 멍들었다는 얘기를 들어서 너무너무 재미있었다. (지은)
- 아우가 씨 뿌리는 강아지를 만나서 씨 뿌리는 강아지가 밥을 먹고 나서 잠이 들다가 항아 장수가 아우랑 내기를 해서 아우가 이겼다. 항아 장수가 비단을 준다고 했다. 아우가 안 받는다고 했다. 아우는 참 착하다. (정우)
- 나는 욕심쟁이가 골탕 먹는 게 재미있었다. (혜미)
- 나는 강아지를 좋아합니다. 선생님이 씨 뿌리는 강아지를 말하니깐 가출한 우리 강아지 생각이 납니다. 나도 씨 뿌리는 강아지를 키우고 싶습니다. (혜정)
- 씨 뿌리는 강아지가 죽었다. 왜냐면 형이 씨 뿌리는 강아지를 아주 세게 차 버렸다. (익균)
- 형아는 큰일 났다. 왜냐면 돌배에 깔렸잖아요. (원찬)
- 씨 뿌리는 강아지가 죽었다. 왜냐하면 형이 걷어차서. 그리고 선생님은 웃기게 말했다. 왜냐하면 형 눈 보고 눈탱이 밤탱이라고 하니까. (성민)

귀한데, 옛이야기를 골라서 하루도 빠뜨리지 않고 들려주었다. 나는 아이들의 생각이 번뜩일 때마다 기록하는 습관을 가지게 하려고 아이들의 책상 속에 '또또종이'라는 메모지를 넣고 다니게 하였다. 옛이야기를 다 듣고 나서는 '또또종이'에 한두 줄 느낌글을 써 보게도 했다. 그해 아이들에게 《서정오의 옛이야기 보따리》10권 전집을 모두 읽어 주었다.

다음 해 다시 5학년 아이들을 맡고부터는 아침 시간을 아이들 스스로 꾸려 가도록 해 보았다. 학년 초

학급자치회를 구성할 때 각 부서가 하는 역할을 정했는데, '시와노래부'에서 아침모임을 진행하는 일을 맡았다.

새 학년이 시작되고 두 주 정도 담임이 이끌어 가면서 진행 방법을 안내해 주면, 다음부터는 아이들이 잘 이끌어 간다. 아이들은 '시 외우기-악기 연주하기-일일 반장이 하는 선택활동(1분 독창, 1분 말하기, 좋아하는 시 낭송하기)-학급일기 읽기-선생님이 책 읽어 주기' 순서로 아침 시간을 진행했다. 이렇게 하면 9시에 시작하여 30분 정도 걸린다. 2학기에는 시 대신 아이들이 좋아하는 노래를 넣어 보았다. '시와노래부' 아이들이 특별활동 시간 합창부에서 배운 좋은 노래 가운데 골라서 큰 전지에 노랫말을 써 놓고 교실에 있는 풍금으로 반주를 하면서 아이들을 가르쳤다. 내가 아무리 큰 소리로 부르자 해도 잘 따라 하지 않던 아이들이 저희들이 고른 노래라 그런지 참 열심히 불렀다. 아이들이 가장 좋아하는 노래는 〈사계〉, 〈나이 서른에 우린〉이었다. 이렇게 좋은 노래를 아이들이 자연스럽게 배우게 된 것은 계발활동 시간에 합창반(생활노래반)을 운영하는 선생님의 공이 크다. 선생님이 하는 기타 반주에 빠졌는지 '시와노래부' 아이들은 그 시간에 배운 노래를 쉬는 시간 풍금으로 치면서 즐겁게 보급해 주었다. 노래가 놀이가 된 것이다. 그렇게 보급된 노래들은 자연스럽게 아침 시간을 채워 주었다. 또, 선생님이 책을 읽어 주는 활동에서 내가 꾸준히 읽어 준 책은 《전태일》(위기철, 사계절), 《왜 나를 미워해》(요시모토 유키오, 보리), 《수일이와 수일이》(김우경, 우리교육)였다.

창의력을 키우는 아침 시간

고영주 | 전 서울 행원초 교사

매일 아침 시간에 뭘 해야 좋을지 고민이다. 한자 공부 아니면 자습인데, 아이들이 좀 더 즐겁게 할 수 있는 활동은 없을까? 이런 고민을 하다가 하루에 한 가지씩 칠판에 재미있는 문제를 내주기 시작했다. 말하자면, 아침 시간에 서로 마음을 열고 창의력을 키울 수 있는 프로그램이다. 정답도 없고 분량 제한도 없다. 교실이 조금 시끄러워지는 것과 교실 뒤 게시판에 아침 자습의 결과물을 붙여 주는 수고를 감수할 수만 있다면, 아이들의 창의력은 쑥쑥 커질 것이다.

1. 수수께끼 만들기

처음에는 칠판에 여러 가지 낱말들을 띄엄띄엄 적어 놓는다. 색분필로 예쁜 그림을 그려 놓아도 좋다. 칠판에 적힌 낱말이나 그

림이 답이 되도록 아이들이 스스로 수수께끼를 만들어 본다. 그 가운데 잘된 것을 한두 개 골라, 칠판에 소개한다. 이런 활동을 몇 번 하고 나면 답을 주지 않고도 아이들이 스스로 수수께끼를 만들어 낸다. 아침에 만든 수수께끼를 반 전체에게 소개한 뒤, 마침 시간에 정답을 발표하는 식으로 운영해도 재미있다.

예시 아이들이 낸 수수께끼

> **눈사람**
> · 겨울에만 볼 수 있는 사람은?
> · 추울 때만 있고 집에 들어오고 싶어도 못 들어오는 사람은?
> · 햇빛을 제일 싫어하는 사람은?
> · 흰색 옷을 입고 하늘에서 내려온 사람은?

2. 폐품을 이용해서 퍼즐 만들기

요즈음 교과서 특히 저학년의 교과서에는 그림이 많이 있고 색깔도 고와 잘 모아 두면 학습자료로 훌륭하게 이용할 수 있다. 학기가 지난 교과서를 이용해 퍼즐을 만들어 보았다.

● **방법**
· 퍼즐 맞추기를 할 만한 그림을 찾아낸 뒤 자기 수준에 맞추어 조각을 낸다.
· 조각난 그림을 섞은 후 원래 그림대로 완성한다.
· 아침활동 공책에 풀을 이용해 완성된 그림을 붙인다.
가끔은 '친구가 내준 퍼즐을 완성해 보기'로 바꿀 수 있다. 그림 고르기나 자르는 방법, 조각 수 등은 모두 아이들끼리 규칙을 정해서 하면 된다.

3. 색종이 놀이

색종이는 아이들과 여러 가지 활동을 할 때 쓰임새가 참 많다. 우선 종이가 작아 그림을 그릴 때 부담스럽지 않고 색깔도 고와 기분이 새롭다. 교사가 칠판에 그림 주제를 정해 줄 수도 있고, 색종이를 도형 모양으로 오려서 도형의 특성을 살린 작품을 만들어 볼 수도 있다. 색종이를 △, □, ○ 등 여러 가지로 바꾸어 "△ 나라 사람은 △밖에 모른대요. △로만 되어 있는 그림을 그려 보세요."라는 예문을 들려주고 활동을 한다.

♫ 재현이 우산은 파래, 파라면 하늘, 하늘은 높아, 높은 건 보름달……♫♪

교사가 노랫가락에 맞추어 친구의 낱말 기차를 불러 주는 동안 아이들은 친구의 연상을 따라가 본다.

"재현이의 하늘 다음에 이어지는 기차는 무슨 기차였나요?" 이런 방법으로 연상 게임을 이어 가도 재미있다.

5. 이야기 꾸미기

이 활동은 제시된 몇 개의 그림을 보고, 그 그림을 소재로 해서 이야기를 만드는 것이다. 조약돌과 조개 하나만 있어도 멋진 이야기를 상상해 볼 수 있는 아이는 행복할 것이다.

예시 색종이로 하는 도형 놀이

(여우)

(땀 나는 사람)   (공룡)

예시 아이들이 꾸민 이야기

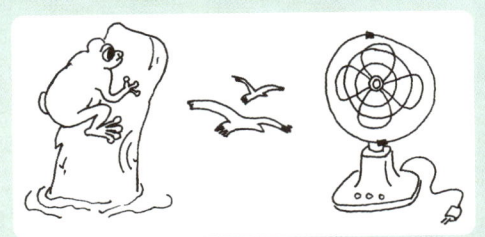

옛날에 용왕님이 너무 더웠어요. 그래서 개구리와 갈매기에게 바깥세상에 나가 시원한 것을 구해 오라고 했어요. 개구리와 갈매기는 어느 집에 들어가서 선풍기를 얻어 용왕님을 시원하게 해 드렸어요.

4. 원숭이 엉덩이는 빠알개

어린 시절 누구나 불러 보았던 일명 '원숭이' 노래를 가지고 만든 놀이이다. 원숭이 엉덩이가 사과가 되고, 사과가 바나나가 되고 이렇게 이어진 노래가 백두산까지 간다. 평소에 이 놀이 방법을 소개하고 나서 아침 시간에 낱말 기차를 만들어 보라고 한다.

"누구 기차가 얼마나 긴지 한번 살펴볼까요." 아이들 사이를 돌아보면서 연상이 자연스럽게 된 작품을 몇 개 골라낸다.

"어디 재현이 우산이 어떻게 변했는지 보자."

● **방법**

· 어린이신문이나 헌 교과서에 나오는 그림들을 오린다.

· 아무런 연관이 없어 보이는 그림을 2~3개 정도 골라 공책에 붙인다. (자기가 직접 골라서 할 수도 있고, 친구가 골라

준 그림으로 할 수도 있다.)
· 그림에 어울리는 이야기를 상상해 본다.
· 시간이 되는 대로 몇 편의 이야기를 꾸며 본다.

6. 나는 기억력 선수

아이들 일기를 읽다 보면 '좀 더 자세히 썼으면' 하는 아쉬움이 들 때가 많다. 하지만 글이라는 게 하루아침에 나아지지 않는다. 하나씩 차근차근 연습하고 자주 써 봐야 글맛을 깨치게 된다. 글쓰기를 가르치는 한 방법으로, 설명은 쓰지 않고 따옴표(" ") 속에 내가 한 말, 내가 들은 말만 쓰도록 해 본다. 대화글만 있어도 상황을 자세히 이해할 수 있다.
"어제 저녁을 먹으면서 식구들과 했던 말을 비디오 카메라로 찍듯이 자세하게 들려주세요." 이런 식으로 시간을 짧게 정해 주면 훨씬 자세하고 생생하게 쓴다.

7. 내 마음 이래요

글쓰기를 할 때 거창한 제목을 주면 힘들어하던 아이들도 마음을 열 수 있도록 편안한 제목을 주면 솔직하게 잘 쓴다.
"선생님, 그때는 선생님이 잘못 아신 거예요." "나는 이런 아이가 되었으면 좋겠어요." 등 별다른 칭찬이나 훈계가 없어도 자기의 속마음을 풀어낼 수 있다면 그것으로 만족이다. 솔직한 감정을 드러내보일 때 선생님이 따뜻하게 받아 주었던 경험이 있었다면 아이들은 이런 활동에도 진지하게 참여한다.

8. 나는 변신의 천재

긴 설명보다는 도움이 될 만한 그림 몇 개를 칠판에 그려 주면 아이들은 쉽게 이해한다.
'변신'이라는 낱말에 아이들은 흥미를 느낀다. 아마 변신 로봇이 나오는 만화영화 때문인 것 같다. 될 수 있으면 많이 변신시켜 보려고 사뭇 진지해진다. 공부 시간까지 그 생각을 계속하는 아이들도 볼 수 있다.
"요즈음 아이들은 왜 그렇게 생각하는 것을 싫어해요?" 가끔 선생님들 사이에 오고가는 말이다. 그런데 이런 활동을 하다 보면 '아이들이 생각하는 것을 싫어한다.'는 말은 잘못된 듯하다. 어쩌면 아이들에게 맞는 '생각할 거리'를 고민하기 싫어하는 교사들의 잘못은 아닌지 한번 생각해 볼 일이다.

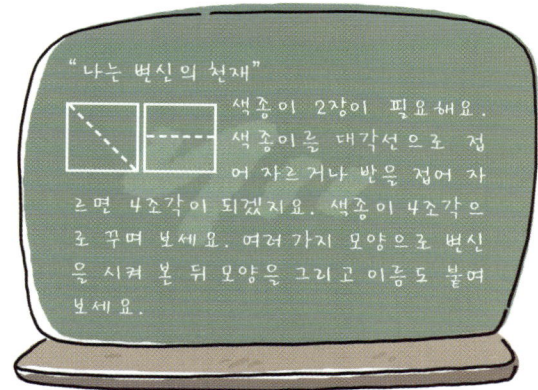

"나는 변신의 천재"
색종이 2장이 필요해요. 색종이를 대각선으로 접어 자르거나 반을 접어 자르면 4조각이 되겠지요. 색종이 4조각으로 꾸며 보세요. 여러 가지 모양으로 변신을 시켜 본 뒤 모양을 그리고 이름도 붙여 보세요.

예시 **아이들이 만든 모양**

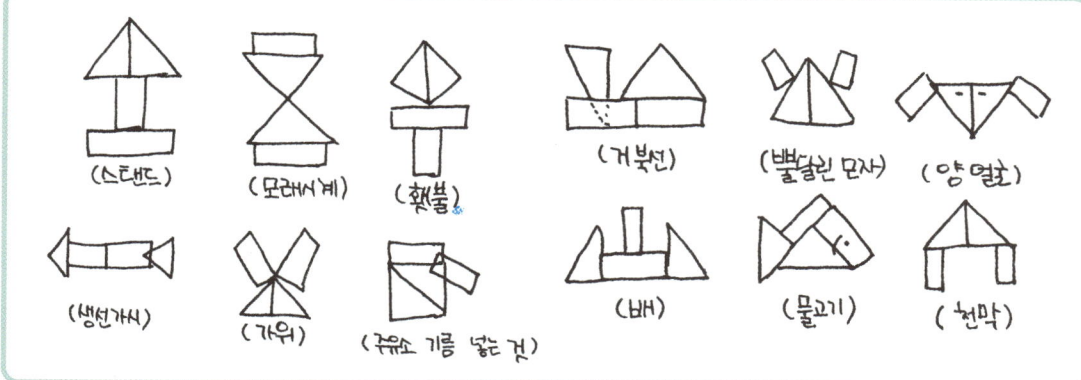

(스탠드) (모래시계) (횃불) (거북선) (뿔달린 모자) (양말코)

(생선가시) (가위) (주유소 기름 넣는 것) (배) (물고기) (천막)

수업을 알차게 하려면……

II

수업으로 이어 가는 학급운영

01

알찬 수업 구성하기

시대도 변하고 아이들도 변하고

학부모나 사회의 요구도 점점 거세어지고 있습니다.

상식적인 표현이기는 하지만,

모든 교육개혁의 최종 목적지는 교실의 수업현장이며,

그 현장의 변화를 일구는 주체는 교사입니다.

아이들에게 수업에서 지적 탐구의 성취감을 맛보게 하고,

이렇게 얻은 새로운 정보와 지식이 사회적으로 의미 있게 쓰일 때

교사의 자리도 보다 넉넉해지고 탄탄해질 것입니다.

아이들과의 만남을 소중히 하는 것만큼

좋은 수업을 하는 기쁨을 누리면서 교사로서의

자기 존재감을 찾을 때입니다.

어제보다 더 좋은 수업을 위해 무엇을 점검해야 하는가?
그보다 더 나은 수업 방식은 없는가? 내 수업의 맹점은 무엇인가?
일상 속에서 던지는 이러한 구체적인 질문들이 '완벽한 수업'은
아닐지라도 '완벽에 가까운 수업'에 이르는 길로 인도할 것이다.

학교에서 보내는 시간의 대부분은 수업 시간이다. 보통은 대여섯 시간, 짧아도 서너 시간 동안 수업이 이루어진다. 수업 시간의 비중이 큰 만큼, 수업이 즐겁지 못하면 교사나 아이나 학교생활은 고역이 된다. '직업인으로서의 교사'도 '주 업무'인 수업이 즐겁지 못하면 삶 자체가 즐거울 수 없다. 무엇보다 '전문인으로서의 교사'가 수업의 질을 보장하지 못한다면 교사로서의 전망에 의문을 품을 수밖에 없을 것이다.

여기서 말하는 수업은 '적극적이고 의도적인 계획에 의해 준비된' 수업을 말한다. 수업은 목표와 내용, 그리고 방법에 따라 매우 다양한 층위로 나눌 수 있다. 아이들은 수업을 통해 객관적인 지식이나 기능을 배우며 현실 속에서 문제를 해결하는 법을 익힌다. 혹은 수업을 통해 삶의 본질을 묻는 철학적인 질문을 만나기도 하고, 자신의 가치관을 다른 사람의 그것과 비교하여 더욱 단단하게 다지거나 수정하기도 한다.

수업 내용을 알차게 준비하는 것이 교사의 가장 중요한 직무라는 점은 교사라면 누구나 인정하는 사실이다. 그러나 다양한 층위의 수업을 훌륭하게 조직해 내는 것은 보통 어려운 일이 아니다. 교사의 지향과 아이들의 상황, 학습 내용의 타당성이라는 수업 내적인 요인뿐만 아니라 학교의 조건과 지역사회와의 관계, 학부모의 요구와 같은 수업 외적인 요인까지 고려한다면 '완벽한 수업'이란 저 하늘에만 존재하는 것처럼 일면 비현실적으로도 느껴진다.

그러나 교사 개인의 입장에서 보았을 때, '완벽한 수업'이란 불가능할지 몰라도 '어제보다 더 좋은 수업'은 분명히 존재한다. 이는 누구나 경험한 바일 것이다. 진부한 결론이지만 답을 찾는다면 더 나은 수업을 위한 교사의 부단한 노력을 꼽을 수밖에 없다. '교육의 질은 교사의 질을 넘어서지 못한다.'는 말은 수업의 전문성에 대한 교사의 꾸준한 정진과 연마를 채근하는 속뜻을 담고 있다.

더 나은 수업을 위한 준비

수업은 교사의 의도가 아이들에게 얼마나 잘 전달되느냐에 그 성공 여부가 달려 있다. 교사의 의도가 수업에 잘 구현되기 위해서는 무엇보다 수업 계획을 제대로 세워야 한다. 모든 수업을 철저하게 계획하는 것은 불가능하다. 40분 단위로 짜여진 수업을 모두 완벽하게 해내려면 몇 배의 시간이 필요하기 때문이다. 따라서 현실적으로 교사가 할 수 있는 범위 내에서 가장 중요하다고 생각하는 내용을 계획하고 수업하고 평가하는 절차를 거쳐야 한다.

수업 구성의 기본 흐름 분석하기

수업의 목적과 방식에 따라 블록 수업을 구성하기도 하지만 대부분의 수업은 40분 단위로 이루어진다. 그러나 40분 수업은 그 자체로 독립적인 것이 아니다. 단원마다 목표가 있고 그 목표를 이루기 위한 소단원이 있으며, 소단원의 목표에 따라 차시별 수업이 진행되기 때문에 단위 수업은 전 차시 수업, 후 차시 수업과 유기적으로 연결되어 있다. 따라서 전체적인 수업 구성의 기본 흐름이 무엇인지 알면 다음 단계의 계획을 훨씬 수월하게 세울 수 있다. 수업은 다음과 같은 흐름을 바탕으로 짜여진다.

첫째, 대단원 도입을 위한 학습. 아이들에게 이 단원에서 공부해야 할 것이 무엇인지 큰 줄기의 흐름을 짚어 주는 단계이다. 코끼리를 가르치기 위해 코끼리의 전체적인 모습을 먼저 보여 주는 단계라고 생각하면 된다. 이때는 앞으로 무엇에 대해 배워 나갈 것인지 알려 줘야 한다. 그리고 소단원의 내용이 어떻게 구성되어 있는지 하나하나 짚어 주어야 한다.

둘째, 소단원 목표 달성을 위한 수업. 소단원은 대단원의 목표를 달성하기 위해 두 개 정도로 나뉜다.(예시 참고) 소단원 역시 목표를 가지고 있다. 그 목표에 따라 차시별 목표를 세운다. 차시별 목표는 교실에서 하는 40분 수업

예시 단원 수업 목표(국어과 1학년 1학기 말하기 · 듣기 첫째 마당)	
대단원 이름	알고 싶어요
교육과정 내용	1. 듣기 – 즐겨 듣는 습관을 지닌다.
	2. 말하기 – 자신감 있게 말하는 태도를 지닌다.
단원 학습 목표	1. 바른 자세로 들을 수 있다.
	2. 자신 있게 말할 수 있다.
소단원 제목	1. 새로운 마음으로
	2. 배우는 우리
차시 수업 목표	1차시 : 바르게 듣는 자세에 대해 알아봅시다.
	2차시 : 친구의 말을 바른 자세로 들어 봅시다.
	3차시 : 자신 있게 말하려면 어떻게 해야 하는지 알아봅시다.
	4차시 : 내가 잘하는 일을 자신 있게 말해 봅시다.
학습 내용 요소	· 듣기 – 귀 기울여 듣기
	· 말하기 – 자신감 있게 말하는 태도 지니기
수준	· 바른 자세로 들어야 하는 필요성 알기
	· 듣는 사람을 바라보며 또렷한 목소리로 말하기

의 목표가 된다.

셋째, 단원의 목표에 도달했는지 알아보는 평가. 소단원 학습이 모두 끝나면 대단원 목표가 아이들에게 어느 정도 전달되었는지 평가한다. 평가를 통해 부족한 부분은 다시 재교육하는 과정이 필요하다.

넷째, 보충학습과 심화학습. 평가 결과에 따라 아이의 흥미, 관심, 학습 속도와 능력 등을 고려하여 스스로 학습 내용을 선택하여 활동하는 수업이다.

수업 목표 세우기

교과 목표와 단원 목표, 각 차시별 목표는 국가 차원의 교육과정에 이미 다 나와 있다. 그러나 실제 교실에서 아이들을 가르치다 보면 교육과정에서 제시한 교과 목표와 수업 목표를 아이들에게 그대로 적용하기 어려운 경우가 아주 많다. 경우에 따라서는 교사의 교육철학과 부딪힐 때도 있다. 따라서 교과서와 교사용 지도서의 이론을 무조건 따르기보다는, 나의 교육철학에 입각하여 내 교실 아이들의 수준에 맞는 수업 목표를 세울 수 있어야 한다.

수업 목표를 세울 때에는 교과서 밖에서 활용할 수 있는 자료가 어떤 것이 있는지 미리 알아보아야 한다. 교과서는 가장 본보기가 될 만한 교수·학습자료 가운데 하나일 뿐이다. 교사의 수업 목표를 위해 더 좋은 자료가 있다면 적극적으로 활용해야 한다. 수업 목표가 분명해지면 등대를 찾은 것이므로 안정적인 항해를 할 수 있다.

수업 방법 선택하기

수업 목표가 정해졌으면 그 목표를 달성하기 위해 어떤 방법으로 아이들을 이끌 것인지 결정해야 한다.

5학년 1학기 읽기 첫째 마당에 나온 이문열의 〈우리들의 일그러진 영웅〉을 읽고 인물의 성격과 사건의 전개 사이에는 어떤 관계가 있는지 알아보는 수업을 진행한다면, 아이들 스스로 등장인물이 되어 보는 역할극으로 등장인물의 성격을 내면화하는 방식을 쓸 수도 있을 것이고, 작품 전체를 읽은 뒤 한 인물의 성격을 집중적으로 분석하는 방법을 쓸 수도 있을 것이다.

같은 교과 내용이라 하더라도 이를 가르치는 방법은 교사마다 다르다. 수업 방법이 다양한 것은 무엇보다 교사가 가지고 있는 수업 목표가 조금씩 다르기 때문일 것이다. 작품 속 등장인물의 성격을 파악하기 위해 감정이입을 통한 내면화를 할 것인가, 아니면 작품 전체의 맥락을 파악하여 객관화할 것인가는, 교사의 수업 목표에 따라 결정된다.

또한 가르치는 교과 내용의 특성이나 아이들의 특성, 지역의 특성 등이 수업 방법을 택하는 데 영향을 준다. 따라서 하나의 수업 방법을 채택하더라도 그 활용의 단계에서는 여러 가지 수준으로 나뉜다. 역할놀이를 하더라도 다인수 학급이라면 장면을 나누어 모둠별로 한 장면씩 해 보는 게 효율적이고, 저학년이라면 움직임 활동에 초점을 맞추어 교사가 해설을 붙이고 아이들이 이를 동작으로 표현하는 방법이 효과적이다.

수많은 교과, 여러 가지 방법들 사이에서 수업 목표와 방법의 길을 찾고 선택하는 것은 교사이다. 나는 어떤 수업 방법을 왜 택했는가. 수업 목표와 수업 방법을 효과적으로 연결하기 위해서 어떤 부분을 집중적으로 다루고, 또 어떤 부분을 버렸는가. 수업을 조직하는 교사는 어떤 수업이든 이에 대한 명확한 답을 가지고 있어야 한다.

아이들 상황 고려하기

아이들을 읽는 것은 수업 목표를 정하고 수업 방법을 결정하는 데 꼭 필요한 과정이다. 수업은 결국 교사가 의도한 대로 아이들의 변화를 이끌어 내는 과정이므로, 아이들을 읽지 못하고, 아이들 상황을 고려하지 않는다면 그 수업은 아무런 의미가 없다. 수업을 하기 전에 아이들이 수업에 활용되는 각종 자료를 어느 정도 이해할 수 있는지, 도입하려는 수업 방식을 경험해 본 적이 있는지, 수업 주제에 대한 관심은 어느 정도이며, 기본적인 기능은 얼마나 익혔는지 등을 미리 파악하고 이에 맞게 수업을 구성해 나가야 한다.

6학년 아이들이라도 읽기 능력이 4, 5학년 수준이라면 그에 맞추어 수업 목표를 수정해야 한다. 분수의 덧셈과 뺄셈에 대한 수업을 한다면 아이들이 자연수의 덧셈과 뺄셈을 무리 없이 해결하는지 살펴보아야 할 것이다. 아이들 수준이 이에 미치지 못한다면 본격적인 수업에 들어가기 전에 자연수의 덧셈과 뺄셈을 다시 복습하는 시간을 마련해야 한다.

또, 역할극으로 수업을 진행하려 한다면, 아이들이 이전 학년에서 역할극으로 수업을 해 본 적이 있는지 미리 알아보고, 토론 수업 방법을 도입하기 위해서는 아이들이 토론에 임하는 기본적인 태도를 충분히 익히고 있는지 살펴야 한다.

개별 아이들에 대한 배려도 잊어서는 안 된다. 각 과목마다 뒤처지는 아이들을 배려하는 일이 다인수 학급의 경우 쉽지만은 않다. 이때 모둠활동이나 짝활동을 적극적으로 활용할 수 있다. 공부 도우미를 정해 아이들끼리 서로 학습을 돕도록 해도 좋을 것이다.

수업지도안 짜기

단원의 흐름을 파악하고, 수업 목표를 세우고, 수업 방법을 정했으면 수업 준비는 대충 마무리된 셈이다. 이제 구체적인 수업모형으로 외형을 갖추는 단계가 남았는데, 수업 방법에 따라 필요한 자료를 준비하고 수업 내용을 어떻게 채워 갈지 좀 더 섬세하게 다듬는 과정이 바로 수업지도안을 짜는 것이다. 수업지도안을 짜면서 수업의 도입은 어떤 방식으로 할 것인지, 발문은 어떻게 할 것인지, 아이들에게 활동 시간은 얼마나 줄 것인지, 내용 정리는 몇 분 동안 어떻게 할 것인지 생각해야 한다. 또, 교사의 질문에 아이들이 어떤 답을 할지 예상해 보고, 아이들을 가르치면서 주의해야 할 점은 무엇인지에 대해서도 준비할 수 있으면 좋다.

그러나 실제 학교현장에서 꼼꼼한 수업지도안을 짜는 것은 쉬운 일이 아니다. 하루에 많게는 여섯 시간, 적게는 세 시간의 수업에 대해 일일이 수업지도안을 마련하려면 엄청난 시간과 노력이 필요하다. 그렇다고 매 시간 수업 계획 없이 아이들 앞에 서는 것은 교사의 양심을 부끄럽게 만든다. 어떻게 하면 조금이라도 덜 부끄럽게 아이들 앞에 설 수 있을까?

수업지도안에 대한 고정관념을 버리면 좀 더 쉬워진다. 수업지도안은 이런저런 수업의 구상을 일목요연하게 정리한 것이다. 누구에게 보여 주고 검사받을 것이 아니라면, 자신만 알아볼 수 있도록 자신의 언어와 형식으로 자유롭게 적어 나가면 된다. 수업 준비를 하면서 옆에 공책 하나 놓고 대충 낙서하듯이 끄적여 놓는 것이다. '이 내용은 5분 정도. 중심 내용은 10분 동안 설명하자. 아이들 활동 시간은 20분은 줘야겠지? 정리할 시간이 좀 부족하겠네. 아이들 준비물이 뭐가 필요하더라.' 그것도 매 시간 다 할 수는 없으므로 하루에

톡톡 아이디어

수업지도안을 약식으로 정리하더라도 일정한 틀이 있으면 쉽다. 학년 초에 B5 용지 크기로 간단한 틀을 만들고 많이 복사해서 파일에 꽂아 놓는다. 그리고 하루에 한 장씩 지도안을 짜면 된다. 약식이지만 지도안 형식을 크게 벗어나지 않는 선에서 정리하도록 한다.

흐름	목표	시간	내용	비고
준비	동기 이끌기	2분		
들어가기	수업 목표 확인	3분		
내용	목표 달성을 위한 내용 이해	10분		
활동	문제 해결하기	20분		
정리	목표 달성 확인	5분		

딱 한 차시 분만 약식 지도안을 꾸리는 것이다. 그리고 한 달에 한 번 정도는 동료교사에게 발표하는 수업이라고 생각하고 수업지도안을 제대로 만들어 보자.

바쁜 학교생활, 교과연구는 어떻게 하나요?

도와줄 선배교사를 찾아라

경험 많은 선배교사의 도움을 얻는 것이 가장 좋은 방법이다. 후배들이 도움을 구하러 찾아오기를 기다리고 있는 선배교사들이 많이 있다. 어떤 선배가 어떤 부분에 노하우가 있는가를 파악하는 것이 급선무다. 또한 부족한 시간에 효과적인 교과연구를 하기 위해서는 바로 이용할 수 있는 교육자료들을 풍부하게 확보해야 한다. 초보교사는 그런 자료를 얻는 것 역시 쉽지가 않다. 그런 자료를 확보하기 위해서라도 선배교사를 귀찮게 해야 한다. 학급운영을 잘하는 사람은 수업자료 또한 풍부하게 갖추고 있게 마련이다. 초보교사 시절에 교과연구를 혼자서 하는 것은 가급적 피하는 것이 좋다. 시간은 부족한데 할 일은 많아서 자칫 조급해지기 쉽다. 주위의 교과연구모임을 활용하라. 단, 선배교사들로부터 연구자료를 많이 얻어 오겠다는 자세로 임해야 한다. 기존 모임에 참여하는 것이 힘들다면, 초임교사들끼리 모여서 선배교사를 초빙해 가르쳐 달라고 부탁할 수도 있을 것이다. 이 모든 방법은 결국 주위에 있는 선배교사들과 얼마나 적극적으로 관계를 맺으면서 도움을 구하는가에 달려 있다.

(임성무 | 대구 월곡초 교사)

전체를 먼저 파악하라

시간이 부족하기는 누구나 마찬가지다. 그렇다면 그나마의 시간을 어디에 중점을 두고 활용할 것인가가 중요하다. 먼저 각 교과별로 총괄적인 흐름을 파악하는 데 시간을 들여라. 전체를 먼저 파악하고 있으면 시간이 부족하다고 불안해하지 않고 각 과목별 진도를 통제할 수 있다. 이를 위해서 나는 아침 시간과 방과 후 시간을 나누어 사용한다.

아침에 오자마자 시간표를 확인한 뒤 아침활동 시간에 그날 학습 진도를 점검한다. 이것은 그날 가르칠 부분의 전체를 파악하는 방법이다. 진도가 총괄적으로 파악되면 교과별 통합학습이 가능한 부분을 골라내어 과감히 시간표도 바꿀 수 있다.

방과 후라고 해도 사실상 교재연구를 할 시간은 많지 않다. 매일매일 교재연구를 하는 것보다는 미리 계획을 잡고 특정 기간에 한 과목이라도 집중적으로 교재연구를 하는 것이 좋다. 예를 들자면 한 주에 국어과 한 달치 교재연구를 미리 해 두는 식이다. 그렇게 하면 그 과목의 큰 테두리를 파악할 수 있고, 적은 시간에 조급해하며 세세한 부분에 별 소득 없이 매몰되는 것을 피할 수 있다.

(이상호 | 충북 충주 가흥초 교사)

교육과정을 재구성하자

교육과정 재구성은 교사가 목적하는 바를 아이들에게 좀 더 잘 가르치기 위한 것이다. 교육의 가장 큰 주체는 수업 목표를 세우고 계획을 하고 직접 가르치는 교사이다. 따라서 교사가 가르치고 싶어하는 내용을 직접 재구성하는 일은 당연하고도 중요한 일이다. 다른 사람이 만들어 놓은 교재를 그대로 가르치기만 하는 교사라면 전달자 역할에 그칠 수밖에 없다.

초등 전 교과를 가르치다 보면 중복되는 내용도 많고, 비슷한 주제도 많다. 국어 시간에 한 이야기를 사회 시간에 또 말해야 할 때가 있고, 수학 시간에 가르친 내용을 과학 단원에서 다시 언급할 때도 있다. 교과 내용이 중복되거나 주제가 통하는 것을 함께 묶어 가르치는 일, 또는 필요에 따라 서로 분리해서 가르치는 작업이 교육과정 재구성이다.

교육과정 재구성 방법

보통 교육과정을 재구성하는 방법으로 다음 두 가지를 들 수 있다.

첫째, 교과서 주제 중심의 통합학습이다. 주제 중심 통합학습은 어떤 주제를 중심으로 다양한 학습 경험들을 교과의 요구, 아이들의 흥미, 사회의 요구를 반영하여 선정하고, 아이들이 주도적으로 활동을 이끌어 가게 하는 학습을 말한다. 그 목적은 전인적 발달을 도모하는 데 있다.

현장에서 이루어지는 주제 중심 통합학습이란, 말 그대로 하나의 주제를 중심으로 여러 교과 내용을 통합하여 수업을 진행하는 것이다. 저학년에서는 바른생활, 슬기로운생활, 즐거운생활 등에서 이미 교과통합이 어느 정도 이루어져 있다. 국어나 수학 교과 내용도 통합할 내용이 많다. 고학년도 교과 단원 목표를 바탕으로 또는 내용 가운데서 한 주제로 묶을 수 있는 것들을 모아 통합학습 형태로 재구성할 수 있다.

둘째, 교과서 밖의 주제 중심 통합학습이다. 교과서 밖이라고 했으나 교과서 내용과 전혀 관계가 없다는 뜻은 아니다. 통합학습 주제를 교사와 아이들이 의논해서 정하고 활동의 범위를 좀 더 넓힌다는 뜻이다. 그 주제가 교과서에 없더라도 교사와 아이들이 흥미 있어 하는 주제를 선정해서 통합학습 설계를 하는 것이다. 요즘 고학년 여자 아이들은 연예인의 옷차림에 아주 관심이 많다. 교사는 아이들의 이런 흥미를 바탕으로 '옷'이라는 주제를 정해 통합학습을 설계할 수 있다. '옷'이라는 주제를 정하고 나서 그 통합의 범위를 어디까지 할 것인지는 학년과 아이들의 수준 등을 고려해서 함께 정한다. 그러나 현장에서 이런 주제 중심 통합학습을 진행하기는 매우 어렵다. 교과서 진도에 대한 부담도 만만치 않을 뿐만 아니라 아이들이나 학부모들이 통합학습에 대한 이해가 부족해 수업과 상관없는 활동을 한다고 오해하기 때문이다.

교육과정 재구성은 왜 필요할까

초등학교에서 교과를 통합하여 가르쳤던 것은 4차 교육과정부터였다. 이제는 통합학습에 대해 많은 교사들이 동의하고 있고, 주제 중심 통합학습도 어느 정도 자리를 잡아가고 있다. 왜 교사들은 통합학습을 필요로 하며, 주제 중심 통합학습이 수업의 대안이 되고 있는 이유는 무엇일까?

첫째, 창의성을 길러 줄 수 있다. 아이들의 창의력을 자극하기 위해서는 아이들의 특성, 경험, 흥미, 적성, 관심, 성취 수준이 그때그때 반영되어야 한다. 교육과정의 틀 속에 학생들을 짜 맞추는 것이 아니라, 아이들에 맞는 교육과정을 만들어야 한다.

톡톡 아이디어

교육과정 재구성을 하면 교과서의 단원 순서대로 학습할 수가 없다. 그런데 많은 학부모들은 아직도 교과서 순서대로 진도를 나가기 바란다. 따라서 교육과정을 재구성하여 가르치려면 그에 따른 주간 학습 계획을 미리 학부모들에게 알려 준비물이나 과제에 대한 이해를 구해야 한다. 교육과정 재구성이 교과 내용을 가르치지 않는 것이 아니라는 사실도 함께 안내한다.

둘째, 시간이 절약되고 효율적이다. 각 교과에서 가르치는 내용이나 주제가 중복되는 경우, 교사의 수업 부담이 가중될 뿐 아니라 여러 교과를 경험하는 아이들도 혼란을 겪는다. 주제를 중심으로 관련 교과들을 통합하여 학습하면 아이들의 수업 부담을 줄여 줄 수 있을 뿐만 아니라 학습자료의 질도 높일 수 있다.

셋째, 아이들이 중심이 된 수업을 진행할 수 있다. 아이들이 실생활에서 부딪히는 여러 가지 문제들은 모두 교과와 관련되어 있다. 그런데 지금과 같이 분절된 교과 지식들은 통합된 아이들의 삶을 반영할 수 없다. 생활 주변의 문제를 끌어들여 주제 중심 통합학습을 하면 아이들의 흥미를 돋우고 호기심을 자극하여 적극적인 수업태도를 이끌어 낼 수 있다.

교육과정을 재구성하는 근본적인 이유는 아이들로 하여금 흥미를 느끼게 해 주고 학습에 관심을 가지게 하기 위함이다. 주제 중심의 재구성이든, 개념 중심의 재구성이든, 아니면 소재 중심의 재구성이든, 그 핵심은 아이의 관심과 흥미를 끌어들여 아이들 스스로 문제를 인식하고 해결하려는 욕구를 갖도록 하는 것임을 잊지 말아야 한다.

교육과정을 재구성할 때 유의할 점

주제 중심 통합학습이 현장에서 어느 정도 자리를 잡아 가고 있다고는 하지만 아직도 많은 교사들은 교육과정 재구성을 부담스러워한다. 한 과목의 한 단원 수업 준비도 제대로 하기 힘든데 여러 교과를 아우르는 재구성이란 일거리만 늘리는 일일 수 있다. 그러나 교육과정 재구성은 교과 이외의 것을 더 가르치는 게 아니라 교과를 좀 더 폭넓고 아이들 흥미에 맞게 가르치는 것이다. 그리고 모든 수업 시간, 모든 교과를 재구성해서 가르치자는 것이 아니라 조금씩 여유 시간을 내 준비하고 통합학습의 재미를 알아 가는 과정을 밟아 보자는 것이다. 그렇다면, 어떤 점에 유의해서 재구성을 해야 하는지 알아보자.

첫째, 여러 교과를 어떻게 통합할 수 있을지 고민하기 전에 개별 교과를 어떻게 하면 잘 가르칠 수 있을지 고민해야 한다. 각 교과가 지향하는 학습 목표가 무엇인지, 교육과정과 교과서 내용 체제는 그 학습 목표를 달성할 수 있게 잘 구성되어 있는지를 파악해야 한다.

> **톡톡 아이디어**
>
> 교과 간 통합수업을 할 때는 무리하게 여러 교과를 통합하려는 욕심을 부리지 않아야 한다. 처음에는 한 교과서 안의 내용을 통합하는 연습을 한다. 여기에 어느 정도 능숙해지면 두 개의 교과목을 통합해 본다. 두 개의 교과 통합도 사실 그리 쉬운 것은 아니다. 두 교과 통합에 숙달이 되면 여러 교과목 통합은 아주 수월해진다. 무엇이든 교사 스스로 힘에 부치는 재구성을 하면 한두 번 하고 포기하게 된다. 쉬운 통합을 먼저 하도록 하자. 아이들과 주제를 선정할 때도 아주 가벼운 것 한두 개부터 한다. 그래야 아이들도 조금씩 흥미를 보인다.

둘째, 교과 성격을 분석해 보고 비슷한 학습 목표와 관련되는 학습 활동이 있으면, 교과 내 통합부터 시도하는 것이 좋다. 국어과에서 말하기 · 듣기 · 읽기 · 쓰기 활동이 서로 다른 학습 제재로 구성되어 있을 때, 같은 학습 제재로 말하기 · 듣기 · 읽기 · 쓰기 활동을 해서 학습 목표에 도달하게 하는 것이 교과 내 통합이다.

셋째, 교과 간 통합을 할 때는 차시별로 통합을 하는 것이 아니라 주제 중심 단원별로 통합하여 각 교과의 특색을 살리고 기본 학습 요소를 익히면서 아이들의 흥미와 호기심을 자극할 수 있도록 해야 한다.

넷째, 처음에는 통합 범위를 좁게 했다가 교사와 아이들이 모두 익숙해지면 통합의 범위를 점점 넓혀 나가는 것이 좋다. 교과서에 나와 있는 것을 모두 가르쳐야 한다는 강박관념 때문에 통합할 주제의 범위가 넓어질 우려가 큰데, 활동 중심의 교육과정에 미처 적응하지 못한 아이들에게 처음부터 주제를 광범위하게 제시하면 교사와 아이들 모두 힘든 수업이 된다.

다섯째, 통합 과정에 아이들을 참여시키면 아이들이 주도적으로 학습해 나가는 바탕을 마련할 수 있다. 통합수업에 익숙해진 아이들은 스스로 작은 주제를 정하여 탐구활동을 하게 된다.

교육과정 재구성의 방향

통합학습의 큰 주제를 설정할 때는 교과서 안팎에서 아이들 스스로 주제를 선택할 수도 있고 교사가 주제를 정해 줄 수도 있다. 그러나 초등학교 아이들이 큰 주제망을 만드는 것은 매우 어려운 일이다. 특히 저학년은 더 힘들다. 따라서 큰 주제는 교육과정을 분석하여 교사가 정하는 것이 현실적이다.

소주제 학습 내용은 아이들이 계획하게 하자. 주제가 정해지면 아이들에게 마인드맵의 형식을 띤 주제망을 구성해 보도록 계속 훈련시켜야 한다. 그러면 아이들 스스로 소주제를 정할 수 있게 된다. 이런 모든 과정에서 교사가 협의 과정을 원활하게 이끌어 가야 하는 것은 물론이다. 소주제 학습 내용을 정하는 것에 어느 정도 능숙해지면 큰 주제를 생각해 보는 것도 가능하다.

학교환경(시설, 지역적 특성, 학부모의 역할 등), 아이들의 수준을 고려하여 우리 고장의 특색, 우리 학교의 특색, 우리 학급의 특색에 맞는 교육과정이 되어야 한다. 전국 어느 학교, 어느 학급에나 동일하게 적용될 수 있는 교육과정은 특색 있는 교육과정과 거리가 멀다. 통합수업에서 이루어지는 학습 활동은 특별활동과 연계하여 운영할 수 있으며, 재량활동 시간을 이용하여 기본 학습 훈련을 하는 것도 가능하다.

톡톡 아이디어

통합학습의 효과를 높이기 위해 탐구학습장을 활용하는 것도 좋다. 스케치북이나 공책에 적당한 제목을 붙여 주고, 주제 해결을 위해 조사한 내용을 붙이거나 발표할 내용과 결과를 정리하는 데 활용하도록 한다. 주제별로 학습한 내용을 마인드맵으로 체계적으로 정리하도록 하면 통합학습 주제망을 만들 때 큰 도움이 된다. 마인드맵으로 주제 학습 결과를 정리할 때는 먼저 알고 있었던 내용은 검은색을 사용하고, 통합학습 과정 속에서 새로 알게 된 내용은 다른 색을 사용해 학습 과정이 나타나게 정리하는 지혜도 필요하다. 탐구학습장의 형식을 제한하지 말고, 아이들 스스로 형식을 만들어 창의적으로 활용하게 한다.

 **새내기 교사의 주제 중심 통합학습 교과 재구성하기**

첫째, 각 교과의 교사용 지도서에서 단원별 학습 목표를 분석한다. 이때 교과별로 적절한 학습 주제를 설정해 본다. 한 번에 주제를 설정하지 말고 처음에는 주제가 될 만한 것들을 서너 개 낙서하듯 써 놓는다.

둘째, 교과 간에 통합할 수 있는 내용과 통합할 수 없는 내용을 구분한다. 통합할 수 있는 내용을 찾아내는 일이 중요하다. 그게 보이면 초보교사를 넘어서는 과정에 있는 것이다.

셋째, 주제망을 짠다. 주제가 정해지면 주제에서 다룰 개념과 아이디어 전개망을 짠다. 주제망을 제대로 짜는 일이 통합학습의 관건이다. 주제망만 정확하게 짤 수 있다면 통합학습의 반은 성공한 것이다.

넷째, 다음과 같은 점에 유의하여 주제 해결을 위한 구체적인 계획을 세운다.
① 교사용 지도서에 제시되어 있는 차시를 그대로 활용할 수도 있으며, 교육활동 관련 행사를 통합할 수도 있다. 활동이 많은 주제는 몇 차시 더 늘려 단원 지도 계획을 세운다.
② 학습 과정 속에서 평가가 이루어지도록 평가 계획을 세운다.
③ 1차시에는 브레인스토밍을 통하여 주제에 관한 전체적인 내용을 파악하도록 하며, 아이들과 함께 학습 계획을 세우면서 주제와 관련된 내용을 마인드맵으로 정리해 보게 한다.
④ 마지막 차시에는 프로젝트 주제에 대한 내용을 전체적으로 정리할 수 있도록 마인드맵이나 글쓰기, 그림 그리기, 창의력 신장 활동 등을 배치한다.

다섯째, 자치활동과 연계한다. 학습할 주제가 설정되면 특별활동이나 자치활동(학급어린이회의 등)과 통합하여 학생들 스스로 학습 계획을 세울 수 있도록 지도한다.

여섯째, 학습 평가에 대해 안내한다. 미리 학습 평가에 대한 안내를 하여 아이들의 학습 의욕을 자극한다.

일곱째, 과제를 명확하게 한다. 과제는 주제 해결을 위한 장기 과제와 단기 과제를 나누어 체계적인 계획을 세워 구체적으로 제시한다. 과제의 내용은 주제에 대한 조사, 수집, 기본 요소에 대한 사전학습 등을 들 수 있다.

글쓴이 · 도움 주신 분들 신명기 | 서울 영훈초 교사 · 이옥정 | 대구 태현초 교사

한뼘 더!

초등 교사에게는 모든 것이
수업자료다

정혜실 | 충남 예산 응봉초 교사

주름진 광목 커튼을 밀치고 겨울 햇빛이 부드럽게 들어오고 있습니다. 옆 학교 신축 공사장의 인부 아저씨가 등으로 시커먼 송판을 부리는 소리도 노랫가락처럼 햇빛에 묻어 들려오고, 그 옆 큰 드럼통에서 불 지펴 나는 장작 냄새도 맡을 수 있을 것 같습니다.

나는 이런 햇빛과 소리와 냄새를 수업자료로 쓰고 싶습니다. 국어 시간에 흉내 내는 말을 가르치면서 '와르르 우당탕 탕'과 '타닥타닥 탁탁'을 쓰는 겁니다. 우리 반 아무개 아버지와 같은 직업을 가지신 인부 아저씨들이 콧물 훔치며 허리 두들기는 모습은 도덕 시간에 '우리를 위해 애쓰시는 분'을 배울 때쯤 쓰고, 장작의 탄내가 섞인 햇빛은 미술 시간에 햇빛을 늘 빨갛게 그리는 아이들에게 검은색을 섞어 쓸 수 있는 상상력을 불러일으키는 데 쓰고 싶습니다.

그렇지만 안타깝게도 나는 이 자료들을 자주 혹은 많이 쓰지는 못합니다. 직접 보여 주거나 들려줄 수 없고, 또 이 같은 자료들이 내가 쓰고 싶은 제때에 '짠' 하고 나타나 주지 않기 때문입니다. 다만 이렇게 보이지 않는 혹은 각 교사가 가질 수 있는 감성적인 자료들이 얼마나 중요한 것인가에 대해 말하고 싶습니다. 요즘은 눈에 보이는 자료들이 너무 많아서 자칫 관심 밖으로 밀려날 수 있는 자료들이 있다는 것을 기억하면 좋겠습니다.

자료의 바다, 두려움 없이 헤엄치기

초등학교에서 필요한 자료는 얼마나 많은지 모릅니다. 특히 눈으로 보는 자료는 매우 다양합니다. 그림, 사진, 실물, 문자, 영상자료 등이 쉴 새 없이 교육현장에 투입됩니다. 또한 수업자료를 만들 수 있는 재료들도 많고, 구하기도 쉽습니다.

더구나 소리와 색에 민감하게 반응하는 아이들은 교사가 밋밋하게 전해 주는 옛이야기에 귀를 기울이지 않습니다. 칠판에 정성껏 써 주는 학습 정리엔 금방 눈길을 거두기 일쑤입니다. 컴퓨터를 활용한 수업도 여간 기발하지 않으면 아이들의 반응은 민망할 정도로 덤

덤합니다. 이야기 고비마다 '어흥' 하는 호랑이 소리를 섞기도 하고, 토끼 모양의 손인형을 써 보기도 하고, 이름도 복잡한 이동식 백색 자석 칠판, 값만큼이나 커다란 멀티미디어 화면에 인터넷을 이용해도 처음 몇 번만 "와 ~" 할 뿐입니다.

이럴 때 교사는 매우 당황하게 됩니다. 어떻게 하면 수업 효과를 올릴 수 있는지 고민스럽습니다. 아이들의 주의 집중시간은 점점 짧아지고, 호기심은 우리가 따라가기 벅차게 앞서 가니 애써 모으고 만든 자료들이 무색해지는 걸 막지 못합니다.

하지만 다르게 생각하면 꼭 실망할 일도 아닙니다. 가르치기 위해 준비한 자료들은 이미 그만한 값어치가 있기 때문입니다. 잘 쓰였다면 더없이 좋은 일이고, 잘 쓰이지 못했다면 다음엔 그보다 더 생각해서 구하면 될 일입니다. 결국 아이들의 반응은 그것이 좋은 것이든 나쁜 것이든 수업자료로 발전하는 것입니다.

또 이런 일들을 통해 우리는 많은 자료를 투입한다고 좋은 수업이 아님을 깨닫게 됩니다. 그래서 지나치게 많은 자료들을 사양하는 지혜도 생기게 됩니다.

나에게 필요한 자료는 뭐지?

자료를 모을 때는 무엇이 필요한가, 어떻게 쓸 것인가를 생각해야 합니다. 우선 어디에 사용할지 생각하십시오. 만약 동기 유발에 관심이 있는 분이라면 동기 유발 자료를 모아야 겠고, 학습 정리를 중요하게 생각하신다면 그에 맞는 자료를 준비해야 합니다. 교과별로 자료를 모아 두는 방법도 있습니다. 중요한 것은 꼭 필요한 자료를 모으는 것이니까요.

나는 미술과 수업에서 색을 가르치는 것이 힘들었습니다. 아이들은 이미 여러 가지 색을 사용해 본 경험이 있어서 색을 고르고 배치하는 것을 아주 쉽게 생각하는 경향이 있었습니다. 그렇지만 국어에서 한글 자모음이 중요하고 수학에서 수의 계열이 중요하듯, 미술에서는 색의 배열과 배치가 중요하다고 생각하던 터라 알고 있는 색을 있는 그대로 사용하거나 막무가내로 색칠을 하는 것만으론 충분치 못하다는 느낌이 들었습니다.

그래서 읽고 있던 잡지에서 깨끗하게 나온 새빨간 보리수 열매 사진을 오리고, 연둣빛이 진하게 나온 늦여름 청포도와 푸른 사과 사진을 오렸습니다. 흰색을 설명하기 위해 장독대에 소복이 쌓인 눈도 오렸습니다. 애써 사진을 찍은 사진가에게는 조금 미안한 마음이 들었지만 그분들도 이쯤은 이해해 줄 거라고 혼자 결론지었습니다. 그 사진들 덕분에 나는 좀 더 쉽게 아이들에게 색을 가르칠 수 있었고 밋밋한 10색 상환표를 가지고 가르치는 것보다 훨씬 재미있는 수업을 하게 되었습니다. 자기가 필요한 자료가 무엇인지 알고 그것을 골라서 모으게 되면 반은 성공한 것이라 생각합니다.

욕심껏 모아 마음껏 쓰기

1학년 담임이라면 한글 자모음과 수를 가르칠 수 있는 자료가 필요할 것입니다. 매일 쓰고 읽히는 것으로 문자 지도는 충분하다거나, 아이들이 한글을 다 알고 들어왔으니 이 정도면 되겠지 하는 생각은 말았으면 합니다.

'ㄱ'을 '기역'이라고 가르치는 것은 한편으로는 쉬우면서도 한편으로는 어려운 일입니다. 'ㄱ'을 칠판에 크게 쓰고 아이들이 알 때까지 읽고 쓰게 할 수도 있고, 'ㄱ'이 들어가는 낱말 그림 카드(가지, 기차 등)를 보여 주고 읽으면서 'ㄱ'이 쓰이는 곳을 짚어 주기도 하고, 가위바위보를 하여 이기는 사람이 구부러지는 빨대의 긴 부분을 가위로 잘라 'ㄱ'을 만드는 놀이를 할 수도 있습니다. 구부러지는 빨대는 'ㅇ'과 'ㅎ'을 제외하면 거의 모든 자음을 구부리고 붙여서 만들 수 있습니다. 이거나 저거나 하시겠지만 거기에 요구르트라는 'ㅅ'을 더하면 효과는 달라집니다. 짧아진 빨대와 요구르트의 효과를 실험해 보시기 바랍니다.

교사의 수업자료는 한두 가지가 아닙니다. 그림과 사진, 이야기, 학습지, 영상물, 놀이 등 어떤 자료도 좋습니다. 어떤 자료를 고르시든지 그것은 교사의 재량입니다. 나는 이 상황이 '재량'이라는 말과 잘 어울린다고 생각하는데 어떠신지요?

자료가 많이 모아졌다면 자주, 많이 쓰십시오. 장롱 안의 패물은 보물이 아니라고 하지 않습니까. 모은 자료를 쓸 기회가 오면 주저하지 말고 쓰십시오.

역효과를 걱정하지 않았으면 합니다. 써 보지도 않고 자신의 자료가 잘못된 부분을 파악하기는 어렵습니다. 써 본 사람만이 자료의 장점과 단점을 알게 됩니다.

'나눔'이 자료를 키운다

좋은 자료는 물론이고 제대로 쓰이지 못한 자료들도 고쳐서 다시 써 주십시오. 때론 교사의 사물함이나 책상 속이 고물상처럼 지저분해지더라도 쓸 수 있을 만큼 버려 보는 게 옳을 듯합니다. 또 우리가 지저분하면 얼마나 지저분하겠습니까. 초등학교 교사면 누구나 알겠지만 우리가 누굽니까. 정리정돈의 도사들 아닙니까.

다른 방법은 나누는 것입니다. 가끔 자료를 돌렸을 때 "이거, 너무 애들을 한 틀에 갇히게 하는 거 아냐?"라든가 "다른 거 있는데……." 하는 말을 듣게 됩니다. 물론 잘 쓰겠다는 말을 들은 횟수가 더 많지만 가끔 듣게 되는 이 한마디가 더 오래 남아서 나를 주눅 들게 합니다. 그렇다고 이대로 말 수는 없습니다. 형제끼리 콩 한 쪽도 나눠 먹는 것처럼 교사들의 자료 공유는 콩을 넣은 밥을 먹는 거라고 생각하기 때문입니다.

공유라는 말이 나왔으니 말이지만 현재 초등학교에는 네트워크 환경이 잘 구비되어 있습니다. 현란한 솜씨로 다운 받은 많은 노래와 영화와 학습지와 학급운영 자료를 동료교사와 먼저 공유하십시오. 그리고 자료가 공유되어 있음을 직원 협의 시간에 공개적으로 알리기도 하고, 말수가 적어서 협의 시간에 침묵을 지키는 편이라면 좋아하는 선생님들과 먼저 공유를 시작하는 것도 좋습니다.

잡동사니? 초등 교사의 보물단지!

미용실 아가씨에게 허락 받고 오려 온 물방울 똑똑 떨어지는 사과 사진 한 장이 끼워져 있는 두 권이나 되는 그림 사진 자료집, 우유곽을 겹쳐 만든 주사위, 몇 년째 가지고 다녀서 반질반질 윤이 나는 윷가락, 탈 만들기 하고 잘하지도 못하는 탈춤 보여 주느라 읍내 문방구 다 뒤져 산 빛 바랜 2,500원짜리 한삼, 두꺼운 것을 붙여도 끄떡없는 6~7년 전에 산 강력자석, 낡아서 귀털이 빠진 토끼 손인형, 인터넷 여기저기 뒤져서 내려받은 노래와 학습지 파일이야말로 나의 보물입니다.

몇억 불의 수출 계약을 성사시킨 사장의 눈에 보기엔 '에계, 겨우?' 그렇겠지만, 사람들 심금을 울리는 노래를 몇십 곡씩 외우고 연주할 수 있는 유명한 피아노 연주가들도 '에계, 겨우?' 그렇겠지만, 겨울 햇빛 한 줌과 사진 한 장, 노래 하나와 닳고 닳은 손인형을 가지고 글자 한 자와 덧셈, 뺄셈, 교통규칙, 시장에서 일하는 사람들, 소금을 가열하면 타지 않고 탁탁 튄다는 것을 가르치기 위해 애쓰는 우리가 초등학교 선생님이라고 생각한다면 어깨를 조금 뒤로 젖히고 살아도 괜찮지 않겠습니까.

우리 반 이야기

1. 신주단지처럼 모시던 보물, 알고 보니

김민곤 | 서울 신묵초 교사

어설픈 날라리 교사였던 나에게는 신주단지처럼 여기는 중요한 물건이 있었다. 소중한 보물이자 든든한 '밥통'이 되어 준 그 물건이 무엇인고 하니, 예전에 교사들이 달마다 사 보곤 하던 《새교실》과 《교육자료》였다.

그 책들은 나와 내 동료교사들을 참으로 편안하게 해 주는 보물단지였다. 사진 화보가 귀했던 시절, 그 책들에 실린 사진 화보를 오려 붙이기만 해도 교실환경 정리는 뚝딱 끝낼 수 있었고 어려운 문제를 해결하는 데 도움도 받았지만 내가 그 책들을 애지중지했던 가장 큰 이유는 매일매일의 수업지도안이 실려 있기 때문이었다. 친절하게도 하루 여섯 시간이나 되는 수업의 모든 지도안을 실어 주니 얼마나 고마운 일인가. 게다가 장학사들이 좋아할 만한 수업 전개 방법에 한 치도 어긋나지 않게 만들어진 '우수 지도안'이라 더할 나위 없이 만족스러웠다. 밤새 술을 마시고 놀아도 내일이 두려울 게 하나 없었다. 어떤 부분을 칠판에 적어 주어야 하는지까지 적혀 있으니 수업 시작 직전에 한 번 쓱 훑어만 봐도 막힘없이 수업을 진행할 수 있었고, 책 한 번 보지 않고 술로 밤을 지새는 날들은 늘어만 갔다.

공개 수업 때도 그랬다. 여기저기서 지도안을 뒤적여 좋은 것만 짜깁기해도 '훌륭한 수업'을 할 수 있었다. 솔직히 잡무가 많아 교재를 연구할 시간이 없다고 불평하는 후배들이 도무지 이해가 되지 않았다. '잡무를 안 하고 더 편하게 지내 보자는 속셈이겠지.'

나중에는 선배교사의 소개로 한 교육자료집의 수업지도안 집필 교사로 참여해 돈도 벌게 되었다. 달랑 며칠 만에 교사용 지도서와 지난 교육 잡지의 지도안을 얼기설기 그럴듯하게 맞추어 한 달분을 만

들어 보내니 제법 큰돈을 손에 쥘 수 있었다. 수업지도안을 많이 쓴 다음 날은 피곤해 아이들을 자습 시키고 책상에 엎드려 잠을 자기도 했지만, 그때까지는 그런 일이 얼마나 아이들을 불행하게 만드는 지 의식조차 하지 못했다. 그 당시 교육자료집에 지도안을 집필하던 사람들은 각종 연구대회에서 입상한 교사들이 대부분이었지만, 만나서 이야기를 들어 보면 나와 크게 다르지 않은 방법으로 지도안 원고를 써내고 있었다. 이런 게 현실이겠거니, 그다지 이상하다는 생각이 들지도 않았고, 오히려 많은 교사들에게 도움을 주고 있다는 자부심으로 때때로 자신이 자랑스럽다는 생각이 들기도 했다.

오히려 이상한 것은 매일 수업 연구를 한다는 교사였다. 사실 수업을 연구하고 지도안을 짜는 것은 특별히 교장과 동료교사를 모시고 수업 연구 발표를 할 때나 하는 일 아니던가. 교사가 할 일이 얼마나 많은데……. 숙제 검사나 일기 검사는 물론 생활지도도 해야 하고, 또 공문도 처리해야 하는데 매일 수업 연구를 하다니! 수업의 질보다는 공문 처리가 더 중요한 곳이 바로 내가 알고 있는 학교였다.

그러던 내가 5년 전부터는 자료집 원고가 아닌 내 수업을 위해, 여러 자료를 꿰어 맞추지 않고 내 나름의 수업지도안을 쓰기 시작했다. 칭찬보다는 '이제까지 수업지도안도 없이 수업했냐?'는 질타가 있을 줄로 알지만, 날라리 교사로 시작한 사람으로서는 꽤 큰 변화이다. 그나마 매일 여섯 시간의 수업을 세세하고 치밀하게 짜는 것도 아니요, 수업의 흐름을 가늠하고 수업 목표를 정해, 수업 내용을 단계별로 확인해 놓는 정도가 전부이다. 아이들이 집으로 돌아가고 난 뒤, 그것도 아니면 아침 일찍 출근해 수업 시간별로 정리해 둔다. 계절에 따라 달리 수업을 구성하기도 하고 지역 특성에 맞게 수업을 바꿔 보기도 한다. 수업지도안 없이 진행하거나 다른 지도안을 참고하던 옛날 방식이 더 수월하고 한 치의 망설임도 없이 일사천리로 수업하기에 좋았지만, 아이들의 눈높이를 생각하게 된 것은 내 수업지도안을 쓰기 시작하면서부터였다. 덕분에 수업 시간에 종종 '아, 아이들이 내 말을 이해하고 있구나.' '아이들과 교감하고 있구나.' 하는 예전에는 몰랐던 느낌을 경험하고 있다.

이렇듯 스무 해 동안 외면하고 지냈던 수업지도안을 새삼스레 쓰기 시작한 것은 어느 후배교사 덕분이다. 4년 전 유학을 마치고 서울 창경초등학교에 복직을 했을 때였다. 학년부장이 학급경영록에 한 주 동안 공부할 단원과 학습 목표를 적은 '주간 수업지도안'을 내라고 하면 유독 한 여교사만이 경영록을 내지 않겠다고 고집했다. 마음씨 고운 부장이 속앓이를 하며 "꼭 경영록을 걷어 교장에게 결재를 맡아야 한다."고 부탁하는데도 그 교사는 단호히 거절했다. "수업은 교사의 가장 중요한 책무인데, 왜 형식적이고 똑같은 지도안으로 교사를 끼워 맞추려고 하느냐. 나는 최선을 다해 내 나름의 신념으로 수업하니 교사를 믿지 못하고 검사하려는 태도는 잘못되었다. 교사가 자율적이어야만 학급도 자율적으로 이끌 수 있다."는 게 그 이유였다. 구구절절 맞는 말에 '그렇다면 저 선생님은 어떤 식으로 학습 지도를 연구할까?' 라는 궁금증이 생겼다.

그러던 어느 날, 교과실에서 책을 읽고 있던 내 눈에 옆에 놓여 있는 두툼한 공책이 들어왔다. 눈에 익은 그 공책은 고집 센 그 교사가 늘 손에 들고 다니는 것이었다. 호기심에 조금 들춰 보고선, 마치 감전이 된 것처럼 굉장한 충격을 받았다. 그 속엔 그 교사만의 수업지도안이 수업 첫날부터 그날까지 하루도 거르지 않고 빼곡히 쓰여 있었다. 단원과 학습 목표만 적혀 있는 경영록이나 자료를 짜깁기해 놓은 지도안이 아니라, 아이들이 알아야 할 것과 교사가 가르쳐야 할 것, 아이들이 이해하기 어려워하니 주의해서 설명해야 할 것 등이 알차게 적힌 '진짜 지도안'이었다. 공책 속의 글자들이 내겐 큰 낭패감으로 다가왔다. 두렵고 부끄러웠다. 이럴 수도 있을까? 저학년 어린애들을 가르치는데 이 선생은 연구할 게 뭐가 이렇게 많은 것일까?

그런 데다 더욱 놀라운 것은 공책 중간중간 붙여 둔 메모지였다. 몇몇 교사들과 교과 내용에 대해 미리 공부하고 토론한 내용을 빼곡히 적어 붙여 놓은 것이었다. 그날 이후 나는 우리 반 아이들이 너무 불쌍하게 느껴졌다. 지난 20년간 가르쳐 왔던 아이들도 눈앞에서 아른거렸다. 나는 얼마나 엉터리로 가르쳐 왔는가. 부끄러운 마음에 동료교사나 아이들 앞에서 차마 고개를 들 수가 없었다.

그렇게 지도안 쓰기를 시작했다. 물론 지도안을 쓴다고 날라리 교사가 더 나은 교사가 된 것은 아닐 게다. 다만 교사로서 마땅히 해야 할 일을 지금까지 하지 않았다는 부끄러운 기억이 하루하루 나를 채

근하는 것이다. 3년 동안 아이들과 나를 교감하게 해 준 지도안 공책이 최고의 재산이 된 지금에야, 예전 나에게 가장 큰 보물이었던 교육자료집들의 지도안이 나를 얼마나 엉터리 교사로 만들었는지 깨닫고 있다. 편리한 인스턴트 음식에 길들여져 한 번도 아이들에게 내가 만든 영양가 있는 음식을 먹여 주지 못했던 20년을 벌충하기 위해서라도 나만의 요리책을 채워 가야만 한다.

요즘은 교사들을 망치는 것들이 우리 주위에 더욱 즐비하다. 마우스만 짤깍짤깍 클릭해 주면 처음부터 끝까지 수업을 대신해 주는 사이트나 교육방송의 CD 자료들은 아주 편리하지만, 그것들을 잘못 사용하면 수업은 생명을 잃고 만다. 자기만의 목소리가 전혀 없는 교사, 컴퓨터 앞에 앉아 클릭만 하는 교사에게서 아이들은 무엇을 배울 수 있을까. 미술 수업 강의를 가면 어김없이 수업 시간에 사용할 수 있는 자료와 지도안을 달라고 하는 교사들이 많다. 나는 요샛말로 '그것은 아이들을 두 번 죽이는 것'이라며 단호히 거절한다. 전에 내가 했던 실수를 반복하지 않으려면 연수에서 알게 된 것을 꼭꼭 씹어 다른 수업을 만들어 봐야 한다. 물론 안다. 말은 쉽지만 사실은 어렵다는 것을. 그래서 교사로 바로 서기가 참으로 힘든 것 같다. 그래서 배워야 한다. 이번에 새로 옮긴 학교의 후배교사들은 또 얼마나 열심히 연구하고 준비해 나를 놀라게 할까. 평교사 가운데는 나보다 연장자가 한 명도 없다. 하지만 깨달음에 어디 아래위가 있겠는가. 나의 배움은 계속된다.

2. 먼저 배우기, 시범 보이기

정광숙 | 부산 남산초 교사

중·고교 시절, 나는 시의 분위기나 시를 읽고 난 뒤의 느낌을 묻는 문제를 가장 싫어했다. 나의 문학적 정서가 평균에 미치지 못한 탓이었는지 도무지 단서를 잡을 수 없었고, 답을 알고 난 뒤에는 왜 그것이 답이어야 하는지 이해하기 어려웠다. 나중에는 시를 읽고 난 뒤 느끼는 것은 사람마다 다르게 마련인데 그것을 사지택일형의 객관식 문제로 묻는 것이 과연 타당한 일인지, 선생님께 항의하기도 했다.

아이들과 수업을 진행해야 하는 입장에 서게 된 뒤로는 문학적 감성이 결여되어 있다고 생각하는 데서 오는 열등감까지 작용하여 문학 수업을 가능한 한 기피하려고 했다. 교육과정상 불가피하다고 생각되는 경우에는 단원 학습 계획에 며칠씩 머리를 싸매곤 했다. 시나 동화의 풍부한 감상을 요구하는 수업은 정말이지 어떻게 접근해야 할지 막막하기만 했고, 그런 나의 수업에서 아이들이 보여 주는 차가운 반응에 더더욱 난감해졌다.

사실 수업 전략이라고 해 봐야 교사용 지도서와 《교육자료》 등에 실려 있는 질문과 대답에 의지하는 것뿐이었는데, 기실 그것이 아이들의 문학적 감성을 기르는 데에 도움이 되겠느냐는 질문에는 아무 대답도 할 수가 없었다. 어떻게 보면, 이 시의 분위기는 이렇고 너희들은 이 시에서 이런 느낌을 가져야 한다는 식의 무지막지한 주입으로 일관한 수업이었다. 아이들에게 애착을 가질수록 그러한 주입의 경향이 더 강해지곤 했다.

그러던 차에 어느 교사의 수업을 참관하게 되었다. 그리고 깊은 좌절감을 맛보았다. 국어 수업 장면 장면에서 뿜어져 나오는 교사의 풍부한 감성과 열정이 수업을 얼마나 달라지게 하는가를 여실히 보여 주는 수업이었다. 수업이 예술이라는 말을 떠올리지 않을 수 없었고, 보다 나은 수업을 위한 연구는 누구나 접근할 수 있는 기능적인 면에 초점을 맞추어야 한다고 굳게 간직하고 있었던 그때까지의 믿음이 뿌리째 흔들리는 것을 절감하지 않을 수 없었다.

체육이나 음악 수업에서처럼 국어 수업에서도 시범의 힘은 참 크다. 교사의 감탄이나 감정 표현의 시범도 기대 이상의 효과를 가져왔다. 앞의 교사의 수업에서 그것을 실감하고 우리 교실에서도 시도해 보려고 했다. 처음에는 연극을 하는 기분으로 할 수밖에 없었는데, 다소 과장된 듯한 감정 표현은 내게는 정말 쑥스러운 것이었기 때문이다. 어쨌든 인물의 감정이나 시를 읽은 후의 느낌을 과장하여 최대한 아이들에게 표현하려고 애써 보았다. 그 효과는? 기대 이상이었다고 말할 수 있다.

사실, 문학 수업에 관한 한, 실패를 돌아본다는 것은 나에게는 적절하지 않은 일이다. 아직도 여전히 실패를 되풀이하고 있기 때문이다. 다만 한 가지 나아진 점이 있다면, 이전에는 감정을 겉으로 잘 드러내지 못하는 성정 때문에 글을 읽고 난 뒤의 느낌이나 인물의 감정에 대한 공감 등을 아이들 앞에서 전혀 표현하지 못했지만, 지금은 조금 과장해서라도 그것을 보여 주려고 노력하고 있다는 것이다.

"이번 시간에는 친구들에게 자신을 한번 소개해 볼까요? 음, 취미나 특기, 좋아하는 과목, 좋아하는 운동, 가족 등을 중심으로 친구들에게 자기를 멋있게 소개해 봅시다."

"저의 이름은 박민호입니다. 저의 취미는 컴퓨터이고, 특기는 없습니다. 좋아하는 과목은 수학이고, 운동은 축구를 좋아합니다."

"아니, 그렇게 여러 사항을 나열하기만 하지 말고, 좀 설명을 덧붙이면 안 될까? 다음 친구는 좀 더 상세하게 말해 주면 좋겠어요."

"저의 이름은 김성민입니다. 저의 취미는 오락이고, 특기는 노래를 좀 합니다. 좋아하는 과목은 사회이고……."

말하기 수업. 아무리 '더 자세하게' 말할 것을 요구해도 아이들의 발표는 초지일관 나열형에 그치고 만다. 이런 형태의 말하기는 비단 학년 초 자기 소개에서만 끝나지 않고 일 년 내내 계속해서 나를 괴롭혔다. 그러나 어떻게 하면 거기에서 벗어나도록 할 수 있을지 가닥을 잡기 어려워 한동안 갑갑하기만 했다.

어느 영역이건 다 나름대로 어려움이 있겠지만, 특히 말하기는 더욱 막막했다. 내가 학생일 때는 그런 수업을 받아 본 경험이 없었던 데다, 말을 잘하는 사람에 대해 '믿음이 가지 않는다.' '말만 잘한다.' 는 식으로 생각해 왔던 터라 말을 잘하도록 하는 수업에 열정을 가지기가 쉽지 않았다. 물론 말하기에서 요구하는 능력이 사변에 능한 것과는 다르다는 점은 알고 있었지만, 실제 상황에서 그 둘을 구별해 내는 것도 쉽지는 않았다.

말하기 영역을 가르치기 시작한 처음 몇 년간의 수업을 돌이켜보면, 교과서에서 제시하는 '바른 태도로 말하기' '적당한 크기의 목소리로 말하기' 등 주로 말할 때의 태도나 성량, 어조, 발음과 같이 말하기의 외적인 부분에 초점을 맞춘 내용들을 아이들에게 주지시키고, 바로 그것들을 적용하여 발표하도록 요구하는 것으로 일관했던 것 같다. 그것만으로 아이들이 좋은 말하기에 이를 리 만무하다. 나는 나대로 답답해서 소리를 높였지만 적절한 안내 없이 아이들이 어떻게 내가 원하는 만큼 효과적으로 조직하여 말해 줄 수 있었으랴. 때로는 몇몇 아이들이 좋은 발표를 해 주기도 했지만, 되돌아보면 그

것은 지도의 결과라기보다 그 아이들의 개인적 탁월함에서 나온 결과였다.

아이들에게서 좀 더 나은 말하기 능력을 이끌어 내기 위해서는 나 스스로가 그 속으로 들어가야 한다는 것을 충격적으로 실감한 것은 일본의 국어 교육 관련 월간지에서 '교사의 자작 예시문'을 강조한 특집을 읽고 나서였다. 아이들이 표현활동을 좀 더 잘할 수 있도록 하기 위해 교사가 자기 반 아이들의 실태에 기초하여 예시문을 직접 만들고 시범을 통해 보여 주는 수업에 대한 특집이었다. 아이들에게 '좀 더 상세하게 말해 줄래?' 또는 '일화도 좀 넣어서 말해 보면 어떨까?' 등 피상적인 원칙만을 제시하고 거기에 따라 주기를 요구할 것이 아니라, 교사가 직접 일화도 넣고 내용을 적절히 조직하여 시범을 보여 주면 아이들의 자기 소개가 훨씬 풍부해질 거라는 말이다.

예시문과 시범의 효과는 이후의 수업에서 충분히 실감할 수 있었는데, 예시문을 미리 준비하고 이를 시범을 통해 보여 주니 그 차시에서 강조된 말하기 요소뿐 아니라, 말하기 활동 전체에 걸쳐서 나아지는 모습을 볼 수 있었다. 또한 나 스스로도 내용 조직이나 실제 말하기 활동에서 아이들이 힘들어하는 부분을 훨씬 생생하게 느낄 수 있었다. 물론 예시문 만들기가 쉽지는 않다. 처음에는 많은 고민이 필요하다. 그러나 충분한 가치가 있는 고민이라고 감히 말해 본다.

또 하나 자극이 된 것은 앞서 이야기한 월간지에서 우연히 본 광고였다. 토론을 제대로 가르치기 위해서 교사들이 직접 며칠 동안 토론활동을 체험해 보는 연수였다. 토론 당사자가 되어 보기도 하고, 사회자가 되어 토론을 이끌어 보기도 하고, 토론을 보는 관객이 되어 토론활동을 비판해 보기도 한다고 나와 있었다. 토론학습이 중요하다고는 하지만, 많은 교사들이 이를 지도하기 어려워한다. 그 어려움은 토론의 형식이나 논리의 전개 등에 대해 풀어 놓은 이론서를 통해서도 어느 정도 해소할 수 있겠으나, 교사가 직접 토론을 체험해 보면 더 구체적으로 토론상황에서 일어날 수 있는 문제를 파악하고 그 해결에도 쉽게 접근할 수 있을 것이다.

어찌 보면 국어과의 모든 영역은 앞에서 말한 토론활동에서처럼, 교사가 직접 경험해 보고 제대로 해 낼 수 있을 때 비로소 가르칠 수 있는 것이라는 생각이 든다. 다소 거칠게 말해, 자전거 타기 요령은 잘 숙지하고 있지만 실제로 자전거를 타지 못하면 그것을 다른 사람에게 가르치기 어려운 것처럼, 국

어과에서 가르쳐야 할 것이 언어 사용 기능이라고 할 때 그와 비슷하지 않을까 하는 것이다.

이렇게 이야기하면 많은 교사들이 좌절감을 느낄지도 모르겠다. 그러나 이것은 형식교과인 국어가 가지는 어쩔 수 없는 특성이라고 생각한다. 수학이나 사회를 가르칠 때 교사가 수업을 통해 아이들이 무엇을 알아야 하는지 정확하게 인지하고 있어야만 잘 가르칠 수 있듯이, 국어과의 경우에도 교사가 아이들이 수업을 통해 도달해야 할 지점을 정확하게 알고 그 지점에서의 언어 사용을 실제로 보여 줄 수 있어야만 수업에서 흔히 느끼는 막연함을 조금은 걷어 낼 수 있을 것이라 생각한다. 특히 우리가 목표로 하는 언어 사용 기능이 특출한 문학인의 양성에 있지 않다는 점을 감안하면 국어를 원활하게 구사하고 있는 대부분의 교사들에게 그리 어려운 일이 아니라는 생각도 감히 해 본다.

정보 쌈지

수업에
활용할 만한 놀이
몇 가지

허승환 | 부산 창신초 교사

아이들은 스스로 흥미를 느낄 때 가장 효율적으로 학습할 수 있다. 그런 의미에서 학습에 놀이를 활용하는 것도 좋은 방법이다. 놀이는 놀이로서 충분히 의미를 가지고 있지만, 수업 시간이라면 교과 활동과 연관 지어 수업을 좀 더 알차게 하기 위한 방편으로 삼아야 한다. 여러 가지 놀이 가운데서 퀴즈식 놀이 수업은 아이들이 즐거워하고 재미있어하는 것 가운데 하나이다. 이런 놀이는 무엇보다도 수업의 목표를 생동감 넘치고 재미있는 분위기 속에서 달성할 수 있다는 점에 가장 큰 의의가 있다. 수업에 적극적으로 활용할 수 있는 여러 가지 놀이를 소개하고자 한다.

도전 골든벨

방송 매체를 통해 이미 많은 아이들이 알고 있는 놀이이다. 이 놀이는 모든 아이들이 참여할 수 있을 뿐만 아니라, '패자부활전' '행운의 101번을 잡아라!' 등 참여 기회를 여러 번 얻을 수 있어 아이들이 좋아한다.

[놀이 방법 1]
① 학습 범위와 시간을 정해 두고 내용을 스스로 익히도록 한다.
② 정해 준 시간이 되면 각자 골든벨 판을 가지고 책상 위에 올라가 앉는다.
③ 교사가 문제를 불러 주고, 아이들은 골든벨 판에 답을 적는다.
④ 교사의 "하나, 둘, 셋!" 신호와 함께 답을 적은 판을 높이 든다. 이때 답을 맞힌 아이는 그대로 있고, 틀린 아이는 책상에서 내려온다. 이런 식으로 마지막 한 사람이 남을 때까지 계속 진행한다. 10여 명 남았을 때에는 패자부활전 문제를 내어 탈락한 아이들이 다시 한 번 참여할 수 있는 기회를 준다.

[놀이 방법 2]
앞의 놀이 방법은 가장 많이 활용되는 것이지만, 패자부활전이 있다고 해도 첫 문제부터 탈락한 아이들은 패자부활전이 열리기 전까지 놀이에 참여하지 못해 산만해질 가능성이 높다. 조기 탈락 가능성을 줄이고 더 많은 아이들에게 참여 기회를 보장할 수 있는 놀이 방법을 생각해 보았다.
한 가지 방법은 골든벨 판에 문항 수에 해당하는 번호 칸을 만들고, 각자 자기 점수를 기록하는 것이다. 문제를 맞힌 아이는 해당하는 문제 번호에 O, 틀렸으면 X 표시를 한다. 마지막에 맞힌 개수를 세어 점수로 기록하면, 수행평가 자료로도 쉽게 활용할 수 있다. 이미 만들어 둔 골든벨 판을 그대로 사용할 경우에는 골든벨 문제의 답을 쓴 다음 정답을 확인하고, 틀린 사람은 그 문제의 답을 지우고 맞은 사람은 지우지 않고 남겨 놓게 하면 된다.
또 다른 방법은, 먼저 게임을 시작할 때 모두 책상 위에 앉게 한다. 문제를 풀어서 동시에 골든벨 판을 위로 올리게 하는

데, 틀린 아이들은 책상 위에서 내려가 의자에 앉아 계속 문제를 푼다. 세 문제를 연속으로 맞히면 다시 책상 위에 앉아서 문제를 풀 수 있는 기회를 준다. 이렇게 하면 탈락한 아이도 계속 놀이에 참여할 수 있어 탈락한 아이들이 다른 아이들을 방해하는 일도 사라진다.

[놀이 방법 3]
두 명이나 네 명씩 짝을 지어 한 글자씩 맡아 함께 정답을 쓰는 두 글자 골든벨, 네 글자 골든벨 게임도 재미있다.
두 명이 짝이 될 경우 답이 두 글자인 문제를 내면 한 아이는 정답이라 생각하는 첫 번째 글자, 다른 아이는 두 번째 글자를 쓴 다음 "하나, 둘, 셋!" 하는 교사의 신호와 함께 정답을 적은 골든벨 판을 들어 올린다. 이때 두 사람의 답이 모여 정답이 되면 점수를 준다. 네 글자 골든벨도 같은 요령으로 하면 된다.

주의점
① 모둠별로 협동하여 학습하도록 하면, 골든벨에 참여하는 아이들의 부담이 훨씬 줄어든다. 2차시로 수업을 계획하여, 1차시에는 모둠별로 주관식, 객관식 문항을 만들도록 하고, 2차시에는 책상을 뒤로 하고 모둠원들끼리 둥그렇게 앉아 본격적인 골든벨 게임을 진행할 수도 있다. 이때에는 문제를 듣고 모둠이 함께 상의한 뒤에 골든벨 판 하나에 정답을 적으면 된다.
② 골든벨 판은 학년 초에 미리 만들어 일 년 동안 이용한다. B4 용지 크기의 마분지에 A4 용지 크기의 OHP 필름을 붙여 골든벨용 개인 칠판을 만들고, 컴퓨터용 수성 사인펜과 휴지를 준비해 둔다. 휴지 대신 안 쓰는 양말이나 스타킹, 화장용 솜 등으로 지우개를 대신해도 된다. OHP 필름 대신에 비닐 장판을 이용해도 좋다. 화이트보드용 매직으로 써도 아주 깔끔하게 잘 지워진다.
③ 교실 게시판 한쪽에 '골든벨 명예의 전당'을 만들어 놓고 골든벨을 울린 아이의 사진과 이름을 게시해 두면 아이들의 관심을 끌 수 있다. 가능하다면 한 달에 한 번씩 전 과목 골든벨을 꾸준히 진행해서 달마다 명예의 전당을 채워 나갈 수도 있다.

빙고 놀이

빙고 놀이는 가로세로 같은 수의 칸을 그려 ○나 ×표가 가로, 세로, 대각선으로 한 열을 이루면 이기는 놀이이다. ㄱ, ㄴ, ㄷ, ㅁ형 만들기 등으로 놀이 규칙을 변형해서 해도 재미있다. 이 놀이는 골든벨 게임과 함께 수업 중에 가장 많이 이용되는 놀이 가운데 하나이다. 골든벨 판을 만들 때 그 뒷면에 빙고판까지 만들어 두면 여러 모로 쓸모가 있다.

[놀이 방법 1]
① 가로세로로 각각 5칸씩 모두 25칸을 그린다.
② 1부터 25번까지 자기가 쓰고 싶은 칸에 번호를 쓴다.
③ 교사가 한 번호를 부르며 준비된 문제 가운데 하나를 낸다. 예를 들어 교사가 "5번, '계절이 바뀌는 원인은 이것의 공전 때문입니다.' 에서 이것은 '태양'입니다."라는 문제를 내면, 아이들은 각자 5번이라고 쓴 칸에 맞다고 생각하면 ○, 틀렸다고 생각하면 × 표를 한다.
④ ○ 표시가 가로나 세로, 대각선으로 한 줄이 만들어지면, 즉시 "빙고!"라고 외치고, 교사에게 확인을 받는다. 빙고가 서너 개 이상 나올 때까지 계속해서 기회를 주는 것이 좋다.

[놀이 방법 2]
소단원 수업이 끝난 뒤 배운 내용 가운데 중요한 것을 빙고 놀이를 하면서 정리해 볼 수 있다.
① 소단원 내용 가운데 중요하다고 생각되는 단어들을 각자 빙고판에 적는다.
② 먼저 교사가 지명한 아이가 빙고판에 적어 둔 중요한 단어를 하나씩 말한다.
③ 이때 다른 아이들도 같은 단어가 있으면 "얼쑤!" 하고 말하며 손을 든다. 손든 아이들이 15명 이상이면 모두 그 단어에 ○표 하고, 발표자는 단어를 고른 이유를 설명한 뒤 다른 사람을 지명한다. 15명 이하이면 다 같이 "꽝!" 하고 외친 뒤 다음 사람을 지명한다.

[놀이 방법 3]
단어를 말하고 이를 지워 나가는 것이 아니라 '설명'을 통해서 단어를 맞히는 식으로 진행한다.

① 소단원 내용 가운데 중요하다고 생각되는 단어들을 빙고판에 적도록 한다.
② 교사가 마음속에 단어 하나를 선택하여 아이들에게 설명한 뒤 답을 아는 아이를 지명한다. 예를 들어 "용암은 땅속 깊은 곳에 녹아 있는 이것이 화산 밖으로 나온 것입니다. 매우 높은 온도의 이것은 무엇일까요?"라고 질문한다면, 답을 아는 아이들은 손을 들고 교사가 그 가운데 가장 먼저 손을 든 아이를 발표자로 지명하면 된다.
③ 이때 답이 맞으면 아이들은 자기 빙고판에서 '마그마'라고 쓴 단어를 지운다.
④ 문제를 맞힌 아이가 자기가 쓴 단어 가운데 하나를 골라 설명한다. (답을 맞혀야 다음 번 문제에서 자기가 지우고 싶은 단어를 골라 설명할 수 있다. 가운데 칸에 쓴 단어를 먼저 지울 경우 가로, 세로, 대각선이 다 걸릴 확률이 높아 유리하다.)
⑤ 답을 아는 아이는 손을 들고 가장 먼저 손을 든 아이가 답을 발표한다. 이런 식으로 빙고가 나올 때까지 진행한다.
⑥ 교사는 시작만 하고 그 다음부터는 아이들끼리 서로 릴레이식으로 진행하면 된다. 문제를 낸 아이는 반드시 손을 가장 먼저 든 아이를 지명하도록 해야 진행 과정에 불만이 생기지 않는다.

주의점
아이들은 수업에서 배운 단어라 해도 막상 설명하라고 하면 겁부터 낸다. 아이들이 이해한 수준에서 자기들 말로 설명하도록 하고, 교과서에 나와 있는 대로 설명할 것을 강요하지 않도록 한다. 새로운 단어가 거의 없는 단원은 교과 외의 단어를 몇 개 넣어도 재미있다. 아이들은 교과서 밖의 단어가 많은 경우를 더 좋아한다.

○✕ 퀴즈
이 놀이는 운동회 때 운동장에서 많이 했는데, 요즘은 교실에서 동기 유발을 하거나 배운 내용을 정리할 때 많이 활용하고 있다. 교실에서는 주로 제자리에 앉아서 손으로 ○와 ✕를 표시하며 진행한다. ○✕ 퀴즈의 장점은 반 전체가 모두 참여할 수 있다는 점이다. 특히 운(?)만 잘 따르면 친구들의 인정을

받을 수 있는 시간이기도 하다.

[놀이 방법 1]
① 교사가 불러 주는 문제를 잘 듣고 마음속으로 정답을 생각한다.
② 교사의 "하나, 둘, 셋!" 신호와 함께 불러 준 문제가 틀리다고 생각하면 가슴 앞에서 손으로 ✕표를 만들고, 맞다고 생각하면 머리 위에서 손으로 ○표를 만든다.
③ 교사는 정답을 발표하고, 맞힌 아이들만 일어난다. 이 아이들과 함께 계속 진행하는데, 두 번째 문제부터는 틀리면 제자리에 앉도록 한다.

[놀이 방법 2]
교과와 관련된 내용으로 문제를 내고 모둠 전체가 상의하여 ○나 ✕를 표시하는 모둠 ○✕ 퀴즈를 활용할 수 있다. 모둠 ○✕ 퀴즈이기 때문에 함께 토의할 시간을 충분히 주어야 하며, 교사의 "하나, 둘, 셋!" 신호와 함께 모둠원 전체가 동시에 손으로 ○나 ✕를 표시하면 된다. 난이도가 높은 문제나 사고력을 요하는 문제를 출제하여 충분히 토의해서 답을 정하도록 해야 학습 효과를 높일 수 있다.

주의점
① 교사가 미리 문제를 준비할 수도 있지만, 수업을 마치고 즉석에서 아이들에게 퀴즈 문제를 내게 할 수도 있다.
② 부직포로 ○✕ 퀴즈용 장갑을 만들어 사용하면 일 년 동안 편리하게 활용할 수 있다. 부직포를 벙어리장갑 모양으로 두 장을 잘라 겹쳐서 간단하게 시침질을 하거나 스테이플러로 둘레를 박는다. 그런 다음 장갑 앞면과 뒷면에 눈에 잘 띄는 색을 두 가지 골라, ○와 ✕를 잘라 붙이면 귀여운 ○✕ 퀴즈용 장갑이 된다.

야구 놀이
야구 놀이는 단원이 끝났을 때 단원 정리용으로 해 볼 수 있는 놀이이다. 모든 아이들의 참여가 가능하며 서로 겨루기를 통해 학습 효과를 높일 수 있다. 게다가 놀이를 하다 보면 까다로운 야구 규칙까지 이해할 수 있어 체육 교과에서 야구나

발야구 지도를 할 때 한결 편해진다.

[놀이 방법 1]

① 교사는 미리 문제 난이도에 따라 1루타, 2루타, 3루타, 홈런에 해당하는 문제를 분류해 놓는다. 1루타가 가장 쉬운 문제이고, 홈런이 가장 어려운 문제이다.

② 칠판에 야구 베이스를 그려 놓고, 야구 놀이통을 하나 만들어 그 안에 홈런, 3루타, 2루타, 1루타, 도루, 병살타, 사구, 삼진 등의 야구 용어가 적힌 쪽지를 여러 장 넣어 둔다. 홈런이나 3루타 등은 다른 것에 비해 적게 적어 넣어야 한다.

③ 두 팀으로 나누어 각 팀에서 가장 공부를 잘하는 아이를 투수로 뽑도록 한다. 양팀 투수의 가위바위보로 공격과 수비를 정하고 수비팀 투수와 공격팀 1번이 나란히 교탁 앞으로 나온다.

④ 공격 선수는 야구 놀이통에서 쪽지를 하나 꺼내 든다. 홈런을 뽑았다면 교사는 홈런에 해당하는 사고력 깊은 문제를 내준다.

⑤ 도루가 나오면 앉아 있는 수비팀 가운데 한 명을 찾아가 가위바위보를 해서 이기면 도루에 성공하고, 지면 아웃이 된다. 도루에 성공하면 문제를 풀지 않고도 주자가 1루에 있었으면 2루로, 2루에 있었으면 3루로 갈 수 있다. 병살타는 문제를 듣기도 전에 바로 루상의 주자와 공격 선수가 모두 아웃된다. 삼진 역시 문제를 듣기도 전에 죽게 된다. 병살타와 삼진이 많이 나오면 미리 공부한 아이들의 의욕이 꺾일 수 있으므로 한 장씩만 준비하는 게 좋다.

⑥ 답을 아는 아이가 먼저 팀의 구호를 외친다. 기회는 두 번 주는데, 교사가 다섯 손가락을 꼽을 동안에 정답이 나오지 않으면 상대방에게 기회가 돌아간다. 투수가 문제를 맞혔을 때에는 공격 선수가 아웃된다. 아웃되면 2번 선수가 나온다. 공격 선수가 맞히면 칠판의 루상에 표시를 하고, 루를 다 돌면 점수를 기록한다.

⑦ 투수와 타자가 모두 맞히지 못했을 때에는 방청석 문제로 돌려 앉아 있는 아이들이 풀 수 있도록 한다. 가장 먼저 손을 든 아이에게 기회를 주고, 문제를 맞히면 그 모둠에 상점을 준다.

[놀이 방법 2]

놀이 방법을 바꾸어 일명 수준별 야구 놀이를 해 볼 수도 있다. 자기 수준에 맞는 문제를 뽑아 풀 수 있다는 장점이 있고, 타자만 있고 투수는 없다는 점이 다르다.

① 타자가 교실 앞으로 나와 자기 수준에 맞게 문제를 고른다. 문제는 1루타, 2루타, 3루타, 홈런 문제가 있으며 각 문제는 수준에 따라 난이도를 조절한다.

② 한 문제당 10초 정도 시간을 주고, 문제를 못 맞히면 아웃이 된다.

③ 쓰리 아웃을 기준으로 5회 정도 진행하면 좋고, 만약 못 맞힌 문제를 수비측에서 맞히면 병살타가 되어 한 번에 투아웃이 된다.

[놀이 방법 3]

야구 놀이는 공부를 못하는 아이들에게는 부담이 될 수도 있다. 방법을 약간 변형해서 모두가 함께 참여하는 놀이로 바꿔 볼 수도 있다.

① 타자가 야구 놀이통에서 쪽지를 꺼내 문제를 읽는다.

② 팀과 상관없이 문제의 정답을 아는 아이들은 모두 일어난다.

③ 교사의 "하나, 둘, 셋!" 신호와 함께 정답을 이야기한다. 교사가 정답을 말하면, 정답을 맞힌 아이들만 자리에 선다. 이때 아이들 수가 더 많은 쪽이 공격팀이었다면 진루하고, 수비팀이었다면 아웃이 된다.

주의점

① 야구 놀이는 일주일 전부터 미리 알림장에 계속 예고해 주는 것이 좋다. 야구 놀이가 그저 놀기만 하는 활동이 아니라 배운 내용을 정리하는 학습 활동이라는 점을 반드시 알려 주어야 한다. 그러기 위해서 야구 놀이를 시작할 때마다 미리 복습해 온 아이가 얼마나 되는지 꼭 확인하고 칭찬해 주면, 점점 공부해 오는 아이들이 많아진다. 필요할 경우에는 야구 놀이를 시작하기 전에 10분 정도 칠판에 범위를 정해 주고, 공부하도록 한다.

② 매번 교사가 직접 문제를 출제하는 것은 힘들다. 그럴 경우 아이들에게 문제를 출제할 기회를 주는 것도 좋다. 모둠별 과제로 1루타 문제 10개, 2루타 문제 5개, 3루타 문

제 2개, 홈런 문제 1개씩 만들어 오게 하면 좋다. 문제를 만들다 보면 저절로 공부가 된다.

③ 공격팀에서 공부를 못하는 아이는 이 놀이를 곤란해 할 수 있다. 이런 아이들을 위해 폭탄 공격, 즉 그 다음 번호의 아이와 함께 앞으로 나와 수비팀 투수와 겨루는 방법을 마련해 둔다. 두 사람이 힘을 합해 문제를 맞힐 수 있으나 틀리면 투 아웃이고 홈인을 하면 2득점으로 인정한다.

○× 축구

○× 축구는 단원 정리용 놀이이다. ○× 축구 역시 두 팀으로 나뉘어 겨루게 된다. 다만 야구 놀이가 공격과 수비를 구분해 겨루는 놀이인데 비해, ○× 축구는 문제마다 공이 전진했다 후퇴하기를 거듭한다. ○× 퀴즈와 축구 경기 방법을 결합한 놀이 형태이며, ○× 퀴즈 대신 단답식 문제를 준비해서 진행해도 상관없다.

[놀이 방법]

① 칠판에 축구장 모양을 그리고, 양쪽 진영에 세로로 세 개씩 점선을 그은 뒤, 골대를 그려 놓는다.

② 두 팀으로 나누어 가운데에 축구공(자석)을 놓고 ○× 퀴즈를 시작한다.

③ 교사가 내는 문제를 다 들은 뒤, 교사의 "하나, 둘, 셋!" 신호와 함께 문제의 답을 손으로 ○나 ×를 만들어 표시한다.

④ 정답을 발표하면, 문제의 답을 맞힌 인원수가 더 많은 팀이 반대쪽으로 축구공 자석을 한 라인씩 전진할 수 있다.

주의점

○× 퀴즈 문제를 다 들은 뒤에는 절대로 같은 모둠끼리 의논할 수 없다. 같은 모둠원에게 정답을 말해 주다 들킬 경우에는 무조건 축구공 자석을 자기편으로 한 칸씩 이동시키는 벌점을 받는다.

축구공으로 이용하는 자석에 축구공 그림을 확대해 붙이면 더욱 실감나게 진행할 수 있다. 골대 안에 공이 들어가

기까지 상대편 진영으로 네 번을 나가야 한다.

퀴즈가 좋다

텔레비전에서 방영된 퀴즈 프로그램을 교실에서 활용한 놀이이다. 일 대 일 대결로 도전자들의 박진감이 그대로 느껴진다.

[놀이 방법 1]

① 모둠 대표는 모둠 수만큼 열 문제씩 넣어 둔 봉투를 고른다.

② 1번부터 5번까지는 객관식 5문항으로, 지우개 찬스나 ARS 찬스 가운데 하나를 한 번 쓸 수 있다.

③ 지우개 찬스는 네 개의 객관식 보기 가운데서 답이라 생각하는 번호를 두 개까지 지워 가며 답을 맞힐 수 있고, ARS 찬스는 학급의 모든 아이들에게 정답이라고 생각하는 번호에 손을 들어 주도록 부탁하는 찬스다.

④ 6번부터 10번까지는 주관식 문항으로, 7번부터 10번까지의 문제는 제시어를 먼저 보고 '도전' 이나 '포기' 를 결정할 수 있다. 이때 포기를 하면 그때까지의 점수를 받아 갈 수 있고, '도전' 했다가 문제를 틀렸을 경우에는 모든 점수를 잃기 때문에 모둠끼리 신중하게 상의하고 도전할지 포기할지 결정한다.

⑤ 6번부터 10번까지는 인터넷 찬스와 전화 찬스를 쓸 수 있다. 인터넷 찬스는 교사의 컴퓨터를 이용해 인터넷으로 30초 안에 정답을 찾는 것이고, 전화 찬스를 쓰면 자기 모둠에서 정답을 알 것 같은 한 아이와 30초 동안 대화를 할 수 있다.

주의점

아이들 보상으로는 사탕이 좋다. 미리 기준을 정해 다른 것으로 보상해도 좋다. 다만 9번, 10번 문제만큼은 사고력을 측정할 수 있도록 서술형 질문을 준비한다. 컴퓨터를 이용해 문제를 플래시로 제작해 두면, 교실에서도 쉽게 활용할 수 있고, 다른 교사와 나눌 수도 있다.

학급운영 SOS!

학급운영과 교과지도, 두 마리 토끼를 잡고 싶어

Q 저는 요즘 우리 반 아이들에게 무지막지하게 공부를 시키고 있습니다. 5학년을 맡아 보니 교과가 많고 내용들도 복잡해서 공부해야 할 게 많더군요. 또한 학교에서는 모든 행사에 고학년을 동원하죠. 고학년 아이들에게 교과를 제대로 가르치기엔 시간이 부족함을 느낍니다. 작년 초임교사일 때는 아이들과 하고 싶은 교육활동도 많고 욕심이 앞서서 공부를 덜(?) 시켰습니다. 그런데 여러 가지 학급운영에 대한 계획을 세우다 보니 아무래도 집중적으로 공부할 시간을 확보하지 못했던 것 같아요. 어느 순간 아이들의 학력이 너무 떨어지는 것 같은 위기감이 들었습니다. 올해는 수업을 하고 단원 평가를 여러 번 합니다. 틀린 문제를 다시 풀어 오라고 하고, 평균에 못 미치는 아이들은 나머지 공부를 시킵니다. 그리고 다시 단원 평가를 합니다. 또 매주 이메일로 학습지를 보냅니다. 그것을 부모님 확인까지 받아서 풀어 오게 합니다. 안 풀어 오는 아이는 다시 나머지 공부를 시키고. 그 단원 성취도가 어느 정도 되었다 싶을 때까지 하는 거지요. 이렇게 공부만 시키자니 학급에서 아이들이 다양한 활동을 못하게 된 것 같아요. 그렇다고 작년의 방식대로 하자니 아이들 간 학습 수준 차이가 걱정됩니다.

 A1 **먼저 교육목표를 분명히 정립하세요**

조성실 | 서울 누원초 교사

우선 나는 왜 아이들을 가르치는가, 나는 아이들이 무엇을 알기를 바라는가, 나는 아이들이 공부를 해서 어떤 사람이 되기를 바라는가, 교과마다 그 교과를 가르치는 목표가 무엇인가를 꼭 생각하시기를 권합니다. 우리 교사는 늘 그것을 생각해야 합니다. 단원 평가에 모두 통과하면 가르치는 목표를 모두 통과한 것일까요? 혹시 지금 선생님께서는 단지 '정답을 알고 있다. 지식을 안다.'에 집착하고 계신 것은 아닌지요?

5학년 국어과의 예를 들어 보겠습니다. 〈목련꽃〉이라는 시를 공부하고 나서 선생님은 어떤 평가를 하셨나요? '목련꽃은 아이들의 입이다.'에서 사용한 표현 방법은 무엇인가? 이런 질문을 할 수 있겠지요. 비유법이 답입니다. 그리고 비유법이 들어가는 짧은 글을 하나 쓰라고 하겠지요. 그런데 아이들이 비유법을 알고, 비유법의 예를 들고, 각 시

의 주제, 소재, 재미있는 표현을 잘 추려 내서 정답을 맞히면, 아이들은 공부를 잘하는 것일까요?

아이들은 모두 시인이라고 합니다. 사물이나 사실을 있는 그대로 느끼고, 표현하고, 사랑하는 마음을 가지고 있다는 의미일 것입니다. 우리가 아이들과 시를 공부하는 이유는 시인의 마음을 찾아 주는 것, 그것을 시로 표현하는 것, 시를 좋아하도록 분위기를 만들어 주고 계속 시를 읽도록 마음을 움직여 주는 것이 아닐까요? 우리 교사는 무엇을 목표로, 얼마나, 어떻게 가르칠 것인가를 고민해야 합니다. 단원 평가는 내용을 일방적으로 묻고 아는지 확인하는 것이 아니라, 선생님의 수업 목표에 도달했는지 여부를 확인하는 것이어야 합니다.

교사가 가르치는 목표는 각 교과마다 다를 겁니다. 수학과는 반 아이들이 모두 단원의 중요한 개념을 알고 다음 단원으로 넘어가는 것을 목표로 하는 것이 좋을 듯합니다. 그러기 위해서 수업을 제대로 이끌 수 있는 방법을 고민하셔야 합니다. 교과서에 나온 그대로 문제를 풀고, 단원 평가를 하고, 모르는 문제를 가르치고 다시 평가하는 방법으로

공부시키면 점수는 높아질지도 모릅니다. 하지만 아이들은 수학을 재미없는 과목, 어려운 과목으로 생각하게 되지, 진정 수학 학습에서 얻어야 하는 논리적 사고력, 추상적 개념에 대한 이해, 앎의 기쁨이나 배움에 대한 의지 등은 얻기 힘들 것입니다.

학급운영의 여러 활동도 그렇습니다. 우리가 생일잔치를 하는 까닭은 다른 사람을 위해서 뭔가를 하는 것이 행복한 일임을 알고, 다른 사람과 내가 행복할 수 있는 방법을 배우기 위한 것이지요. 그렇다면 좀 더 효과적인 교육목표를 생일잔치에 넣어 볼 수 있지요. 인권을 생각하고, 생명이나 태어남의 의미를 생각해 보게 하고, 더불어 스스로 어떤 일을 계획해 보는 자치의 개념까지를 생일잔치에 넣는 것이지요. 그렇다면 학급운영 활동도 아주 중요한 공부입니다. 학급운영을 많이 하면 공부가 소홀해지는 것이 아니라 학급운영을 하면서 공부하는 분위기를 더 잘 만들어 갈 수도 있습니다. 선생님이 목표로 하는 것에 적합한 몇 가지를 꾸준히 하는 것이 중요합니다.

이제 선생님 고민을 잠깐 접으시고 정리를 해 보세요. 아이들이 꼭 기억해야 하는 지식은 어느 정도인지, 지식을 습득하는 방법은 무엇으로 해야 할지, 그보다 더 중요하게 변화시키고 싶은 태도나 느끼게 하고 싶은 것은 무엇인지, 일 년 동안 아이들이 어떤 모습으로 자라기를 바라는지 정리해 보세요. 교육의 목표 가운데서 '지식을 안다. 답을 쓴다.'는 것은 아주 작은 부분이고, 아이들은 교과서의 모든 내용에 대해 정답을 쓸 수는 없다는 사실도 기억하십시오.

 좋은 학급운영은 교과 공부를 풍부하게 합니다

신명기 | 서울 영훈초 교사

"선생님, 저는 박 선생님이 담임이 되면 좋긴 좋은데, 공부를 너무 시키지 않는다고 다른 부모님들 사이에서 좀 불만이 있어요. 학급운영인가 하는 것을 열심히 하느라고 공부를 제대로 가르치지 않는다고요."

벌써 꽤 오래 전의 일입니다. 새 학년이 가까워질 무렵 친하게 지내던 학부모와의 대화 도중에 나온 말이죠. 말이 박

선생님이지, 나에게 하는 말이나 다를 것 없다는 생각이 들었습니다. 그때부터 저도 학급운영이라는 것에 대해 다시 생각해 보며 나름대로 나만의 학급운영의 정의를 세우게 되었습니다.

대부분의 많은 새내기 교사와 교직 경력이 짧은 선생님들은 학급운영을 계획하고 이끌어 가면서 교과지도와 학급운영 사이에서 고민을 합니다. 어느 한쪽을 소홀히 하기도 싫지만 그렇다고 둘 다 완벽하게 하는 것도 힘들기 때문이죠. 하지만 그것은 학급운영과 교과 공부를 분리해 생각하는 데서 오는 고민입니다. 학급운영과 교과지도를 따로 떼어서 생각하면 학급운영은 아주 부담스러운 활동이 됩니다.

학급운영이라는 말 자체는 교과 공부를 포함하고 있으며 학급운영 가운데 가장 큰 비중을 차지하는 것은 교과 수업이어야 합니다. 수업 시간에 교과 내용을 가르치지 않고 교과와 전혀 상관없는 활동을 하는 경우가 있습니다. 물론 그것도 학급운영이며 그런 활동이 교과와 관련되어 있지 않다고 해서 교육적이지 않다고까지 말할 수는 없습니다. 그렇지만 일종의 이벤트성 학급운영은 아이들의 재미를 위해 어쩌다 하는 활동이어야지 그것이 주가 되어서는 곤란하다는 생각입니다. 제대로 된 학급운영이라면 많은 부분이 교과지도와 연관되어 있습니다. 교과 수업을 어떻게 하면 더 풍부하고 다양한 활동으로 재구성해서 가르칠까 하는 고민의 답이 '학급운영'이라는 이름으로 나와야 합니다. 예를 들어 '학급 노래자랑'을 한다고 했을 때 사전준비가 없다면 '이벤트'가 되지만 '음악, 국어, 미술'을 통합하여 준비하면 교과 내용을 풍부하게 하는 학급운영이 되는 것이죠. 종이 접기와 칠교, 노래, 놀이 등 모든 활동이 교과와 서로 얽히면서 관계를 맺어 나가는 학급운영이 되도록 하면 좋을 것입니다.

학급운영과 교과지도를 분리하지 않고 하나의 덩어리로 보는 관점이 생긴다면 '학급운영은 잘하는데 교과는 잘 가르치지 못한다.' '교과는 잘 가르치는데 학급운영은 잘하지 못한다.'는 말은 하지 않게 될 것입니다. 교과를 잘 가르치는 선생님이 학급운영도 잘하는 선생님이 되고, 학급운영을 잘하는 선생님이 교과 수업도 잘하는 선생님이 되지 않을까요? 그리고 교과 수업을 교과서에 있는 것을 충실히 가르치는 것으로만 생각하지 마시기 바랍니다. 교과에서

이루어야 할 목표를 다양한 학급운영을 통해서도 얻을 수 있다는 생각을 갖는 겁니다. 다만 그런 학급운영이 학년이나 교과에 대한 교사의 고민이 제대로 담기지 않은 내용이라든지, 누군가의 좋은 학급운영 사례를 그대로 적용하는 것이어서는 안 되겠지요.

 ### 인성교육 프로그램으로 공부 스트레스를 보살펴 주세요

김희숙 | 광주 삼각초 교사

교사가 된 지 22년, 그 가운데 절반의 세월은 월말고사가 존재하는 시절이었어요. 5학년을 맡은 첫해에는 열정과 설렘을 가지고 최선을 다했지요. 하지만 15반 가운데서 10등 안에 드는 경우가 거의 없었답니다.

9년 정도 되었을 때 2학기가 시작되는 날, 방학 숙제를 다 해 오지 않은 학생 15명 정도를 데리고 나머지 공부를 시작했어요. 그 아이들을 데리고 반 실력을 올려 보기로 계획한 거지요. 이 작전은 적중했어요. 날마다 남아서 문제집을 풀다 보니 한 달에 두 권이 넘는 문제집을 다루게 되고, 실제로 월말고사에서 15~22명 정도가 평균 90점이 넘어 학력 우수상을 타게 된 거지요.

그리고 그 다음 해부터는 중간고사와 기말고사만 보게 되었답니다. 그러니까 얼마나 마음이 편해지던지요. 그때부터 단편적인 지식을 주입시키는 교육이 아닌 나름대로의 학급운영을 고민해 보기 시작했지요. 초등학교에서 배우는 지식이야 언제든 바뀔 수 있지만, 사람으로서 살아가야 할 도리는 변하지 않는다는 생각에서요.

그 후 10여 년 동안의 학급운영을 돌이켜보면, 사람을 어떻게 볼 것인가 하는 인간애가 학급운영의 목표를 설정하는 바탕이 된다는 것을 은연중에 깨닫게 되었던 것 같아요. 학생보다 '앞에 있는 사람'인 선생이 무엇을 중요하게 여기는가에 따라서 학급운영이 달라진다면 교사는 담임을 하기 전 한 해의 목표를 세워 보아야 하겠지요. 더군다나 목표를 향해 나아가다 그것이 아니라는 생각이 든다면 일단 한 박자 늦추면서 자신의 현실을 적나라하게 직시해 보는

일도 서슴없이 해야 될 것 같아요.

우리는 성적 위주의 교육을 받아 온 사람들이지요. 입으로는 학생 개개인의 소질과 특기를 계발해 주고 더불어 살 줄 아는 진정한 생태주의적 민주시민으로서의 자질을 길러 주어야 한다고 말하면서도 학생들의 성적이 뒤떨어지는 것에 조바심과 두려움을 느끼지요.

그럼에도 선생님이 올 한 해 '지식(성적)'에 초점을 맞추셨다면 성공이든 실패든 일단 가 보는 거예요. 대신 선생님의 불안을 없애고, 학생들의 부담을 덜어 주고, 건전한 성장을 위해 인성교육 부분을 함께 해 보세요. 예를 들면 음악 들으며 독서하기, 동화 들려주기, 만화 그리기나 스케치, 생각 키우기, 건전 가요 부르기 등이 있죠. 그 밖의 여러 가지를 선생님이 선택하셔서 아침 수업 시작 전이나 점심 시간, 마침 시간 등 가능한 시간을 활용하여 시작해 보세요. 아마 후회든 기쁨이든 올 한 해 동안 겪은 일들은 앞으로 선생님이 걸어갈 길의 주춧돌이 될 것입니다. 그리고 그것이 진정한 교사가 되는 시작이겠지요.

밀란 쿤데라의 〈시인이 된다는 것〉이라는 시가 있어요. 이따금 저는 교사로서 힘들어질 때 또는 자신이 없어질 때 '시인'을 '교사'로 바꾸어 중얼거려 본답니다. 제 자신의 마음을 다잡기 위해, 또다시 앞을 향해 나아가기 위해.

시인이(교사가) 된다는 것은
끝까지 가 보는 것을 의미하지

행동의 끝까지
희망의 끝까지
열정의 끝까지
절망의 끝까지

너무 일찍 계산하고, 너무 일찍 절망하여, 너무 일찍 포기하고 일어서 버리면 안 되지요. 끝까지 가 보지 않은 길은 언제나 후회만 남기니까.

02 수업을 윤택하게 하는 수업 기술

아이들에게는 교사의 몸짓, 표정, 눈빛이 모두 '미디어'입니다.

아이들은 수업 시작종이 울리고 교단 앞에 선 교사가

어떤 눈빛으로 아이들을 살피는지,

첫 발문을 어떻게 시작하는지에 따라

그날 수업의 '힘'을 느낍니다.

그뿐입니까? 사이사이 판서나 설명, 과제 제시 등

수업 중 끊임없는 상호작용 속에서 학습의 '질'을 판단하게 됩니다.

결국 좋은 수업을 하고자 하는 교사의 목표는

얼마나 촘촘하게 수업 전략을 구상하고

그에 걸맞는 수업 기술을 적용하느냐에 달려 있습니다.

수업 기술은 수업의 일부이지 그 기술이 곧 수업은 아니다.
한마디로 수업 기술은 아이들이 교과를 보다 잘 이해하도록 하기
위한 촉매인 것이다. 교사가 수업 기술을 부려 쓸 때는, 교과와
아이에 대한 이해를 바탕으로 적절한 쓰임새를 따져 볼 일이다.

교사의 전문성을 이야기할 때 편의적으로 학급운영이나 생활지도, 교과지도 등을 나누어
그 각각의 영역이 마치 독립적인 한 분야인 듯 취급하지만, 교실 안 교사의 역할을 놓고 보
면 이는 불가분의 관계에 있다. 교과를 이해하는 것, 아이들을 이해하는 것, 구체적인 수업
활동을 통해서 아이들이 교과를 이해하도록 하는 것, 이 모든 것은 전체로서 교사의 일이
다. 교과를 가르치면서 학급 상황을 염두에 두지 않는다면, 이는 교과서에 갇힌 수업이 될
수밖에 없고, 또한 아이들과의 의사소통이 활발하지 않을 때는 학급운영이든 수업이든 원
활한 진행을 기대할 수 없게 된다. 교사에게 수업은 곧 아이들과의 만남이자 학급운영을
전개해 나가는 데 있어 중심축이 되는 것이다. 학급운영을 하면서도 아이들의 관계를 조
직하고 학급문화를 일구기 위한 다양한 전략이 필요하듯, 수업에서도 같은 맥락의 다양한
전략과 기술이 필요하다.
교사라면 누구나 좋은 수업을 하기를 원한다. 그런데, 좋은 수업을 하기란 말처럼 쉬운 일
이 아니다. 수업을 좌우하는 요소들이 너무 많기 때문이다. 학급의 분위기, 학교의 여건,
학습기자재, 심지어 교사 자신의 수업 기술까지 눈에 보이는 것과 보이지 않는 것 모두 수
업에 영향을 미친다. 이 중에는 여건을 갖추어 나가며 우리 사회가 함께 책임져야 할 요소
도 있지만 교사 스스로의 훈련과 통제로 바꾸어 나갈 수 있는 요소도 분명히 있다. 특히,
판서나 발문, 과제 등은 교사가 수업 계획을 세우면서 미리 고민해야 하는 것이다. 그리고
이것에는 '아이들과의 상호작용' 이 바탕이 되어야 한다. 이를 바탕으로 수업을 잘했다, 못
했다라고 말하기는 어렵지만 적어도 충분히 준비된 수업인가 아닌가를 알 수 있다.
이런 의미에서 수업을 잘 이끌기 위한 '방법' 을 배우는 것은 매우 중요한 일이다. 수업을 잘
하기 위해 어떤 '기술' 이 필요한지, 그 기술을 상황에 맞게 부려 쓰는 방법은 무엇인지, 좋은
수업이라는 높은 뜻을 이루기 위한 교사의 준비는 어때야 하는지, 한 걸음 더 나아가 보자.

수업의 시작과 끝, 동기 유발

교사의 수업 성공이나 학생들의 학습 성취는 모두 아이들에게 공부하려는 동기가 있느냐 없느냐에 따라 그 수준이 달라진다. 하지만 아이들 스스로 배우고자 하는 지적인 관심과 열의를 내보이는 경우는 드물다. 대부분 교실 공간에서의 학습은 수동적이거나 일방적이기 일쑤고, 아이들은 학교 수업이 끝난 다음에도 학원이나 학습지에 둘러싸여 일상적으로 공부를 강요받고 있기 때문이다. 교사는 세련된 교수 기법을 부리는 데 앞서 이런 아이들의 상황을 이해하고, 학습의 조건과 상황을 이끌어 가야 한다. 수업을 여는 동기 유발 전략 또한 이를 바탕으로 짜여져야 할 것이다.

아이들의 호기심을 끌어내라

동기 유발은 아이들의 호기심을 자극하는 일이다. 특히 수업을 시작할 때 아이들의 눈길을 '확' 끌어 모으는 도입부 전략이 많은 교사는 수업에 성공할 확률이 그만큼 높다. 똑같은 내용이라도 교사가 처음부터 끝까지 설명으로 일관하는 것보다는 시청각 자료를 이용하면 좀 더 효과적으로 아이들의 시선을 모을 수 있다. "오늘의 수업 목표는 ○○이다." 하고 무미건조하게 얘기하는 것보다는 손가락 인형으로 아이들의 눈길을 모으며 "얘들아, 오늘은 우리 ○○에 대해 공부하자." 하는 편이 낫다는 것이다.

일단 눈길을 모은 다음에는, 해당 교과나 단원의 목표와 관련된 호기심 유발이 따라야 한다. 어떤 개념을 해설하거나 예를 들 때는 최대한 아이들의 일상생활에서 찾을 수 있는 구체적인 상황이나 장면을 사용하는 것이 효과적이다. 그러나 친숙하고 구체적인 예시나 개념을 사용하는 것만으로 아이들의 지적인 호기심이 유발되지는 않는다. '왜?' 라는 생각이 들도록 수업의 첫 질문을 끌어내야 한다. '저것에 대해 좀 알아보고 싶다.' 라는 생각이 들도록 수업의 도입을 준비하면 그만큼 성공 확률은 높아진다.

도전과 성취의 경험으로 자신감 충전!

할 수 있다는 자신감 없이 학습 동기가 생길 수 없으며, 자신감을 불러일으키는 데 성취의 경험보다 유용한 방법은 없다. 교사가 어떤 지적 호기심을 주고 유용한 지식을 전수한다 해도, 그것은 아이들 머릿속과 가슴속에 '내가 알아냈다.' '내가 해냈다.'는 뿌듯함으로 자리 잡아야 한다.

자신감이나 성취 욕구는 어느 정도의 '도전 의식'에서 생긴다. 해결해야 할 과제가 너무 쉬우면 지루해할 것이고, 너무 어려우면 좌절감이 커질 것이다. 따라서 아이들의 수준에서는 좀 버겁다 싶은, 그러나 열심히 도전하면 충분히 해결할 수 있는 과제를 부여하는 전략이 필요하다.

이때 과제는, 눈으로 드러나는 보고서 쓰기나 실험하기 등이 될 수도 있지만, 교사의 질문에 대답하기, 문제 풀기 등이 될 수도 있다. 따라서 수업 중 교사의 질문은 아이들에게 지적인 도전감을 줄 수 있는 것이어야 한다. "알아들었느냐?" "모르는 사람 손 들어." 등의 말을 자주 하는 것은 실제 아이들의 이해도를 측정하는 데에도, 지적인 도전감을 불러일으키는 데에도 도움을 주지 못한다.

아이들에게 과제 수행에 따른 지적인 성취를 맛보게 하는 것은 자신감을 갖게 하는 데 매우 중요하다. 1+1=2라는 계산을 하는 데 성공한 아이는 그 계산에 필요한 원리와 전략을 2+2=4라는 연산에 적용하여 또다시 성공함으로써 성취의 경험을 강화하게 된다.

구체적인 피드백이 최고의 보상이다

동기 유발에 있어서 적절한 피드백은 매우 중요하다. 피드백에는 아이들의 과제 수행 결과, 평가 결과, 어떤 행동에 대해 주어지는 정신적, 물질적 보상이 포함될 수 있다. 발표를 잘하거나 숙제를 잘해 왔을 때 받는 사탕 한 알, 스티커 한 장의 위력은 무시할 수 없다. 그러나 물질적이거나 외적인 보상은 일시적인 동기 유발에 그칠 뿐이다. 게다가 자칫 경쟁 심리를 부추겨 동기 유발을 방해하는 결과를 낳을 수도 있다. 야단이나 비난보다는 칭찬과 상이 좋지만 이것만으로는 충분한 피드백이라고 할 수 없다.

가장 효과적인 피드백은 아이들에게 학습이나 과제 수행을 통해 향상된 자신의 능력을 확인시켜 주는 것이다. "참 잘했다."보다는 "어떻게 그런 생각을 할 수 있었니!" "조사를 참 꼼꼼히 했구나." "나도 미처 생각해 보지 못한 것을 지적했구나." 등 구체적인 피드백을 주는 것이 좋다. 이러한 피드백은 아이들이 자신이 무엇을 잘했는지, 앞으로 무엇을 해야 하는지 깨닫고, 특히 그 분야와 방법을 '강화'할 수 있는 동기를 갖게 만들어 준다.

피드백은 아이들의 행동 직후에 바로 주는 것이 좋다. 시간이 오래 지난 뒤에 제공되면, 동기 유발을 일으키기는커녕 과제 수행에 대한 의무감마저 희석시킬 수 있다. 그리고 교사가 피드백을 주는 행동과 내용은 어느 아이에게나 어떤 상황에서나 일관되어야 한다.

아이들로 하여금 수업의 주인공이 되게 하라

학습 동기의 가장 일차적인 요인은 호기심이다. 그러나 하나의 호기심만으로는 수업 시간 내내 아이들의 학습 의욕을 이끌 수 없다. 첫 번째 호기심에서 다음 단계의 호기심으로, 단순하고 감각적인 호기심에서 깊이 있고 지적인 호기심으로 유도함으로써 아이들에게 계속적인 자극과 의욕을 심어 줄 수 있을 것이다.

토론, 실험, 관찰, 역할놀이, 모의재판 등 각종 체험 요소를 수업에 도입하는 것은, 아이들이 주도적으로 수업을 이끌어 가도록 하기 위해서이다. 동기 유발이 단순히 순간적인 호기심 유발이나 수업 도입부에서의 반짝 시선 끌기 전술로 그치지 않고 수업 시간 내내 지속되고 더 나아가 그 단원, 내용, 교과에 대한 관심과 학습 욕구로 이어지기 위해서, 아이들의 '수업 주도성'은 필수이다.

아이들의 호기심을 지속, 상승시키고 수업 주도성을 확보해 주는 것, 수업 중의 활동이 지적인 참여가 될 수 있게 하고 지식을 체화시키는 방법이 되게 하는 것. 교사가 수업 계획을 짜는 것은 바로 이러한 과정을 이루어 내기 위한 연출이고, 하나의 예술이다.

엉뚱함과 기발함을 부추겨라

교사의 질문에 대해 엉뚱한 대답을 하는 아이가 있을 때 교사가 "참 기발한 발상이다. 어떻게 그런 생각을 하게 된 거지?" 하고 받아 주는 장면과, "틀렸어, 선생님 설명을 제대로 듣지 않으니까 그런 엉뚱한 대답을 하지." 하고 받아 주는 장면을 비교해 보자. 교사의 작은 배려가 그 아이의 학습 태도와 교과에 대한 관심에 어떤 영향을 줄지 쉽게 상상할 수 있다. 그 아이뿐 아니라 다른 아이들 역시 '수업 시간에 어떤 이야기를 해도 야단을 맞거나

비웃음을 사지 않는다.'고 안심하게 된다.

수업 시간에 적당한 경쟁 요소를 도입할 때도 있다. 찬반 논쟁을 붙인다거나 놀이 등을 활용하는 것이다. 이때에도 교사가 먼저 염두에 두어야 하는 것은 '진' 아이들에 대한 배려이다. 논쟁이나 놀이에서 지는 것이 자기 실력의 문제로 인식될 때, 아이들은 상처를 받는다. 또한 기존의 성적 우수자들이 이길 수밖에 없는 내용으로 경쟁시킬 때에도 마찬가지 결과를 낳는다.

동기 유발이 되는 지점과 방법은 아이들마다 모두 다르다. 시청각 기자재를 동원해 자극을 주어야 집중하는 아이가 있고, 여러 가지 자료를 제시하는 것보다는 잘 짜여진 교사의 설명을 들으며 더 잘 집중하는 아이도 있다. 놀이로 긴장을 풀고 수업에 적극적으로 참여하는 아이도 있지만, 어떤 아이에게는 오히려 집중을 방해하는 시간 낭비일 수도 있다.

또한 오늘 아이들이 반응을 보인 방법이라 해서 내일도 효과가 있을 것이라고 기대할 수는 없다. 처음에는 신선한 방식이었다 해도 어느 정도 시간이 지나면 그것마저도 익숙하거나 일상적인 것이 되어 버리기 때문에 더 이상 흥미 유발 기제로 활용할 수 없어진다.

물론 교사가 학급 아이들 한 명 한 명의 개성과 성격, 취향을 모두 고려하여 모두에게 언제나 적합한 동기 유발 방식을 적용하는 것은 불가능하다. 아무래도 좀 더 다수의 아이들이 반응을 보이는 동기 유발 방식을 자주 사용할 수밖에 없다.

그럼에도 교사는, 그 방법이 적합하지 않은 아이들에 대해 늘 신경을 써야 한다. 수준별 수업이나 수업 시간의 모둠활동은, '대부분'에서 제외되는 소수 아이들까지도 자신의 방식이나 수준에 적합한 지도를 받음으로써 수업에 대한 주도성을 가질 수 있게 하고 흥미를 이어 갈 수 있게 해 주는 방법이다.

교사가 개별적으로 혹은 모둠별로 각기 다른 과제 수행을 안내하거나, 동일한 수업 목표에 도달할 수 있는 다양한 수업 방법과 자료를 그때그때 활용하는 이유는 되도록 많은 아이들의 흥미를 유발하고 지속시킬 수 있는 그물망을 짜기 위해서이다. 한두 번 효과를 본 수업 도입부 전략이나 수업 방법에 안주하지 않고 늘 새로운 방법을 익혀야 하는 것은 바로 이 때문이다.

수업 중 과제 부과하기

수업 중 과제는, 숙제와 달리 그야말로 수업 시간 중에 수업 목표를 달성하기 위해서 아이들이 어떤 활동을 하도록 교사가 지시하는 내용이다. 교사의 설명과 발문, 그리고 아이들의 과제 수행이야말로 수업을 구성하는 핵심 요소라고 할 수 있다. 과제에는 국어 교과서 읽기, 수학 문제 풀기 등에서부터 집단이 함께 수행해야 하는 자연 실험, 토론까지가 포함된다. 즉 교사의 지시에 즉각적으로 반응을 보이면 되는 단순한 과제와 여러 가지 부대 활동이 포함되는 복잡한 과제, 아이가 혼자서 할 수 있는 개인 과제와 집단이 함께 해야 하는 모둠 과제 등으로 구분할 수 있다.

과제 부과도 전략이다

과제 수행을 아이가 스스로 해 보는 활동이라고 정의할 때, 한 시간 수업 중에서 과제 수행에 걸리는 시간이 길면 길수록, 그 수업은 교사의 일방적인 설명보다는 아이들의 참여가 활발한 수업이라고 할 수 있다. 그러나 문제는 과제의 '질'이다. 교과서를 읽는다거나 익힘책에 제시된 수학 문제를 푸는 시간이 길다고 해서 그 수업에 아이들이 활발하게 참여한 것은 아니기 때문이다.

교사가 어떤 과제를 어떻게 제시하느냐는 아이들이 어떤 방식으로 수업에 참여하게 하느냐를 결정하는 요소이므로, 교사들은 수업 설계를 하면서 언제나 과제에 대해 고민할 수밖에 없다. '수업 전략'이라고 일컬어지는 고민 속에는 아이들에게 어떤 활동을 시킬 것인가가 들어 있다. 어떤 과제를 부과할 것인가를 설계할 때에는 교과 내용, 교사 요인, 그리고 학생 요인을 고민해야 한다.

교과 내용을 고려한다는 것은, 해당 교과와 단원의 주제에 따라 필요한 활동을 배치하는 것이다. 교과서나 교사용 지도서에 의해 "이러저러한 이야기를 해 보자, 글을 써 보자." 하면서, 혹은 연습 문제 등의 형태로, 반드시 해 보아야 할 활동이 지시되거나 예시되는 경우도 있다. 그러나 대부분 교과서에

> 과학과의 실험활동은 당연히 개인 과제여야 하지만, 실험 도구가 부족한 경우 모둠 과제로 돌리게 된다. 그런가 하면, 토론이나 조사활동 등 모둠 과제로서 효과를 발휘해야 하는 여러 가지 활동에서 여전히 소외되는 아이들도 있다.
> 과제는 수업을 구성하는 핵심적인 요소로 당연히 전략적 고민이 필요한 것이지만, 그 고민의 가운데엔 아이들에 대한 배려가 자리 잡고 있어야 한다.

생각해 봅시다

교사의 피로도와 수업 효과 사이의 균형 찾기

교사의 피로를 줄이기 위해서는, 하루 중 교사가 적극적으로 주도하는 수업을 두 시간, 아이들이 중심이 되어 진행되는 수업을 두 시간, (주로 예체능 교과에서) 아이들이 비교적 자유롭게 기능을 익히거나 놀이를 하는 수업 한두 시간 정도로 조절하는 것이 좋다. 예를 들어 그날의 수업에서 국어와 수학의 해당 단원이 매우 중요하다고 하면, 그 교과를 중심으로 적극적인 수업 전략을 짜는 것이다.

가령 국어과 수업 전략 중에 '해설이 있는 판토마임' 이라는 것이 있다. 교사가 동화나 어떤 이야기의 내용을 부분만 읽어 주거나 이야기해 주면 아이들이 그 상황이나 장면을 몸으로 표현해 보는 것이다. 이런 수업을 하기 위해서는 수업 계획을 짤 때부터 여러 가지 변수들을 고려해야 한다. 또한 수업을 진행하면서도 각 모둠이나 아이 개인의 과제 수행 수준과 과정을 늘 옆에서 점검해 주어야 한다. 당연히 교사의 피로도와 긴장감은 클 수밖에 없다.

반면, 개별적으로 혹은 모둠끼리 알아서 할 수 있거나 시작 시간과 끝나는 시간이 비교적 명확한 과제, 즉 수학 문제 풀이나 토론 등의 경우에는, 교사가 그 수행 과정을 지켜보면서 문제상황이 발생했을 때만 대처하면 된다. 수업의 주도권을 확실하게 아이들에게 넘기는 것이다. 물론 이런 형태의 수업이라고 해서 교사가 마냥 구경만 하고 있는 것은 아니다.

서 지시하고 있는 과제는 단조롭거나 교과서 지문에 의해 곧바로 답이 나오는 경우가 많아, 과제 수행에 대한 아이들의 동기 유발을 제대로 이끌어 내지 못한다. 따라서 교사들은 아이들로 하여금 글을 쓰게 할 것인지, 그림을 그리게 할 것인지, 놀이를 하게 할 것인지, 다양한 '재구성' 을 고민할 수밖에 없다.

교사 요인이란, 교사 자신에게 익숙한 방식과 관심 있는 분야를 적극적으로 활용하는 것이다. 연극에 관심 있는 교사는 연극의 요소를 많이 활용할 것이고, 놀이에 관심 있는 교사는 게임과 놀이의 요소를 많이 도입하는 것이 자연스럽다.

학생 요인은, 그 과제를 수행해야 하는 아이들의 선행학습 정도, 과제 수행 방식에 대한 인지도, 그날그날의 마음 상태 등을 고려해야 함을 의미한다. 물론 교사의 설명이나 발문도 아이들의 어휘 수준, 사전 인지도 등을 고려하여 제공되어야겠지만, 과제를 제시할 때 아이들이 알아들을 수 있게 하는 것이 무엇보다도 중요하다. 비록 고학년이라 하더라도 집중력의 한계가 있게 마련이기 때문에 교사가 아무리 친절하게, 제대로 설명을 해 줘도 못 알아듣거나 교사가 한 말을 또 묻거나 하는 일도 잦다.

이런 문제 때문에 과제를 제시할 때 반드시 먼저 시범을 보여 주거나 예시 작품을 들어 주어야 한다. 그렇게 함으로써 아이들이 교사가 지시하는 말을 알아듣지 못해서 생기는 실패나 시간 낭비를 줄일 수가 있다. 물론 이때는 교사가 시범을 보이는 소재와 아이들이 직접 활동해야 하는 소재를 달리함으로써, 아이들이 교사를 그대로 따라 하는 데 그치지 않도록 해야 한다.

과제 수행과 발표 과정을 놀이로

과제를 수행할 때나 과제 결과를 처리할 때 아이들이 흥미를 가지고 집중하도록 만드는 것 또한 교사의 많은 연구를 요구한다. 아이들이 흥미를 가지고 참여할 수 있도록 수업 방식을 개발하고, 과제의 내용을 아이들이 재미있어할 만한 것으로 제시하는 것도 매우 중요한 일이지만, 그것만으로는 좀 부족하다. 3학년까지는 발표를 안 시켜 주면 섭섭해할 정도로 경쟁적으로 손을 들며 무엇에나 적극적으로 참여하지만, 고학년이 되면 과제 수행 자체에 흥미를 갖지 않을뿐더러 활동을 한 다음 발표를 시켜도 억지로 나와서 한다.

이때 교사들이 많이 활용하는 것은 개인별, 모둠별로 '경쟁' 요소를 도입해 과제 수행 과정이나 발표 과정을 놀이로 이끄는 것이다. 시간 제한을 두고 가장 빨리 과제를 수행한 모둠에게 스티커나 사탕 주기, 가장 잘 수행한 모둠에게는 급식 먼저 먹기 등의 보상을 줌으로써 동기 부여를 할 수 있다.

그렇다 하더라도 교사들은 과제 결과를 점검할 때에 여러 가지를 고려해야 한다. 발표를 시킬 때는 좀 처지는 아이들을 중심으로 우선권을 주는 게 좋다. 성적이 좋은 아이들이야 별도의 확인 없이도 항상 잘하고, 그걸 꼭 발표하지 않아도 다른 보상을 많이 받을 수 있기 때문이다. 못하는 아이들 중에서 '요것 정도는 했겠다.' 느낌이 오는 아이를 지목해서 발표를 시킴으로써 한마디라도 더 칭찬받을 수 있는 기회를 만들어 주는 것이 필요하다.

과제 검사를 통해 전체 토론의 효과를

과제와 관련해 교사들이 가장 어려워하는 것은 과제 검사를 어떻게 할 것인가 하는 점이다. 아이들이 과제를 수행하고 있는 모습을 눈으로 확인할 수 있는 모둠 과제는 좀 낫지만, 수학 문제 풀이 같은 개인 과제를 내주었을 때는 아이들의 답이 맞았는지 일일이 확인하는 것조차 쉽지 않다. 한정된 시간과 많은 학생 수 때문이다. 이럴 때 교사들이 흔히 이용하는 방법은 교사가 답을 불러 주며 아이들로 하여금 스스로 혹은 짝과 바꾸어 답을 대조해 보도록 하거나 한두 명을 앞으로 불러서 그 문제를 풀도록 시키는 것이다. 그러나 이런 방법으로는 그 풀이 과정에 대한 확인까지 할 수는 없다. 수학 문제 풀이에서는 정답 여부보다 풀이 과정이 중요하고, 특히 풀이 과정에서 아이가 알아낸 사실과 논리를 상기시키는 게 과제 확인의 목적인데 실제 그렇게 하기 힘들다는 것이다.

그런 점을 보완하기 위해서 OHP를 이용할 수 있다. 아이들은 각자의 공책에다 문제를 푸는 것이 아니라, 교사가 나누어 준 TP필름에 문제를 푼다. 그리고 교사의 지명을 받은 아이가 앞으로 나가 자신의 필름을 OHP 위에 얹고 풀이 과정과 답을 설명하는 것이다. 그런 뒤에 교사가 "이 친구와 풀이 과정이 같은 사람들은 손들어 보라. 다른 사람 손들어 보라." 고 확인한다. 이때 발표자의 풀이 과정이 자신의 것과 다른 아이는 자기 필름을 가지고 나가서 자신의 풀이 과정을 설명한다.

이러한 과정을 몇 번 반복하면, 교사가 정답을 가르쳐 줄 필요 없이 아이들 스스로 답을 도출하고 문제 풀이에 들어 있는 수학적 요소를 이해하게 된다. 문제 풀이는 개인 과제이지만 그 과제를 점검하는 과정에서 여러 차례의 토론이 이루어지는 것이다. 대체로 교과서 문제(계산 문제)를 내면 별로 다른 의견이 나오지 않지만 응용 문제나 사고력을 요하는 문제를 내면 과정이나 답이 다른 경우가 많아서 여러 아이들이 나와서 발표를 하게 된다. 아이들은 풀이 과정이 조금만 자신의 것과 달라도 틀렸다고 하면서 자신의 필름을 가지고 나오므로 교사가 일방적으로 문제를 풀어 주는 것보다 여러 가지를 알 수 있다. 교사가 답을 가르쳐 주지 않고 아이들에게만 맡기면 시간이 오래 걸릴 것 같지만, 개별적으로 검사하거나 나와서 칠판에 쓰면서 풀게 할 때보다 오래 걸리지 않는다.

활발한 의견 개진을 유도하기 위해서는 첫 발표자를 지목할 때 답을 못 맞혔을 것 같은 아이, 성적이 하위인 아이들부터 시작하는 것도 방법이다. 그래야 좀 더 풍부한 의견이 나올 수 있기 때문이다. 그러나 애초에 교사가 예상한 시간보다 오래 걸릴 것 같으면 수학을 잘하는 아이 혹은 교실을 둘러보며 미리 봐 두었던, 제대로 푼 아이부터 시킨다.

아이의 능력과 속도를 배려하는 개인 과제

어떤 형태의 과제를 줄 것인지 결정할 때 고려하는 기준에는 여러 가지가 있지만, 가장 중요하게 고려해야 할 것은 역시 과제의 성격이다. 그 중에서도 개인 과제는 아이들이 저마다의 속도나 수준에 맞추어 해결할 수 있기 때문에 과제에 대한 책임감을 높이기 위해서 많이 부과된다. 대표적인 것이 수학 문제 풀이이다.

기본 개념을 익히고 내면화하기 위해 필요한 구체적 조작활동은 짝활동이나 모둠활동으로 할 수도 있고, 그렇게 할 때 효과적이기도 하다. 하지만 많은 연산 문제를 풀며, 문제 푸는 속도를 어느 수준까지는 끌어올려 줘야 하는 것이 교사의 역할이기도 하다.

이럴 때는 '연산 문제 카드'를 이용해 개인 과제를 주는 방법을 써 볼 만하다. 간단하고 쉬운 연산 문제에서 복잡하고 어려운 문장제 문제까지 다양하고 많은 수의 문제를 하나씩 적어 놓은 문제 카드를 분단별로 나누어 준 뒤 아이들에게 풀게 하는 것이다. 아이들은 각자의 공책에 카드의 문제를 풀면서 한 카드의 문제를 다 풀면 그 카드를 뒤의 아이에게 넘기고, 다시 앞의 아이가 준 문제 카드를 푼다.

문제 풀이에 시간이 걸리는 아이는 책상 위에 카드가 쌓이게 될 것이므로, 교사는 교실을 둘러보다가 책상 위에 카드가 쌓여 있는 아이들을 집중적으로 도와줄 수 있다. 또 문제 풀이를 쉽게 하는 아이는 또 다른 카드를 교사에게서 받아 와서 여러 문제를 풀 수 있다. 자연스럽게 수준별 수업이 가능한 것이다.

과제 수행 과정에서 아이들이 질문을 하거나 도움을 요청했을 때 무조건 답해 주는 것은 좋지 않다. 아이들이 충분히 스스로 해결할 수 있거나 알 수 있는 것인데도 묻는 경우가 많기 때문이다. 다만, 조사 과정에서 아이들이 알기 어려운 낱말이 나왔을 때에는 자세하게 대답해 주는 것이 좋다. 이런 것을 가르쳐 주지 않으면 아이들은 엉뚱한 고민을 하느라 정작 과제와 관련한 활동에는 소홀해질 우려가 있다.

또 아이들이 질문을 하면, "너는 어떻게 생각하는데?" 하면서 도리어 질문을 하는 것도 좋다. 아이가 모른다고 대답하면 예시를 서너 개 들어 주면서 이 중에서 어떤 게 제일 그럴듯하냐고 묻기도 한다. 그러면 아이들이 스스로 답을 찾아가게 된다. 교사가 설명을 할 때나 전체 아이들을 대상으로 한 발문을 던질 때 하지 못하는 개별학습을, 과제 수행 과정에서 할 수 있게 되는 것이다. 물론 과제 수행 중 여러 아이들에게서 동일한 질문이 나올 때는 모두를 집중하게 한 뒤 전체적으로 설명을 해 줘야 한다.

의미 협상 과정을 이끄는 모둠 과제

과제 수행에 시간이 오래 걸리거나 개인이 하기에는 벅찰 때, 기능별 역할 분담이 필요할 때, 의견을 서로 나눔으로써 시너지 효과를 볼 수 있을 때 주로 모둠 과제가 제시된다.

예를 들어 자료 조사 과제를 개별적으로 내주었을 때, 아이들은 주로 백과사전이나 인터넷에서 얻은 자료를 그대로 전지에 베껴 쓰고 발표하게 된다. 그러나 대부분 아이들이 이해할 수 없는 용어로 쓰여 있기 때문에 뜻도 모르고 베끼게 될 뿐이다. 발표를 할 때 역시, 발표자가 이해하지 못하고서 하는 이야기를 듣는 아이들이 집중해서 들을 리가 없다.

조사 활동의 이러한 문제는 모둠별 역할극으로 수업을 재구성하여 해결할 수 있다. 아이들은 자기 모둠에서 맡은 상황과 자신이 맡은 배역을 자신의 몸으로 만들어 내야 하기 때문에, 자신에게 필요한 것을 골라서 조사를 하게 된다. 백과사전에서 손쉽게 찾아서 베끼는 것이 아니라, 이황이라는 인물을 좀 더 입체적으로 그린 전기를 읽고, 그 생애와 에피소드를 통해 그 인물의 성격이 어떠했는지를 이해해 가면서 조사 활동을 하게 되는 것이다.

또한 혼자가 아니라 모둠활동으로 하기 때문에, 각자가 조사한 정보를 나누고 배역의 성격이나 상황의 구체화를 위해 토론하는 과정을 자연스럽게 거치게 된다. 이런 토론 과정을 '의미 협상 과정' 이라고 말하는데, 이를 통해 혼자서는 과제 수행을 해낼 능력이 없는 아이들도 집단 활동 속에서 친구들의 도움을 받으며 자연스럽게 끌어올려질 수 있다.

 ## 판서하기

판서는 한때 그 시간의 수업에서 교사가 가르칠 내용을 담은 '모든 것' 이었다. 아이들은 교사의 판서를 충실히 공책에 받아 적는 것만으로 공부를 열심히 하고 있는 것이라 생각할 수 있었고, 교사는 아이들이 얼마나 공책 필기를 열심히 했는가를 검사하는 것으로 '수업 평가' 를 대신했다.

그에 비하면 요즘은 판서를 거의 안 한다고 볼 수 있다. 아이들이 토론을 하거나 조사를 하거나 발표를 하는 식으로 수업이 진행되는 일이 많고, 실험이나 연극 등 수업 중 활동 요소가 많아졌기 때문이다. 하지만, 판서는 교사의 정보 제공 통로가 청각으로만 제한되는 것을 막아 줄 뿐 아니라, 아이들이 좀 더 적극적으로 수업에 참여하도록 돕기도 한다. 한마디로 '적시 적소'에 판서를 해야 할 필요성이 더욱 높아진 것이다.

무엇을 써 주어야 하는가

무엇을 가르치고 무엇을 배워야 하는지 드러낸다는 점에서, 해당 단원과 수업 목표(학습 문제)는 가장 대표적인 판서 내용이 된다. 교사는 칠판에 단원과 수업 목표를 판서하는 것으로 수업이 시작되었음을 학생들에게 알린다.

판서를 해야 하는 항목 가운데 또 하나는 '학생 활동의 내용과 절차'이다. 실험을 주로 한다면 실험 절차에 대해서, 모둠토론과 발표를 위주로 한다면 토론 내용과 발표 순서에 대해서 칠판에 써 줄 필요가 있다. 특히 교사가 끌고 가는 수업이 아니라 개인 혹은 모둠별 활동을 위주로 수업이 진행된다면, 그 절차나 유의점에 대해 반드시 판서해 주어야 한다. 활동은 아이들끼리의 의사소통을 중심으로 진행되기 때문에 아이들이 교사를 주목하고 있는 시간은 아주 짧고, 설명을 놓치는 경우도 자주 생긴다. 또한 아이들마다 혹은 모둠별로 진행 속도에 차이가 나게 마련이다. 이때 판서는 활동을 마친 아이들이 다른 모둠의 활동이 모두 끝날 때까지 기다려 교사의 설명을 들어야 하는 시간 낭비를 방지해 준다.

이 밖에도 반드시 판서를 해 주어야 하는 것으로 과제 내용을 꼽을 수 있다. 수업 중 과제이든 숙제이든, 아이들에게 무엇을 지시했을 때는 정확히 전달이 되어야 한다. 특히 저학년에게 숙제를 내줄 경우에는 그 필요성이 더욱 분명해진다. 반면 고학년의 경우에는 교사의 지시나 설명에 대한 집중성을 높이기 위해 일부러 판서를 해 주지 않는 경우도 있다.

사고 작용을 촉발하는 판서

해당 단원과 수업 목표를 확인하는 것 정도는 판서를 하지 않고도 알 수 있는 방법이 많다. 해당 쪽을 찾아서 함께 읽는 것으로, 혹은 교사가 말로 하는 것으로도 할 수 있다.

그러나 교사가 판서를 하는 동안 아이들은 나름대로의 '예측'과 '재구성'을 한다. 이미 써 있는 글씨를 보는 것보다 훨씬 적극적인 사고 작용을 촉발시킬 수 있는 것이다. '예측'을 유도하는 것은 판서의 중요한 기능이다.

아이들이 발표한 내용을 받아서 교사가 판서를 한다면 아이들이 중복 발표를 하는 경우도 줄어들뿐더러, 정답은 정답대로 오답은 오답대로 모아 적절한 해설을 해 줄 수도 있다. 예를 들어, 교사가 질문을 하고 그에 대한 대답을 차례로 들으며 문제를 해결해 갈 경우, 한두 아이가 틀린 대답을 했을 때 곧바로 "틀렸어." 하고 다른 아이의 대답을 들을 수도 있고, 그때그때 왜 틀렸는지 설명해 준 뒤 다음 질문을 던질 수도 있을 것이다. 그러나 처음 경우에는 틀린 대답을 한 아이를 무시하는 느낌을 줄 것이며, 두 번째 경우에는 수업의 흐름을 해치거나 시간 조절에 실패할 수도 있다. 이럴 경우에는 교사가 대답을 들으면서 정답은 오른쪽에, 오답은 왼쪽에 차례대로 판서한 뒤 오판의 유형에 따라 한꺼번에 이유를 설명해 주는 것이 주어진 수업 시간을 효율적으로 활용하는 방법이 된다.

시청각 기자재와 판서

판서하는 시간을 줄이고 수업 시간을 효율적으로 활용하기 위해 이용하는 기자재들이 있다. OHP, 실물화상기, 컴퓨터 등이다. 판서량이 많을 때, 미리 판서 내용을 담아 온 자료를 이용해 시간을 절약할 수 있을 뿐 아니라, 교사가 판서하느라 뒤돌아 서 있는 동안 아이들의 주의가 산만해지는 것 또한 막을 수 있다.

그러나 미리 준비한 자료를 한 번밖에 사용할 수 없는 초등교사의 입장에서는 판서가 가장 효과적이라고 할 수 있다. 준비에 시간이 걸리지도 않고 수업상황에 맞는 내용을 활용할 수 있는 순발력이 보장되기 때문이다. TP 자료나 파워포인트 자료는 교사가 미리 준비해 둬야 하는 것이다. 그래서 수업 시간에 아이들이 발표한 내용을 중심으로 설명하거나 엉뚱한 내용이지만 좋은 사례가 되는 것을 보여 주며 수업 내용 속으로 적극적으로 아이들의 결과물을 끌어들이는 데에 한계가 있다.

컴퓨터(워드프로세서나 파워포인트 등을 이용한 프레젠테이션)를 이용하면 좀 더 역동적인 수업이 가능하다. 교사가 컴퓨터 자판을 치면 커다란 화면에 글자가 나타나, 판서를 할 때와 마찬가지로 상황에 맞는 순발력을 발휘할 수 있다. 뿐만 아니라 칠판을 지웠다 다시 써야 하는 시간 낭비도 줄일 수 있다. 언제라도 그 파일을 불러올 수 있기 때문이다.

토론이나 조사 발표 수업에서는 실물화상기를 이용하는 것이 효과적이다. 아이들의 토론을 정리한 내용이나 조사한 공책을 그대로 보여 줄 수 있으며, 대립되는 의견을 놓고 찬반 토론을 벌일 때 칠판에 정리하여 쓰는 것보다 훨씬 간편하게 보여 줄 수 있다. 물론 기자재 작동이 능숙해야 함은 말할 나위 없다.

시청각 기자재의 이용은, 단순히 판서 내용을 미리 준비한다는 것보다는 그야말로 시청각적인 정보를 제공한다는 측면에서 고민되어야 한다. 〈소〉라는 시를 배울 때 그 시를 미리 써 두고 아이들이 보고 읽을 수 있게 하는 것보다는, 아이들이 이미지를 언어와 보다 유기적으로 연결시킬 수 있도록 소의 여러 가지 사진이나 그림을 보여 주는 식으로 활용되어야 한다는 것이다.

판서는, 발문이나 과제 등과 마찬가지로 수업 계획을 세우면서 미리 고민해야 하는 수업 요소이다. 그리고 그 중심에는 '아이들과의 상호작용'이 놓여야 한다. 설명을 할 때에 아이들의 발표를 들은 뒤 그것의 결론을 적는 '귀납적' 판서를 할 것인지, 먼저 칠판에 개념이나 정의를 써 넣고 그에 대한 설명을 해 나가는 '연역적' 판서를 할 것인지를 계획해야한다. 또 아이들의 상상력을 자극하기 위해 괄호를 이용하여 채워 보도록 할 것인지, 아니면 마인드맵 방식을 이용할 것인지 결정해야 한다는 것이다.

공책 활용하기

과거 몇 년 전과 비교하여 아이들이 가지고 다니는 공책의 수는 현저히 줄어들었다. 공책의 필요성이 예전보다 줄어든 데는 여러 가지 이유가 있다. 수업의 주체가 아이들에게로 분산되었고 모둠 혹은 개인이 조사하거나 토론하는 비중이 늘어나면서 아이들이 단일한 흐름을 가지고 공책 필기를 하는 것이 무의미하거나 어려워진 것이다.

이런 수업 방식의 변화와 맞물려, 공책 필기의 중요성에 영향을 미친 것은 평가 방식의 변화이다. 일제고사가 실시되던 때의 공책은 교사로부터 일방적으로 제공되는 정보를 소화하고 시험에 무엇이 출제될지 추측하고 대비하게 하는 주요한 수단이었다. 그러나 '시험'이 사라진 뒤의 공책은 유일한 정보처로서의 소명을 잃게 되었다.

그 밖에도 《수학익힘책》이나 《실험 관찰》, 《생활의 길잡이》 등의 (보조) 교과서, 그리고 교사마다 제공하는 학습지 등 공책의 역할을 하고 있는 '대체 공책'이 많아진 것 역시 하나의 원인으로 꼽을 수 있을 것이다.

하지만, 옛날 일기나 학급문집을 보며 당시를 생각하고 현재의 자신을 돌아보듯이, 공책은 여전히 개인의 학습 상황과 성장을 담는 그릇으로 의미를 지니고 있다. 학년 초에 비해 글씨는 얼마나 반듯해졌는지, 조사는 얼마나 꼼꼼하게 되었는지, 자신이 무엇을 공부했는지 등 개인의 학습 역사가 거기에 담겨 있는 것이다. 공책은 교사가 정성을 들여 지도하고, 그 활용 방법을 고민할 만한 충분한 가치를 가지고 있다.

재량활동 시간에 활용하는 공책

재량활동 시간에 학급 특색 활동을 하는 교사가 많다. 특히 이러한 시간은 교과 시간과는 별개로, 담임이 의도한 학급운영의 목표를 직접적으로 추구할 수 있는 중요한 시간이다. 아이들에게는 하나의 주제를 깊이 탐구할 수 있는 기회가 되는 시간이기도 하다.

재량활동 시간을 이용해 동시 쓰고 꾸미기를 하고 있다고 가정하자. 아이들은 조그만 스케치북을 마련해 항상 가지고 다닐 것이다. 거기에 재량활동 시간에 교사와 함께 익힌 동시를 쓰고 제각기 좋을 대로 꾸미기를 하는 것이다. 이렇게 만든 공책은 개인 동시집이 되는 셈인데, 국어 시간 등에 아이들이 이미 배운 동시를 끌어들여 수업의 소재로 삼을 수 있다. 예를 들어 '말의 재미'라는 단원에서 반복되는 말, 흉내 내는 말을 찾을 때 교과서에 제시되지 않은 동시 가운데 더 알맞은 것을 이미 아이들이 공책에 적고 익혔다면 수업은 더욱 효과적이 될 것이다.

많은 교사들이 생활글쓰기, 세밀화 그리기 등 다양한 활동을 하고 있다. 그림 공책을 운영하는 교사라면 매주 그림 그리는 활동을 한 뒤 교실에 게시하고, 다음 활동 시간에는 게시된 공책을 다시 내려 그림을 그리게 하면 좋다. 이 경우 동시 공책과는 달리 평상시 교과 시간에 활용할 여지가 별로 없으므로, 아이들이 개별적으로 공책을 보관하기보다는 교실에 게시하여 환경 구성 요소로 활용하는 것이 더 낫다.

글쓰기에 활용하는 공책

교과 시간에 글쓰기를 자주 하는 교사는 저학년에서 주로 사용하는 쓰기장을 글쓰기 공책으로 활용하면 좋다. 아이들이 쓰기장을 따로 마련하여 가지고 다니는 것이 아니라 교사가 쓰기장을 여러 장 복사하여 가지고 있다가 필요한 시간에 한두 장씩 나누어 주는 방법도 괜찮다. 그리고 아이들이 쓴 글을 점검한 뒤에는 아이들에게 돌려주지 않고 교사가 모아서 보관한다. 물론 돌려받기를 원하는 아이들에게는 복사한 뒤 교사가 복사본을 갖고 원본을 돌려주면 된다.

이렇게 교사가 보관하는 경우, 주제별 시간대별로 아이들 작품을 한꺼번에 보관할 수 있어 나중에 교과 시간에 예시작품으로 사용할 글을 뽑기가 쉽다. 또한 아이들이 가지고 있다가 분실할 우려가 없기 때문에 학급문집을 만들 때 글감을 찾기가 훨씬 수월하다.

조사 탐구활동의 자취를 남기는 사회 공책

교과서가 공책의 기능까지 하는 국어, 수학, 과학 교과에 비해, 사회 교과는 공책의 활용 비중이 매우 높은 교과이다. 사회 수업은 주로 아이들 스스로 조사하고 탐구하고 보고서를 정리하는 식으로 진행된다. 따라서 아무리 똑같은 교사에게서 똑같은 단원을 배웠다 하더라도, 아이들마다 제각각 다른 내용과 형식을 담을 수밖에 없는 것이 사회 공책의 특성이다. 모둠별 혹은 개인별로 각각 다른 제재를 조사하도록 역할 분담을 했다면 공책의 내용은 또 달라진다.

어느 교사는 공책 쓰기에 어떤 제한을 두지 않고 사회 공책 속에 아이들 자신이 조사한 것, 교사가 정리해 준 것, 아이들 혹은 교사가 얻은 자료 등을 자유롭게 붙이거나 쓰도록 하는 경우도 있다. 그러나 명심해야 할 것은 자유롭게 하는 것도 좋지만 최소한 붙이는 방법에 대해서는 상세한 지도를 해야 한다는 점이다. 즉 공책보다 큰 종이를 깔끔하게 접어서 붙이는 방법, 여러 장의 자료를 함께 붙일 때의 순서, 공책에 필기한 내용이나 자료의 뒷면도 읽을 수 있게 풀칠하는 법 등에 대해 학년 초에 유의해서 지도해야 효과를 얻을 수 있다.

한편, 사회 공책에는 오로지 교사가 정리해 주는 것만 쓰고 개인 조사학습 공책은 따로 만들게 하는 교사들도 있다. 이런 경우 교사가 정리해 준 것으로 복습을 할 수 있고, 전체적인 흐름을 한눈에 알 수 있다는 장점이 있다. 그리고 자신이 조사한 것을 정리하는 기술이 시간이 갈수록 좋아지고 있음을 스스로의 조사학습 공책을 통해 확인할 수 있다.

평가의 근거가 되는 공책

일제고사가 없어진 대신 수행평가의 비중이 높아지면서 공책 검사는 중요한 평가 수단의 하나가 되었다. 국어과의 낱말 뜻 찾아오기나 수학과의 문제 풀기, 사회과의 조사해 오기 등의 과제를 제대로 수행했는지, 수업 시간에 다룬 내용은 제대로 정리했는지 검사하는 것은 단지 점수에 반영하기 위해서가 아니라 지속적인 학습 의욕을 갖게 하기 위해서도 반드시 필요하다.

날짜가 찍힌 스탬프를 찍어 줄 수도 있고 5단계(별 1~5개 혹은 A, B, C, D, F)로 나누어 평가를 적어 주어도 좋지만, 빼놓지 않고 검사하는 것이 무엇보다 중요하다. 등급을 나누어 검사를 할 때에는 그 이유를 제대로 밝혀 주는 게 좋다. 아이들이 나중에 "내가 왜 별을 세 개밖에 못 받았나?"고 물어왔을 때 알려 주는 것은 너무 늦다. 공책에 한두 마디라도 교사가 무엇을 기준으로 평가했는지 밝혀 주어야 피드백이 제대로 이루어질 수 있다.

학습지 관리는 이렇게

각 교과 시간에 아이들이 제각각 마음대로 공책을 정리하여 생기는 혼란을 방지하고, 핵심 내용을 제대로 요약하거나 글쓰기, 그리기 활동을 원활하게 수행할 수 있도록 돕는 장치가 학습지(활동지)이다. 문제는 관리가 쉽지 않다는 것이다. 그래서 많은 교사들이 아이들마다 클리어파일을 마련하여 학습지를 끼워서 보관하는 방법을 사용한다.

학습지는 대체로 A4 크기의 종이를 이용하고, 필요할 때마다 교사가 내주게 된다. A4 크기의 클리어파일은 학습지를 깔끔하게 보관하고, 순서대로 끼우거나 필요에 따라 배치를 바꿀 수 있으며, 수업 후 교실 게시판에 게시했다가 보관하는 등의 '편집'이 용이하다는 장점이 있다.

그러나 클리어파일은 너무 커서 매일 가지고 다니기에 불편하다는 단점도 있다. 집에 보관해서는 효과가 없으므로 교실에 각 아이들의 클리어파일을 정리해 두는 것이 보통인데, 가뜩이나 좁은 교실에서 애물단지가 되기도 한다.

어떤 교사들은 학습지를 보관해 보았자 아이들이 다시 꺼내 보는 일이 거의 없다며 클리어파일로 묶지 않는다. 대신 그때그때 공책에 보관하도록 하는데, 공책에 붙이기 쉽도록 A4 크기의 종이에 B5 크기(일반적인 공책 크기)의 칸을 만들어 그 안에 담는다. 학습지가 공책 밖으로 너덜거리지 않도록 그 칸에 맞추어 학습지를 오려서 붙이거나, 아니면 교사가 조금만 더 시간을 내서 공책 속에 쏙 들어가는 크기로 종이를 잘라 인쇄해 줄 수도 있을 것이다.

효과적인 상벌 부과

훌륭한 계획을 세우고 좋은 수업 방법을 적용한다고 해서 반드시 수업이 성공하는 것은 아니다. 아이들이 떠들고 산만해서 수업 자체를 진행시킬 수 없는 경우도 있을 것이며, 몇몇 아이들에게 특별히 수업 효과가 덜 나타나는 경우도 있을 수 있다. 결국 수업을 좌우하는 것은 수업 상황에서 아이들의 행동을 효과적으로 조율하는 기술일지도 모른다.

아이들의 행동을 조율하는 기술은 여러 방면으로 부려 쓸 수 있다. 평소에 잘 떠드는 아이들을 그렇지 않은 아이들과 섞어서 조직하거나 수업을 방해하는 아이들을 개별적으로 다루는 것도 한 방법이다. 뿐만 아니라 수업에 잘 참여하는 아이들을 격려하는 일도 모두 그에 해당한다. 이런 행위는 '어떤 상을 주고 어떤 벌을 주는가'에 포함된다.

가장 큰 상은 따뜻한 칭찬의 말

교사들이 보상 혹은 칭찬의 의미로 사용하는 방법은 다양하다. 스티커나 사탕 주기, 친구들로부터 박수 받기, 안아 주기나 악수하기까지 구체적이고 물질적인 보상에서부터 교사와 친구들로부터의 인정 등 심리적이고 사회적인 보상까지 포함되어 있다. 이 가운데서 가장 자주 사용되는 것은 아무래도 칭찬이다. 교사의 따뜻한 말 한마디는 어떠한 상벌 체계의 기법이나 전술보다 훨씬 더 아이들에게 좋은 영향력을 끼친다. 또한 칭찬은 개별적으로, 구체적으로 해 줄 수 있기 때문에 동기 유발 측면에서도 효과적이다.

칭찬도 '너 참 잘했다.' 보다는 '네가 ○○에 대해서 잘 설명해 주어서 친구들이 쉽게 이해하겠다.' 는 식으로 구체적으로 해 줄 때 효과적이다. 어떤 아이가 칭찬받을 만한 일을 했을 때는 반 친구들이 열렬히 박수를 쳐 주도록 하는 것도 좋다. (큰 소리로 열렬히 박수 치는 방법을 학년 초부터 연습시킨다.) 아이들은 교사에게 듣는 칭찬보다 친구들에게 인정받는 것을 더 좋아하기 때문이다. 교사가 칭찬을 하면서 자신감을 북돋워 줄 때에도, 효과를 보려면 반 친구들 앞에서 선생님으로부터 칭찬을 받았다는 느낌을 주어야 한다.

교과에 따라 칭찬의 효과는 조금씩 다르다. 국어나 수학 같은 교과는 아무래도 정답이 있거나 객관적인 실력 차이가 드러나므로, 칭찬을 해 주어도 평소에 잘하는 아이에게 집중되게 마련이다. 하지만 미술이나 음악 같은 예체능 교과에서는 칭찬의 효과가 정말 크다. 음악 시간에는 가장 큰 소리를 내는 아이를 칭찬하고 미술 시간에는 가장 개성 있게 작품을 만든 아이를 칭찬해 준다면, 그 교과에 대해 아이들이 가지고 있는 선입견을 깨고 교사가 의도한 수업 목표를 달성하게 하는 효과까지 기대할 수 있다.

스티커, 사탕 등 구체적인 보상물

많은 교사들이 학급운영이나 생활지도 면에서 태도에 대한 칭찬할 때 그 대상을 모둠 단위로 두곤 한다. 말로 하는 칭찬 이외에 스티커를 부여하는 등의 보상도 모둠을 대상으로 주는 경우가 많다.

스티커를 주는 것은, 그러한 행동들이 모여서 일정 기준에 이를 때 또 다른 보상을 해 주는, '과정' 이나 '집계' 수단의 성격도 갖는다. 스티커를 많이 모았을 경우 부과되는 보상으로는 흔히 사탕 나누어 먹기, 선생님과 함께 떡볶이 먹기, 선생님의 물건 하나 갖기, 숙제 안 해도 되기 등이 있다. 즉 구체적인 물건을 주는 것으로부터 아이들이 '싫어하는 행위의 면제' 나 '좋아하는 행위의 허용' 등이 포함된다.

스티커 제도는 효과적인 면이 있긴 하지만 운용할 때에는 조심스러워야 한다. 외부적인 보상만으로 가치를 내면화하기는 어려우며, 자칫 스티커 제도가 모둠 간, 개인 간 과도한 경쟁을 불러일으킬 수 있기 때문이다.

어떤 때 상을 주고 어떤 때는 주지 말아야 하나

상도 조심해서 주어야 한다. 너무 자주 보상을 해 주어 상의 의미를 떨어뜨리는 것도 문제다. 많은 교사들이 상은 많이 줄수록 좋다고 생각하지만 상을 주지 말아야 할 때 주는 경우나 상을 꼭 주어야 할 때 주지 않는 경우도 없지 않다.

칭찬을 많이 해 주는 게 좋다고 해서 함부로 해서는 안 된다. 특히 고학년이 되면 아이들 스스로 '보는 눈'이 생기기 때문에, 다른 아이들도 인정해 주고 교사도 진정으로 감동 받아서 하는 칭찬만이 효과가 있다.

요즘 아이들은 보통 4학년 때부터 사춘기가 시작된다. 마음이 담기지 않은 칭찬은 오히려 상처가 될 수 있으므로 조심해야 한다. 또 5, 6학년 정도 되어 어른들보다 '또래 집단'의 평가가 더 중요해지는 시기에는 자칫 교사의 칭찬이 또래 친구들의 비웃음을 사게 되는 원인이 되기도 하므로 세심하게 살펴야 할 것이다.

이 밖에도 칭찬의 효과를 보지 못하거나 부작용을 낳는 경우라면, 교사의 칭찬 방법이 아이들을 세심하게 배려하지 못하는 데서 원인을 찾을 수 있다. 예를 들어 "참 잘했다. 모두 ○○가 하는 걸 잘 봐라."는 식으로 칭찬하면 다른 아이들의 질시를 자아내기 쉽다. 또 모처럼 숙제를 해 왔거나 문제를 푼 아이에게 "네가 웬일이냐? 네가 숙제를 해 왔으니 다른 애들 숙제는 검사 안 해도 되겠다!" 하는 식의 말은 전혀 칭찬이 될 수 없다.

상을 꼭 주어야 할 때 주지 않는 경우는, 상을 주지 말아야 할 때 상을 주는 것과 마찬가지로 교사가 아이들을 섬세하게 관찰하지 못해서 생기는 때가 많다. 평소에 숙제를 잘 해 오지 않는 아이, 발표를 잘하지 않는 아이, 수업 시간에 잘 떠드는 아이가 어느 날 숙제를 해 왔다거나 발표를 했다거나 수업 태도가 좋았다면 충분히 칭찬받을 만한 일이다. 또한 아이의 눈높이에서 부분적인 성취나 진보가 있다면 마땅히 칭찬을 해 주어야 한다.

'칭찬의 강도'를 조절하는 것도 필요하다. 똑같은 과제를 수행했다 하더라도, 어떤 아이에게는 쉬운 과제이고 어떤 아이에게는 어려운 과제일 수 있다. 동일한 과제를 수행했을 때 동일한 반응을 보이는 것은 교사로서 매우 중요한 자세이지만, 후자의 아이들에게는 좀 더 '특별한' 배려가 필요하다. 평소에 발표를 잘하지 않는 아이나, 수업태도가 좋지 않은 아이, 혹은 좀 더 격려가 필요한 아이라면 살짝 다가가 머리를 쓰다듬어 주거나 어깨를 두드려 주는 식으로 조금 더 적극적인 칭찬을 해 보는 것도 좋을 것이다.

아이의 인격과 상황을 배려하는 벌 주기

비난이나 체벌, 벌 청소, 반성문 쓰기 등 학교에서 사용되는 벌의 종류도 상만큼이나 다양하다. 어떤 벌은 좋고 어떤 벌은 나쁘다는 일률적인 판단보다는, 그 아이의 사정이나 상황에 대한 이해, 무엇보다도 아이의 인격을 먼저 생각하는 교사의 배려가 중요하다.

처벌을 할 때는 무엇보다 정확해야 한다. 그래서 어떤 것을 하면 되는지, 또는 안 되는지 학년 초에 아이들과 함께 얘기할 필요가 있다. 학기 중에 교사가 갑자기 초헌법적인 처벌을 해 버리면 아이들은 헷갈려 한다. 교실 뒤에 나가 서 있는 벌을 줄 때도 3분을 줄 것인지, 5분을 줄 것인지 정확히 한다. 똑같은 벌을 받으면서 어떤 아이는 3분 만에 들어오고 어떤 아이는 7분인지 10분인지 모를 정도로 길게 세워 둔다면 아이들은 이를 순수한 '벌'로 받아들이지 않는다.

벌은 교사나 아이의 다양한 상황에 따라 달라져야 하는 것이기 때문에 무엇은 되고 무엇은 안 된다고 단정할 수 없다. 예를 들어, 상담 전문가들은 학교에서 폭력을 쓰거나 욕설을 하거나 수업 시간에 다른 아이들을 방해하는 일이 상습적인 경우, 그때마다 아이를 야단치거나 벌 세우는 것은 그로 인해 교사의 관심을 끈다고 생각하는 아이들에게 오히려 '보상'을 주는 셈이 된다고 말한다.

아이를 혼낼 때 부모를 들먹이면 안 된다지만 그것도 배려의 문제이다. 거친 말을 많이 쓰는 아이들에게 "네 부모님이 너에게 많은 기대를 하실 텐데, 네가 이렇게 거친 말을 쓰면 되겠니?"라고 할 수 있지만 "너네 아버지도 집에서 그렇게 욕을 많이 하니?"라고 하면 안 된다. 부모를 언급하는 것 자체의 문제가 아니라 비인격적이고 아이들의 자존심을 상하게 하는 언어폭력을 사용하는 것의 문제이다.

글쓴이 · 도움 주신 분들 신명기 | 서울 영훈초 교사 · 조성실 | 서울 누원초 교사

"도대체 공부를 한 건지 논 건지 싸운 건지, 하루 종일 정신이 하나도 없었어요." 저학년을 처음 맡은 교사들이 한동안 파김치처럼 지친 얼굴로 푸념하듯이 하는 말이다. 이런 아이들과 하나가 되어 즐거운 학습 분위기를 만들어 나가기 위해 가장 중요한 것은 교사가 바로 아이들이 되어 보는 것이다. 아이들의 입장이 되어 생각해 보고 행동해 보면서 아이들의 특성과 눈높이에 맞는 교수 · 학습안을 계획해야 한다.

'배우는 방법' 부터 안내하자

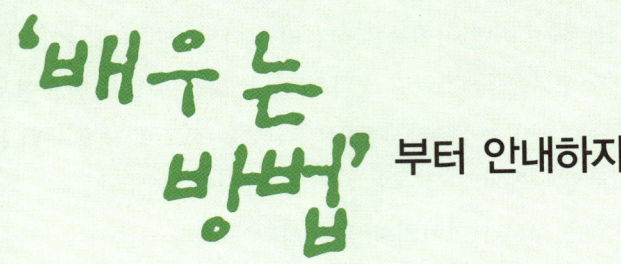

신명기 | 서울 영훈초 교사 · 조성실 | 서울 누원초 교사

집중할 수 있는 시간을 고려해야 많은 교사들이 1학년 맡기를 꺼려한다. 아이들이 학교생활에 적응하지도 못했을뿐더러 집중 시간이 매우 짧기 때문이다. 무언가 가르쳐야 하는데 아이들의 집중도와 집중 시간이 낮으면 매우 난감하다. 그러나 누군가는 부딪쳐야 할 일이다. 이를 해결하기 위해 교사는 자기 반 아이들의 집중 시간을 점검해 보고 이에 맞는 수업 시간과 활동 시간을 꾸려야 한다. 20분 정도의 집중도를 보인다면, 20분 이상 시간이 걸리는 활동은 하지 말아야 한다. 수업 짬짬이 몸을 움직이는 활동을 하거나 수업에 변화를 줄 수 있는 놀이나 노래를 활용하는 것도 좋은 방법이다.

중요한 내용은 꼭 쓰게 한다 저학년 아이들은 중요한 내용은 꼭 칠판에 써 주고 공책에 따라 쓰도록 한다. 중요한 것을 써 주지 않으면 아이들은 무엇이 중요한 것인지 알 수 없을뿐더러 기억하기는 더욱 힘들다.

저학년은 정리하는 능력을 키우기 위해 글씨 쓰는 연습을 많이 해야 하는데, 국어과의 경우 책보다는 공책에 답을 쓰게 하는 것이 좋다. 책에 쓰게 하면 글씨체도 바로잡히지 않고 글씨가 크기 때문에 내용을 제대로 쓸 수도 없다. 슬기로운생활도 마찬가지다. 전 차시에 배운 것을 복습할 때 공책 정리한 것을 보는 습관을 들이는 것도 좋다. 자기가 쓴 글씨를 자꾸 읽게 하는 것도 중요한 내용을 정리하는 데 도움이 된다.

많이 만들고 많이 보여 주는 수업이 되어야 저학년은 귀로 듣는 것보다 눈으로 보는 것을 좋아하고, 손으로 만질 수 있는 것에 흥미와 집중을 보인다. 따라서 수업자료를 많이 만들어야 한다. 물론 자료를 준비하는 것은 매우 시간이 많이 걸리는 일이므로 같은 학년 교사들이나 뜻 맞는 동료교사끼리 자료를 공유하는 것이 부족한 수업 준비 시간을 버는 지혜가 될 수 있다. 저학년 교과서는 아이들이 직접 만들어 보고, 몸으로 체험하도록 짜여져 있다. 교과서에 나오는 것 가운데 준비하기 쉬운 것만이라도 직접 눈으로 보고 손으로 조작할 수 있는 수업을 준비하자.

발표에 민감한 아이를 고려하기 저학년 아이들은 발표하기를 아주 좋아한다. 교사는 나름대로 공평하게 발표를 시킨다고 생각하지만 아이들 입장에서는 그렇지 않다. 아이들은 교사의 지적이 몇 명의 아이들에게 몰린다고 생각한다. 특별한 장치를 두지 않고 교사의 감으로만 발표를 시키면 몇 명 아이에게 몰리는 것도 사실이다. 몇 번이나 열심히 손을 들었는데도 발표하지 못하면 아이들은 점점 의욕을 상실하고 만다. 그러므로 교사는 어떤 방식으로든 아이들을 골고루 발표시키도록, 그리고 상대적으로 적게 발표한 아이를 배려하도록 노력해야 한다.

해당 수업 시간 동안 발표한 횟수를 손가락으로 표시하게 하여 발표를 고루 시켜 보자. 발표하기 위해 손을 들 때 손가락으로 이제까지 발표한 횟수를 표시하는 것이다. 한 번도 발표하지 못한 아이가 있는데 두 번 이상 발표하는 아이가 없도록 배려하고, '발표했어요' 라는 표를 칠판 앞에 붙여 두고 수업이 끝나면 아이들 스스로 표시하도록 한다. 표는 매일 바꾸어 주어야 한다.

저 발표했어요 ( )요일					
번호	이름	1교시	2교시	3교시	4교시	기타
1	강현성					
2	김나희					
3	박소현					
4	장성원					

가장 큰 상은 따뜻한 칭찬의 말 저학년은 교사가 하기 나름으로 아이들에게 금방 그 영향이 나타나므로 칭찬을 많이 해 주는 것이 좋다. 칭찬은 당연히 그 장면 그 상황에 따라 적절하게 해 주어야 한다. 칭찬을 통해 '보강' 을 해 주어야 하는 아이들이 있는데, 아이들을 주의 깊게 관찰하여 그때그때 칭찬해 주어야 하고, 또 칭찬할 거리를 만들어서라도 칭찬을 해 준다. 이때는 다른 아이들의 주의를 집중시켜서 그 아이가 교사로부터 칭찬받는 모습을 보여 준다. 이를 통해 아이의 자신감을 키워 주고 격려해 줄 수 있다.

그렇다고 잘하는 아이들에게 칭찬을 안 해 줄 수는 없다. 알아서 잘한다고 칭찬을 해 주지 않는다면 '잘해 봤자 칭찬도 못 받는구나.' 하고 좌절하거나 시큰둥해질 수 있다. 이 아이들에게는, 발표를 하고 들어갈 때나 숙제 검사 등을 할 때 개별적으로, 작은 목소리로 칭찬을 해 주는 것이 좋다.

스티커, 사탕 등 구체적인 보상물 내면화된 가치만으로 판단하여 행동하는 것이 어려운 초등학생의 경우, 스티커 주기나 사탕 주기 같은 방법이 어느 정도 필요할 수 있다. 이 시기의 아이들에게는 바른 습관을 들이는 것도 학교생활의 중요한 목표가 되기 때문이다. 이처럼 흔히 구체적인 물건이나 가시적인 표시로 보상을 하는 것은 어린 아이일수록 효과적인 보상 방법으로 알려져 있어, 저학년에게 주로 사용된다.

그러나 저학년에게 그런 외부적인 보상을 남발하는 것은 문제가 된다. 고학년에게는 스티커나 사탕을 받는 것이 교사로부터 인정받고 칭찬받았다는 상징일 뿐이며, 그래서 신선한 자극이 될 수 있다. 그러나 저학년들은 아직 가치를 내면화할 만한 정신력이 성숙되지 않았으므로 사탕이나 스티커를 받는 것 자체가 목적이 되는 경우도 생길 수 있다.

교사, 학생, 학부모의 의사소통을 돕는 알림장 저학년의 경우 알림장을 통해 여러 가지 효과를 볼 수 있다. 특히 아직 학교생활에 익숙하지 않은 1학년이라면 숙제가 무엇인지 알리거나 다음 날 필요한 준비물을 챙기는 등의 수업 준비는 학부모의 도움을 받을 수밖에 없다. 따라서 이를 부모에게 정확하게 전달하는 알림장의 존재는 필수적이다. 숙제를 하는 공책을 따로 두지 않고 아예 알림장에 숙제를 하도록 하고, 학부모의 확인을 받도록 할 수도 있다.

또한 숙제 검사를 통해 어린 아이들에게 직접적으로 제시할 수 없는 수업 목표를 달성하는 효과를 거둘 수 있다. 예를 들어 '자신의 손발, 공책에 대고 그려 오기'라는 숙제를 내주었을 때, 한 학부모가 숙제 확인을 하며 "○○가 유치원에 다닐 때는 손이 작았는데, 그 사이에 이렇게 컸구나. 네가 손발이 크는 것처럼 마음도 자라도록 노력하자."는 글을 써 준 적이 있다. 알림장이라는 기록 공간이 있음으로 해서 학부모의 확인 과정을 통해 학습 목표가 명료하게 완성된 사례이다.

한뼘 더! 1

수업 시간 학급조직, 어떻게 할까

박정애 | 인천 동부초 교사 · 정현주 | 경기 남양주 금곡초 교사

몇 명을 하나로 묶는 것이 효과적인가

대부분의 교사들은 학습 활동의 가장 기본적인 협력 단위가 '짝'이라고 보고 있으며, 짝을 두 쌍 모은 네 명을 가장 활발한 학습 집단의 규모로 생각하는 경우가 많다.

예를 들면, 협동학습의 기본은 '짝활동'이다. 집단 내에서 짝활동이 가능하려면 모둠 인원은 짝수가 되는 것이 좋다. 네 명이면 한 모둠 안에서 짝활동을 할 수 있는 경우의 수가 세 번이다. 여섯 명이 되면 그 경우의 수가 더 늘어나겠지만 여섯 명이 함께 앉기 위해서 책상이 넓어지고 손을 뻗어서 닿을 수 있는 거리에서 벗어나기 때문에 원활한 짝활동이 어려워진다. 또한 집단이 너무 커지면 학습에 대한 개인의 책임감이 생기지 않을 우려도 있다. '내가 안 해도 누가 하겠지.' 하게 되는 것이다.

그러나 또 한 가지 고려할 점은 학급 안에 몇 개의 모둠을 운영할 수 있는가이다. 40명이 넘는 학급에서 4인 모둠을 짠다면 10개 이상의 모둠이 생기게 된다. 이 정도 숫자면 교사한 명이 통제하기 어렵다. 그러나 모둠 수가 너무 적으면 모둠 간 역동성이 떨어진다는 문제도 생긴다. 대체로 학급당 모둠 수는 여섯 모둠 정도가 교사가 운영하는 데 무리가 없다. 전체 학생 수를 40명이라고 할 때, 여섯 명을 한 모둠으로 묶으면 대략 여섯 모둠 정도가 나오는데, 2교시를 이어서 수업하면 여섯 모둠 모두 발표 기회를 가질 수 있어 더욱 효과적이다.

언제 모둠을 바꾸어 줄까

교사에 따라 교과마다 자리 배치 등을 바꾸어 학습 집단을 변화시키는 경우도 있다. 그러나 교과에 따른 아이들의 흥미나 성취도의 차이가 별로 크지 않기 때문에 과학실험을 하거나 운동장 체육을 하는 경우가 아니면 교과마다 모둠을 바꾸는 교사는 그리 많지 않다. 그렇다고 모둠을 너무 오래 지속시키면 아이들이 지루해할 수 있으며, 학급 전체를 대상으로 하는 학급운영이 어려워지기도 한다. 무엇보다 다양한 경험과 의견을 나누도록 한다는 집단활동의 의미가 퇴색된다.

한 달에 한 번 바꾸든 학기마다 바꾸든, 학급생활을 하면서 아이들에게 여러 친구들을 만나 볼 수 있는 기회를 제공하고, 모둠 안에서의 역할이 너무 굳어지는 것(충분히 지도력이 있음에도 자기보다 뛰어난 친구에게 가려 지도력을 발휘할 기회를 얻지 못하는 등)을 방지하기 위해서, 또 모둠 안에서 친구들끼리 다툼이 있다든지 했을 때 문제가 장기화되는 것을 방지하기 위해서 모둠 지속 시기는 적절하게 판단할 일이다.

모둠에 적합한 자리 배치와 수업 내용

학습 집단의 구성과 긴밀한 관계를 맺는 것이 바로 자리 배치이다. 평상시에는 일제식 자리 배치를 하고 모둠활동을 할 때에나 특정 교과 시간에만 모둠별 자리 배치를 하는 것이 효과적인가, 아니면 평상시에도 모둠별로 자리 배치를 할 것인가. 이 문제는 주된 수업 형태가 무엇인가에 달려 있다.

교사가 주도하는 일제식 수업이 주를 이루는데 자리 배치를 모둠별로 한다면 아이들이 서로 잡담할 기회를 늘려 줄 뿐이다. 그러나 모둠별로 책상을 모아 자리 배치를 한다면 일제식 자리 배치를 할 때보다 뒷자리나 양쪽 옆자리 학생들의 소외를 줄일 수 있다. 모둠별로 모아 놓은 책상 사이를 교사가 돌아다니면서 산만한 모둠이나 수업 내용에 집중하지 않는 모둠 옆에 잠시 서 있는 것만으로도 아이들의 집중을 유도하는 효과가 있기 때문이다.

모둠별로 책상을 마주 보게 배치할 때는 상하좌우 모두를 마주 보게 하는 것보다 양옆 책상을 마주 보게 하고 거기에 두 개의 책상을 이어 붙여 칠판을 향하게 하는 것이 좋다. 칠판 혹은 교사를 등지는 학생이 없도록 할 수 있기 때문이다.

특별히 모둠활동에만 적합한 활동이나 모둠활동이 적합하지 않은 수업이 따로 있는 것은 아니지만, 상호작용의 형태나 목적에 따라 집단의 규모나 유의점이 달라야 한다.

짝활동이 가장 효과적인 경우는 아무래도 서로 공부한 내용을 확인하거나 암기할 때이다. 이때는 집단의 규모가 커지면 개인에게 돌아가는 시간이 적어지므로 두 사람이 주고받으며 묻고 답하는 활동이 알맞다. 수학 시간에는 상호 지도를 통한 개인지도의 효과도 볼 수 있다. 그러나 성적 격차가 너무 크다거나 하위권 학생만으로 짝을 이루고 있을 때는 이런 효과를 기대하기 어렵다.

'다양한 가치관의 발견' 이나 '상이한 경험의 공유' 가 필요한 때에는 네 명 이상의 집단 규모가 적당하다. 아이들은 토론을 통하여 '개별 → 일반' 으로, '구체 → 추상' 으로의 발전을 경험할 수 있으며, 그 역도 가능하다. 이 과정에서 민주적인 의사소통의 경험을 쌓을 수 있음은 물론이다. 이때 가장 중요한 것은 아이들끼리 충분히 의사소통할 수 있도록 기다려 주고 개방적인 분위기를 만들어 주는 교사의 역할이다.

또한 집단활동은 아이들 개개인이 받을 수 있는 압력과 부담을 덜어 주기도 한다. 교사가 어떤 질문을 던지고 아이들 개인에게 그에 대한 답을 하라고 기대하는 것보다 잠시 짝과 그 문제에 대해 상의해 보고 결과를 말하도록 하는 것이 수업을 원활하게 이끌어 가는 요령이다. 또 학교 밖에서 해야 하는 과제를 수행할 때에는 친구와 함께 하는 것만으로도 마음 든든해지고 자신감이 생기게 마련이다.

직소우나 토픽학습 같은 협동학습에서는 당연히 모둠활동이 필요할 뿐 아니라 그런 교수 모델 자체가 모둠 같은 집단활동을 원활하게 하기 위해 개발된 것이므로 가장 체계적이고 기능적인 협업과 분업을 가능하게 만들어 준다.

예시 **모둠 자리 배치**

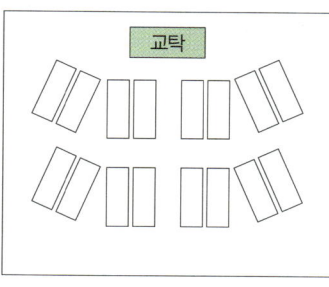

4인 1모둠

협동학습을 하거나 토론·토의 수업 혹은 실험·실습 수업을 할 때 자리 배치 모형이다. 아이들 사이의 거리가 가까워 집중력이 높지만, 수업 결과를 발표할 때 다인수 학급에서는 모둠 수가 많아 발표에 시간이 오래 걸린다.

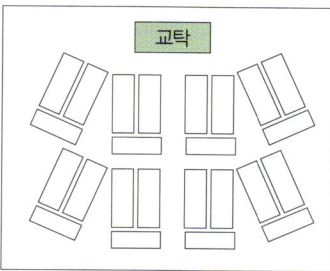

6인 1모둠

모둠별 활동을 통하여 학급을 운영해 나가는 교실에서 흔히 볼 수 있는 자리 배치 모형이다. 현재 우리 교실 공간의 규모나 학급 수를 고려할 때 가장 효율적으로 자리를 배치할 수 있는 모형이다.

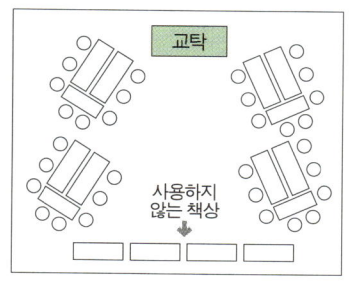

8인 1모둠

책상 한 개를 빼내어 세 개의 책상에 8명이 앉을 수 있게 한 자리 배치. 모둠 사이 공간이 넓어 독립적인 활동을 하는 데 방해가 적은 편이다. 또 모둠 수가 적어서 발표 시간을 충분히 쓸 수 있다.

이런 학습지,
절대 만들지 맙시다

이부영 | 서울 고덕초 교사 · 정현주 | 서울 한천초 교사

열린교육 이후, 학습지는 교사가 칠판에 판서한 내용을 아이들이 공책에 그대로 옮겨 적는 일제식 수업을 탈피하기 위한 방편으로 사용되었다. 그러면서 교사 스스로 개발하거나 다른 자료에서 편집하여 만든 학습지가 학교현장에서 쓰이게 되었다. 그러나 한편에서는 학습지가 교사가 학부모에게 학습의 양을 과시하거나 아이들에게 시간을 '때우기' 위한 방편으로 쓰인다는 비판이 있다. 학습지의 내용이 과연 아이들의 학습에 얼마나 도움을 주는가에 대해 회의적인 목소리도 나온다.

어떤 학습지가 좋은 학습지인가를 따지기 위해서는 우선, 좋지 않은 학습지를 가려내는 작업부터 시작해야 할 것이다.

변하지 않는 구태의연의 대명사, 수학 학습지

한 면 가득 문제들로 빼곡히 찬 수학 학습지는 보는 것만으로도 숨이 막힌다. 주로 지식 위주로 평가되는 수학과의 학습지는 예나 지금이나 비슷한 모습이다. '수학 실력은 여러 번 반복해서 문제를 풀어 보아야 는다.' 는 신화 속에서, 학습지는 문제 풀이 훈련용이다. 훈련에서 끝나면 좋으련만, 문제는 이런 학습지가 평가의 도구로까지 활용된다는 점이다. 한 페이지를 풀이하는 데에도 한 시간이 넘게 걸린다. 수학익힘책에 나온 문제를 풀어 놓은 것을 꼼꼼히 점검하기만 해도 이런 학습지는 필요 없다.

교과서 내용을 정리하는 학습지

교과서에 다 있는 내용인데 굳이 이렇게 정리할 필요가 있을까? 더군다나 칸이 너무 좁아 제대로 내용을 적어 넣기 힘들다. 이렇게 교과서의 내용을 재정리하는 학습지가 굳이 나쁘다고 말할 수는 없지만 이미 교과서나 워크북에 만들어져 있는 것을 적극적으로 활용한다면 학습지의 형태로 다시 내줄 필요는 없다. 교사가 굳이 아이들에게 국어 교과서의 내용을 정리시키고 싶다면 이 형식을 작게 복사해서 공책 첫 면에 붙인 뒤 공책에 자유롭게 쓰게 하는 것이 더 좋은 방법일 수 있다.

지나치게 많은 틀을 만들어 놓은 학습지

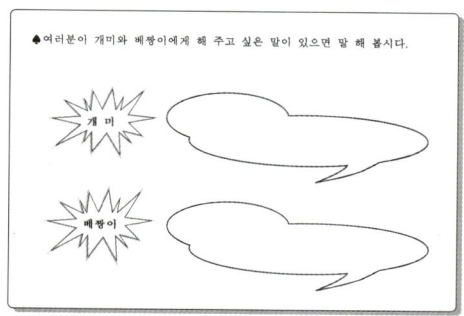

틀은 아이들의 자유로운 사고를 방해한다. 따라서 창의성 학습지라고 만들어진 학습지에 지나치게 많은 틀을 주는 것은 그야말로 아이러니다. 아이들이 개미에게 해 주고 싶은 말은 별로 없는데, 베짱이에게 해 주고 싶은 말은 많다면? 이 학습지는 일정한 양을 쓰도록 강요하고 있다. 지나치게 도식적인 틀 또한 바람직하지 못하다. 모양에 신경 쓰는 바람에 아이들이 글을 쓸 공간은 턱없이 부족하다.

사진을 붙이게 하는 학습지

사진을 오려 붙이게 하는 학습지 역시 피해야 할 유형의 학습지이다. 웃는 얼굴을 붙이려면 사진에서 자신의 얼굴을 오려내야 한다. 이런 학습지가 남발되는 통에 초등학교 다니는 아이가 있는 집에는 변변한 가족사진 하나 없다는 말도 나온다. 사진 스크랩하기나 유적 사진 붙이기 같은 학습지도 문제다. 그런 학습지 때문에 좋은 도판이 실린 고급장정의

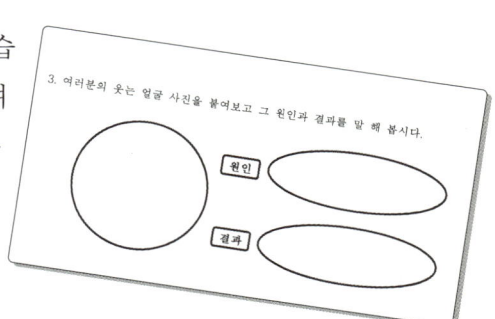

책들은 번번이 칼질 당하게 된다. 문방구점에서 조잡한 화보를 파는 것도 이런 이유에서이다.

내가 해 본 실험과 다른 문제, 과학 학습지

학습지는 문자로 되어 있다. 따라서 대부분의 학습지는 기본적으로 독해력을 요구한다.

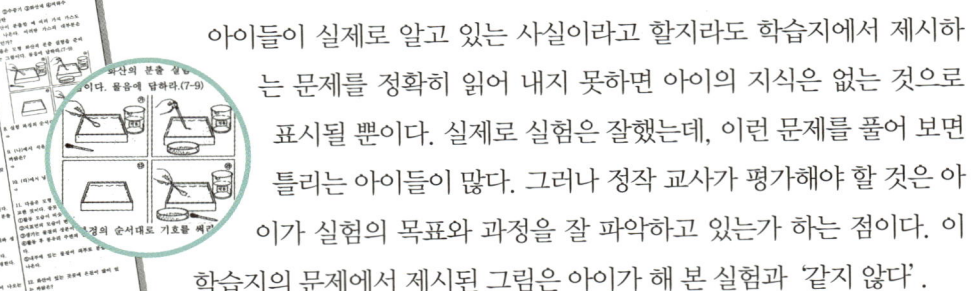

아이들이 실제로 알고 있는 사실이라고 할지라도 학습지에서 제시하는 문제를 정확히 읽어 내지 못하면 아이의 지식은 없는 것으로 표시될 뿐이다. 실제로 실험은 잘했는데, 이런 문제를 풀어 보면 틀리는 아이들이 많다. 그러나 정작 교사가 평가해야 할 것은 아이가 실험의 목표와 과정을 잘 파악하고 있는가 하는 점이다. 이 학습지의 문제에서 제시된 그림은 아이가 해 본 실험과 '같지 않다'.

지나치게 많은 항목을 담은 학습지

이 학습지를 완성하기 위해서는 여섯 명의 입장을 각각 고려해 보고 실제 그 인물의 입장에서 의견을 내놓을 수 있어야 한다. 그러나 이 여섯 명의 입장을 충실히 반영하라는 것은 아이들의 학습능력을 너무 과대평가한 요구이다. 이런 경우, 수업 시간에 내용을 어느 정도 파악하였다면 아이들은 등장인물 중 한 명을 골라 그 사람의 입장에서 나름의 의견을 말해 보는 것이 좋겠다. 교사가 지나치게 욕심을 부린 반면, 아이들은 얻는 것이 별로 없는 대표적인 학습지이다.

문제가 너무 복잡하거나 정확하지 않아서 이해하기 힘든 학습지

한 문장에 여러 가지 지시가 섞여 있으면 아이들은 무엇을 해야 할지 혼란스럽다. 게다가 '제목을 떠오르게 하는 사진이나 그림' 이라는 말이 제목과 관련이 있는 사진이나 그림을 뜻하는지, 아니면 그 프로그램이나 영화의 내용과 관련이 있는 사진이나 그림을 뜻하는지 알쏭달쏭하다.

아이들의 능력을 고려하지 않은 학습지

1학년을 대상으로 한 학습지인데, 1학년이 읽기에는 내용이 지나치게 많다. 교사가 욕심을 부려서 아이들에게 너무 많은 것을 요구하면 아이들은 학습지에 대한 흥미뿐만 아니라 학습 자체에 대한 흥미마저 잃어 버린다.

숙제로 나가는 학습지

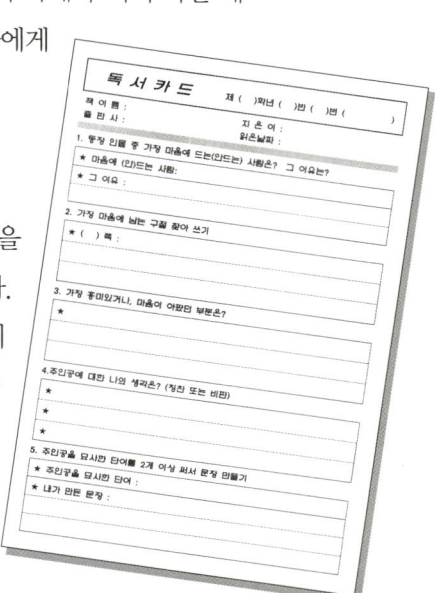

참 '별난' 숙제이긴 하다. 그런데 이런 숙제를 할 수 있는 아이는 과연 얼마나 될는지…… . 이런 숙제를 내주려고 한다면 사전에 교사가 준비해야 할 것이 무척 많다. 우선 활동의 의도와 목적을 학부모들에게 정확히 알려야한다. 또 아이들에게는 친구 집에 방문했을 때 주의해야 할점 등도 세심하게 이야기해 주어야 한다. 이런 것들이 먼저준비되지 않은 상태에서 숙제가 나간다면 이 학습지에서 제시된 활동을 충실히 해 올 아이는 많지 않을 것이다. 게다가 이 학습지를 완벽히 수행하려면 친구와 함께 하룻밤을보내면서 함께 음식도 먹어야 하고 함께 놀이도 해야 하고 그에 대한 느낌도 써야 한다. 물론 교사가 어떻게 수업을 운용했느냐에 따라 다르겠지만, 활동이 중심이 되지 않고 학습지를 채우는 것이 숙제가 되어 나갈 때이러한 활동 역시 교사의 의도와는 상관없이 아이들이나 학부모들에게는 부담이 된다.

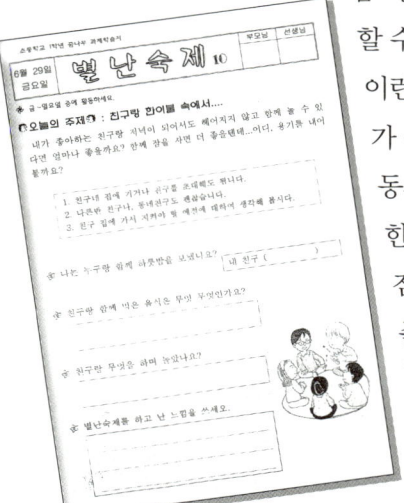

모든 항목을 다 채워 넣어야 하는 학습지

일일이 칸을 둘러 놓았다. 이러한 형태의 학습지는 아이들에게 칸을 채워야 한다는 부담감을 주어 독서에 대한 흥미를 떨어뜨릴 수 있다. 게다가 이 학습지의 질문에 대답할 수 있는 책은 동화책뿐이다. 이것 역시 작게 복사해서 독서공책 앞에 붙이고 각 항목 중에 자기가 읽은 책과 맞는 항목, 자기가 꼭 하고 싶은 항목을 골라 공책에 자유롭게 쓰게 하는 것이 더 효과적일 것이다.

아이들 마음에 상처를 주는 학습지

아버지나 어머니가 없는 아이들은 어떻게 칸을 채울까? 이걸 뒷벽에 게시까지 하면 참 난감해진다. 가족이 함께 모여 식사하는 모습을 그려 보고 가족의 명칭을 알아보자든지, 가족 이름을 하나씩 적어 보자는 것으로 대체할 수 있다. 혹은 선생님만 살짝 볼 것이라고 알린 다음 교사가 걷어서 따로 보관해야 한다. 물론 그때에도 이런 도식화된 틀을 줄 필요는 없다. 고모, 삼촌, 외삼촌, 이모가 어디 한 사람씩뿐이랴.

지나치게 많은 도안을 사용한 학습지

내용보다는 형식의 문제다. 틀이 많은 학습지가 아이들의 사고를 한정 짓는 것과 마찬가지로, 지나치게 많은 도안이 사용된 학습지 역시 아이들에게 그림과 사물에 대한 편견을 심어 줄 수 있다. 학습지에 시각적 요소가 들어가야 한다면 아이들이 각자 그려 보게 하는 것도 좋은 방법이다.

1. 자기 속에서 소재 찾기로 시작하는 동기 부여

박지희 | 서울 상경초 교사

동기 유발을 어떻게 할 것인가는 학습을 시작하는 중요한 관문이다. 동기 유발은 그 단원의 학습 내용에 지적인 호기심과 학습의 필요성을 느낄 수 있도록 하기 위한 장치인데, 방만한 교과서 체계와 다급하게 쫓길 수밖에 없는 학습량 때문에 다소 소홀해지기 쉽다. 또한 아이들의 주의집중을 위해 단순히 노래 한 번 부르거나 학습 목표를 읽는 정도를 동기 유발이라고 생각하는 경우도 없지 않은 것 같다.

국어과에서는 아이들의 특성을 보면서 중점적인 수업 목표를 정해야 한다. 나는 아이들의 표현력에 가장 중점을 둔다. 글이나 말로 자신을 그대로 표현할 수 있다는 것, 잠자고 있는 감성을 깨워 표현할 수 있는 것을 큰 축복이라 보고, 문장의 종류에 맞게 다양하게 자신을 표현할 수 있게 하는 것에 역점을 둔다. 그러면서 아이들의 표현을 막고 있는 벽들이 무엇인가를 살펴보는 일을 하는데, 나는 그 벽을 '편견'이라고 생각한다. 아이들은 학년을 막론하고, 자신의 표현이 작고 초라하다는 편견을 갖고 있다. 그래서 나는 아이들의 편견을 깨는 것으로 단원을 시작한다.

시 단원을 공부할 때는 아이들의 언어로 표현된 시를 많이 맛보게 한다. 그럼으로써 시라는 것은 특별한 감성과 언어로 표현되는 것이 아니라 우리들이 마음속에 담고 있는 언어라는 사실을 느끼게 한다. 또한 자기들이 정말로 좋아하는 시를 발표해 보게 한다. 그럴 때 고학년은 〈바보〉라든지 〈행복〉이라든지, 어른들의 시각으로 보았을 땐 말장난 같은 시를 베껴오곤 한다. 하지만 이런 것들도 OHP를 통해서 함께 감상하고 공감해 주면, 앞으로 배울 시들이 따분하고 어려운 것이 아니라는 것을 느끼게 할 수 있다. 봄볕을 느끼러 뜰에 앉아 있다든지 비 오는 날 빗소리를 들으러 나간다든지 직접 생생한 체험을 하면서 그 느낌을 그대로 적어 보게 하는 방법을 사용하기도 한다.

주장하는 말하기를 할 때, 아이들은 그 주제에 대해 호기심을 갖고 있지 않기 때문에 표현하는 것은 엄두조차 내지 않는다. '학급회장으로 출마하면서'라는 주제로 주장하는 말을 하는 단원을 공부할 때, 과연 회장에 출마하겠다는 의지를 가진 아이들이 얼마나 있겠는가? 아이들이 진정 하고 싶은 이야기를 설득력 있게 표현하는 것을 목표로 한다면, 아이들이 하고 싶은 이야기가 무엇인가에 초점을 맞춰야 할 것이다. 따라서 '엄마 아빠 불만 있어요' 등 자기 생활 속에서 찾은 주제를 가지고 자유 발언대를 꾸미고, 그것을 요약하고 좀 더 설득력 있게 주장하기 위한 방법으로 시를 쓸 수 있음을 알게 한다. 시가 감동으로 다가가고 설득할 수 있는 수단이 된다면 얼마든지 주장하는 글이 될 수 있음을 알려 줌으로써 아이들의 고정관념을 탈피해 나갈 수 있는 것이다. 설명글을 배우기 위해 자기만이 알고 있는 놀이를 수집하고 그 방법을 친구들에게 설명하고, 직접 놀아 본 뒤 부족한 부분을 찾아 보충하는 식으로 수업을 진행할 수도 있다.

수학과에서도 마찬가지로, 배우는 영역에 대한 다양한 놀이로 기초적인 인식을 점검하고 호기심을 유발한다. 생활 속의 다양한 수학적 원리들을 정리해 나가는 방식으로 수학의 필요성을 인식하고 쉽게 다가가게 하는 것이 수업 목표이기 때문이다. 예를 들어 순서쌍이나 좌표를 배우는 단원에 들어갈 때 가로축과 세로축에 대한 개념을 인식시켜야 한다면, 아파트 그림을 놓고, 계단을 중심으로 왼쪽 3열 4층에 사는 사람 찾기나 아파트 열과 층을 쉽게 알 수 있는 동 호수 붙이기 등의 게임을 한다. 그래프의 개념을 알기 위해서는, 학교 오는 교통수단 조사하기나 수를 사용하지 않고 복잡한 자료를 알기 쉽게 설명하는 다양한 방법 찾기 등을 한다.

방법이야 많지만, 아이들 학습 수준이나 환경이 모두 달라 감히 어떤 방법이 효과적이라 말할 수 없다. 그러나 반드시 염두에 둘 것은 교과서만으로 충분한 동기 유발은 불가능하며, 일주일 단위로 바뀌는 단원에 따라 매 교과의 동기 유발 자료를 재구성하기도 어렵다는 사실이다. 교과마다 주요 요소를 뽑고 그 목표를 달성하기 위한 동기 유발 자료를 개발해 나가는 것이 필요하다. 욕심 내지 않고 한두 과목에만 적용해 나갈 수 있다면 상당히 여유 있는 수업이 되지 않을까.

2. 공책, 상상력의 보물창고

백남훈 | 경기 수원 영통초 교감

공책, 제2의 스케치북

수업 계획을 세우는 단계에서 가장 중요한 것은 단원에 대한 안내이다. 한 단원이 되었든 한 차시가

되었든 처음 들어가는 도입부에서는 아이들이 그 수업 주제에 대한 흥미와 호기심을 가질 수 있도록

유도하는 것이 필요하다. 이때 본격적인 학습에 들어가기 앞서 생각그물(개념도, 마인드맵)이나 만화

로 아이들이 앞으로 배울 내용에 대해 가지고 있는 생각을 나름대로 표현하게 해 보자. 아이들은 신이

나서 자기가 알고 있던 관련 지식을 총동원하고, 자기 능력 이상의 솜씨를 발휘하여 열중할 것이다.

단원 내용을 쭉 훑어보게 한 다음 그 단원과 관련하여 자기가 알고 있던 선(先)개념을 자유롭게 표현하

게 함으로써 단원 학습 문제를 스스로 추출하게 하는 것이다. 이때 공책은 '제2의 스케치북' 이 된다.

실험 보고서 작성하기

모든 내용의 탐구 실험화. 모든 실험의 보고서화. 한때 탐구학습이 너무 강조된 나머지 실험 활동 못

지않게 실험 보고서 작성이 중시되던 때가 있었다. 그래서 실험활동은 20분 만에 후딱 해치우고 보고

서 작성하는 데에는 30~40분이 걸리기도 했다. 주객이 전도된 것

이다.

지금은 많이 개선되어 웬만한 내용은 간단한 메모로 대신하고,

보다 자세한 내용을 기록할 필요가 있으면 《실험관찰》 책에 정

리하고 있다. 그런데 요즘에는 그 정도가 지나쳐 실험 보고서를

꼭 작성해야 하는 경우에도 실험 보고서를 쓰지 않는다. 아이

들은 보고서 작성법조차 잘 모른다.

그러나 과학에 대한 흥미와 호기심 유발, 과학적 태도 기르기

못지않게 중학년 이상에서는 실험 보고서 작성 요령을 지도

하는 것도 중요하다. '주제, 준비물, 실험 방법, 결과, 심화발

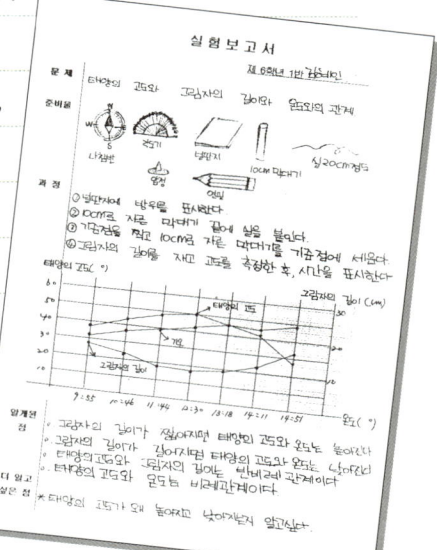

전' 이란 딱딱한 용어와 고정된 틀에서 벗어나 쉽고 재미있고 다양하게 재구성하여 지도하는 것이 바람직하다.

6학년 정도가 되면 실험 보고서를 무난히 작성할 수 있어야 한다. 고학년에서도 정형화된 보고서의 형식을 지양하고 각자의 개성에 따라 문자, 만화, 그림 등을 활용할 수 있도록 체제를 열어 놓으면 재미있고 독특한 실험 보고서를 받아 볼 수 있다.

공책, 잡동사니 스크랩북

정리하는 단계에서는 아이들의 확산적 사고가 필요하다. 이 단계를 어떻게 운영하느냐에 따라 아이들이 과학 시간을 매우 재미있는 시간이라고 생각할 수도 있다. 초등 과학교육의 큰 목표 중 하나가 아이들에게 현상에 대한 과학적 흥미와 호기심을 갖게 하는 것이라면, 이 단계에서 목표에 근접할 수 있는 좋은 기회를 얻을 수 있다.

계절의 변화를 공부하면서 느낀 점을 써 보고(감상문), 터득한 개념을 우리 생활과 관련시켜 그려 보고(만화), 배운 것과 관련된 내용을 신문에서 조사하여 재구성해 보게 하는 것(NIE)도 의미가 있다. 예시에 나와 있는 관찰 기록문은 태양의 고도를 측정하는 과정에서 겪은 에피소드를 글로 표현한 것이다. 〈그림 1〉은 신문에서 '속담과 과학'이라는 기사를 스크랩하여 자기 생각을 재미있게 표현한 것이고 〈그림 2〉는 '태양의 고도에 따른 기온의 변화'를 공부하고 나서 태양을 움직일 수 있는 법을 개발하여 시원한 여름과 따뜻한 겨울을 만들겠다는 착상을 만화로 표현한 것이다. 이렇게 공책은 그 단원과 관련된 각종 자료를 모아 둔 '잡동사니 스크랩북'이 된다.

〈그림 1〉

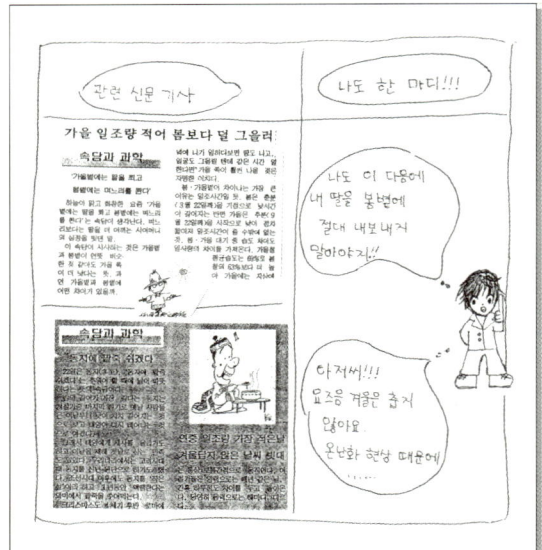

예시 **관찰 기록문**

태양의 고도와 그림자 길이

나는 9시 30분에 약속 장소인 현정이네 집으로 갔다. 벌써 우리 조의 아이들은 다 모여서 관찰할 준비에 바빴다. 조장인 나는 10시 정각부터 오후 3시까지 한 시간마다 태양의 고도와 그림자의 길이를 재도록 하였다. 10시 정각이 되자 우리는 태양의 고도부터 재어 보았다.

태양의 고도는 25도였다. 이어서 그림자의 길이도 재어 보았더니 20.8cm이었다. 나는 기록을 은미에게 알려 주었다. 우리들은 매 시간마다 정확히 재고 기록하였다. 오후 3시에 마지막으로 재었다. "혜지야! 이것을 봐." 그래프 그리기를 맡은 은정이가 눈이 동그래 가지고 놀란 듯이 말했다. 우리는 무슨 일인가 하고 달려가 봤더니 그래프에 나타난 그림자의 길이가 우리가 예상했던 것과 전혀 다르게 나타나 있었다.

10시에 잰 그림자의 길이와 3시에 잰 그림자의 길이는 거의 같았으나 12시보다는 1시에 잰 그림자의 길이가 더 짧게 나타나 있었다. 나는 '잘못 잰 것이 아닌가?' 하는 생각에 눈앞이 아찔해졌다. 그러나 우리 모두 같이 그래프를 공책에 옮겨 적은 후 헤어져 집으로 갔다. 집에 돌아와서도 잘못 잰 것 같은 생각에 조바심이 났다. 나는 할 수 없이 "엄마, 태양의 고도와 그림자의 길이를 잘못 쟀나 봐. 어떻게 하지?" 하고 어머니께 말씀드렸다. 어머니께서는 "혜지야, 관찰도 정확히 하는 것이 과학이란다. 너희들이 잘못 쟀다고는 하나 나타난 것을 정확히 재었으면 걱정할 것 없다" 하시며 나를 위로하여 주셨다. 그리고는 태양의 고도와 그림자의 길이는 날짜에 따라 변해 간다고 말씀해 주셨다. 나는 '아차 그랬었구나' 하는 생각이 들었다. 우리들은 추분 때의 태양의 고도와 그림자의 길이만을 알고 있었는데 오늘은 10월 20일이란 한 달간의 시간차가 생겼기 때문에 그림자의 길이도 다르게 나타난 것을 이제야 깨닫게 되었다.

(천현초등학교 6학년 김혜지)

〈그림 2〉

처음 맡은 1학년,
아무도 듣지 않는 교사의 공허한 메아리

Q 이제 3년 차 교사입니다. 재작년에 3학년을 맡았다가 작년에 1학년을 맡게 되었는데 생각보다 너무 힘이 들었습니다. 한번은 아이들 사진을 찍어 주려고 운동장에 데리고 나간 적이 있습니다. 근데 아이들이 온통 운동장에 흩어져서는 아무리 모으려고 해도 안 모아지는 겁니다. 한 시간 동안이나 애쓰다가 결국 보다 못한 옆 반 선생님이 도와주셔서 겨우 모을 수 있었습니다.

아무리 해도 내 뜻대로 안 되고 말도 통하지 않는 1학년 아이들에게 가끔은 제 의도와는 다르게 매도 들고, "유치원으로 돌아가라."고 소리도 지르게 됩니다. 대학에서 4년 동안 아이들에 대해 공부했는데 이렇게밖에 못하다니 정말 속이 상합니다. 어떻게 해야 할까요?

아이들 눈높이에 맞는 구체적인 용어를 쓰세요

이영주 | 서울 묵동초 교사

저는 교육 경력 10년이 될 때까지 1학년 담임을 맡지 않았습니다. 그 정도로 1학년이 두려웠거든요. 그러나, 지금은 1학년이 정말 매력 있는 학년이라고 생각합니다.

사실 친구 괴롭히고, 산만하고, 짓궂은 아이들은 어느 학년에나 다 있습니다. 그럼에도 왜 1학년이 유독 힘들게 느껴질까요? 그건 어찌 보면 고학년에는 교사의 협박(?)이나 압력이 먹혀들기 때문이지요. 교사가 아이들의 문제를 근본적으로 해결하지 않고도 강제로 통제할 수 있는 것입니다. 그러나 1학년은 그런 권위적인 방법이 통하지 않습니다. 오히려 더욱 심한 부작용(?)이 일어나기 일쑤지요. 제가 1학년이 매력적인 학년이라고 한 것은 이런 이유입니다. 순리대로, 원칙적으로, 인내하며 교육적 관점을 갖고 지도해야 합니다. 그러므로 나의 교육관을 전체적으로 다시 점검해 보는 소중한 시간, 소중한 경험이 됩니다.

먼저 1학년 교사가 사용하는 용어는 아주 구체적이고 정확해야 합니다. 아이들과 교사는 경험의 폭이 다르기 때문에 대충 말해서는 해석이 전혀 달라질 수 있습니다. 저도 교사지만 가끔 아들의 알림장을 볼 때 준비물이 이해가 되지

않을 때가 있습니다. 가령, 유리병을 가져오라고 했으면 선생님 머릿속에는 원하는 유리병의 모습이 있을 것입니다. 그러나 학부모는 어떤 유리병을 가져가야 할지, 크기와 모양을 고민하게 됩니다. 그러므로 선생님이 구체적으로 보여 주고 어떤 활동에 필요한지를 설명해 주어야 하지요.

아이들에게 "네 줄로 서 보세요." 하고 아무리 말해도 아이들은 서지 않습니다. 이건 아마 어른 40명을 모아 놓고 해도 한참 걸릴 것입니다.

우리 반 친구들은 '삐삐, 삐삐삐' 하는 호루라기 소리를 들으면 "1반 모여라!" 하고 외치며 선생님 앞에 모이기로 약속이 되어 있습니다. 처음에는 아이들을 한 줄로 세워 주고 앞에서부터 "1, 2, 1, 2……." 하고 번호를 붙여 줍니다. 선생님이 손가락 두 개를 보여 주며 "두 줄!"이라고 말하면 아이들도 "두 줄!" 하고 따라 하며 줄에서 2번의 아이들만 바로 앞 친구의 오른쪽으로 가서 두 줄을 만듭니다. 같은 방법으로 네 줄을 만들 수도 있고 다시 두 줄로 돌아올 수도 있습니다. 운동장 이곳저곳을 함께 구경하다 선생님의 말과 손신호에 맞춰 줄을 서는 게임을 20분 정도만 연습하면 아이들은 언제 어디서나 필요할 때 바로 줄을 설 수 있게 됩니다.

정확하게 내용과 상황을 이해하면 1학년은 고학년보다도 학급약속을 더욱 철저히 지킵니다. 아이들이 내 말을 안 듣

는다고 생각될 때면, 내가 아이들이 이해하기 힘든 추상적인 말을 하고 있는 것은 아닌지 먼저 반성해 봐야 합니다. 또한, 동학년 선생님들께 시도 때도 없이 자주 물어보세요. 책이나 대학에서 배운 것은 '이론'입니다. 현장에서는 실제 경험에서 나온 아이디어 하나가 위대한 교육이론보다 훨씬 유용할 때가 많답니다. "선생님 반 아이들은 쉬는 시간에 무얼 하나요?" "아까 운동장에서 아이들이 하던 놀이가 어떤 거예요?" "아이들을 복도에서 뛰지 않게 하려면 어떻게 해야 하지요?" 이런저런 궁금한 것을 자존심 세우지 말고 바로바로 많이 물어보세요. 아이디어를 많이 수집하고 그 가운데서 자신의 교육관에 맞는 방법들을 골라서 사용하면 되니까요. 아이디어가 많으면 나중에는 이것저것을 섞어 더 좋은 아이디어를 만들 수도 있답니다.

사람 한번 만들어 보자는 욕심은 버리세요

박지희 | 서울 상경초 교사

초임교사일 때 나에게 수없는 좌절감을 맛보게 했던 1학년 아이들, 그 아이들을 내 나이 마흔이 되면서 다시 만나게 되었다. 그런데 이번에는 좀 더 쉽게 만날 수 있었다. 내 아이를 낳고 키우면서 아이의 삶을 경험했기 때문인 것 같다. 그 시기를 거치며 이전에 내가 아이들을 바라보던 시선이 얼마나 잘못되었는지 알았다. 결국은 거기에서 모든 문제가 생겨났던 게 아닐까. 우리 교사들이 쓰는 말은 너무 추상적이고 어른 위주이고, 일의 양이나 학습량도 어른 중심이다. 아이들을 대할 때 느긋하게 그리고 아주 구체적으로 기다려 주는 것이 가장 중요한 일이라고 생각하니 여유가 생겼다. '요 녀석들 사람 한번 만들어 보자.'는 당치 않은 목표를 바꾸어 '아이들과 함께 행복해지기'를 주요한 목표로 삼으면서 난 조금씩 그 딜레마를 벗어나지 않았나 하는 생각이다.

앞에서 고민을 말했던 후배 선생님의 이야기를 접하면서 초임 시절 1학년을 맡았을 때의 몇 가지 장면이 떠올랐다. "얘들아, 오늘 선생님이랑 학교 꽃밭에 무슨 꽃이 피었나

보러 가자." 하면서 발걸음도 가볍게 교실 문을 나서는데, 아이들은 신발장 앞에서 벌써 층층이 포개져서 아비규환이었다. 그 신발장 앞에서 깨달았다. 나의 말은 1학년 아이들에게 너무 난해한 기호였던 것이다. 1학년 아이들은 오직 자기 앞만 바라볼 뿐 상대적 공간 감각이 부족하다. 다른 사람이 신발장 앞에서 신발을 꺼내고 있어도 내 신발을 꺼내야겠다는 생각만 할 뿐, 여럿이 그 작은 공간에서 동시에 신발을 꺼내 신을 수 없다는 생각은 하지 못한다는 것이다. 처음엔 "이 녀석들, 왜 이렇게 질서가 없냐. 차례차례 기다려야지." 하며 호통도 치고 벌도 세웠는데, 나중에서야 이것이 도덕적으로 나무랄 것이 아니라 교사가 배려해야 하는 것임을 알게 되었다.

이러한 상대적 공간감은 달리기를 시켜 봐도 확실히 드러난다. 늑목이나 축구 골대를 목표 지점으로 놓고 거기까지 달려갔다 오라고 하면, 모든 아이들이 첫 아이가 짚었던 자리로만 다 몰려가 엉켜 버린다. 이 줄의 아이들은 늑목을, 저 줄의 아이들은 축구 골대를 돌고 오라고 구체적으로 정해 주어야만 엉키지 않는다.

또, 1학년 아이들과 살다 보면 정말 많은 말을 하게 된다. 아이들은 끊임없이 묻고, 확인해 주길 바라고, 일러바친다. 이런 아이들에게 종일 시달리다 보면 교사는 저도 모르게 정말 할 말이 있는 아이의 말문을 "이르는 사람이 더 나빠."라는 한마디로 막아 버리거나 '아무런 대답도 안 해 줄 거야.' 하며 침묵시위를 하게 되곤 한다. 하지만 그런다고 가만 있을 아이들이 아니다. 치마고 가슴팍이고 매달리면서 끝내 자기들이 하고 싶은 말을 하고, 교사들은 '아 정말 그만 말하고 싶다.'며 누워 버리고 싶은 심정이 된다.

"선생님 이거 해야 해요?" 똑같은 질문을 한 시간에 40명이 두세 번씩 한다. "선생님 화장실 갔다 와도 돼요?" 쉬는 시간마다 40명이 내 코앞에 와서 똑같이 묻는다. 아이들은 그렇게 자기 존재를 알리고 싶은 것이다. 자기 존재를 확인하고 싶은 아이들에게는 그렇게 한 번씩 존재를 확인해 주고 넘어가는 수밖에 없다. 특히 "이렇게 하는 게 맞아요?"라고 물을 때는 자랑하고 싶은 마음도 은근히 있기 때문에 그 아이의 작업도 확인해 주고 자랑할 기회도 주는 것이 좋다.

03 수업 중 아이들 읽기

아이들을 이해한다는 것은 발달 단계에 따른 특성을 아는 것만이 아닙니다.

아이들을 이해한다는 것은 개별 아이마다 달리 가지고 있는

성격, 성장 배경, 사고 방식, 문화 등을 안다는 것입니다.

아이들에 대한 배려가 빠진 수업은 좋은 수업이라 할 수 없습니다.

교사의 교과 내용에 대한 이해가 훌륭하고 방법이 적절하다고 해도

개별 아이들, 다양한 상황에 처한 아이들에 대한 고려가 없다면

가르침과 배움의 기쁨을 찾기 힘듭니다.

교사가 가르치는 내용이나 방법을 아이들이 어떻게 받아들일지,

아이들이 무엇을 원하는지 등을 따지는 데서

아이들 읽기와 좋은 수업은 시작됩니다.

아이들에게 학교에 오도록 강요할 수는 있지만 배움을 강요할 수는 없다. 아이들 읽기로부터 교사의 수업 준비가 시작되고 거기서부터 배움과 가르침이 교류하게 된다. 왜 수업을 하는가란 질문에 대한 답은 결국 아이들에게로 향하기 때문이다.

수업 중 아이들 읽기는 수업 전단계까지의 학습 성취 수준뿐만 아니라 학습하고자 하는 주제에 대한 의식이나 태도, 그리고 학습 방법에 대한 기초 기능까지, 학습과 관련된 다양한 측면을 살피는 과정이다. 아이들 읽기는 수업의 출발점을 말해 주는 동시에 수업의 도달점을 일러 준다. 아이들이 스스로 공부하고 알아 가며 성장하는 수업이 되기 위해서는 이러한 아이들 읽기에서부터 출발해야 한다.

이 수업을 왜 하는가? 이 수업을 통해 가르치고자 하는 것은 무엇인가? 아이들이 이미 가지고 있는 기능이나 지식, 태도는 무엇인가? 이 수업과 관련하여 아이들은 무엇을 알고 있고 무엇을 모르고 있나? 다음 내용으로 어떻게 연결해야 하나? 어떤 소재와 방법으로 나아가야 하나? 이는 진정한 배움이 있는 수업이 되기 위해서 늘 진지하고 꼼꼼하게 따져 보아야 할 질문이다. 수업을 하기 전에 왜 나는 이 수업을 하는가를 따져 보면 아이들의 어떤 면을 읽어야 하는지 알게 된다.

아이들 읽기, 어떻게 할까

수업을 계획하면서

사전지식이나 인지 정도　수업을 하기 전 아이들에게 무엇을 어떻게 확인해 봐야 하는지 알기 위해서는 반드시 교사가 먼저 단원이나 주제를 파악해야 한다. 각 단원에서 교사가 핵심적으로 지도하고자 하는 것을 뽑고 이를 학습하기 위해 아이들이 미리 알고 있어야 하는 것들은 무엇인지 파악하고 점검하는 것이 아이들 읽기의 한 방법이다.

수학 수업에서 복합도형의 넓이를 구하는 것을 주요 활동 주제로 잡았다면, 아이들이 간단한 도형의 넓이를 구할 수 있는가 또는 높이나 평행, 수직이등분 등의 주요 개념을 정확하게 알고 있는가 하는 것을 파악해야 주어진 조건을 이용해 복잡한 복합도형의 넓이를 구할 수 있다.

우리나라 경제 발전에 대해 수업을 할 때에는 아이들이 간단한 지도는 읽을 수 있는지, 그래프를 해석할 수 있는지 파악해 보아야 한다. 지형에 관한 공부를 하기 전에 지도를 나누어 주고 지도를 보고 알 수 있는 점을 마음껏 써 보게 하면 지도를 어느 정도 해석할 수 있는지 파악할 수 있다. 파악된 수준에 따라 수업 전에 지도 읽는 법을 가르쳐 주고 나서 지도를 이용하여 각 지형의 특징이나 특산물, 도시와 촌락의 발달을 알아보는 수업을 진행해야 별 무리가 없다.

국어 수업을 진행할 때는 주제와 글감이 어떻게 다른지, 글을 해석하는 수준은 어느 정도인지 미리 파악해야 한다. 아이들의 해석력이 낮다고 판단될 때에는 처음부터 글의 전체 내용을 요약하는 활동을 해서는 안 된다. 글을 여러 개로 나누어 해석할 수 있는 학습지를 주거나 아주 간단한 자료를 함께 요약해 보면서 한 단계씩 발전시켜 나가야 할 것이다. 아이들이 아주 관심 있어 하는 주제가 나올 경우 관련 책들을 미리 읽히거나 조사하게 하면 관심 있는 아이들은 수업에 더 깊이 참여할 수 있다.

학습의 기초를 어느 정도 닦았다면 본격적인 수업에서 가장 큰 힘을 발휘하는 것은 관심과 자발성이다. 이를 최대한 수업으로 끌어들여야 한다. 예를 들어 태양계에 대해 배우는 수업을 할 때에는 아이들에게 태양계에 대해 알고 있는 것들을 모조리 적어 보게 한다. 그리고 더 깊이 알고 싶은 점은 무엇인지 발표해 보게 한다. 거기 자극받은 아이들에게 자신이 탐구하고 싶은 행성의 자료를 찾는 작업을 함께 하도록 하면 아이들의 자발성을 키울 수 있다.

주제에 대한 아이들의 관점이나 인식

주제에 대한 가치관을 정립하는 수업을 했다면 실천력과 문제 해결 의지도 함께 키워 주어야 한다.

이런 수업을 할 때에는 먼저 주제에 대한 자신의 생각을 드러내는 것으로 아이들 읽기를 시작하고 수업도 거기에서 출발해야 한다.

말하기 · 듣기 시간에 '차별이나 따돌림'에 대한 토론을 벌이고 주장하는 글쓰기를 하려고 한다면 이 수업의 목표는 글을 잘 쓰는 것이 아니라 자신이 가지고 있는 차별 의식을 점검해 보고 사회의 차별적 현상을 바라볼 수 있는 눈을 가지는 것이므로 차별에 대해 아이들이 가지고 있는 인식이 매우 중요하다. 따라서 아이들 읽기의 한 과정으로 아이들에게 '차별'이라는 말에서 연상되는 것들을 마음대로 써 보라고 한다. 이를 외모, 성별, 나이, 성적, 인종 등으로 분류하고 그 가운데 가장 많이 나오는 주제부터 토론으로 끌어들이면 자신이 하고 싶은 이야기를 주장글 속에 녹여낼 수 있다. 수업이 이렇게 진행되면 자기 안에 있는 차별 의식을 계속 반추하면서 생각을 정리해 나갈 수 있다.

과학이나 사회, 도덕, 실과와 같은 과목에서도 본격적으로 공부를 시작하기 전에 가치관과 연결해 볼 만한 주제들이 무엇인지 자신의 솔직한 모습을 드러내게 하면, 교사는 미리 읽은 아이들의 인식을 염두에 두고 수업을 할 수 있다.

똑똑 아이디어

자기 생각을 드러내는 데에는 게시판 토론도 한 가지 방법이 될 수 있다. 게시판 토론은 주제에 대한 자신의 생각이나 떠오르는 것들을 색도화지를 자른 종이에 써서 교사가 미리 붙여 놓은 전지에 붙이는 것이다. 아이들 의견을 많은 쪽과 적은 쪽으로 분류해 보면서 경향성을 파악해 볼 수 있다.
(게시판 토론의 구체적인 방법은 1권 177쪽 참고)

학습 방법이나 관련 활동을 할 수 있는 기초적 기능 리코더 연주를 하기 전에는 간단한 독보 능력을 갖추고 있는지, 기본적인 텅잉이 되는지, 색종이로 분수의 나눗셈을 알아보는 조작활동을 하기 전에는 색종이를 정확하게 등분해야 한다는 개념을 알고 있는지, 수채화를 그리기 전이라면 물감과 물을 어떻게 사용해야 하는지, 붓칠은 어떻게 해야 하는지 알고 있는지 확인해 보아야 한다. 수업은 거기에서부터 시작되는 것이다.

수업 중이나 수업 후 아이들 읽기

수업 활동의 이해 정도 수업 전에 '아이들 읽기'를 하고 나서 수업을 시작하면 교사는 아이들이 어려워하는 부분이 어디인지 알고 있기 때문에 수업 중에도 이 부분을 집중적으로 확인해 나갈 수 있다.

또한 수업 중에 한두 가지 조작활동을 넣어 그 과정을 살피면 아이들이 수업을 이해하는 정도를 알 수 있다. 조작활동의 결과는 반드시 공책에 붙여 정리하게 하면 그 아이의 이해 정도를 수시로 확인할 수 있고, 더불어 개인지도도 할 수 있다. <small>(효과적인 공책 활용은 2권 90쪽 참고)</small>

예를 들어 우리나라 산업 발달 과정에 대해 공부한 뒤 정리 활동으로 우리나라 산업 발달의 유형을 소주제로 정리하여, 그 주제와 관련된 사진이나 그림, 그래프를 책에서 찾아 잘라 붙이고 발달 과정에서 나타난 문제점을 세 가지 정도 써 보라고 하면 몇몇 아이들은 첫 단계부터 아주 힘들어한다.

이럴 때 교사가 유형화하는 것을 도와준다든지 정리할 것을 소주제로 나누어 주는 식으로 도움을 줄 수 있다. 또 자료를 정리하거나 수업 중에 생각했던 것을 두세 줄로 정리하는 활동에 교사가 함께 참여하면 아이들은 수업 시간에 학습했던 개념이나 자료들을 자신의 것으로 다시 만들어 갈 수 있다.

수업 결과의 표현　가치관과 관련된 수업이라면 수업을 한 뒤 글이나 그림으로 자기 생각을 표현하게 한다. 문제 해결력이 필요한 수업이라면 수업을 한 뒤 자신이 생각하는 해결 방법을 적어 보게 하거나 주제와 관련된 문제를 한두 가지 제시하여 문제 해결력을 확인한다.

'정보화 사회의 빛과 그늘'에 대한 수업을 진행했다면 정보화 사회의 부정적인 모습을 극복하기 위한 구체적인 방법을 한두 가지 써 본다든지, 생태 마을에 대한 공부를 했다면 생태적인 원리를 적용하여 내가 살고 싶은 마을을 설계해 보게 한다든지, 우리 조상들의 생활문화에 대해 배웠으면 모둠별로 민속마을을 꾸며 보게 하는 식의 시도를 해 볼 수 있다.

수학은 한 개념에 대해 배우고 나면 문제를 제시하여 해결할 수 있는지 수시로 확인해야 한다. 국어는 한 주제에 대한 집중 공부가 끝나면 글쓰기로 사고의 결과를 표현하게 한다. 과학이나 사회 조사 보고서도 마찬가지이다. 단편적인 조사는 수업 중 활동으로 진행하고 종합적인 보고서는 어느 정도 공부를 진행한 뒤나 단원을 끝낸 뒤에 자신이 탐구하고 싶은 주제를 중심으로 써서 단원에 대한 아이의 학습 결과를 확인하는 것으로 한다.

톡톡 아이디어

수업 중에 수업 결과를 확인할 시간이 여의치 않거나, 수업 중 집중력이 떨어지는 아이들을 돕고 싶다면 학습일기를 쓰게 해 보자. 하루 수업 중 가장 기억에 남는 시간을 골라 수업의 흐름을 적고, 그 수업이 진행되는 동안 들었던 생각이나 이해한 부분, 그리고 수업을 하고 난 뒤 새롭게 알게 된 점이나 생각하게 된 점을 자세히 적어 오라고 한다. 학습일기를 읽어 보면 아이들이 수업의 어느 지점에서 막혔는지, 어떤 방식으로 이해했는지 알 수 있다.

평가 과정이나 평가한 뒤 아이들 읽기

수행평가에서 아이가 어느 분야에 심각한 문제를 보이면 교사는 그 원인을 파악해서 어떻게 보완해 줄 것인지 해결점을 찾아보아야 한다. 그리고 아이와 학부모가 어떤 방식으로 그 부분을 극복해 나가야 하는지를 제시해 주어야 한다. 대부분의 경우 복합적인 원인이 존재하기 때문에 일일이 다 보완해 주기는 쉽지 않다. 하지만 심각하게 성취도가 낮은 경우 어디에서 문제가 발생하는지 정도는 찾아야 한다.

특히 수학은 어떤 부분이 이해되지 않는지, 그 분야에 대한 공부는 어떻게 하고 있는지 알아보고 집에서 푸는 문제집이 있으면 가져오게 하여 아이가 학습하는 방식에 대해 점검해 보는 것도 좋다. 학습 방법에 문제가 있을 때는 학습 방법을 바꾸도록 아이를 이끌 수 있다. 특정 분야에 대한 이해도가 낮을 경우 비슷한 유형의 문제를 함께 여러 번 풀어 본다든지 비슷한 유형의 문제를 개인 과제로 내주고 부모와 함께 해결해 오도록 해 보는 것도 좋겠다.

국어에서도 책 내용을 파악하지 못하면 짧은 글부터 내용을 생각하며 읽고 간단한 표를 만들어 내용을 요약하는 연습을 한다. 표를 만들어 알게 된 사실이나 주요 사실들을 간단하게 기록해 가며 글을 읽게 하면 내용을 파악하는 것을 훨씬 덜 힘들어한다.

과학에서도 간단한 보고서 양식을 만들어 무슨 문제를 해결하고자 했는지, 그 문제를 해결하기 위해 어떤 실험과 관찰과 조사를 했는지 문제 해결 과정과 그 결과 알게 된 점을 결론으로 쓰게 하는 과정을 몇 번 거치게 한다.

사회 보고서를 쓸 때도 보고서 쓰기를 어려워하는 아이들에게는 알고자 하는 주제는 무엇인지, 어떤 부분에 대해 더 깊이 알고 싶은지, 거기에 맞는 자료를 어디서 구할 것인지, 자료를 보거나 읽고 알게 된 점은 무엇인지 등을 하나씩 물어 가며 정리하게 하면 보고서 쓰기도 많이 향상되는 모습을 볼 수 있다. (사회과 조사학습 훈련 방법은 2권 125쪽 참고)

글쓴이 · 도움 주신 분들 박지희 | 서울 상경초 교사

마흔 명 아이들이 마흔 가지 수준을 가지고 마흔 가지 얼굴 표정과 행동 양식을 보이는 교실상황에서 아이들을 한 명 한 명 읽어 가며 수업으로 이끌기는 쉽지 않다. 그러나 1학년은 3월 중 기초적인 학습 훈련을 단계적으로 해 나가면서 그 차이를 극복하기가 의외로 쉬울지도 모른다.

아직 수업과 학습이라는 인지 활동에 익숙하지 않은 저학년들에게는 보다 많은 배려가 필요하다. 수업 중 저학년 아이들이 보이는 일반적인 반응을 살펴보자.

아이들 반응으로

학습 수준 살피기

박지희 | 서울 상경초 교사

"하기 싫어요"

수업 중에 교사가 제시한 활동을 하기 싫다고 하는 아이가 꽤 많다. 왜 하기 싫으냐고 물어도 그냥 싫다고만 할 뿐이다. 하루 이틀도 아니고 자꾸 하기 싫다고 하면 교사도 슬그머니 짜증이 난다. 그래서 결국 아이를 다그치게 된다.

아이들이 하기 싫다고 하는 이유는 여러 가지다. 가정에서의 학습량이 많아 지쳐 있는 경우도 있고, 활동에 자신감이 없거나 자신의 결과물이 마음에 안 들 때도 하기 싫다며 상황을 피해 가려 한다.

가정에서 무리한 학습을 시키는 경우에는 학부모와의 상담을 통해 해결할 수 있다. 자신감이 부족한 아이는 교사가 옆에서 지속적으로 도움의 손길을 뻗쳐야 한다.

자르기를 잘 못하는 아이가 있다면 처음 몇 개는 교사가 잘라 주고 나머지는 혼자 해 보자고 어를 수 있다. 다 자르면 붙이는 것을 도와준다든지, 붙이고 나서 너덜너덜한 한두 곳 마무리 손질을 해 주면 결과가 확 달라지므로 그 다음부터는 자신감을 갖게 된다.

문제는 이런 아이가 반에 한두 명이 아니라는 점이다. 하지만 수업 시간에 최대한 아이들 곁에 있으면서 거들어 주거나 손을 잡고 같이 해 주고, 아이가 어느 정도 하면 교사가 마무

리를 해서 자신의 결과에 자신감을 갖게 해 주는 것이 필요하다.

우리 반에 우현이라는 아이는 아침활동으로 선 그리기를 하는데 처음 시작하는 자유선 그리기부터 하기 싫다고 버텼다. 선을 그리는 것도, 색을 칠하는 것도, 팔짱을 굳게 끼고 눈을 내리깔며 하기 싫다고 버티곤 했다. 교사가 도와준다고 해도 싫다고만 했다.

그러다 우연히 그 아이의 크레파스를 보게 되었다. 크레파스가 다 토막 나 있었다. 형 것을 그대로 물려받은 것 같았는데, 아무래도 다른 아이들의 화려한 크레파스 앞에 자신의 것을 내 보이기 싫어서 저러나 보다 싶었다. 그래서 다른 활동 중 잘한 것을 기회 삼아 상품으로 12색 크레파스를 선물해 주자 아이 표정이 금세 밝아졌다. 그러나 그것도 잠시, 우현이의 표정은 다시 고집스럽게 변했고, 팔짱을 끼고 앉기 시작했다.

그래서 다시 우현이가 활동하는 것을 가까이에서 유심히 지켜보았더니 손가락이 휘어져 일정하게 힘을 주고 해야 하는 선 그리기나 가위질, 색칠하기, 글자 쓰기 등을 몹시 힘들어하는 것이었다. 애써 해 놓아도 다른 아이들의 결과와 너무 비교가 되니까 아이의 의지가 완전히 바닥으로 곤두박질쳤던 것이다.

"아직 못했어요"

저학년 수업을 하다 보면 아이마다 학습과 활동을 꾸려 가는 속도의 차이가 크다는 점이 가장 힘들다. 두세 줄밖에 되지 않는 알림장을 쓰지 못해 다른 아이들이 하교하고 나서도 하염없이 적고 있거나, 관찰하러 나가기 전에 간단하게 표를 만들고 제목을 붙이는 것이 너무 느려서 다른 아이들 활동이 다 끝나도록 나가지도 못하는 아이들이 있다. 심지어 아침활동을 4교시가 다 되도록 붙잡고 있는 아이들도 있다.

집중력이 부족하거나 글자를 빨리 못 쓰거나 교사의 말을 이해하지 못해 곧바로 활동에 들어가지 못하는 경우도 꽤 많다. 어떤 작업을 수행하기 위해서는 전체 과정을 이해하고 어떻게 해야 하는지 순서와 방법을 생각해야 하는데 부분적으로만 따라 하려고 하기 때문이다. 예를 들어 종합장에 '봄꽃 그리기'라는 제목을 쓰고 활동에 들어가려 하면 아이는

'봄꽃 그리기'라는 글자를 읽고 뜻을 생각하며 쓰는 것이 아니라 아무런 생각 없이 "ㅂ, ㅗ, ㅁ, ……." 하는 식으로 따라 쓰는 것이다. 그럴 경우 아이들과 교사가 칠판에 쓴 글 내용을 함께 소리 내어 읽고 내용을 간단히 소개한 뒤 글씨를 쓰게 하면 글자 한 획 한 획을 보고 쓰는 경우는 줄어든다.

이런 아이는 다른 아이들보다 조금 일찍 활동을 시작하게 하거나 시간을 정해 두고 반드시 그 시간 안에 하도록 하면서 짧게나마 집중하는 버릇을 들이도록 한다.

알림장을 쓸 때도 해야 할 활동 내용을 생각하며 쓰는 것이 아니라 글자 한 자 한 자를 보고 '그리는' 경우가 꽤 많으므로 전체적으로 함께 읽고 나서 한 문장이나 한 단어씩 쓰게 하면 조금 나아진다.

"재미없어요"

집중하는 시간이 짧은 저학년 아이들에게 40분 수업 시간은 너무 길다. 그러므로 활동에 변화가 없으면 아이들은 금방 집중력을 잃고 재미없어한다. 활동에 변화를 주어 단조로움에서 오는 지루함을 최대한 줄여 나가야 한다.

아이들이 몸을 뒤틀 때에는 과감하게 몸을 움직이는 활동으로 들어간다든지 책을 읽어 주면서 긴장을 풀어 주는 방법을 쓸 수 있다. 하루 시간표를 적절히 조정하여 바깥 활동과 몸 움직이는 활동을 결합하여 리듬을 주어야 한다. 또 단위 수업 시간에도 조작활동이나 아이들이 직접 참여하는 활동이 들어가도록 하면서 수업에 변화를 주어야 집중력이 짧은 아이들을 조금이나마 더 집중시킬 수 있다. 똑같이 책을 읽고 표현 활동을 하는 것이라도 그림 그리기에서부터 찰흙으로 캐릭터 만들기, 주인공 흉내 내기, 말풍선 만들기 등 여러 가지 방식으로 변주해 보는 것이다.

문자 익히기도 종합장에 쓰고 읽는 활동만 할 게 아니라 몸으로 글자 만들기, 찰흙으로 글자 만들기, 운동장에 나가서 글자 쓰기, 술래잡기 놀이하기, 큰 자음 모음으로 글자 만들기 놀이하기 등으로 꾸밀 수 있다.

한뼘 더!

조사학습, 학습 과정 속에 끊임없이 개입하라

김영문 | 서울 온곡초 교사 · 이영주 | 서울 묵동초 교사

3학년에 올라와 통합학습으로 배우던 슬기로운생활이 사회와 과학으로 분리되면서 아이들은 사회과를 처음 만나게 된다. 이전 학년의 내용을 어느 정도 이해했는가가 그 다음 학년의 학습에 영향을 주는 것은 당연하지만, 사회과에서 학습 방법을 익히지 못했을 때는 자칫 학습 부진을 초래할 수 있다.

사회과 학습은 기본적인 지식을 이해하는 부분과 주어진 정보를 통해 새로운 지식을 재창출하는 부분으로 나누어 볼 수 있다. 단순한 지식 암기에서는 흔히 말하는 '공부를 잘하는 아이들'이 우수할 수 있으나, 조사활동과 공동 보고서를 작성하는 과제에 있어서는 좀 다르다. 그러한 능력은 한 번에 길러지는 것이 아니라 조사 수집하고 정리 분석하는 단계를 하나씩 실제로 경험하고 교사에게 지속적인 피드백을 받으면서 성장할 수 있다.

자료 수집 단계부터 개인차를 이해해야

6학년이 되어서도 인터넷이나 백과사전에서 자료를 무작정 뽑아 오는 아이가 있는데, 그런 아이는 학습 방법에 대해 기초부터 다시 지도할 필요가 있다. 이런 아이에게는 다른 아이들과 같은 방법으로 과제를 주어서는 안 된다. 학습에 필요한 내용 가운데서 자료 수집이 목적인 것, 자료 분석이 목적인 것, 자료를 이용하여 새로운 정보를 창출해 내는 것이 목적인 것 등으로 다양하게 주제를 선정하여 아이가 경험해야 할 단계의 주제를 명확하게 부여해 주어야 한다. 조사학습 능력이 부족한 아이일수록 자료 수집에 집착하는 경향이 있는데, 자료는 재료일 뿐이며 그 재료를 어떤 방법으로 활용할 것인가가 더욱 중요한 문제임을 늘 상기시키는 것이 필요하다.

아이가 혼자 과제를 수행하기 힘들다면 팀을 짜 주는 것도 좋다. 모둠학습도 모둠원 각자가 한 주제를 소주제로 나누어 분담한 뒤 전체가 모여 조율할 수도 있고, 전체적으로 함께 조사하고 준비한 뒤, 그 자료를 공동으로 이용해 보고서는 각자 만드는 방법도 있다. 아이가 모자라는 부분을 교사가 정확히 진단하고 여러 가지 모둠 활용 방법을 적절히 이용하여 이에 해당하는 아이들을 특별지도함으로써 이전 학년에서 결핍된 부분을 보충할 수 있다. 이러한 모둠 조사학습 과정 속에서 아이들은 다른 친구들의 학습 방법을 보며 도움을 받을 수도 있고, 개인이 아닌 단체 속에서 자신감을 얻을 수 있다.

궁금한 점 가려 뽑기

모든 학습의 출발점은 아이가 생활하는 공간과 그 발달과정에 대해 고려하는 것이다. 학습 문제를 제시하고 그 문제를 인식하기 위해서는 아이들 스스로 자신의 경험과 지식을 충분히 표현하고 교환할 시간이 필요하다. 이러한 활동은 아이들로 하여금 학습에 관심을 가지게 할 뿐만 아니라 교사에게 아이들의 상태를 알 수 있는 근거도 마련해 준다.

그리고 나서 아이들에게 궁금한 점을 물어본다. 궁금한 점을 자유롭게 공책에 쓰게 한 뒤 학습 문제와 관련하여 궁금한 점을 세 가지 정도 뽑게 한다. 그리고 공동으로 정하든지 모둠별로 정하든지 학급 전체의 궁금한 점을 세 가지 정도로 가린다. 이런 활동을 통해 궁금한 점을 가려 뽑는 능력을 기를 수 있다.

궁금한 점은 문제를 해결해 가는 과정 속에서 방향키 구실을 하므로 매우 중요하다. 목표점이 확실해야 나중에 진행할 조사활동에서 시간 낭비를 막을 수 있다. 또한 자기가 가지고 있는 지식과 생각을 바탕으로 궁금한 것에 대해 예상되는 답을 말해 보는 시간도 필요하다. 이는 조사활동에 대한 탐구 의욕을 갖게 한다. 자신의 생각이 맞는지 알아보고자 하는 탐구 결과에 대한 호기심은 아주 중요한 탐구 동기가 된다.

어떤 방법으로 공부할 것인가

궁금한 점을 가려냄으로써 문제 해결의 방향키를 정한 다음에 해야 할 중요한 활동은 어떤 방법으로 공부할 것인지 정하는 것이다.

해답을 찾아내는 가장 효율적인 방법을 탐색하는 과정은 독립적인 학습능력을 키우는 데 매우 중요하다. 사실 학습 방법을 알아보는 것은 그리 어렵지 않다. 어려운 것은 자신들이 찾아낸 학습 방법대로 실행하는 것이다. 제시된 문제가 수업 시간에 해결되기보다는 교실 밖으로 나가야 하는 경우가 많기 때문이다.

특히 7차 교육과정이 활동 중심으로 꾸며져 있고 3학년 사회과의 내용이 '고장'이다 보니 교과서대로 하자면 주로 학교 밖으로 나가서 학습을 해야 한다. 이럴 경우 숙제를 낼 수밖에 없는데, 방과 후에 시간이 없는 아이들에게 이런 숙제는 많은 부담을 줄 수 있으므로 교실 안에서 할 수 있는 활동과 교실 밖에서 할 수 있는 활동을 적절히 배합하여 구성하는 것이 좋다.

효율적인 학습 전개를 위하여 '정리 → 도입 → 전개'의 단계별로 수업 방식을 달리 운영하는 것도 가능하다.

수업의 시작에서는 앞 차시에서 공부했던 내용과 과제를 통해 학습 결과를 정리해 본다. 그런 뒤, 다음 단계 학습의 도입을 하고 궁금한 점과 문제 등을 도출해 내는 것이다. 그렇게 전개되면 수업의 마지막 부분에 이르러서는 아이들이 자연스럽게 방과 후에 해야 할 과제를 산출해 낸다.

예를 들어, 우리 고장 사람들이 우리 고장을 깨끗하게 하기 위해 어떻게 노력하는지 알아보기 위한 방법으로 설문조사를 하기로 했다면 설문지를 실제로 작성해 보는 것을 그 차시의 마지막 활동으로 해 보는 것이다. 숙제로 집에 가서 동네 사람들에게 설문조사를 하고, 다음 수업 시간에는 조사한 설문지를 정리하고 특징을 파악하는 활동을 하면 된다.

다른 교과와 통합하여

국어에는 공통점과 차이점 찾기, 조사 관찰하는 방법, 분류하는 방법에 대한 단원이 있다. 수학에서는 표와 그래프와 같이 자료를 정리하는 데 필요한 기능을 습득할 수 있는 단원이 나온다. 다른 교과의 이러한 내용과 사회과를 적절히 결합하여 미리 학습 계획을 잡고 수업에 응용해 보면 효과적이다.

사회 시간에 따로 기능적인 면을 설명하기보다는 관련 교과와 연결하여 진행하는 것이 지도하기도 쉽고 아이들도 잘 이해하게 된다. 미리 관련 교과들의 비슷한 단원과 통합해서 재구성해 보자. 학년 초에 하기 힘들다면 학기 중간에라도 꼭 해 보자.

국어과의 공통점과 차이점 찾기 단원을 보면 기준을 정하여 공통점과 차이점을 찾는 활동이 잘 소개되어 있다. 이를 고장, 마을, 인물을 조사하거나 마을 이야기 등을 정리해서 그 특색을 알아야 하는 활동을 할 때 활용하면 좋다. 벤다이어그램을 활용해도 좋다. 꼭 동그

라미가 아니라 네모여도 좋다.

이때 기준을 잘 잡아야 한다. 이 기준은 곧 궁금한 점이기도 하다. 명확한 기준을 정하고 고장, 인물, 교통·통신 수단 등의 공통점과 차이점을 활용하여 조사활동을 하면 주제의 특징을 보다 확연히 알 수 있다. 특징이 확연히 드러날 때 아이들은 주제에 대한 자신의 생각을 명확히 가질 수 있다. 이렇게 자신의 생각을 정리할 수 있다면 인터넷 자료나 백과사전 같은 것을 그냥 복사해 오는 폐단을 막을 수 있고, 필요한 자료를 뽑아서 정리하고 자신의 견해로 바라볼 수 있는 힘을 기를 수 있다.

문헌자료를 살펴볼 때, 기준이나 궁금한 점을 중심으로 읽어 보면서 알고자 하는 정보를 찾았을 경우에는 줄을 치거나 메모지에 문제와 그에 해당하는 답을 써 놓는 연습을 시키면 좋다.

사람들을 만나는 방법도 가르치자

설문을 해야 하는 경우나 특정한 곳에 직접 찾아가서 조사활동을 해야 하는 경우도 많다. 낯선 사람을 직접 만나는 것에 대해 아이들은 매우 큰 두려움을 가지고 있다. 거절을 당할 수도 있다는 두려움은 아이들을 위축시켜 스스로 활동 범위를 좁히게 한다.

사람들에게 설문을 부탁할 때에는 상대방의 사정을 살핀 다음 양해를 구하고 조사활동에 들어가야 한다는 점을 알려 주어야 한다. 설문을 하는 목적과 함께 상대방에게 양해를 구하는 내용이 담긴 편지를 쓰게 하는 것도 좋다. 아이들은 자기 중심적이기 때문에 상대방의 사정을 고려하지 않고 설문을 부탁했다가 어른들이 비협조적으로 나오면 많이 위축되고 서운하게 느끼며 어른에 대한 부정적인 생각을 가지는 경우가 많다.

장소를 방문할 때는 그곳에 전화를 해서 자신이 누구인지 명확히 밝히고 무엇 때문에 갈 것인지, 언제 방문할 것인지 따위를 먼저 상의한 뒤 방문하게 한다. 단체의 이름만 가르쳐 주고 114에 전화해서 전화번호를 알아내는 것부터 시작해서 무슨 목적으로 가는지, 그곳에 언제 가면 좋겠는지, 어떻게 가는지, 가서 무엇을 물어볼 것인지 따위를 스스로 알게 해 보면 아이들은 조사활동에 적극적으로 참여하고 가서 많은 것을 배워 온다. 또한 사람들과 직접 부딪치면서 묻고 알아 가는 과정에서 자신감을 얻고 실질적인 조사활동의 기능을 익힐 수 있다. 스스로 문제를 해결해 나가는 과정에서 문제 해결력도 많이 좋아진다.

이렇게 스스로 부딪쳐서 해 보는 조사활동은 부분적으로 많은 조사활동을 연습해 본 후 종합활동으로서 제시하면 보다 효율적이다.

발표는 자신의 언어로

정리 단계에서는 자신이 알게 된 것을 자기 언어로 소화해서 발표하게 하는 것이 좋다. 물론 모둠활동에서는 기록자가 기록한 것을 발표자가 발표하지만, 기록한 것을 그대로 읽는 것이 아니라 기록한 것을 참고하여 자신이 알게 된 것을 중심으로 발표하게 한다. 아이들이 완전히 소화해서 발표하는 내용은 다른 아이들에게도 전달이 잘된다. 또 발표자가 빠뜨리고 발표하지 못한 부분은 다른 모둠원이 발표하라고 미리 말해 두면 다른 모둠원들도 발표자의 말에 집중하게 된다.

같은 주제로 여러 모둠이 발표할 때에는 앞에서 발표한 모둠과 중복되는 내용을 빼고 말하도록 하면 발표 시간이 단축된다. 듣는 아이들은 다른 모둠에서 발표하는 내용 가운데 중요한 것들을 기록하게 한다. 발표가 모두 끝난 다음 한두 명에게 오늘 배운 것을 정리하여 발표할 기회를 주는 것도 좋다.

그러나 무엇보다 중요한 것은 교사의 태도이다. 수행평가를 하면서도 과정에 대한 개인지도 없이 결과만을 보게 되는 것이 현실이다. 사회과의 교육목표가 변화함에 따라 아이들에게는 변화를 요구하면서 교사 자신은 여전히 지식만을 전달하고 있지는 않은지 돌아볼 일이다. 아이들에게 새로운 지식의 창출을 강조할 뿐 교사 자신이 그 과정을 적극적으로 지도해 주지 않는다면, 변화된 사회에 적합한 교육의 성과를 기대하기 어렵다. 아이들에게 과제를 던져 주고 제 날짜에 보고서를 걷어 검사만 하는 것이 아니라, 조사학습 과정 속에 지속적으로 교사가 개입하는 것이 필요하다. 그러한 교사의 개입이 없으면 과제는 학부모의 과제로 전락하고, 조사학습의 경험이 부족한 아이의 경우 문제가 더욱 심화된다. 조사학습을 해 나가는 방법과 진행은 아이들이 맡아서 하되 그 과정이 옳은가에 대해서는 계속 교사가 함께 하며 아이들에게 질문을 던져야 할 것이다. 사회과 수업 시간뿐만 아니라, 아침활동 시간과 점심 시간, 또는 방과 후 시간을 할애하여 지속적인 지도와 조언을 해 줄 때, 아이들은 각각의 수준과 단계에서 한 단계 더 발전된 보고서를 만들어 낼 수 있다.

우리 반 이야기

1. 아무도 알 수 없는 우물 같은 아이들

최은희 | 충남 아산 거산초 교사

"에구, 이 녀석아! 서낭당 돌도 너보다는 낫겠다."

햇병아리 교사 시절 내가 우리 반 영배에게 귀가 닳도록 했던 말이다. 그때는 하도 가슴이 답답해서 버릇처럼 했던 말이었는데 지금 영배를 만난다면 제일 먼저 내 죄를 빌고 싶다. 오후 늦게까지 붙들고 앉아 기운이 다 빠지도록 분수를 가르쳐 주고 알아듣는 것 같아 돌려보낸 뒤, 이튿날 아침에 혹시나 하고 다시 물어보면 이 녀석은 '이게 뭔 소리냐?'는 표정으로 눈만 말똥말똥거리며 나를 쳐다보곤 했다. 그때 나는 그 녀석이 한심하다 못해 밉기까지 했다. 해도 너무한다는 심정이었던 것 같다. 그런데 교사생활 십수 년 하다 보니 문득 그때 영배는 얼마나 더 답답했을까 하는 생각이 들었다. 저라고 선생님 말에 시원시원하게 대답하고 싶지 않았던 것은 아니었을 테니까.

그렇게 공부에는 영 젬병이던 영배에게도 기가 막히게 뛰어난 재능이 하나 있었는데 그건 음에 대한 감각이었다. 국어나 수학은 염불을 외도 못 알아듣는 녀석이 노래를 한 번 들려주면 음 하나 안 틀리고 따라 부르는 것이었다. 그때 나는 영배에게 나중에 크면 레크리에이션 강사나 노래 부르는 일을 하라고 말했다. 그것은 공부를 못해서 기죽는 게 안타까워서 그랬던 것이지 타고난 음악적 감각을 높이 평가하고 중요하게 여겨서는 아니었다. 그저 공부 못하니까 그거라도 해서 밥 벌어먹고 살아야 하지 않겠느냐는 심정이 더 컸다. 그렇게 나는 영배에게 죄를 지었다. 공부를 잘한다는 것을 주지교과를 잘하는 것으로만 여겼던 내 좁고 무지한 교육관 탓으로 영배가 가진 무한한 가능성을 보지 못하고 내 편의대로 아이를 평가했던 것이다.

언젠가 선배교사가 한 말이 가슴에 남아 있다.

"나는 공부를 못했던 사람이 선생이 되어야 한다고 봐. 선생들은 대부분 학교 다니면서 공부를 잘했던 사람들이잖아? 그래서 공부 못하는 아이들 마음을 잘 모르는 것 같아. 왜 못하냐고만 다그치지 그 애 마음을 이해하려고 들지 않잖아. 공부 못했던 사람이 선생을 하면 누구보다 그 애들 마음을 잘 알 거고, 그 애들 편에서 생각하고 가르쳐 줄 수 있을 것 같아."

나머지 공부를 시키고 나서 파김치가 다 된 나를 보며 어눌하게 말하는 그 목소리가 나에게 비수가 되어 꽂혔다. 그때까지만 해도 나는 목이 쉬어라고 아이들을 가르치고, 못하면 해가 어둑해질 때까지 나머지 공부를 시켰다. 그게 내가 선생으로 할 수 있는 최선이라고 여겼다. 때문에 3월이 시작되면 성급하게 아이들 학습능력을 파악하려 했다. 3월 한 달에 내가 파악한 것을 바탕으로 그 아이의 능력을 추측했고 더 이상의 가능성이나 또 다른 능력에 대한 탐색은 생각해 보지도 않았다. 마치 영배에게 상처가 되는 말을 아무렇지도 않게, 양심의 가책도 전혀 없이 해 댄 것처럼.

며칠 전에 있었던 일이다. 수학 시간에 '큰 수' 단원을 가르치는데 한 아이가 시간 내내 고개를 푹 숙이고 있었다. 책에는 연필이 간 흔적도 없고 그저 두 팔로 머리를 감싼 채 엎드려만 있는 것이었다. 다른 때는 지나치게 자신을 드러내려 하는 아이였기 때문에 나는 이 녀석이 불성실하다고 판단했다. 그래서 집에 가려는 녀석을 붙들어 앉혀 놓고 열심히 수학 문제 풀이를 설명했다. 한참을 설명하는데 이 녀석이 난데없이 흑흑거리며 울었다.

"왜 울어? 응? 자, 선생님이 가르쳐 준 대로 이렇게 하면 돼. 알겠지?"

애써 다정하게 묻는 내 말에 "선생님, 나는 원래부터 공부 못하는 애예요." 하면서 제 설움에 복받쳐 엉엉 울어 대는 것이었다. 나는 아차 싶었다.

'불성실한 게 아니라 도무지 모르니까 수업 시간이 지옥 같아서 엎드려 있었구나!'

나는 미안한 마음에 그 아이의 머리를 쓰다듬으며 말했다.

"미안해, 미안해, 길만아. 선생님은 네가 하기 싫어서 꾀부리는 줄 알았어. 야, 공부 못하면 어때? 나는 최선을 다해 50점을 맞았다면 공부를 잘하는 사람이라고 칭찬해 줄 수 있어. 그런데 더 잘할 수 있는데도 70점밖에 못 맞았다면 그 사람은 열심히 공부를 하지 않았기 때문에 칭찬해 줄 수 없어. 그 사람이 얼마나 열심히 최선을 다하느냐가 중요한 거지, 몇 점을 맞느냐 하는 것은 중요한 게 아니야. 힘내, 너는 잘할 수 있어. 선생님은 네가 뭐든 열심히 할 수 있다고 믿어. 걱정 마. 그리고 원래부터 공부 못하는 사람은 없어. 알았어?"

내 말을 들으며 아이는 울음이 잦아들었고 그 이튿날 아침에 수학책을 들고 의기양양하게 나에게 달려왔다.

"선생님, 나 이거 다 풀었어요. 우리 엄마랑 같이 했어요."

그 아이의 얼굴 어디에서도 어제의 기죽은 모습은 보이지 않았다. 시들었던 풀이 비를 맞고 일어선 것처럼 얼마나 활기차고 싱싱해 보이던지, 나는 괜히 눈물이 나려 했다. 내 말 몇 마디가 아이의 얼굴을 저렇게 바꿔 놓을 수 있다니! 가슴이 뿌듯해지면서 한편으로는 겁도 났다.

사람들은 아이들에게 중요한 것은 공부만이 아니라고 말한다. 그러나 우리가 교실에서 이 말을 얼마나 실천하고 있으며 또 아이들에게 깨닫게 해 주고 있는지 반성해 보아야 한다. 교사들은 언제나 아이들에게 무한한 가능성이 있음을 전제하고 학습에 뒤지는 아이에게서도 또 다른 장점과 뛰어난 능력을 찾아내어 그것으로 그 아이의 가능성을 만들어 주어야 한다. 노래를 잘하는 아이라면 노래로 자신감을 찾아 무슨 일에서든 당당한 자세를 갖게 해 주는 것이 학습 부진으로 고생하는 아이들을 탈출시켜 주는 방법이 아닐까? 그래서 교사는 그 아이가 못하는 것에만 초점을 맞추기보다는 숨겨진 능력을 찾아 최대한 키워 주면서 부진한 아이도 학급을 이루는 한 조각 무늬가 될 수 있도록 실마리를 풀어 나가야 한다고 생각한다. 그래서 나는 공부 때문에 기가 죽어 있거나 좀처럼 내 품에 들어오지 않

는 아이들에게 쪽지나 엽서를 자주 보낸다.

"○○야, 너 오늘 국어 시간에 정말 말 잘하더라. 오늘 공부는 100점이야. 멋졌어. 내일도 기대한다."

"□□야, 오늘 왜 기분이 안 좋니? 무슨 일 있었어? 공부 시간에 네가 시무룩해 있으니까 마음이 쓰였어. 얘기해 줄 수 없어?"

"△△야, 공부가 중요하긴 하지만 세상엔 공부보다 더 중요한 게 많아. 그러니까 기죽지 말고 힘내! 파이팅!"

이런 글을 아이의 책갈피 사이에 슬쩍 끼워 넣거나 집에 갈 때 손에 쥐어 준다. 그러면 교실 문을 나서는 발걸음 소리부터 달라지고, 이튿날 표정이 살아난다. 교사가 공부 잘하고 못하고를 교과 성적만으로 평가하지 않고, 무슨 일에든 최선을 다하는 것이 참되게 공부하는 것임을 꾸준히 인식시켜 준다면 아이들이 공부 못하는 것으로 기가 죽어 더 많은 것을 잃어버리는 일은 없을 것이다.

밑이 안 보이게 까마득한 우물에서 두레박으로 물을 퍼 올려 본 경험이 있는 사람은 알 것이다. 그 아득한 세계를 통해 우리가 얼마나 많은 꿈을 꾸었던지. 도대체 얼마나 많은 물이 있고, 얼마나 깊을까 알 수 없어서 오히려 신비로웠던 것처럼, 우리 아이들 역시 아무도 가늠할 수 없는 무한의 세계를 지니고 있음을 인정하고 보이지 않는 그것을 귀하고 높게 생각해 준다면 아마 '부진아'라는 낯부끄러운 이름은 사라지게 될 것이다.

2. '꼬마 선생'을 활용한 수학 지도

김익승 | 서울 화양초 교사

수학은 학년별로 나선형 교육과정의 특성이 비교적 뚜렷이 나타나는 과목이다. 학년마다 처음에는 수와 연산부터 시작해서 도형, 비율 등의 순으로 나가고 이러한 흐름이 다음 학년에서 다시 반복되곤 한다. 따라서 지난 학년의 단계를 제대로 밟지 못한 아이들은 새 학년에서도 고전을 면치 못한다.

이런 아이들을 위해 나는 '꼬마 선생 제도'를 활용했다. 수학에 자신 있는 아이가 꼬마 선생이 되어 수학에 자신 없는 아이와 짝을 짓는 것이다. 여기서 중요한 것은 수학을 잘하는 사람, 못하는 사람으로 가르는 것이 아니라 수학을 남에게 가르칠 자신이 있는 사람과 친구들에게 수학을 더 배우고 싶은 사람으로 뽑는다는 것이다. 교사가 보기에는 수학을 잘하는데도 정작 자신은 못한다고 생각하는 아이들이 더러 있다. 또한 교사의 판단으로는 잘 못할 것 같은데 실제로 다른 아이들을 가르치는 것을 보면 이미 개념을 잘 파악하고 있는 아이들이 있다. 수학적 개념을 얼마나 잘 이해하는가, 혹은 그렇지 못한가는 교사보다도 자기 자신이 더 잘 알기 때문이다. 꼬마 선생과 배울 사람을 지원하는 데 교사의 강제는 아무런 의미가 없다. 성취 동기가 능력보다 더 중요하다.

2학년의 경우 우유곽에 '도와주세요'라고 쓰여진 깃발이 달린 나무젓가락을 꽂아서 수업 시간에 도움이 필요한 아이들이 활용할 수 있게 했다. 평소에는 창가에 진열해 놓는데, 수학 시간에 꼬마 선생의 도움이 필요할 때마다 책상 위에 올려놓으면 그 아이의 꼬마 선생이 달려가서 모르는 부분을 가르쳐 준다. 수업이 끝난 뒤 배운 아이가 자기를 가르쳐 준 아이를 나에게 데리고 오면 나는 가르쳐 준 아이에게 칭찬 도장을 찍어 주었다. 특별히 애를 쓴 흔적이 보이면 두 개를 찍어 주기도 했다.

아이들에게 책임감도 느끼게 하고 특별한 활동이라는 의식을 심어 주기 위해서 꼬마 선생에게 '○○○의 꼬마 선생님 △△△'라는 명찰을 만들어 주기도 했다. 꼬마 선생이 수학 시간에 친구를 가르칠 때에는 게시판에서 자신의 명찰을 떼어 가슴에 달고 친구를 가르친다.

수학 단원은 대개 전 학년에서 배웠던 것을 다시 복습하고 그것을 한 단계 올리는 과정이 이어지기 때문에 아이들도 그 단원을 보면 자신이 잘하는 단원인지 그렇지 못한 단원인지 금세 안다. 나는 단원에 들어가기 전에 책의 빈 공간에 단원별로 칸을 갈라 놓고 배울 아이와 가르칠 아이로 칸을 나누어 아이들 스스로 쭉 적어 보게 했다. 그러면 아이들은 제각각이다. 몇몇 아이들은 단원마다 배울 아이에 들어가 있고 몇몇 아이들은 늘 가르칠 선생에 들어가 있다. 어떤 단원에서는 배울 아이에 들어가 있다가 어떤 단원에서는 가르칠 선생에 들어가는 아이도 있다. 아이들은 수학 과목 안에서도 영역에 따라 자신이 있기도 하고 없기도 한 것이다.

6학년이 되면 어느 정도 실력차가 생기기 때문에 대개는 가르칠 선생이 모자랄 때가 많다. 이럴 때는 적절하게 아이들을 꼬드겨야(?) 한다. 사실 어느 정도 개념 이해가 된 아이들은 다른 아이들도 가르칠 수 있다. 가르치는 처지에 서면 제대로 가르치기 위해서라도 연구(공부)를 하게 되어 자신도 모르는 사이에 스스로 공부하는 힘이 늘어난다. 그래서 배울 아이에도 가르칠 선생에도 들어 있지 않은 아이를 적절하게 설득해서 되도록 많은 수의 '선생'을 확보한다.

도움을 받을 아이가 말썽꾸러기라면 가르치는 아이를 두 명으로 할 수도 있다. 한 명이 일 대 일로 가르치려면 힘들기 때문이다. 이런 이유로 배우는 사람보다 꼬마 선생을 더 많이 뽑았다. 대부분의 교사들은 경험으로 다 아는 사실이지만 사실 배우는 것보다 가르치는 것이 몇 배 더 힘들다. 또한 한 사람이 가르치는 것보다 두 사람이 가르칠 때 더 많은 아이디어를 공유할 수 있다. 가르치는 두 아이가 다 개념을 이해하고 있다 하더라도 그것을 가르치는 방식에 따라 배우는 아이가 받아들일 수도 있고 그렇지 못할 수도 있다. 한 아이의 방식이 실패하면 다른 아이가 자기 방법을 시도해 보기도 한다. 셋이서 공부를 하면 조금 시끄러운 경우도 있지만 아이들은 훨씬 진지해진다. 둘이서 얼굴을 맞대면 배우는 사람과 가르치는 사람의 경계가 너무 뚜렷해서 조금 민망할 때도 있지만 셋이서 공부를 하면 다 같이 가르치고 또 배운다는 느낌을 받을 수 있는 것 같다.

배울 아이와 가르칠 아이의 연결은 내가 맡아서 한다. 가능하면 전혀 교류가 없는 아이들끼리 짝을 짓게 하려고 애를 쓴다. 나와 친한 친구가 아니라 나를 필요로 하는 친구, 혹은 나에게 필요한 친구와 친해지는 것도 의미가 있다는 것을 아이들에게 충분히 이야기해 준다. 이때 중요한 것은 교사의 역할이다. 사실 배울 아이와 가르칠 선생으로 구분하여 짝을 짓는 것은 언뜻 생각하면 무척 위험할 수도 있다. 친구끼리 서로 돕는다는 취지는 좋지만 자칫하면 배우는 아이에게 상처를 줄 수도 있기 때문이다. 교사의 역할이 중요해지는 것은 바로 이 대목인데, 나는 평소에 아이들에게 "수학에서 배우는 아이가 다른 부분에서는 오히려 가르치는 아이가 될 수도 있다. 서로 바꾸어서 가르치고 배울 점은 무엇인지 생각해 보자."라는 말을 자주 해 준다. 또한 "못하는 것을 숨기는 것이 나쁜 것이지 자신의 모자란 점을 당당하게 드러내고 그것을 배워서 극복하려는 자세는 매우 중요하다. 그것은 결국 나중에 큰 힘이 될 것이다."라는 말도 잊지 않는다.

이런 교사의 생각이 아이들 생활 속에 자연스럽게 배어들면 수학에서 학습이 부진한 아이의 결손을 메울 수 있을 뿐만 아니라 좋은 학급 분위기가 만들어진다.

3. 아이들 모두 행복한 수업 시간

조성실 | 서울 누원초 교사

아이들을 다음 학년으로 올려 보낼 생각을 하는 12월은 마음이 섭섭한 달이다. 아이들이 나와 일 년 동안 행복한 시간을 보냈는지, 처음 계획대로 학급운영이 잘되었는지 반성을 해 보기도 하지만, 가장 신경이 쓰이는 건, 생각한 목표대로 아이들 모두 교과 목표 수준에 도달했나 하는 점이다. 즉, 다음 학년에 올라가서도 무리 없이 교과를 배우고 아이들 스스로 학습을 해 나갈 수 있겠다는 판단이 들면 "이제 올려 보내도 걱정이 없다, 휴~!" 하며 안심을 하게 된다.

나는 수업을 하면서 늘 아이들이 모두 내가 설정한 수업 목표를 통과해야 한다는 점에 신경을 곤두세운다. 모든 아이들이 일정한 목표를 통과하기 위해서는 수업 내용과 방법에 대한 연구와 함께 이해가 늦은 아이들을 배려하는 장치를 만들어야 한다.

아이들을 목표 수준까지 끌어올리기 위해서는 우선 아이들의 현재 수준을 파악해야 한다. 그래서 새 학년 첫 시간에는 몇 가지 주제로 글쓰기를 해 보고, 이를 바탕으로 어휘력과 독해력을 알아보는 간단한 평가를 한다. 또 전 학년의 수학 내용으로 간단한 평가를 해 본다.

평가를 할 때도 아이들에게 평가지를 나누어 주고 결과만을 채점하는 것이 아니다. 아이들이 문제를 푸는 과정을 잘 살펴서 문제를 해결해 가는 속도는 얼마나 되는지, 문제를 파악하는 정도는 어떠한지 기록한다. 목표 수준을 넘어선 아이들은 모두 같은 선에 놓고 수업을 해도 된다. 여기서 특히 배려해야 할 아이들은 목표에 훨씬 못 미치는 아이들이다. 구구단을 잘 외우지 못해서 곱셈이나 나눗셈이 서툰 아이들은 구구셈을 따로 가르쳐서 3월이 지나기 전에 수업을 함께할 수 있도록 해야 한다. 수준은 낮지만 기본적인 셈을 할 수 있다면 수업 시간에만 꼼꼼히 배려해도 충분히 수업에 참여할 수 있다.

잘하는 아이들에 대한 인정과 칭찬도 중요하지만 학습 성취가 느린 아이들을 잘 보살펴야 행복한 교실이 될 수 있다. 교실에서 이루어지는 활동과 학습은 아이들 모두 행복할 권리가 있다는 전제 속에서 시작한다. 그러므로 아이들에게 무엇을 모르거나 못하는 것은 부끄러운 일이 아니며 오히려 선생님에게 당당하게 가르쳐 주기를, 더 보살펴 주기를 요구할 권리가 있다는 점, 그리고 '모르겠어요.' 라는 표시를 하면 선생님이 더 친절하게 가르쳐 줄 것이라는 점을 밝히고 실제로 그렇게 해 준다.

아이들이 조작활동을 하거나 개인별, 모둠별 활동을 할 때에는 아이마다 과정을 일일이 살펴야 아이들의 학습 수준을 알 수 있다. 모둠끼리 수학 놀이를 할 때도 재치 있게 원리를 잘 찾아내는지, 어떤 방식으로 원리를 발견하는지, 논리적으로 설명을 할 수 있는지 살펴보며 끊임없이 파악을 한다. 그리고 쳐진 아이들을 발견하면 꼭 직접 설명한다. 수학 문제를 풀 때도 해결 과정을 옆에 가서 한 명씩 살피는 것을 원칙으로 한다. 그리고 아직 부족한 아이들에게는 부족한 부분을 콕 찍어 다시 설명해 준다.

그렇게 수업 시간에 부족한 내용을 보충지도하지만 그래도 모자라는 경우가 있다. 그럴 때는 가끔 칠판에 써 놓는다. "오늘 선생님의 사랑도 받고 공부도 조금 해야 하는 사람 : 박민희, 조영철, 이슬기." 학습 수준이 떨어지기 때문에 남아서 공부를 해야 하지만 부끄럽지 않은 일이다. 오히려 사랑도 받을 수 있다. 아이들이 '난 당당하게 공부하는 재미를 느낄 것이다.' 생각하도록 교사가 배려해야 한다.

수업 시간에 학습 성취가 늦은 아이들을 찾아내고 배려하며 가르치는 수업을 반복하면 아이들은 분명히 발전한다. 빠르게는 한 학기 안에, 늦으면 일 년 뒤에, 걱정 없이 아이들을 모두 다음 학년으로 올려 보낼 수 있다는 행복감에 빠진다. 학습 수준이 떨어진 아이들을 찾아내고, 발전하도록 돕는 것은 아이들에게는 앎의 기쁨을 느끼게 하고, 교사에게는 존재감을 느끼게 하는 행복한 일이다.

학년 초, 발표 훈련 시키기

박종호 | 서울 배영초 교사

최근 아이들의 집중 능력이 예전에 비해 매우 떨어지고 있다는 말이 교사들 사이에 많이 오간다. 단 5분도 남의 말을 이어서 듣지 못한다면 이는 분명 문제가 있다. 말하기 능력은 그렇다 치더라도 최소한 남의 말을 귀담아 듣는 것은 평생을 두고 사용해야 할 능력이니만큼 초등학교에서 아무리 강조해도 부족함이 없는 가장 기본적인 생활 능력일 것이다. 말하기 듣기 능력이 자라지 못하면 교사가 아무리 좋은 훈화나 계획된 수업을 준비한다 하더라도 아무 소용이 없게 된다. 따라서 3월에는 말하기 듣기 훈련 비중을 다른 어떤 달보다 의도적으로 높여야 한다.

3월에 집중적으로 말하기 듣기 훈련을 하면 아이들의 발표력을 파악할 수 있고 개개인의 문제점을 지도해 나갈 수 있다. 또한 3월 뒤로 이어지는 수업을 활발하게 진행할 수 있다. 아이들이 상대방의 심리 상태에 주목하고 남을 배려해 주는 마음가짐을 가지는 데 도움을 주기도 한다.

아무런 준비 없이 갑자기 발표를 시키면 누구나 당황하게 마련이다. 평소 알고 있던 내용도 제대로 말하지 못하게 된다. 따라서 발표 내용을 보지 않고 말하도록 이야깃거리를 미리 준비시킨다.

시간이 걸리더라도 누구나 한다는 원칙을 세운다. 그래야 평소에 발표에 자신이 없는 아이도 분위기에 휩쓸려 참여하게 된다.

자신의 발표 시기를 미리 예측할 수 있게 발표 순서를 미리 말해 준다. 그래야 마음의 준비를 할 수 있다. 모둠별로 시계 반대 방향으로 도는 등의 일정한 규칙을 정한다.

여러 사람 앞에서 이야기할 때 아이들이 느끼는 불안한 심리 상태에 대해 미리 얘기해 준다. 칠판에 등을 붙이거나, 몸을 흔들거나, 손을 만지작거리거나, 교실 귀퉁이로 가거나, 머뭇거리거나, 같은 말을 반복하거나 하는 행동이 자신의 불안한 마음 상태를 감추기 위한 것임을 말해 준다. 그러면 아이들은 발표할 때 이것을 의식하며 말하게 된다.

발표할 때 불안한 마음을 극복하기 위한 바람직한 행동을 알려 준다. 교탁 앞에 발을 놓는 곳을 미리 그려 놓거나, 열중쉬어 자세로 서서 두 손에 힘을 주거나, 다른 아이들의 눈을 보지 않고 교실 뒤쪽의 특정한 부분을 주시하는 등의 방법이 있을 수 있다.

비슷한 발표가 이어지고, 시간이 길어지면 아이들은 지루해하기 시작한다. 잠시 쉬었다가 다시 하거나, 중간중간 아이들이 발표할 때 어떤 심리 상태인지 짧게 평을 하여 주위를 환기시키는 것도 좋다.

발표를 잘하는 것보다는 지겨운 내용을 오랫동안 참고 듣는 것이 더 어렵다는 것을 강조한다. 또 그렇게 참을 수 있는 능력은 좋은 성적을 올리거나 인간관계를 형성하는 데 매우 중요하다는 것도 이야기해 준다. 또한 발표에 대한 칭찬보다는 듣는 태도에 대한 칭찬을 더 많이 하려고 노력한다.

🍭 **말하기 듣기 훈련을 하다 보면** 보통 발표에 신경 쓰느라 다른 사람의 발표를 듣지 않거나, 발표를 한 뒤에는 다른 사람과 잡담을 하고, 장난을 치면서 긴장을 풀려는 아이들이 있다. 이런 것도 미리 얘기해 주고 스스로 자제할 수 있도록 유도한다.

🍭 **발표 전에는 남의 말을 들을 때** 떠들지 않기, 야유하지 않기, 발표하는 사람 얼굴 보기, 바른 자세로 듣기 등의 내용을 지도한다.

🍭 **말하기 듣기 훈련은** 전 교과에 걸쳐 이루어져야 한다. 집중적인 교육을 위해 특정한 시간을 낼 수도 있겠으나, 수업 중의 반복적인 교육이 무엇보다 중요하다. 말하기 듣기 활동을 강조하다 보면 자연히 수업이 중간에 끊기는 경우가 생기는데 3월에는 그 사례가 많다가 말하기 듣기 능력이 어느 정도 정착되면 차츰 줄어들게 된다.

🍭 **몇 분이나 주목하는지,** 시선은 어디를 보고 있는지, 발표할 때 보이는 특별한 행동이나 어투는 어떤지 꼼꼼히 관찰하고 기록해 둔다.

🍭 **이미 답변한 내용을** 듣지 못하고 다시 발표하는 아이들이 많으면 수업이 산만해지기 쉽다. 이것은 다른 사람의 말을 주의 깊게 듣는 훈련이 부족하기 때문이다. 이를 바로잡으려면 발표할 때 상대방의 질문을 다시 말하게 하는 방법으로 훈련시키면 좋다. 처음에는 교사의 질문을 듣고 다시 기억해서 따라하는 것이 어렵기 때문에 질문 내용을 문장으로 보여 주고 그것에 알맞은 답변을 하도록 유도하는 것이 좋다. 읽기 책을 활용하는 것도 한 방법인데, 아이들은 문장에서 '누가' '언제' '무엇이' '어떻게' 부분에 적당한 답을 넣어 말하면 된다.

🍭 **아이들의 발표가** 개인의 이해 수준을 파악하는 기능에 그치지 않고, 수업의 한 부분이 될 수 있도록 잘 활용해야 한다. 다른 친구의 발표로 질문에 대한 정답을 맞춰 보게 하거나, 아이들의 발표 내용에서 다시 질문을 한다거나, 자신의 발표 내용이 교사의 정리된 말에 들어가는 등 답변 내용이 수업에서 매우 유용한 역할을 해야 한다. 이럴 경우 아이들은 심리적으로 자기 발표에 대해 자부심을 갖게 되고, 다른 친구의 발표를 더 주의 깊게 듣게 된다.

정보 쌈지

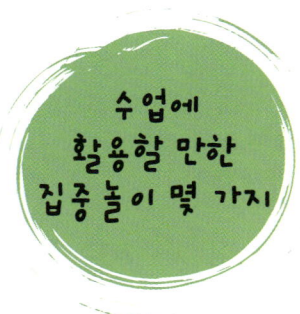

수업에 활용할 만한 집중놀이 몇 가지

허승환 | 부산 창신초 교사
이상호 | 충북 충주 가흥초 교사

수업은 교사와 아이들 사이의 연속된 상호작용이다. 이 과정에서 아이들이 교사의 말에, 또 다른 아이의 말에 주의를 기울이는 것은 아주 중요하다. 특히 초등학생은 주의집중 시간이 짧은 편이라 40분 수업 동안 주의집중을 위한 특별한 수업 기술이 필요하다. 집중력을 높이는 여러 가지 기법 가운데 집중놀이를 소개한다. 집중놀이는 꼭 필요할 때 짧은 시간에 사용할 수 있는 것이어야 한다. 애매하게 시도된 집중놀이는 도리어 집중하고 있던 아이들마저 흐트러지게 하는 경우가 많다. 그리고 고학년일수록 외적인 주의집중 방법보다도 자기 스스로 내적 주의집중력을 기르는 기법을 연구해서 적용할 수 있어야 한다.

교실 얼음땡

전래놀이인 '얼음땡'을 교실에 적용한 놀이가 '교실 얼음땡'이다. 밥을 먹고 난 오후 수업 시간이나, 집에 갈 즈음에는 아이들이 많이 산만하다. 이럴 때 교실에서 '얼음땡'을 하면, 아이들의 이목을 집중시켜 중요한 핵심 내용을 정리하거나, 중요한 전달 사항을 이야기해 줄 수 있다.

[놀이 방법]

① 아이들의 집중이 필요한 때에 "하나, 둘, 셋, 하나, 둘, 셋, ……."을 반복해 외치다 "얼음!"이라고 말한다.

② "얼음!"이라고 말하는 순간, 아이들은 제자리에 돌아가 앉은 다음 얼어붙은 것처럼 움직이지 말아야 한다.

③ 하고 싶은 이야기를 다 한 뒤에는 "땡!"이라고 말하고, 이때 아이들은 다시 움직일 수 있다.

주의점

① 곧바로 "얼음!"을 외치면 못 알아듣는 아이들이 많다. 모든 아이들이 알아들을 수 있게 "하나, 둘, 셋, 하나, 둘, 셋……."을 반복해서 외치다가 마음의 준비가 끝난 눈치면 "얼음!"을 외친다. 미리 교사가 "하나, 둘, 셋, 하나, 둘, 셋……."을 반복하면 교실을 돌아다니다가도 자기 자리에 앉아 가장 편한 자세를 취하도록 약속을 정한다.

② 모둠별 발표 시간에도 활용한다. 모둠별로 발표할 때에 다른 모둠의 발표 모습을 지켜보지 않는 경우가 많다. 이때에는 "샛별 모둠 빼고 얼음!"이라고 외친다. 샛별 모둠은 마음대로 움직이며 발표를 하고 다른 모둠 아이들은 얼음 동작으로 조용히 듣게 된다. 한 아이의 이름을 부를 수도 있다. 예를 들어 "정은희만 얼음!" 하면, 그 아이를 제외한 아이들이 벌칙으로 '인디언밥'을 해 주기도 한다.

③ 저학년 교실에서는 '그대로 멈춰라!' 노래를 활용한다. 활동을 하다가 주의집중이 필요할 때 교사가 "즐겁게 춤을 추다가 그대로 멈춰라~" 노래를 아이들과 함께 부르다가 "그대로 멈춰라!"의 '라' 소리가 끝나자마자 그대로 꼼짝하지 않고 멈춘다.

하나, 둘, 셋! 얼음!

인어공주 놀이

안데르센의 동화 〈인어공주〉에서 인어공주는 마녀에게 목소리를 빼앗기는 대신 두 다리를 얻게 되는데, 이 이야기를 빌려 와 교실에서 집중놀이로 활용할 수 있다. 모둠활동을 하면서, 조용히 활동을 이어 나가야 할 때 이 놀이를 활용한다. 그 밖에 사물함에 자기 문구용품을 갖다 두거나 점심 시간에 급식을 하러 나갈 때도 이 놀이를 활용할 수 있다.

[놀이 방법]

① 교사가 "인어공주!"라고 외치면, 아이들은 모두 인어공주가 되어 걸어다니면서 움직일 수는 있지만 말을 할 수는 없다. 목소리를 마녀(?)인 교사에게 빼앗겨 조용히 해야 한다.

② 소곤거리는 것은 허락하지만, 목소리 크기를 조절하지 못해 교사에게까지 대화 내용이 들리는 경우에는 미리 약속한 벌칙을 받는다.

주의점

① "인어공주!" 대신에 "잠자는 공주!"라고 외치면, 교실에서 돌아다니다가도 자기 자리에 돌아와 앉고 두 팔을 책상 위에 포갠 뒤 고개를 숙여 잠자는 모양을 한다. 이때 두 눈을 감아야 한다. (눈을 감으면 저절로 조용해진다.) 아이들이 피곤해하는 오후 시간이나 음악 감상 시간에 활용하면 효과적이다.

② 미술 작업이나 여러 가지 실습이 끝난 뒤에는 교실 바닥에 쓰레기가 가득하다. 이럴 때 청소하라고 화내는 대신 조용히 "신데렐라!"라고 말해 보자. 아이들은 재빨리 자기 주변의 쓰레기를 줍는다. 바닥의 쓰레기를 열 개 이상 주우면, 쓰레기통에 버리고 다시 자기 자리에 앉을 수 있다.

소리 듣기

우리 주위에는 크고 작은 소리가 많은데 잘 듣지 못한다. 왜냐하면 교실에서 내는 소리가 주위의 다른 소리를 삼켜 버리기 때문이다. 주위가 어수선하고 아이들이 들떠 있을 때 이 놀이로 마음을 가라앉히고 아이들이 내는 소리가 얼마나 큰지 생각해 볼 수 있다.

[놀이 방법]

모두 손을 무릎에 얹게 한 다음 조용히 눈을 감게 한다. 그리고 우리 주위에서 나는 소리를 들어 보게 한다. 이때 "책상 움직이는 소리요."라고 말하면 안 되고 소리의 수를 조용히 손가락으로 꼽게 한다. 열 가지 정도의 소리를 들으면 조용히 눈을 뜬다. 눈을 뜬 아이가 여럿이면 모두 눈을 뜨고 어떤 소리를 들었는지 이야기하게 한다. 이때 다시 아이들이 떠들게 되면 소란스러워지기 때문에 종이에 적게 하는 것도 좋다. 교실에서만 아니라 밖에서도 얼마든지 활용할 수 있는 놀이이다.

왼손 빼기 손뼉·오른손 더하기 손뼉

손뼉 놀이는 아이들을 집중시키기에 가장 알맞은 집중놀이이다. 일단 짧은 시간 안에 교사에게 집중시킬 수 있으며 수업이 지루할 때 잠깐씩 활용하면 늘어진 수업에 활력을 준다.

이 놀이는 두 가지 이상의 감각을 동원하게 함으로써 다른 곳에 집중할 틈을 주지 않는다. 이러한 손뼉 놀이를 잘 활용하면 집중력을 키울 뿐만 아니라 건강에도 도움을 준다.

[놀이 방법]

① 수업 분위기가 산만할 때 교사는 왼손이나 오른손을 펴 손가락 수를 보여 준다.

② 왼손은 뺄셈을 적용해 원래 보여 준 숫자에서 하나 뺀 숫자만큼 손뼉을 쳐야 한다. 왼손으로 두 개의 손가락을 보여 주었다면, 아이들은 손뼉을 한 번만 쳐야 한다. 오른손

은 덧셈을 적용해 원래 보여 준 숫자에서 하나 더한 숫자만큼 손뼉을 쳐야 한다. 오른손으로 네 개의 손가락을 보여 주었다면, 아이들은 손뼉을 다섯 번 쳐야 한다.

① 주로 왼손으로 손가락 하나만 꼽았을 때를 함정으로 이용한다. 이때는 1−1=0이 되어, 아무도 손뼉을 치면 안 된다. 아이들이 교사를 보지 않고는 절대로 따라 할 수 없기 때문에 아이들의 집중도가 매우 높아진다.

② 이를 응용해서 숫자로 대답하게 할 수도 있다. 왼손을 들고 "7!"이라고 외치면 아이들은 "6!"이라고 대답한다. 오른손을 들고 "4!"라고 외치면 아이들은 "5!"라고 대답한다.

③ 손가락 셈 더하기와 손가락 셈 빼기로 응용할 수 있다. 시작하기 전에 "손가락 셈 더하기입니다."라고 말한 뒤, 교사가 아이들을 향하여 "열!" 하면서 양손가락으로 일곱을 만들어 내밀면 아이들은 동시에 세 손가락을 세워 내밀며 "열!" 하고 외친다. 반대로 "손가락 셈 빼기입니다."라고 말한 뒤, 아이들을 향하여 "셋!" 하면서 양손가락으로 아홉을 만들어 내밀면, 아이들은 동시에 여섯 손가락을 세워 내밀며 "여섯!" 하고 외친다.

침묵신호

침묵신호는 아이들이 공부를 하거나 쉬고 있을 때 하던 동작을 멈추고 교사를 주목하게 하는 신호로 협동학습에서 많이 사용하는 집중놀이이다. 상호작용이 많은 모둠활동을 할 때 차례를 지키고 원활한 진행을 돕기 위해 꼭 필요한 집중놀이이다. 교사들이 흔히 사용하는 집중신호도 침묵신호와 비슷한 개념이다. 단, 집중신호가 아이들을 집중시키는 기능만 하는 반면 침묵신호는 활동을 정리하는 단계에서 더 많이 사용하는 편이고, 집중신호 대부분이 "○학년 ○반" "자세~ 바르게" 등의 말로 이루어지는 데 비해 침묵신호는 말 그대로 손의 신호로 집중과 통제를 유도하는 수업 기술이라 할 수 있다. 중요한 점은 침묵신호를 배우기 전에 이것이 왜 필요하며, 어떻게 유익한지 아이들 스스로 느끼는 것이다.

[놀이 방법]

① 아무 말도 하지 않고, 교사가 먼저 한 손을 든다.

② 먼저 발견한 아이가 따라서 한 손을 들고, 그걸 보고 차츰 호수에 물결이 퍼지듯 모든 반 아이가 침묵하면서 따라 하는 것이다.

③ 모든 아이가 손을 들면 조용히 손을 내리고, 그때 필요한 설명을 한다.

① 손가락을 위로 들어 시선을 끄는 것도 좋은 방법이다.

② 제대로 하지 않는 아이가 있으면 침묵신호의 의미를 다시 한 번 알려 준다. 변형하여 주먹을 쥔다든가, 왼손을 든다든가, 손으로 다른 모양을 만들어 아이들도 그 모양을 따라 하도록 약속한다.

③ 양손 모두 검지만 펴고, 한 손은 입을 가리키고 다른 한 손은 집중하지 않는 친구를 가리키다가 함께 위로 들면 집중하지 않던 아이들의 주의를 끌 수 있다.

④ 손을 펴면서 "침묵 5초!"라고 이야기하고, 손가락을 하나씩 접어 본다. 이때 이야기하는 소리가 들리면 다시 다 펴서 새로 접어 간다. 떠드는 소리가 계속 들리면 접다가 다시 다 펴는 동작을 반복한다.

⑤ 저학년의 경우에는 "하나, 둘, 셋, 넷!" 하며 교사를 따라 손가락 꼽기로 응용할 수 있다. "지금부터 선생님을 따라 손가락을 세어 보겠습니다."고 한다. 오른손을 편 채로 입 앞에 가져가고 조용히 엄지를 접으며 "하나!"라고 말한다. 아이들은 선생님과 똑같이 "하나!"라고 말하며 엄지를 접어야 한다. 두 번째는 가운데 손가락을 접으며 "둘!" 하고 말한다. 세 번째는 반지를 끼는 무명지를 꼽으며 "셋!"이라고 말하고, 네 번째는 새끼손가락을 접으며 "넷!"이라고 말한다. 마지막 남은 검지를 입에 가까이 가져가며 "쉬~!" 하고 조용히 하자는 시늉을 하면 아이들은 그제야 왜 선생님이 이렇게 오래 손가락을 접었는지 깨달으며 조용해진다.

가위바위보 집중놀이

집중놀이의 효과를 보려면, 간단한 동작으로 다른 생각을 할 틈을 주지 않아야 한다. 그런 점에서 가위바위보 집중놀이는 아주 효과적이다. 단순히 가위바위보로 집중하는 것이 아니라 한 번 더 생각할 기회를 주기 때문이다.

[놀이 방법]

① 아이들이 산만하고 집중하지 못하는 상황에서 아이들을 향해 "가위바위보 집중!"이라고 말하면서 가위바위보 가운데 아무거나 하나를 낸다.

② 그러면 아이들은 교사가 낸 것을 보고 집중하면서, 교사가 가위를 냈으면 바위를, 바위를 냈으면 보를, 보를 냈으면 가위를 내어 이길 수 있도록 한다.

주의점

교사를 보지 않고 가위바위보를 내어 틀리는 아이들이 있다. 이럴 경우, 교사가 가위를 냈을 때에는 가위로 살짝 꼬집고, 바위를 냈을 때에는 가볍게 알밤을 주고, 보를 냈을 때에는 등을 때리겠다고 협박(?)만 해 둔다.

머리 위에 손

아무런 맥락 없이 큰 소리로 "머리 위에 손!"이라고 외치면 교실 분위기는 경직되고 아이들은 교사의 눈치를 보게 된다. 미리 사전에 '머리 위에 손' 놀이의 여러 가지 방법을 알려 주고, 수업 중 약속신호로 정하도록 한다.

[놀이 방법]

① 아이들이 떠들 때, 작은 목소리로 "머리 위에 손!"이라고 말한다.

② 약간 시간이 걸리더라도 기다렸다가 역시 작은 목소리로 "머리 아래 손!"이라고 말한다. 이러면 아이들이 '머리 아래 손'이라면 손을 내리라는 건지 목에 손을 갖다 대라는 건지 헷갈린다. 그때 '머리 아래 손'은 두 손을 깍지 끼어 머리 아래 목 부분으로 가져가는 것이라는 것을 동작으로 보여 준다.

③ 다음에 다시 "손 위에 머리!"라고 말한다. '손 위에 머리'는 '머리 아래 손'과 같은 것인데, 재미있는 언어유희이기 때문에 아이들은 벌받는 기분보다는 즐거운 기분으로 교사의 말을 따르게 된다. '손 위에 머리' '손 아래 머리' '머리 아래 손' '머리 위에 손' 이 네 가지를 섞으면 아이들은 정신없이 헤매기도 하지만, 이내 교사의 말에 집중하게 된다.

주의점

'허리 뒤에 손'(자동으로 열중쉬어 자세가 나온다), '무릎 위에 손' 등으로 응용할 수 있다. 때로는 '친구 어깨 위에 손'이라고 말하고, 서로 안마를 해 주며 수업 중 피로를 풀어 줄 수도 있다.

손 위에 머리!
손 아래 머리!
머리 아래 손!
머리 위에 손!

안녕! 내일 또 보자

Ⅲ

내일을 준비하는 마침 시간

01 | 마침 시간 꾸리기

마침 시간은 하루를 점검하고 반성하면서

내일을 준비하는 마무리 시간입니다.

공부 시간에 기운을 다 써 버린 것 같았던 아이들은

벌써부터 집에 가려고 엉덩이를 들썩입니다.

이런 녀석들과 잠시나마 오늘 하루 얼마나 다들 애썼는지

서로 고마운 마음을 나누고,

마음 다친 아이가 있다면 그 마음도 다시 한 번 어루만져 줍니다.

그리고 몸을 움직여 교실 청소까지 해내고 나면,

돌아가는 아이들 뒷모습이 참 대견해 보입니다.

이런 하루하루가 씨줄로 날줄로 엮이면서

우리 아이들을 조금씩 조금씩 키워 내겠지요.

마침 시간도 수업 시간, 점심 시간, 쉬는 시간처럼 하루의 흐름에 따라 유기적으로 이어져 진행된다. 하루의 매듭을 어떻게 짓느냐에 따라 다음 날에 대한 기대가 달라진다. 종례와 청소, 하교 지도까지 하루를 알차게 맺는 지혜가 필요하다.

초등 교사에게 시간의 흐름은 기운의 흐름이기도 하다. 점심 시간 무렵까지 조금 남아 있던 기운은 다섯째, 여섯째 시간이 지나면서 교실의 열기와 아이들이 내는 큰 목소리와 지친 눈빛 속에 묻혀 버린다. 6교시 무렵이면 목이 잠겨서 쉰 소리를 내기도 한다. 이러다 수업 마침 종소리가 울리면 교사도 아이들도 얼마나 반가운지……

이제야말로 하루를 맺는 마침 시간만 남았다. 밀레의 그림 〈만종〉에서 고된 노동을 끝낸 농부들이 잠시 허리를 펴고 석양을 바라보는 것처럼 교사는 다시 마음을 가다듬어야 한다. 아이들이 아직 어려서 마침 시간이 어땠느냐에 따라 그날 하루에 대한 인상도 평가도 달라지기 때문이다.

마침 시간은 단순히 알림장이나 적고 가방 싸서 집에 갈 준비나 하는 시간이 아니라 그날의 학교생활을 마무리하는 '반성의 시간'이 될 수도 있고, 혹 있었을지도 모르는 교사와 아이, 아이와 아이 사이의 갈등을 풀어내는 '화해의 시간'으로 꾸릴 수도 있다.

시간에 쫓겨 수업 시간에 하고 싶어도 할 수 없었던 활동들을 잠시나마 해 보는 시간을 가질 수도 있다. 다만, 교사가 지나치게 욕심을 부려 너무 많은 활동과 의미를 부여하면 아이들에게 또 하나의 수업 시간처럼 느껴질 수도 있다. 하루를 정리한다는 기분으로 즐겁게 할 수 있도록 꾸며야 하며, 그 시간이 너무 길어도 곤란하다.

청소 지도도 강요를 앞세우기보다는 생활의 한 부분으로 자연스럽게 자리 잡아 나갈 수 있도록 신경을 써야 한다. 청소는 아이들이 자신의 생활 공간을 자기 힘으로 정리하는 일이기도 하지만, 다음 날을 위한 준비 과정이기도 하다. 그런 점에서 청소는 그 과정 자체가 교육이다. 중요한 만큼 싫어하지 않고 즐겁게 청소하기 위해서는 무엇보다 교사의 모범이 앞서야 한다. 함께 땀 흘리며 기꺼이 감당하려 들 때, 아이들도 청소를 '나와 우리를 위한 일'이라고 배우게 된다.

하루의 매듭, 마침 시간 운영하기

작은 행사로 꾸미는 마침 시간

아이들은 도무지 어디로 튈지 모르는 고무공 같다. 교사가 전혀 생각지 못했던 엉뚱한 일들을 불쑥 저지르기도 한다. 자기 중심적인 사고가 강한 시기이기 때문에 크고 작은 싸움도 끊이지 않는다. 항상 웃는 교사의 모습을 보여 주리라는 결심은 저 멀리 가 버리고 자기도 모르게 인상을 찌푸리며 벌을 세우고 혼내는 일이 종종 생기게 된다.

이럴 때 아이들을 혼난 그 기분 그대로 집으로 보내서는 곤란하다. 이유야 어떻든 교사에게 혼이 난 아이는 마음의 상처를 받게 마련이다. 그 아이의 기분을 풀어 주고 반 전체의 분위기도 전환할 수 있는 시간으로 마침 시간을 활용하면 좋겠다. 교사 자신의 관심 분야와 아이들의 성향을 고려, 적절한 활동 한 가지만 선택하여 꾸준히 해 보자. 교사도 아이도 부담 없이 즐기며 하루를 나름대로 의미 있게 마무리하는 시간이 될 것이다.

● 이야기 나누기

교사가 훈화자료를 준비해서 그날그날 한 가지씩 이야기를 들려주거나 아이들이 날짜를 정해 돌아가면서 친구들에게 이야기를 들려준다. 역사적으로 의미 있는 날이라면 그에 얽힌 역사 이야기나 위인의 이야기를 한 자락 펼칠 수도 있다. 모둠별로 돌아가며 이야기를 준비하여 마침 시간을 꾸릴 수도 있다.

아이들이 준비할 때에는 굳이 교훈적인 내용이 아니라도 좋다. 기분 좋게 교실을 나갈 수 있는 분위기를 만들어 준다면 가벼운 우스갯소리도 괜찮다. 하지만 마침 시간의 의미를 놓치지 말 것을 미리 알려 주도록 해야 한다.

● 오늘의 '칭찬 주인공' 찾기

하루를 마무리하는 시간에 반에서 하루 동안 함께 생활하면서 좋은 일을 한 친구를 칭찬해 주는 활동은 하루를 긍정적으로 돌아볼 수 있다는 점에서 의미 있는 활동이다. "오늘 체육 시간에 넘어져 피가 났는데, 은경이가 보건실까지 같이 가 주었어요. 너무 고마워요."라며 자연스럽게 서로 감사하는 분위기로 헤어질 수 있다.

● 명상의 시간

평온한 음악(불경이나 명상록을 이용한 CD와 테이프 자료가 많이 나와 있다.)을 들으며 자신의 내면을 되돌아본다. 이때 교사가 준비한 좋은 이야기를 들려주어도 되고, 모둠일기나 학급일기를 발표할 수도 있다. 특히 고학년의 경우, 굳이 누군가가 말로 표현하지 않더라도 조용한 음악을 틀어 놓고 자신만의 하루를 뒤돌아보게 하면 아이들은 나름대로 마음을 추스르는 시간을 갖는다.

● 율동과 함께 노래 부르기

평소 모둠활동이나 학급활동을 하면서 익힌 노래를 함께 부르면 '우리는 한 식구'라는 애틋한 느낌을 확실히 살릴 수 있다. 반가를 부르거나 수화를 익힌 학급이라면 수화를 해도 좋다. 그날 음악 시간에 합주를 배웠다면 함께 연주하며 노래를 불러도 좋겠다. 일주일에 한 번 정도가 적당하다. 틈틈이 노래를 배워 두면 아주 유용하게 쓸 수 있다.

● 간단한 놀이하기

규칙이 간단한 짝 놀이나 4인 모둠이 함께 할 수 있는 놀이를 해 본다.^(1권 66쪽 참고) 아이들은 손바닥을 마주 치거나 가볍게 껴안는 등의 신체 접촉을 통해 친구와 한결 가까워진 느낌을 가질 수 있다.

● 생일 맞은 아이 축하해 주기

같은 달에 생일을 맞은 아이들이 보통 한 달에 예닐곱 명 정도 된다. 마침 시간에 그날 생일을 맞은 아이를 교탁 앞으로 불러내어 생일 축하 노래를 다 함께 불러 주고, 덕담을 해 주는 시간을 가지면 그 아이에게는 무척 특별한 느낌을 줄 수 있다. 저학년은 교사가 업어 주는 걸 아주 좋아하며 특별한 친밀감을 느낀다.

● 장기자랑 발표하기

각자 가지고 있는 자그마한 재능을 펼쳐 보이는 시간으로 마침 시간을 활용해 보자. 장기자랑 순서가 돌아온 아이는 하루 종일 들떠 마침 시간을 기다린다. 저학년 아이들 가운데는 다리 찢기 같은 신체 활동을 하는 경우도 있다. 이 밖에도 리코더 연주나 그림 발표하기 같이 교과 시간에 배운 것이나 활동한 것을 발표해도 좋다.

● 발언대 활동하기

교사나 친구에게 가졌던 서운한 마음을 공개적으로 나와 발표해 보는 활동이다. 아이들끼리 마음속에 맺혀 있던 서운한 감정을 풀면서 마침 시간의 의미를 되새길 수 있다. 이를 성공적으로 이끌기 위해서는 솔직하게 자기 마음을 표현할 수 있는 허용적이고 자유로운 학급 분위기를 미리 만들어 두어야 한다.

교과학습에 자신감을 키우는 마침 시간

학급을 맡다 보면 초기에는 여러 의욕이 앞선다. 그러나 일 년이 지난 뒤에 생각해 보면 의욕에 비해 초라한 성과에 실망하게 된다.

이유야 많겠지만 가장 대표적인 것이 시간 부족과 의욕만 앞선 계획 탓일 게다. 그러므로 작고 보잘것없더라도 꾸준히 아이들과 교류해 나갈 수 있는 활동을 계획하는 것이 중요한데, 학급운영에 윤기를 내는 아기자기한 활동은 자투리 시간을 적극적으로 이용하면 알게 모르게 큰 도움이 된다.

마침 시간을 잘 활용하면 아이들과 좀 더 많은 활동들을 전개해 갈 수 있다. 뿐만 아니라 교과학습에 자신감을 잃은 아이도 교과 외 활동을 통해 자기 능력을 자신 있게 드러낼 수 있어 교실 문을 나서기 전 수업 시간에 움츠러든 마음을 활짝 펼 수 있다.

● 시 외우기

아이들의 마음을 잘 나타내는 짧은 시를 소개해 주고 외워 보자고 하면 곧잘 외운다. 재미있는 의태어나 의성어가 들어 있으면 아이들이 더 재미있어하며 외운다. 날마다 좋은 시를 하나씩 골라서 아이들에게 소개하고 함께 큰 소리로 외우며 하루를 마쳐 보자.

● 크로키나 연상그림 그리기

마음이 바쁜 마침 시간에 자세히 그림 그리기는 어울리지 않는다. 재미있는 사진이나 그림을 주고 재빨리 따라 그리는 크로키를 해 보자. 집으로 가려는 아이들의 들뜬 마음이 그림에 그대로 드러난다. 추상적인 선이나 모양을 제시하고 연상해서 그림을 그려 보는 활동도 재미있다.

● 음악 감상하기
뉴에이지풍의 차분한 음악이나 종교적인 성가, 아름다운 가락의 클래식이나 김영동이 작곡한 국악같이 아이들이 들으면 좋을 만한 경음악을 들려주어 보자. 곡의 제목과 작곡가를 알려 주면 아이들의 상상력을 자극할 수 있다. 품을 좀 들여 여러 나라의 민속 음악을 찾아 들려주며 그 나라에 대해 짤막한 소개를 곁들여도 좋다.

● 생활 영어 한마디, 한자 한 자, 바른 우리 말 배우기
굳이 학습의 의미를 부여하지 말고, 하루하루 배워 가는 재미에 방점을 두고 진행하면 좋은 활동이다. 교사도 하루에 하나씩 아이들에게 가르쳐 줄 것을 준비하면서 함께 배워 가는 재미를 느낄 수 있다. 아이들과 반복해서 발음해 보고 적어 가면서 보람 있는 하루를 되새겨 볼 수 있다.

● 인터넷 여행하기
알아 두면 좋은 사이트를 추천 받아서 함께 간단히 살펴보는 활동이다. 교사가 직접 찾아보고 추천해 주어도 좋겠지만 고학년이라면 하루에 한 명씩 교실 앞으로 나와 직접 인터넷에 접속해서 프로젝션 티브이로 보여 주고 간단히 설명하도록 운영하면 여러 사이트를 소개받을 수 있다.

몸으로 하는 생활 마무리, 청소 시간

다 같이 마침 시간을 보내고 나면 그 다음에 이어지는 활동이 청소다. 요즘 아이들은 청소하는 데 몹시 서툴다. 집에서 청소는 늘 엄마의 몫이다 보니 별 의욕도 없고 하는 방법도

잘 모른다. 교사들도 청소 시간이 마뜩찮기는 마찬가지다. 새내기 교사들이 겪는 당혹스러운 경험 가운데 하나가 '윗분'들로부터 듣는 청소에 대한 잔소리다. '청소 잘하는 것이 그렇게 중요한가?' 라는 반발심이 슬그머니 고개를 들기도 한다. 하지만, 청소는 교육적 맥락에서 접근해야 한다. 특히 일을 벌이기만 좋아하지 뒷수습을 하지 못하는 요즘 아이들에게 청소는 큰 비중을 두고 가르쳐야 할 교육 덕목이다. 교육과정 안에도 자기 주변 정리하기, 쓰레기 분리수거하기, 자신이 맡은 역할 해내기 등의 활동이 있으므로 청소를 교과와 연계하여 지도할 수도 있다.

톡톡 아이디어

굳이 청소를 하지 않아도 될 정도로 교실이 깔끔한 날에는 종례 후 자기 자리를 깨끗이 정리한 뒤 청소를 하지 않고 가도록 하자. 그런 날은 아이들에게 주변을 깨끗이 한 것에 대한 칭찬을 아끼지 말아야겠다. 평소에 우유를 먹고 나서 우유곽을 상자에 그대로 넣어 놓으면 따로 청소하지 않아도 되고 미술 시간처럼 활동이 많은 수업 뒤에 스스로 책상과 주변 정리를 잘하면 청소를 하지 않아도 된다는 지도를 꾸준히 할 필요가 있다. 그러면 아이들은 '버리는 사람 따로, 청소하는 사람 따로' 라는 생각을 버리게 된다.

명심할 것은, 청소를 벌로 삼아서는 안 된다는 점이다. 벌로 청소를 시키면 청소에 대해 부정적인 태도를 갖게 되기 때문이다. 자기 주위를 청결히 하는 청소는 매우 중요한 일이며, 땀을 흘려 노동하는 것은 훌륭한 일이라는 인식을 늘 심어 줄 필요가 있다.

청소 당번 정하기

학원이다 뭐다 해서 요즘 아이들은 정말 바쁘다. 청소 당번을 정하는 일도 그래서 쉽지만은 않다. 청소 구역과 할 일은 미리 표로 만들어 두고 자기가 희망하는 활동을 하게 하는 것이 좋다. 요일도 학원이나 과외 등 여러 가지 개인 상황을 고려하여 스스로 정하도록 한다. (1인 1역 활동으로 꾸려 간다면 1권 40쪽 참고) 단, 청소 당번 활동을 너무 자주 시키거나 너무 오랫동안 청소를 하는 것은 바람직하지 않다. 당번 활동은 일주일에 한 번 정도로 하고 그 시간도 30분 안으로 마무리하는 것이 알맞다.

그리고 일정한 시간이 지나면 청소 구역을 서로 바꾸어 주는 것이 좋다. 고르게 역할을 나눈다고 해도 맡은 구역이나 역할에 따라 불만을 느낄 수 있으므로 학년 초에 맡은 역할을 계속하게 한다는 건 무리다. 그러나 너무 자주 바꾸어도 활동을 익히는 데 많은 시간이 걸리므로 기간과 역할을 알맞게 조정한다.

가끔 마지막 수업이 끝나는 시간에 딱 맞게 학원 시간을 정해 놓고 빨리 가야 한다고 보채는 아이들이 있다. 어쩔 때는 학부모가 아이를 빨리 보내 달라고 전화로 요구하기도 한다.

여러 아이들이 보고 있는데 한 아이에게만 특혜(?)를 줄 수는 없는 일이고, 그렇다고 안 보내자니 좀 찜찜하기도 할 것이다.

이런 일을 어떻게 처리하느냐를 두고 아이들은 저희들끼리 담임을 평가하기도 한다. 이런 일로 교사와 아이들 사이의 믿음이 깨어지면 학급운영은 삐걱거릴 수밖에 없다. 먼저 학부모에게 학교에서 자기 역할을 다하고 갈 수 있도록 학원 시간을 늦추라고 요구하거나 아이에게 학원에 좀 늦더라도 자기 일을 다 하고 가야 한다는 점을 설득해야 한다. 이런 문제에서는 아이들을 공평하게 대하겠다는 교사의 용기와 신념이 중요하다. 정말 학원을 갈 수밖에 없는 형편이라면 다음 날이라도 꼭 청소를 하게 해야 한다.

자기 마음은 그렇지 않은데 병원 예약이나 집안 사정으로 어쩔 수 없이 제 날짜에 청소를 못하고 가야 하는 경우에도 청소를 대체할 수 있는 일을 찾아 꼭 하도록 한다. 그래야 일찍 가는 아이도 미안한 마음 없이 당당하게 갈 수 있다. 학급에서는 누구나 공평하게 자기 일을 책임지고 나누어 하는 마음가짐이 중요하다. 나아가 학급회의 시간에 여러 가지 사정으로 어쩔 수 없이 청소를 하지 못할 경우 어떻게 대체하는 것이 좋을지 의논하고 알맞는 규칙을 정하는 것도 좋다.

톡톡 아이디어

가끔 한 번씩 재미있는 게임이나 여러 가지 아이디어를 내서 청소 당번을 정해도 재미있다.

· 그날 학급활동을 제일 잘한 모둠이 청소하기
· 빨간색 옷 입고 온 사람이 청소하기
· 자기 스스로 하고 싶은 사람이 청소하기
· 가위바위보에서 이긴 사람이 청소하기
· 우리 반 다 같이 10분 안에 청소하기

이렇게 청소 당번을 정하면 보다 즐거운 마음으로 청소할 수 있지 않을까? 단, 이런 날은 적절한 보상을 해 주어서 좀 더 즐거운 마음이 들도록 해야 한다. 보상은 달콤한 사탕과 더 달콤한 교사의 칭찬만 있어도 충분할 것이다.

청소 시간 중 교사의 역할

교사는 주로 남에게 시키는 것에 익숙하다. 교실에 아이들과 있다 보면 명령하는 데 익숙해져서 사소한 심부름까지 무심코 아이들에게 시키는 경우가 있다. 청소 시간에도 아이들에겐 깨끗이 치우라고 해 놓고 정작 교사는 공문서 작성이니 학습장 검사니 해서 청소를 안 하기도 한다.

아이들이 청소를 하는 동안 교사도 함께 청소를 하는 것이 좋다. 교사 책상 주변 정리라도 해서 아이들에게 함께 청소하는 모습을 보여 주는 것이 중요하다. 그래야 저학년들에겐 선생님과 함께하는 즐거움을 안겨 주고 고학년에겐 항상 모범을 보이는 교사의 모습을 보여 줄 수 있다.

톡톡 아이디어

힘든 청소 구역일수록 교사가 먼저 시범을 보이자. 예를 들면 화장실 청소 같은 경우에는 교사의 시범이 꼭 필요하며 선생님도 즐거이 청소를 한다는 인상을 줄 수 있어야 한다. 그래야 아이들도 각자 맡은 부분에 대한 책임감을 가지고 청소를 하게 된다.

즐겁게 하는 청소

청소는 단순히 쓰레기 줍고 먼지를 닦아 내는 활동이 아니라 아이들이 자기 주변을 관리해 가는 활동이다. 아이들에게 이런 자기 공간 관리 능력의 중요성을 충분히 강조해 둘 필요가 있다. 뭐든 마음가짐이 중요하다. 할 수 없이 하는 청소가 아니라 청소를 통해 또 다른 능력을 계발해 나간다고 생각하면 좀 더 적극적으로 임할 수 있을 것이다. 여기에 좀 더 즐거운 활동이 되도록 여러 환경을 제공하는 교사의 역할이 보태진다면 더욱 생동감 있는 청소 시간이 된다.

● 신나는 음악 틀어 놓고 청소하기
노동을 할 때에는 저절로 몸이 움직여지는 경쾌한 음악이 최고다. 몸과 마음이 함께 명랑해지는 신나는 팝송이나 댄스 음악을 틀어 놓고 재미있게 청소하는 분위기를 만들어도 좋겠다.

 청소 방법, 이렇게 가르치자

① 창문을 모두 연다. (책상과 의자를 뒤로 밀고 할 것인지 그냥 둔 채로 할 것인지 정한다.)
② 일주일에 두 번 정도는 먼지털이로 먼지를 털어 낸다.
③ 비로 깨끗하게 쓴다.
④ 걸레질(기름걸레)을 한다. (매일 할 것인지 하루씩 걸러서 할 것인지 정한다.)
⑤ 일반 쓰레기와 재활용 쓰레기는 반드시 구분한다.
⑥ 책상과 의자를 걸레로 닦는다. (매일 할 것인지 일주일에 몇 번 할 것인지 정한다.)
⑦ 창틀을 걸레로 닦는다. (사물함은 개인이 관리하도록 하고 창틀을 닦는 횟수를 정한다.)
⑧ 쓴 걸레는 깨끗이 빨아서 꼭 짜서 널어놓는다.
⑨ 창문을 닫고 선생님께 확인을 맡는다. (교사가 청소 확인을 할 건지 청소 당번 스스로 하게 할 건지도 학급회의를 통해 정하면 좋다.)

● 청소 상태에 대해 스스로 점수 매기기
청소를 점검할 수 있는 일정한 양식을 만들어 나누어 주고, 아이 스스로 자기 평가를 하거나 모둠끼리 상호 평가를 해 나가게 해서 의욕을 높인다. 교사가 평가를 하게 되면 평가의 의미가 너무 강조되거나 자칫 실망감을 줄 수 있으므로 아이들 스스로 평가하도록 하는 것이 좋다.

● 칭찬이 있는 청소 시간 만들기
사실 청소는 아이들에게 고된 일이다. 청소하느라 애쓴 아이들에게 작은 보상이라도 마련해 보자. 음료수나 과자, 사탕, 공책 등을 준비해 두었다가 가끔 한 번씩 칭찬과 함께 건네면 아이들은 매우 즐거워한다.

한 번 더 보살피는 하교 지도

하교 지도는 학교 위치나 환경에 따라 그 범위가 매우 달라진다. 교무회의에서 미리 상의하여 하교 지도 여부나 범위를 결정하는 것이 좋겠다. 예를 들어 학교가 아파트 단지 내에 있어서 통학로가 위험하지 않다면 별다른 하교 지도가 필요 없을 수도 있다. 이럴 때는 담임이 교문까지 아이들을 배웅하면서 따뜻한 인사를 나누는 정도로 끝내면 된다. 아파트 단지 내 학교이기는 하지만 위험한 지역이 한두 곳 있다면 교사가 교실의 청소 당번처럼 요일을 정해 하교 지도를 하면 될 것이다. 그러나 주택가나 큰 도로를 건너야 하는 학교는 좀 더 많은 교사들이 각자 맡은 곳에서 아이들이 안전하게 횡단보도를 건너도록 지도해야 한다. 어린이가 교통사고로 심각한 장애를 입거나 사망하는 일이 학교 근처에서 많이 일어난다. 그리고 횡단보도에서 교통사고가 일어나는 경우는 대단히 많다. 이런 점을 생각한다면 아이들의 하교 지도는 교사에게 좀 귀찮은 일일지도 모르지만 아이들의 안전과 학부모의 걱정하는 마음을 헤아리는 차원에서 조금 더 수고할 대목이기도 하다.

톡톡 아이디어

학교 안 안전사고의 경우 일반적으로 교사의 법적 책임 범위는 교문까지로 한정되어 있다. 그런데, 횡단보도를 안전하게 건너가게 하기 위해 교사가 함께 나갔다가 교통사고가 나면 교사의 법적 책임 범위가 커지게 된다. 그래서 하교 지도를 할 때 교문 밖에 나가지 말아야 한다는 주장도 있다. 하교 지도와 관련해 이런 문제에 대처하기 위해 학부모의 도움을 요청하는 것도 한 방법이다. 등교 때처럼 하교 때에도 통학로에서 아주 위험한 곳은 학부모의 지도를 부탁해 아이들 안전사고를 방지하도록 한다.

한편, 아이들이 집으로 가는 도중에 PC방이나 문방구점에 들러 오래 있거나, 연락 없이 집에 늦게 들어가서 부모님과 담임의 애를 태우는 경우가 종종 있다. 꼭 집으로 바로 가고, 친구 집에 놀러갈 때도 집에 들러서 허락을 받거나 미리 연락을 한 다음 놀러 가도록 매일 약속을 하는 것이 필요하다. 이를 위해서 학년 초에 학부모에게 끝나는 시각을 알려 주어서 아이가 집에 오는 시각을 예측할 수 있도록 도움을 주는 것이 좋겠다. 또한 교사와 아이가 남아서 특별한 활동을 하거나, 아이들끼리 남아서 여러 활동을 할 때도 가능하면 교실에서 하도록 하고, 이때도 가정에 미리 연락하는 것을 잊지 말자.

글쓴이 · 도움 주신 분들

신명기 | 서울 영훈초 교사 · 이옥정 | 대구 태현초 교사 · 이지례 | 대구 대천초 교사 · 조성실 | 서울 누원초 교사

"자, 이제 집에 가자!" 수업 마침을 알리는 종소리가 나면 저학년 교실은 또 한바탕 난리가 난다. 어떤 날은 집에 가는 것도 잊어버리고 공부에 몰두하기도 하지만, 요즘은 급식까지 하고 하교를 시키다 보니 마침 시간이 굉장히 복잡하고 어수선해진다. 그러다 가끔 아이를 잃어버리는(!) 일도 생긴다. 차분히 하루를 마감하고, 다음 날에 대한 기대감까지 함께 담아 아이들을 집으로 보낼 수 있는 지혜를 생각해 보자.

집에 가는 아이들
뒷모습 살피기

신명기 | 서울 영훈초 교사 · 이지례 | 대구 대천초 교사 · 조성실 | 서울 누원초 교사

마침 시간 꾸리기 급식을 하는 저학년의 경우 마침 시간에 각별히 신경 써야 한다. 급식을 하지 않으면 수업이 끝난 뒤 다 같이 마침 시간을 가지면 되지만 급식을 하는 학교에서는 먼저 식사를 끝낸 아이에게 마냥 기다리라고 하기에는 무리가 있기 때문이다. 다 함께 마침 시간을 가지려 하지 말고 모둠이나 분단별로 하는 것도 생각해 봄직하다. 단, 저학년은 마침 시간에 정적인 활동보다는 움직임이 많은 율동이나 노래를 이용한 활동을 하는 것이 더 효과적이다.

작별 인사하기 아이들끼리 마지막으로 작별 인사를 할 때에는 머리를 숙여서 하는 인사 외에 다양한 방법의 인사를 해 보자. 손을 올려서 손바닥을 마주치며(하이파이브) 인사하기, 짝끼리 서로 엉덩이를 부딪치며 인사하기, 코 맞대고 인사하기, "잘 가, 내 생각해." 하며 인사하기, 윙크하며 인사하기, 혀를 길게 내밀며 인사하기, 눈빛으로 인사하기, 악수하며 인사하기 등 여러 가지 인사법을 알려 주면 다음 날 아이들은 이런저런 인사를 해 보자고 의견을 내놓기도 한다.
이런 방법 외에도 교사가 문간에 서서 나가는 아이들 손을 한 명씩 잡아 주며 "오늘 하루

무얼 느꼈니?" 하고 물어보면 아이는 내일 또 학교에 오고 싶은 마음을 품고 교실 문을 나설 수 있다. "다음부터 조금만 떠들래요." 하는 귀여운 다짐에는 한 번 꼭 껴안아 주는 것도 좋겠다.

청소 지도하기 청소는 오히려 저학년 아이들이 열심히 한다. 손놀림이나 청소 기술이야 고학년이 낫겠지만 그 열성은 단연 저학년이 최고다. 조금만 분위기를 잡아 주면 아주 즐겁게 청소를 한다.

그러나 열의에 비해 교실은 좀체 나아진 게 없어 보일 때가 있다. 청소 방법을 잘 모르기 때문이다. 심지어 빗자루도 학교 와서 처음 잡아 보는 아이가 여럿이다. 그래서 저학년은 교사가 세심한 부분까지 하나하나 설명해 주어야 한다.

한편, 아이들이 잡기에 버거울 정도로 큰 빗자루는 안 그래도 힘든 청소를 더욱 어렵게 한다. 쓰레받기 속에 들어가는 작은 빗자루 세트를 열 개 정도 청소용품으로 신청해서 마련해 놓으면 아이들이 좀 더 편하게 청소를 할 수 있다.

하교 지도하기 저학년 하교 지도는 교사가 가장 앞에 서서 교문 또는 지정된 장소까지 동행하는 것이 좋다. 교문 바로 앞이 횡단보도라면 횡단보도를 건너야 하는 아이들은 따로 줄을 세워 모두 건너게 해 주는 것까지 교사가 책임져야 한다. 학부모 도움을 얻는 방법도 좋은데 그럴 경우에도 교사가 교실에서 아이들을 내보내지 말고 교문까지는 꼭 인솔해야 한다.

또 저학년은 몇몇 아이들을 교실에 남겨 두고 하교 지도를 하는 일이 없도록 해야 한다. 다른 아이들을 하교시키는 동안 교실에서 안전사고가 날 우려도 있고 교사가 하교 지도를 하는 동안 교실을 나가 혼자 하교하는 경우도 있다. 그런 경우 아이의 행방을 알 수 없어 아주 불안해진다. 저학년 하교 지도는 아이의 안전을 최우선으로 두고 고학년보다 더 신경 써서 해야 한다.

> 저학년 아이들은 하교할 때 짝끼리 손을 잡고 가게 하는 것도 좋다. 횡단보도를 건널 때도 짝끼리 손을 잡게 하면 위험이 훨씬 덜하다. 혼자서는 '휙' 하고 달려가다 위험한 일을 당하기도 하지만 둘이 손을 잡으면 행동이 좀 더 조심스러워지기 때문이다.
> 하교 지도를 하면서 교사가 양손에 한 명씩 손을 잡고 가는 것도 좋다. 매일 두 명씩 순서를 정해 놓으면 아이들은 자기 차례가 돌아오는 날을 기다린다.

우리 반 이야기

1. 좀 더 천천히 아이들을 보내고 싶다
2. "얘들아, 청소특공대가 되어 보지 않으련?"
3. 아이들과 함께하는 하교 지도

1. 좀 더 천천히 아이들을 보내고 싶다

장금희 | 서울 화계초 교사

"선생님 안녕히 계세요." 얼굴도 제대로 쳐다보지 않고 냅다 인사말 한마디 질러 놓고 썰물처럼 교정을 빠져 나가는 아이들을 바라보노라면 이런저런 생각을 하게 된다. 학교생활이 재미없어서 저렇게 신나게 집으로 가는 걸까? 내가 오늘 너무 야단을 많이 쳤나? 엄마가 있는 따뜻한 집이기에 신나게 달려가는 것인데도, 내 곁을 떠나기 위해 서두르는 것 같아 영 서운하다.

아이들과 좀 더 따뜻하게 헤어질 수는 없을까? 난 하고 싶은 말이 많은데……. 아까 공부 시간에 떠든다고 혼내 준 효성이에게도 할 말이 있고, 숙제를 종종 빠뜨리는 혜지에게도 할 말이 있고, 아프다고 점심을 거른 나은이에게도 할 말이 있는데……. 헤어짐을 아쉬워하며 더 좋은 내일을 기약하는 그런 방법이 있으면 좋겠는데……. 아이들도, 나도 바빠서 인사 한 번 제대로 못하고 집으로 돌려보내는 것이 늘 아쉽다. 나는 좀 더 천천히 아이들을 보내고 싶다. 내가 아이들과 함께 살았다는 느낌을 되새기면서 하루를 마감하고 싶다.

그래서, 그 전에는 책가방을 메고 바로 운동장에 나가 줄을 섰는데, 요즘은 방법을 바꾸어서 교실에서 인사를 하고 있다. 우선 공부 시간이 끝나면 책가방을 메고 자리에 앉는다. 그리고 나서 오늘 하루 학교생활을 어떻게 했는지 물어본다.

"오늘 공부 재미있었어요?"

"예!" 아이들은 시원스레 대답한다.

"뭐가 재밌었을까?"

조금 전과는 다르게 대답이 시원스럽지 못하다. 나는 몇몇 아이들에게 자세하게 물어본다. 아이들이 발표하는 이야기를 들으면서 다른 아이들도 그랬는지 눈으로 확인해 본다. 이렇게 묻고 대답하는 것은 아주 짧은 시간이지만, 아이들은 그러면서 자기 스스로를 돌아보는 시간을 가지게 되고, 나도 수업 중에 미처 하지 못했던 이야기를 찾아낼 수 있어서 좋다. 그림 그릴 때 짝을 잘 도와주던 세잎이에게 칭찬해 줘야지 맘만 먹고 있다가 미처 못한 얘기, 친구들과 잘 다투어 야단만 듣던 재우가 오늘은 심부름을 잘해 주어서 고마웠던 일, 글씨 쓰는 게 늦어서 힘들어하던 진욱이가 예쁘게 일찍 글씨 쓰기를 마친 일, 새침데기 예은이가 오늘따라 발표를 열심히 한 일들을 찾아 칭찬의 말을 해 준다.

그리고 나서 모둠별로 일어나서 노래를 부른다. 요즘 아이들은 가요만 좋아하고 동요를 부를 기회가 없는데, 하루에 한 번이라도 동요 부를 시간을 마련하고 싶었다. 처음에는 노래 부르기를 쑥스러워하던 아이들이 이젠 목소리도 커지고 즐겁게 참여하는 것이 무척 귀엽다. 노래를 부르면 급하게 집으로 가려던 마음도 차분해지는 것 같다.

노래가 끝나면 나에게로 와서 인사를 한다. 나는 교탁 옆으로 한 걸음 나와서 아이들의 인사를 받는다. 아이들의 머리를 쓰다듬으면서 한마디씩 해 준다. "그래, 잘 가." "오늘 심부름 해 줘서 고마웠어." 등 하루를 마무리하는 인사를 건넨다.

그러나 공부 시간에 떠들었거나 말썽을 피운 아이, 아프다고 보건실에 다녀온 아이, 숙제를 해 오지 않은 아이에게는 다른 인사를 한다. 그런 아이가 내게로 다가오면 나는 몸을 낮추어 그들과 눈높이를 맞춘 뒤 천천히 인사를 나눈다. "효성아, 내일은 아이들과 싸우지 말고 사이좋게 지내야 돼."

"예." 대답은 그리 시원치 못하다. 자신이 없어 보인다. 그럼 나는 한 번 더 등을 토닥여 준다.

"혜지야, 내일은 숙제한 거 꼭 가져와야 돼. 잊지 말고." "예, 내일은 꼭 가져올게요."

대답하는 소리는 맑고 자신 있지만 꼭 지켜지리라는 생각은 하지 않는다. 지금 내 앞에서 하는 약속만으로도, 또 잘 지키려고 애쓰는 것만으로도 나는 만족한다.

때로는 인사를 받으며 아이들을 안아 주기도 하고 손을 꼭 잡고 얘기할 때도 있다. 어떤 아이는 자기가 먼저 나에게 안긴다. 아이들과 이런저런 이야기를 하다 보면 아이들의 마음이 내게로 다가오는 것이 느껴진다. 아이들도 나와 얘기 나눈 뒤에는 진심으로 잘하겠다는 약속을 한다. 설령 내일 지켜지지 않는 약속이면 어떠랴. 오늘 이 순간 나와 아이들의 진심이 있는데. 이렇게 인사를 나누고 나면 아이들에게 너무 심하게 야단쳐서 마음 아팠던 일이 조금은 위로가 되고 다음 날 밝은 얼굴로 아이들을 만날 자신감이 생긴다.

인사를 한 뒤에는 복도에서 줄을 선다. 인사를 하고 나간 순서대로 차례로 줄을 서서 다른 친구들이 모두 인사를 하고 나올 때까지 기다린다. 기다리는 것도 공부니까. 복도에서 줄을 세워 교문 앞까지 데리고 나가 횡단보도를 건널 때까지 지켜봐 준다. 아이들은 길 건너편에서 나를 향해 몇 번이나 "선생님, 안녕히 계세요."를 외친다. 가던 길 돌아서서 내가 있나 없나를 확인하며 서로 멀어질 때까지 소리쳐 인사한다. 어서 가라고 손짓하면 그제서야 집으로 내달음질쳐 간다. 달려가는 아이들의 뒷모습을 보며 내일은 더 잘해야지 하는 새로운 다짐을 하게 된다.

1모둠부터 시작해서 6모둠까지, 노래하고 인사하는 데는 5~6분 정도밖에 걸리지 않는다. 그 짧은 시간 동안에 수업으로 바빠서 하지 못했던 이야기를 나눌 수 있다. 처음 시작할 때는 지루하기도 하고, 빨리 아이들 보낸 뒤 쉬고 싶은 생각도 있었지만, 이젠 어떤 일이 있어도 이 시간만큼은 꼭 지키려고 한다.

아이들이 떠나고 난 빈 교실에 돌아오면 잊었던 피곤이 몰려온다. 의자에 깊숙이 허리를 묻고 잠깐 쉬고 싶지만 어느 결에 아이들이 남기고 간 흔적들이 나를 찾는다. 집에서는 아직 엄마 품속의 병아리들마냥 어리고 귀염 받으며 재롱 피울 아이들이건만, 내가 너무 욕심 부리고 지나치게 기대가 높아서 아이들을 힘들게 했다는 생각에 미안한 마음이 든다. 좀 더 아이들과 가깝게, 그들의 눈높이로 생각하고 살펴 주었어야 하는데……

아이들이 두고 간 일기장에 이런 미안한 마음을 칭찬의 소리로 바꾸어 적는다.

'넌 참 착한 아이였어.'

'넌 씩씩하고 용감한 아이였어.'

'네가 심부름 해 줘서 고마웠어.'

'네가 있어서 우리 반은 늘 즐겁구나.'

2. "얘들아, 청소특공대가 되어 보지 않으련?"

박정애 | 인천 동부초 교사

청소는 억지로 하는 것이 아니라는 인식을 심어 주기 위해서 나는 '청소특공대' 라는 것을 조직한다. 청소특공대는 주초에 청소를 하고 싶어하는 사람을 중심으로 조직해서 정해진 기간 동안(일주일 정도) 매일 청소를 하는 것이다. 매일 청소하는 것이 좀 힘들 수도 있지만 청소가 얼마나 사람을 기쁘고 보람되게 하는지, 건강에 좋은지, 노동이 얼마나 소중한 것인지를 충분히 설명한 뒤 기쁜 마음으로 자발적으로 할 수 있도록 유도한다. 처음에는 희망하는 사람이 적더라도 적은 대로 조직해서 한다.

물론 청소를 하겠다고 자발적으로 나서는 아이는 거의 없다. 그래서 교사가 꼬드기는 작업이 무척 중요하다.

"얘들아, 선생님은 반짝반짝 빛나는 이 유리창을 보면 너무 기분이 좋단다. 너희들도 그렇지 않니? 선생님은 공부를 잘하는 사람보다 청소를 잘하는 사람이 더 훌륭하다고 생각해. 공부를 잘하는 건 자기가 즐거운 거지만, 청소를 잘하는 것은 우리 모두를 다 즐겁게 해 주는 거잖아. 그래서 청소특공대를 조직할 거야. 우리 반을 지키는 독수리 오형제가 되는 거지. 선생님은 독수리 오형제를 지도하는 박사님이 되는 거고. 우리는 멋진 팀이 되어서 우리 교실의 청결을 지키는 거야!" 이런 식으로 약간 '과장' 하면 한두 아이라도 귀를 쫑긋하며 자원하게 마련이다.

청소특공대가 매일 남아 청소할 때 교사는 특별히 신경을 써서 같이 청소하고 청소가 끝난 뒤에는 각별한 '보상' 을 해 준다. 보상은 아이들과 청소가 끝난 뒤 같이 놀이를 하거나 간단한 음식을 대접하는 것이다. 그리고 "너희들은 다른 친구들이 힘들어하는 일을 아주 열심히, 그것도 자원해

서 한 몇 안 되는 훌륭한 아이들이다."라는 식으로 아주 큰 칭찬을 매일 해 준다. 청소특공대가 아닌 다른 아이들이 부러워할 수 있는 보상을 해 주는 것이 중요하다. 자연스럽게 다른 아이들이 청소특공대에 들어오고 싶은 마음이 생기도록 해 주는 것이다. 나의 전폭적인 지원과 지지 때문에 며칠이 지나면 청소특공대에 들고 싶다고 하는 아이들이 한두 명씩 생긴다. 이때에는 절대 받아 주지 않는다. 청소특공대는 아주 중요한 임무를 수행하는 팀이므로 작업을 하는 중간에는 아무나 들 수 없고, 꼭 들고 싶으면 다음 번에 들라고 아주 엄중하게(?) 거절하는 것이다. 그러면 아이들은 청소특공대를 정말 대단한 조직으로 생각하게 된다. 청소특공대의 자부심이 하늘을 찌르는 것은 두말할 필요도 없다.

보통 청소는 모든 아이가 돌아가면서 한다. 그러나 아이들마다 학원이다 뭐다 해서 사정이 달라 자신이 편한 요일에 청소를 하게 한다. 일주일에 한 번은 꼭 하자고 약속한 뒤 편한 날을 고르도록 한다. 그렇게 되면 어떤 날은 청소하는 아이가 많고 어떤 날은 청소하는 아이가 적을 때도 있다. 아이가 적은 날은 기본적인 청소만 하고 아이가 많은 날은 좀 더 깨끗이 청소하면 된다. 이렇게 하다 보면 자연스럽게 인원을 스스로 조정해서 거의 매일 자발적으로 청소를 하게 된다.

3. 아이들과 함께하는 하교 지도

김권호 | 서울 일신초 교사

새로 학교를 옮겼는데, 여기서는 공부가 끝나면 집에 갈 때 담임이 아이들을 밖으로 데리고 나가 찻길까지 건너서 데려다 주어야 한다. 전 학교에서는 안 하던 일이었고, 사고가 났을 때 학교 밖의 일을 담임에게 책임 전가하려는 듯한 느낌이 들어서 처음엔 썩 내키지 않았다. 아이를 남겨서 이야기를 나누어야 할 때, 공부가 부족한 아이를 가르쳐야 할 때, 처리할 잡무가 몰려 있을 때, 학부모가 갑자기 찾아왔을 때, 하교 지도는 정말 사람을 곤란하게 했다. 그런데 그 귀찮다고 생각했던 일에서 즐거움이 찾아왔다.

우리 학교 정문 앞은 왕복 2차선 도로가 지나가고, 그 길을 따라 나 있는 인도에는 학교 담장이 맞닿아 있다. 아이들을 두 패로 나누어 이 담장을 따라서 교문에서부터 왼쪽으로 50m 정도 가서는 아파트 쪽으로 가는 아이들이 횡단보도를 무사히 건너가도록 도와주고, 그 다음 교문에서 오른쪽으로 100m 정도 가서 건너편 동네에 사는 아이들을 육교까지 데려다 주는 것이 하교 지도의 주된 임무다.

교문을 나서면 흔히 수가 많은 아파트 쪽 아이들을 먼저 데려다 주게 된다. 그러면 교문 앞에서 기다리는 아이들은 대여섯 명밖에 안 된다. 의무감에서 시작했던 하교 지도가 즐거워진 것은 이 몇 안 되는 아이들을 육교 앞까지 데려다 주면서부터이다. 이 녀석들은 기다리다가 내가 나타나면 저 앞에서부터 뛰어온다. 내 양쪽 팔을 서로 차지하려고 그러는 것이다. 어깨에 팔을 걸기도 하고 손을 잡거나, 어떤 때는 팔짱을 끼고 걷는데, 팔을 못 잡은 아이가 옆에 붙어 밀어 대는 통에 걷기 힘들 때도 많다. 이렇게 걸으면서 이런저런 이야기를 하게 되는데, 보통은 서로 툭툭 장난치고 수다를 떨 때가 더 많다. 때로는 아이들의 이런 행동이 지나친 경우가 있어 다른 선생님에게 핀잔을 듣기도 하지만 다 내가 감당할 수 있으니 괜찮다.

아이들은 걷다 보면 금방 뭘 해 달라고 조른다. 학년 초에는 옛이야기를 해 달라고 졸랐다. 처음 아이들과 만났을 때 행복하게 지내고 싶어서 짬짬이 옛이야기를 들려주다 보니, 그 맛에 취해서 이야기를 들려달라는 소리를 많이 했다. 뭐 아는 이야기가 별로 없기도 하고, 또 이야기 한 편을 다 들려주기에는 길도 짧아 교실에서 했던 이야기를 줄여서 능청스럽게 다른 이야기처럼 하기도 하고, 지어서 들려주기도 했다. 그러다 보면 앞뒤도 안 맞고 엉터리가 많으니 "에이, 선생님 그거 했던 거잖아요!" "에이, 엉터리, 말도 안 돼요." 한다. 그래도 그러거나 말거나 하던 이야기를 계속하다가 육교 앞에 다다르면 아이들의 야유를 받으면서 얼른 뺑소니를 친다.

더 이상 그렇게 들려줄 이야기가 없게 되어서 곤란할 때쯤 보도블럭 사이에서 들풀이 피기 시작하는 게 보였다. 이제부터는 아이들과 오가다 그걸 관찰하면 되겠다 싶었다. 도시에도 흔하게 들풀이 피고 지는데 그걸 모르고 자연을 보려면 차를 타고 꼭 시골로 나가야만 된다는 식의 풍조가 불만이었던 차에 잘됐다 싶었다.

보통 수다를 떨며 장난치며 걷다가도 보도블럭 틈을 비집고 자라는 들풀이나 그 위에서 기어 다니는 곤충이 있으면 "야, 이게 뭐지?" 하면서 쭈그리고 앉는다. 무얼 관찰하네, 어쩌네 하면서 선생티를 내면 안 되기 때문에 그냥 능청스럽게 신기한 게 있는 것처럼 한다. 황새냉이, 꽃다지, 씀바귀, 벋은씀바귀, 명아주, 질경이, 강아지풀, 서양민들레, 제비꽃 따위들을 그렇게 보면서 이름을 익혔다. 잘 모르는 풀이나 곤충이 보이면 늘 어깨에 메고 다니는 디지털카메라로 찍어서 도감에서 찾아보고 다음 날 가르쳐 주었다. 그렇게 찍은 사진은 컴퓨터 바탕화면에 깔아 놓고, 텔레비전 화면에도 띄워 놓고서 아이들이 자주 볼 수 있도록 했다.

처음 아이들은 도시 아이들이 보통 그렇듯 들풀 같은 데는 별로 관심도 없고 흥미로워하지도 않았다. 그러다가 내가 학교 운동장이고, 화단이고 돌아다니면서 들풀 사진을 찍고, 이름표를 달고 하는 모습을 자주 보아서인지 내가 쭈그려 앉으면 같이 쭈그려 앉아 "왜요, 뭐 있어요?" 하면서 조금씩 관심을 보였다. 어떤 때는 아이가 "선생님이 이거 못 보던 건데 무슨 꽃이에요?"라고 먼저 물어오기도 했다. 잘 몰라 카메라로 찍으면 "선생님, 찾아보고 내일 꼭 가르쳐 주세요." 한다. 이렇게 관심을 가져 주기라도 하면 아이가 대견하기도 하고 기분이 좋아져서 그날은 육교 위까지 데려다 준다.

사실 무슨 꽃인지 이름을 몰라도 상관없고, 들풀에 관심을 갖지 않아도 상관없다. 그건 어차피 개인의 취향 문제일 것이다. 다만 도시라고 하지만 우리 둘레에 있는 자연과 더 가까워지면 좋겠다는 생각뿐이다. 굳이 교육적으로 하나 더 덧붙이자면, 모르는 게 있을 때 관심을 갖고 찾아보려고 노력하는 태도나 궁금한 것을 알기 위해서 어떻게 해야 하는지를 자연스럽게 보여 주고 가르칠 수 있으면 좋겠다는 생각이다.

학교 담장을 따라 걷다 보면 중간쯤에 담장 위로 오동나무가 한 그루 솟아 있다. 어느 날 문득 그걸 보다가 교사로서의 계몽의식이 발동하여 아이들에게 어떻게 하면 이 나무 이름을 알려 줄까 생각했다. 그래서 그때부터 최헌의 노래 "오동잎 한 잎 두 잎 떨어지는 가을 밤에~."를 주구장창 나무 밑을 지날 때면 불러 주었다. 처음에는 "에이, 선생님 그거 어른들이 좋아하는 뽕짝이지요?" "선생님 몇 살이에요? 으이구, 우리 선생님 늙었어." "우리는 동방신기 좋아해요. 동방신기 노래 할 줄 알아요?" 한다. 하지만 그러거나 말거나 내가 계획한 만큼의 노래는 또 다 한다. 그러니까 오동나무 밑을 지날라치면 아이들이 또 "그 노래 부를라구요?" 하면서 먼저 막는다. 그러면 "이 나무 이름이 뭔데?"라고 물어보는데, 이구동성으로 "오동나무잖아요!"라고 소리 지르면서 그것도 모를까 봐 물어보냐는 듯 눈을 흘깃거린다. 그럼 됐다. 그렇다고 뭐 그렇게 소리 지를 것까지야 없는데 녀석들……. 그래도 속으로는 흐뭇하다. 아침에 학교 올 적에 떨어져 있는 오동잎을 주워 오라 해서 만져 보고 관찰해서 미술 시간에 자세히 그리기도 하는데, 이렇게 오고 가면서 미리 자연스럽게 가르칠 수 있으니 좋다. 떨어진 오동잎을 얼굴에 대고 얼굴이 옆으로 삐져 나오면 얼굴이 대빵 크네 어쩌네 하면서 나를 잡아 때리려고 달려드는데, 피하다 보면 육교에 거의 다 왔다. "오늘은 여기까지만 데려다 준다. 안녕." 하면서 냅름 도망간다.

가을이면 학교 담장을 따라 난 이 길은 동네에서 손꼽히는 걷고 싶은 길이 된다. 은행나무가 길 옆으로 나란히 늘어서 있어 바닥이 온통 은행잎으로 융단을 깔아 놓은 것 같기 때문이다. 학교 안 느티나무 붉은 잎과 어울려 만들어 내는 가을 정취는 도시 한복판이지만 아름답기 그지없다. 생일날에는 이 은행잎을 주워서 머리 위로 던지면서 생일 축하 노래도 해 주고 서로 던지고 도망가고 하면서 은행잎 싸움을 한다. 아프지도 않고, 서로 깔깔거리고 즐겁게 놀 수 있으니 좋다. 집으로 돌아가는 중이니 몸도 마음도 신나는데 길에 이런 놀잇감이 있으니 얼마나 좋은가.

손톱처럼 작고 노란 은행잎을 주워서 하나씩 나누어 갖기도 한다. 그 잎을 종이에 붙이고 가을에 어울리는 시를 써 코팅해서 책갈피를 만들어 나누어 갖기도 했는데, 올해는 생각만 하다가 그만 못하고 말았다. 그래도 그때 주운 은행잎이 아이들 일기장 사이에서 떨어질 때면 어릴 적 어머니 책을 읽다가 그 사이에서 발견했던 오래된 단풍잎이 생각나곤 한다. 그걸 보면서 느꼈던 서정을 아이들도 느낄 수 있겠지 싶다. 올해는 꼭 은행잎 책갈피를 만들어야겠다.

가끔 가방이 무겁다고 엄살을 피우면 육교 위까지 들어다 준다. 가방을 들어 보면, 사물함이 있다지만 여전히 지나치게 무겁다. 물론 여섯 아이가 다 덤벼들어 들어 달라면 "아이쿠!" 하며 온갖 핑계를 대면서 도망쳐 버린다. 물론 제 것 안 들어 준다고 삐치는 아이가 생기는데, 다음 번에는 네 것부터 들어 주겠다 꼬드겨서 마음을 상하지 않게 한다.

육교 있는 데는 길이 엇갈리고 고가도로로 들어가는 들머리까지 겹쳐 있어 매우 복잡하다. 그래서 육교도 매우 크고 길다. 아이들이 뛰면 조금씩 흔들거리기도 한다. 그걸 무서워하기도 하고 즐기기도 하는데, 짓궂은 녀석들은 막 뛰어서 무서워하는 아이들을 놀려 먹기도 했다. 이제는 육교가 튼튼한 걸 다들 알아서 별로 무서워하는 아이는 없다. 그저 놀이로 뛰어다닐 뿐이다. 그 위에서 화창한 날에는 카메라로 아이들 사진도 찍어 주고, 우리 동네를 내려다보면서 이것저것 살펴보기도 한다. 육교를 건너는 아이들은 대개 재개발 주택단지 쪽에서 산다. 재개발 현장은 둘레를 천으로 높게 쳐서 막아 놓았기 때문에 아이들이 사는 골목에서는 잘 안 보이는데, 이 육교 위에서 보면 포크레인으로 부순 집들을 잘 볼 수 있다. 그 집들은 아이들이 아는 누군가 살던 집이거나 전학 간 아이가 살던 집일 것이다. 잠시 그렇게 그 자리에서 변하는 우리 동네를 바라본다.

한 번은 어느 집에서 자라는 자귀나무에 꽃이 예쁘게 피었길래 그 이름을 가르쳐 주었더니, 녀석들 엉뚱하기가 보통을 넘어서 여자 아이들인데도 "뭐요? 자지나무요?" 하면서 까르르 웃는다. "떼끼!" 하면서 다시 이름을 제대로 가르쳐 주지만 "아 네, 자지나무요?" 하며 더 깔깔댄다. 그래서 "그래, 맞다. 자지나무다." 맞장구치며 같이 웃는다. 그저 즐겁다.

기분이 좋아지면, 내쳐서 육교를 내려가 아이들이 들어갈 골목 앞까지 데려다 준다. 물론 매번 그러는 것은 아니고, 내킬 때 한 번씩 그렇게 한다. 그러면 또 신나서 펄쩍펄쩍 뛰며 좋아한다. 밖에 나오면 내가 언제 이 아이들에게 소리치고 야단치고 그랬나 싶다. 교실하고는 사뭇 다르다. 집까지 데려다 달라고 손을 끌지만 그저 그만큼이 내 한계다.

골목 앞에서 학부모님을 만날 때도 있는데 길거리에 서서 오래 이야기하게 되기도 한다. 속상한 이야기를 들을 때도 있지만 그렇게 이야기하다 보면 아이가 집에서 어떻게 생활하는지 알게 되고, 내가 학교에서 왜 그런 행동을 했는지에 대해 말하게 된다. 그러다 보면 서로에 대한 이해의 폭을 넓힐 수 있으니 그것도 좋은 일이다.

토요일 하고 지도 때는 나도 가방을 메고 아이들과 같이 집에 갈 때가 있는데, 마침 전철역이 육교 건너에 있어 함께 오래 걷게 된다. 토요일 급식은 하지 않으니 아이고 선생이고 다 그때쯤이면 출출해진

다. "선생님이 맛있는 거 사 주세요." 하면, 마침 잘되었다 싶어 아이들이 이끄는 분식집으로 가서 떡볶이 잔치를 벌인다. 오뎅, 순대, 김밥, 라면, 다 시켜 놓고 선심 쓰는 척하는데, 그래 봐야 만 원을 조금 넘는다. 같은 동네에 살면서도 친하지 않은 아이끼리 이렇게 같이 떡볶이 먹으면서 이야기하다 보면 절로 친해진다. 교사의 처지에서도 아이들 한 명 한 명과 가까워질 수 있는 기회가 많지 않은데, 이런 자리는 매우 소중하다.

한 번은 돈이 별로 없을 때 아이들이 떡볶이 먹으러 가자 해서 주머니를 탈탈 털어서 먹었는데, 그게 미안했던지 헤어지기 전에 아이 하나가 상점으로 뛰어들어가더니 음료수 하나를 사 와 내밀면서 "선생님 돈 많이 썼지요? 죄송해요. 제 돈으로 선생님께 사 드리고 싶어서 드리는 거예요." 한다. 교실에서 도덕 시간에 아무리 떠들어도 가르칠 수 없는 상대방에 대한 배려와 고마움에 대한 인사 같은 것을 이보다 자연스럽게 가르칠 수 있을까. 그렇게 생각한 아이가 반갑고 고마워서 꼭 안아 준다. 서로 씩 웃으면서 손을 흔들고 헤어지면 그렇게 마음이 좋을 수 없다.

공부 시간에 악다구니하고, 얼굴을 붉혔지만 이렇게 집에 가는 시간에는 서로 손을 흔들고 즐겁게 웃으면서 헤어질 수 있으니 참으로 다행스러운 일이 아닐 수 없다. 그러니 이제는 아무리 귀찮아도 하교 지도를 빼먹을 수는 없겠다.

02 | 재미있는 숙제와 알림장

마지막 수업을 힘겹게 끝내고 난 뒤에도

아직도 할 일이 남아 있습니다.

수업 시간에 내준 숙제를 아이들이 잘 알아들었는지

내일 가져와야 할 준비물을 잊어버리지는 않았는지…….

숙제를 비롯해 알림장에 써넣은 알림 내용은

아이들에게만 해당하는 것이 아니라 학부모의 도움이 필요한 부분입니다.

학부모들이나 아이들의 부담을 한 번쯤 살펴볼 일입니다.

교사의 교육활동 가운데 어느 것 하나

교육적 의도나 섬세한 배려가 깃들지 않으면 안 된다는 점,

숙제와 알림장을 생각할 때도 역시 그러합니다.

숙제와 알림장은 다음 수업의 준비 과정이다. 특히 숙제는 전체 아이들을 대상으로 한 수업 시간에는 고려하지 못했던 아이들 한 명 한 명의 잠재력이나 특성을 최대한 살리는 과정이기도 하다. 그러니 힘들더라도 숙제를 '잘' 내주는 고민이 필요하다.

하루 공부를 마치고 알림장을 쓰는 시간이 되면 아이들은 적잖이 마음을 졸이게 된다. 숙제나 준비물 때문이다. 특히 숙제는 아이들 편에서 영 반갑지 않다. 수학익힘책 두 장 풀어 오기, 읽기에 나오는 어려운 낱말 뜻 써 오기, 국제기구 한 가지 조사하기, 받아쓰기 틀린 것 다섯 번 쓰기 같은 숙제가 도통 반가울 리 없다. 삼분의 일 넘게 숙제를 해 오지 않는 아이들을 날마다 야단쳐 가면서도 교사는 여전히 습관처럼 숙제를 낸다. 이런 숙제는 아이들을 가르치는 교사도 어릴 때 지겨워하며, 매 맞지 않으려고 겨우 했던 것들이다.

교실에서 하는 공부든 집에서 하는 공부든 억지로 하는 공부는 영양가가 없다. 우선 교사부터 숙제에 대해 갖고 있는 고정된 관념에서 벗어나야 한다. 무엇보다 숙제를 날마다 내야 한다는 생각에서 자유로워질 필요가 있다. 숙제는 집에서 공부하는 습관을 길러 주기 위해서, 예습이나 복습을 시키기 위해 내는 일이 많다. 하지만 공부하는 버릇은 공부하는 즐거움을 느낄 때 생기는 것이다. 이를 악물고 책상에 앉았다고 공부하는 습관이 길러지는 것은 아니다. 학교에서 충분히 할 수 있는 공부는 숙제로 내지 않는 게 좋다. 내줄 숙제가 없는데도 아이들이 노는 게 불안하여, 혹여 학부모에게 숙제를 안 내줘서 아이가 공부를 안 한다는 원성을 들을까 봐 숙제를 내는 것도 바람직하지 않다. 학교에서 할 수 없는 공부, 몸을 움직여서 할 수 있는 공부, 조금 힘들더라도 성취감을 느낄 수 있는 과제가 숙제로써 값어치가 있다.

숙제는 대부분 알림장을 통해 전달된다. 그러나 알림장에 쓰는 내용은 꼭 숙제만이 아니다. 교사가 교육활동을 하면서 필요하다고 생각하는 것을 아이들과 학부모에게 동시에 알리는 일종의 매체 역할을 한다. 요즘은 알림장의 형식이나 내용이 아주 다양하게 변했다. 공책으로 쓰던 알림장이 사라지고 인터넷 카페나 홈페이지, 또는 학교 홈페이지의 학급 게시판을 이용하는 사례가 늘어나고 있다. 예전의 알림장에는 교사의 일방적인 전달만이 담겨 있었다면 이제는 서로의 의견을 주고받는 양방향 매체가 되고 있는 것도 알림장의 새로운 흐름이다. 실제로 인터넷 카페나 홈페이지를 통해 아이들의 다양한 의견과 학부모들의 솔직한 의사가 활발하게 교환되는 경우도 많다. 알림장을 잘 활용하면 교육활동이 더 활발해지고 교사와 학부모, 아이가 함께 만들어 가는 학급운영을 할 수 있다.

숙제 새롭게 보기

적당히 부과된 숙제는 아이들의 잠재력이나 특성을 계발하고 성취감을 맛보게 해 준다. 하지만 아이의 능력과 조건 등을 고려하지 않은 과도한 숙제는 오히려 아이들의 성장을 가로막는 역할을 하게 된다. 그런데, 숙제를 둘러싼 문제에 대해 교사와 학부모, 아이들의 이야기는 서로 엇갈린다. 이유는 여러 가지겠지만 우선은 숙제를 내주는 교사의 입장과 숙제를 받는 아이들의 생각에 차이가 있고, 또 '좋은 숙제'에 대한 상이 다른 데서 원인을 찾을 수 있다. 숙제 자체가 가지고 있는 의미와 교육적 효과는 상당히 큼에도 불구하고 교사가 학생이나 학부모 사정에 대한 섬세한 고려 없이 내줌으로써 오히려 고통을 안겨 주는 경우도 많이 있다. 숙제 자체가 아무리 의미 있는 것이라 해도 '적절한 방식'과 '정확하고 구체적인 지시'로 부과되지 않는다면 교사의 의도가 효과적으로 관철될 수 없을 것이다.

숙제 제시부터 명확하게

숙제를 내주는 시간은 대부분 아이들이 집에 가려는 마음으로 잔뜩 부풀어 있는 때라 서둘러 숙제 제목만 적어 주기 쉽다. 이러다 보니 아이들은 어떤 마음으로 어떻게 숙제를 해야 하는지 충분한 설명을 듣지 못한 채 대충 숙제를 한다. 한 가지 숙제를 내더라도 숙제에 관련된 예를 들어 주거나 과정을 정성껏 설명해 주면 좋다. 학년 초부터 숙제 내는 시간에 숙제하는 방법을 정성껏 설명하다 보면 아이들 역시 집에 가려고 서두르는 마음에서 벗어나 잘 듣는 습관을 갖게 될 것이다.

모든 공부가 끝나는 마지막 시간이 아니라 교과 시간에 그날 내줄 숙제에 대해 찬찬하게 설명하는 것도 좋은 방법이다. 그럴 때에는 반드시 숙제의 내용과 해 와야 할 아이를 메모

해 두었다가 마침 시간에 다시 확인하는 과정을 거쳐야 할 것이다.

숙제의 범위와 하는 방법 따위가 구체적으로 제시되지 않아 의도한 효과를 보지 못하는 경우도 있다. '외국어로 씌어진 간판이나 옷 조사해 오기' 같은 숙제의 경우 '학교에서 집으로 가는 길에 있는 가게 간판 가운데 외국어로 씌어진 간판의 수와 그 외국어 적어 오기' '내가 가지고 있는 옷(혹은 오늘 우리 반 아이들이 입고 온 옷) 가운데서 외국어가 씌어진 것이 몇 개인지 조사하고 외국어 적어 오기' 등으로 좀 더 명확히 그 범위를 정해 주는 것이 좋다.

'생각해 오기' '들어 보기' '해 보기' 따위의 숙제의 경우, 그냥 생각해 보거나 해 보는 것으로 그치는 것인지, 그 생각의 내용이나 체험의 느낌 등을 써 와야 하는 것인지도 밝혀야 한다. 그러한 생각이나 체험을 다음 수업의 제재로 사용할 것인지, 게시할 것인지, 혹은 개인일기나 쓰기 공책, 모둠일기 등에 써 두고 나중에 학급문집에 실을 것인지 등에 대한 교사의 계획도 서 있어야 함은 물론이다.

아이들 상황을 고려한 숙제

요즘 아이들은 몹시 바쁘다. 대도시 아이들뿐만 아니라 읍면 단위 지역의 아이들도 피아노 학원이나 보습 학원 등 한두 개씩의 학원은 다니고 있다. 거기다 집에서 받아 보는 학습지를 푸는 데에도 한두 시간이 걸린다. 이렇게 바쁜 아이들에게 안 해 가도 큰 야단을 맞지 않는 학교 숙제는 늘 뒷전으로 밀릴 수밖에 없다.

우선 숙제를 내줄 때는 이 숙제가 꼭 필요한 것인지 점검해 보아야 한다. '하면 좋다.'가 아니라 꼭 해야 수업을 효과적으로 진행할 수 있다는 확신이 있어야 한다. 숙제를 내줄 때에도 내일이나 모레까지 해 오라는 것이 아니라 한두 주 정도의 기간을 두고 미리 숙제를 내주어 아이들이 여유 있게 준비할 수 있는 시간을 확보해 주어야 한다. 물론 이때에도 중간중간 숙제가 어떻게 진행되고 있는지 점검해 주어야 한다. 무작정 시간이 많다고 해서 치밀하게 숙제를 하는 것은 아니기 때문이다.

아이들 개개인이 하는 것이 효과적인 숙제와 모둠활동으로 협력해서 하는 것이 효과적인 숙제를 잘 가리는 것도 필요하다. 이때 모둠활동으로 부과할 숙제는 '그 과제를 수행하는 과정이 얼마나 어려운가?'도 고려의 대상이 되어야 하겠지만, '시너지 효과를 볼 수 있는

가? 를 더욱 우선적으로 고려해야 한다. 즉 여러 명이 협동함으로써 개개인이 한 것보다 더욱 많은 교육효과를 볼 수 있는 것을 모둠 과제로 주어야 한다.

40명 가까이 되는 아이들한테 숙제를 알맞게 내는 일은 어렵지만, 다른 아이들보다 많이 뒤떨어지는 아이들 몇은 따로 챙겨서 숙제 양을 줄여 주거나 쉬운 방법을 안내해서 숙제를 하려는 마음을 갖게 해 주는 것이 필요하다. 수학익힘책 같은 경우, 쉬운 문제를 두어 개 골라 표시해 주는 것도 한 방법이다.

조사 숙제는 꼼꼼한 안내를

어떠한 것을 조사해 오는 숙제를 내줄 때는 조사하는 방법과 형식을 섬세하게 알려 주어야 한다.

도서관을 이용하는 방법을 아는 것도 자료 조사 숙제가 갖고 있는 숨은 과제일 것이다. 도서관은 자료가 많은 곳이기는 하지만 그 수준과 종류가 다양하기 때문에 자신이 찾는 자료가 어떤 분야에서 어느 수준으로 활용될 것인지를 알지 못하면 사서에게 도움을 받기조차 어렵다. 따라서 교사들이 미리 주변의 지역사회에서 아이들이 자료를 조사할 만한 곳은 어디어디인지, 공공도서관은 가까이 있는지, 없다면 새마을문고라도 있는지, 그곳에는 필요한 자료가 갖추어져 있는지, 그 자료는 아이들이 이해할 만한 수준인지 따위를 알아보고, 혹시 부족한 것이 있다면 사서에게 도움을 구해야 할 것이다.

그런데 교사들이 너무 막연하게 "무엇을 조사해 와라." 하는 숙제를 내니, 어디에 이런 자료가 있더라 하는 소문만 나면 한 반 아이들이 모두 우르르 몰려와 똑같은 자료를 복사해 간다. 이런 식의 조사는 도서관 이용이나 자료 찾기의 체험 효과도 극히 미미할뿐더러, 한 반 아이들이 모두 똑같은 자료를 복사해 갔으니 또 하나의 일제학습이 되고 만다.

누구를 만나거나 어디를 방문하여 인터뷰를 해야 하는 숙제를 낼 때에는 사전에 인터뷰 요령이나 방문 예절 등에 대해 자세히 알려 주고 미리 연습을 해 보아야 한다. 학교에서 역할극이나 모의 인터뷰 따위를 해 보며 그 요령과 예절을 몸에 익히게 하는 것이 좋다. 무엇을 물어야 할지에 대해 교사가 미리 점검해야 함은 말할 것도 없다.

그리고 조사학습을 어떤 방식으로 진행할지에 대한 계획서를 반드시 받아야 한다. 방문할 사람이나 기관이 치우치거나 중복되지 않는지, 대상에 대한 사전조사는 충분히 이루어졌는지, 인터뷰할 때의 질문을 제대로 뽑았는지 검토하고 문제가 있으면 조절하여 다시 계획서를 짜도록 한다.

학부모나 가족의 형태를 고려한 숙제

가족신문 만들기처럼 시간이 많이 들고 힘든 숙제가 없다. 더구나 식구들이 한자리에 모일 시간이 없는 아이는 이런 숙제를 아예 포기해 버린다. 다른 아이들이 해 온 숙제를 보면서 기가 죽기도 한다. 가족신문 만들기 같은 숙제를 낼 계획이라면 이런 아이들 사정을 생각해 봐야 한다. 꼭 이런 숙제를 내야 하는 경우라면 부모님이 바빠서 도저히 함께 앉아 가족신문을 만들 수 없는 아이들이 어떻게 숙제를 해야 하는지 방법을 안내해 주어야 한다. 한부모 가정이나 부모가 아예 없는 아이에 대한 배려도 잊어서는 안 된다. 이런 아이는 흔히 이런 숙제를 통해 자기 가족 상황을 그대로 반 아이들에게 노출시켜야 하기 때문에, 매우 껄끄러운 숙제가 될 수 있다. 아무리 좋은 교육활동이라도 아이의 인권이 침해되는 것이라면 안 하니만 못하다.

교과와 관련 없는 숙제라면 학급운영의 흐름 속에서

교과 내용과 관련 없이 교사가 아이들의 삶을 풍족히 해 주고 다양한 경험을 하게 하기 위해 내주는 숙제라면, 이는 전체 학급운영의 맥락 속에서 진행되어야 한다. 독후감 숙제는 아이들이 아주 싫어하는 숙제 가운데 하나지만, 평소 책읽기를 중심으로 학급운영을 하는 교사라면 상황이 조금 다를 것이다. 이 역시 숙제로 독후감 쓰기를 내는 것은 마땅치 않지만, 평소에 작품을 읽어 주고 그것을 바탕으로 독후활동을 했다면 아이들은 별 어려움 없이 숙제를 해낼 수 있을 것이다. 독후감 쓰는 방법을 공부 시간에 충분히 설명하고 좋은 보기글을 보여 주는 일 없이 독후감을 자꾸 쓰게 하면 아이들은 이 숙제를 더 싫어한다. 학교 행사에 따라 어쩔 수 없이 하게 되는 숙제라 해도 교사가 준비를 해서 보기글이나 예시 작품을 보여 주면 아이들은 숙제를 해 보려는 마음을 조금이나마 갖게 될 것이다.

교사도 함께 숙제를 해 보자

글쓰기를 하거나 독후감 쓰기, 조사하기 숙제를 낼 때 교사도 다섯 번에 한 번쯤, 혹은 그 이상 아이들과 같이 숙제를 해 보자. 미리 아이들에게 내줄 숙제를 해 보고 난 다음 숙제를 설명해 주면 훨씬 더 자세하고 구체적으로 숙제를 안내할 수 있다.

그리고 아이들의 숙제를 점검할 때 교사도 스스로 해 본 숙제를 아이들에게 읽어 주고 소개한다. 아이들은 선생님이 한 숙제를 매우 진지하게 받아들인다. 때론 좀 부족하다고 꼬투리를 잡기도 하고 "뭐, 괜찮네요." "열심히 했네요." 하며 나름대로 평가를 내리기도 한다. 수학 익힘 문제 풀기와 같은 숙제는 꼭 교사도 해 보아야 한다. 교사가 숙제를 직접 해 보면 아이들이 숙제를 할 때 시간이 얼마나 걸릴지, 어떤 문제에서 어려워할지 알 수 있다. 그러면 숙제 점검을 할 때에도 아이들과 훨씬 친숙하고 구체적으로 만날 수 있다. "10번 어려웠지? 선생님은 30분 걸렸다." 하는 식의 이야기를 나누면 아이들은 선생님과 어려움과 기쁨을 같이 하는 사이라고 느끼기도 한다. 교사가 조금 더 애를 쓰면 아이들이 숙제를 즐겁게 하도록 도와줄 수 있다.

숙제 검사는 교과와 연계하여

교과와 연계한 숙제를 내주었다면 숙제 검사도 수업 시간에 해야 한다. 숙제는 궁극적으로 수업 시간을 풍부하게 하기 위해 내주고 수행하는 것이다. 따라서 가장 좋은 숙제 검사 방법은 수업 시간에 아이들이 한 숙제를 수업자료로 활용하는 것이다. 숙제해 온 것을 발표하는 것에서부터 아이들이 서로의 숙제를 비교하고 토론하며 그 내용을 공유하는 것까지 나아가야 한다. 결국 숙제 역시 학년 초 교사의 수업 계획 속에 포함되어야 하는 교육과정의 하나인 셈이다.

사실, 교과 시간을 잘 활용하면 숙제는 필요 없다. 그러나 많은 교과 내용과 상대적으로 모자란 수업 시간 사이에서 교사는 '숙제'라는 대안을 찾을 수밖에 없는데, 이때 숙제에만 매달릴 것이 아니라, 어떻게 하면 많은 교과 내용을 정해진 수업 시간 안에 효율적으로 다룰 수 있을지 고민해 봐야겠다. 교육과정을 재구성하는 것이 가장 좋은 답이다. 잘게 쪼개진 교과를 각각 진행하려면 수업 시간이 부족하지만, 주제를 하나로 묶어 교과를 재구성하다 보면 수업 시간이 훨씬 여유로워짐을 느낄 수 있다.

아이들이 즐겁게 해 오는
재미있는 숙제 몇 가지

이호철 선생님의 《재미있는 숙제》(보리)가 나온 뒤 재미있는 숙제가 널리 퍼졌다. 그래서 아이들하고 잘해 보려고 이런 숙제를 내려고 한다면 이제는 "작년에 했어요!" 같은 말을 듣게 될 것이다. 그렇더라도 여기에 나온 숙제 같은 것은 한 달에 한 번 또는 두 번 정도는 다시 해 볼 만하다. 이 숙제는 내는 과정부터 중요하다. 왜 하는지, 어떻게 어떤 마음으로 하는지 충분히 설명해야 아이들도 정성껏 숙제를 해 온다. 보기글을 미리 읽어 주는 일도 필요하다.

평일에도 요일에 따라 숙제를 정해 놓는 것도 괜찮을 것 같다. 수요일은 텔레비전 안 보는 날, 금요일은 땀 흘려 집안일 30분 하는 날, 이런 식으로 정해 놓고 꾸준히 숙제를 하게 하는 것도 좋다. 텔레비전 안 보는 날 같은 숙제는 스스로 정해서 할 수 있도록 안내해 주면 아이들이 더 흥미를 느낄 것 같다. 물론 이러한 숙제들을 내줄 때에는 교사가 지속적으로 애정을 가지고 수업 시간이나 아침활동 시간 등을 이용해 점검해 가야 한다.

- **땀나게 밖에서 뛰어 놀기** 놀이과외까지 생겨나고 있는 요즘 이런 숙제는 학부모통신으로 학부모의 이해를 구한다면 가끔 내주어도 좋을 숙제다. 이따금 놀이 종류나 방법도 안내해 주면 좋다. 이렇게 한 숙제를 다음 날 겪은 일 발표 주제로 삼는다면 정말 신나는 숙제가 되지 않을까.

- **똥 누고 관찰하기** 학년 초에 아이들 건강을 알아보기 위해 똥 누고 관찰하기 숙제를 내주는 것도 좋다. 똥을 누기 전 기분, 눌 때 느낌이나 냄새, 누고 난 뒤 똥 색깔이나 모양 따위를 일기에 쓰고 다음 날 발표하게 한다면 한바탕 즐거운 시간을 보낼 수 있을 것이다.

- **음식 만들어 먹기** 음식 만들어 먹기도 아이들이 좋아하는 숙제 가운데 하나다. 고학년 여자 아이들은 친구들과 모여서 음식 만들어 먹기를 아주 좋아한다. 친구들과 함께 떡볶이 만들어 먹기 같은 숙제를 내준다면 아이들끼리 친해질 수 있는 기회도 될 것이다. 이런 숙제를 낼 때에는 친구 집에 가서 지켜야 할 예의나 안전하게 화기를 다루는 법 같은 문제에 대해 꼼꼼하게 지도를 하는 게 좋다.

- **찬물에 발 담그고 책읽기** 여름에 한 번쯤 낼 만한 숙제다. 에어컨이나 선풍기를 틀어 놓고 여름을 나는 아이들한테 예전부터 내려오는 더위를 이기는 방법을 이야기해 준 다음 이런 숙제를 내주면 관심을 갖고 한다. 아주 더운 날 하면 좋다.

알림장 어떻게 써야 하나

인터넷 환경이 교실 문화에도 급격히 영향을 미쳐, 이제 알림장도 인터넷 카페나 홈페이지와 연결시키지 않으면 그 역할을 해내기가 점점 어려워지고 있다. 아직도 알림장 공책을 쓰냐고 놀라워하는 교사들이 한둘 늘어나고 있고, 아이나 학부모도 공책보다 인터넷 공간을 더 선호한다. 이러한 환경에서 어떻게 하면 알림장의 교육적 효과를 높일 수 있을까 고민해 보자.

그때그때 조금씩 쓰는 알림장

알림장은 반드시 마침 시간에 써야 한다는 생각에서 벗어나자. 아침부터 시작해서 수업 중에라도 전달해야 할 사항이 나오면 칠판 한쪽에 공간을 마련하여 계속 써 나가고 아이들에게도 그때그때 알림장에 기록하게 하는 것이다. 마침 시간에는 오늘 써야 할 알림장의 내용을 다 썼는지 확인만 하면 된다. 인터넷으로 알림장을 쓰는 경우에는 학년 초부터 정확하게 약속을 해야 한다. 어떤 일이 있어도 몇 시까지 알림 내용을 올릴 것이며, 아이들과 학부모는 몇 시까지는 꼭 확인해야 한다는 점을 학부모에게도 알려 둔다. 이러한 약속이 제대로 되지 않으면 인터넷 알림장이 공책보다 더 비효율적으로 되어 버린다.

학부모와 소통하는 공간으로 활용하자

알림장에 쓰는 내용은 대부분 숙제나 준비물에 관한 것이기 때문에 학부모의 역할은 숙제를 확인하거나 준비물을 챙겨 주는 정도로 끝난다. 이런 알림장은 학부모의 소극적인 역할만 요구할 뿐이다. 좀 더 적극적으로 학부모를 끌어들이기 위해서는 학부모의 공간을 마련하고, 함께 이야기할 수 있는 구조를 만들어야 한다.

아주 사소하고 짧은 이야기라도 준비하여 알림장에 붙여 아이들 손에 들려 보내면 학부모들은 처음에는 다소 어색해할지 몰라도 점점 교사와 소통을 하기 시작한다. 답장을 보내는 학부모가 아주 적더라도 낙담할 일은 아니다. 각종 매체에서 학부모와 함께 읽으면 좋은 글을 찾아 복사해서 붙여 주기도 하고, 교육문제에 대해 진지하게 말을 걸어 보기도 하고, 가끔은 교육활동에 대한 의견을 물어보기도 하자. 컴퓨터로 간단하게 만들어 여러 장 복사해 알림장에 붙이면 된다.

알림장 내용은 명확하게

꼬박꼬박 알림장도 잘 쓰고, 설명해 주는 것도 귀담아 듣는 것 같은데 다음 날 아이들이 해 온 숙제나 준비물을 점검해 보면 교사의 의도에 전혀 맞지 않은 것들이 종종 눈에 띈다. 교사의 설명을 제대로 듣지 않았거나 알림장을 잘못 써서 그럴 수도 있지만 대부분은 알림장 내용이 정확하지 않기 때문이다.

따라서 알림장 내용은 교실 상황을 전혀 모르는 학부모가 보아도 아주 쉽게 이해할 수 있도록 자세하고 친절해야 한다. 다음 날 미술 시간에 페트병이 필요하다면, 집에 있는 페트병을 가져오라고 하는 것보다, 콜라 페트병처럼 1.5L의 용량에 가운데가 홀쭉한 모양의 페트병을 가져오라고 일러 주어야 한다. 어떤 활동에 사용할 것인지에 대해 더욱 구체적으로 이야기해 줄 수도 있다.

아무리 알림장 쓰는 것을 도와주고 준비물을 확인시켜 주어도 준비물을 챙겨 오지 않는 아이들이 있다. 이 문제의 원인은 알림장에 있는 것이 아니라 그 아이의 생활에 있다. 주의가 산만하거나 집중력이 떨어지거나 정리를 못하는 아이들은 대부분 어떤 심리적인 문제를 안고 있다. 이런 경우에는 학부모와 상담하여 아이를 돕는 방법을 찾아보아야 한다. 학부모가 아이한테 관심을 쏟지 못하거나 도움을 주지 못하는 경우도 많다. 이럴 때는 아이를 야단쳐 보았자 아이와의 관계만 나빠질 뿐 상황을 호전시키지는 못한다. 이런 경우에는 교사가 아이의 준비물을 챙겨 주는 것이 좋다. 집에 가끔 전화를 해서 준비물을 챙겨 놓았는지 물어보고 준비를 못하겠으면 선생님이 대신 하겠다는 말을 하는 방법으로 자극을 주어 스스로 해 보려는 마음을 조금이라도 갖게 하는 게 좋다.

> **톡톡 아이디어**
>
> 알림장을 쓰기 싫어하는 아이들한테 가끔씩 재미있는 내용을 써 주는 것도 좋다.
>
> 1. 책읽기 30분 - 경수, 정민, 윤미야, 오늘은 꼭!
> 2. 익힘책 23쪽, 24쪽 다 해 오면 사탕 한 개!
> 3. 낙엽 밟기(소리, 냄새, 느낌 일기에 쓰기) - 상혁이도 할 거지?
> 4. 이웃돕기 성금 - 내일 아침 모두 천사가 되기를……
>
> 이런 식으로 하루에 한마디씩만 써 주어도 알림장 쓰는 분위기가 달라진다. 학급 홈페이지가 있는 경우에는 색과 글자 모양, 크기 따위로 알림장 분위기를 색다르게 할 수도 있다. 아이들이 글씨를 많이 써야 할 부담이 없기 때문에 교사가 그날 기분이나 기억에 남는 일을 한마디씩 써 주면 좋다.
>
> "오늘 아침 시 쓸 때 분위기 아주 좋았단다! 내일 만나자!"

글쓴이·도움 주신 분들 강승숙 | 인천 남부초 교사·신명기 | 서울 영훈초 교사·조성실 | 서울 누원초 교사

스스로 알아서 하기 어려운 초등학교 저학년의 특성상, 학부모가 아이의 숙제나 준비물을 챙겨 주는 것은 불가피하다. 그렇다면 교사가 학년 초에 학부모에게 교사의 교육철학과 숙제의 원칙을 밝히고 동의를 구하는 절차는 필수적이다. 또한 아이들이 어떤 숙제를 받았는지, 어떤 취지에서 내준 숙제인지, 그 결과는 어디(공책인지 일기장인지 보고서인지 등)에 기록해야 하는 것인지를 학부모도 쉽게 알아볼 수 있도록 알림장 같은 것을 충분히 활용하는 지혜도 필요하다.

저학년 만나기

삐야
삐야

학부모까지 배려한
숙제 내기

신명기 | 서울 영훈초 교사

학부모 숙제가 되어서는 안 된다

고학년이라면 좀 어려운 숙제라도 혼자 해낼 수 있지만, 저학년의 숙제는 고스란히 학부모의 숙제가 되는 경우가 많다. 아이가 해야 할 숙제를 학부모가 대신 해 주는 것도 문제지만, 더 큰 문제는 초등학교 저학년들에게 맞는 언어로 되어 있는 참고자료가 거의 없다시피 하다는 점이다.

백과사전에서 찾아 조사를 해 오는 숙제라면 숙제를 내주기 전에 교사가 아이들에게 백과사전 찾는 법, 정리해 오는 법 등에 대해 미리 알려 주어야 한다. 그렇지 않으면 그에 대한 사전지식이 전무한 아이들은 학부모에게 기댈 수밖에 없다. 현장 체험학습으로 내주는 숙제도 깊이 고려해 보아야 한다. 맞벌이 학부모의 경우 아이들을 데리고 갈 시간 자체를 내기 어렵다.

구체적으로 세심하게

가정에서 간단하게 할 수 있는 숙제처럼 보이더라도 숙제는 최대한 구체적으로 내주어야 한다. 그리고 말로 하고 넘어가기보다는 반드시 숙제 내용을 칠판에 적어 주거나 복사물을 내주어서 아이들이 이해하지 못한 부분을 학부모가 다시 확인할 수 있도록 해야 한다. 예를 들어 '지금 계절에 피는 꽃의 사진을 가져오라.' 라는 숙제라면, 집에 가지고 있는 사진 가운데서 꽃이 나온 사진을 골라 가지고 올 것인지, 신문이나 잡지에서 찾아보고 사진을 오려 올 것인지 그리고 사진 그대로 그냥 가져만 오면 되는 것인지, 스크랩을 해서 설명을 붙여 올 것인지 등 세세하게 설명해 주어야 한다는 것이다.

또, 그냥 '우리 반 친구들에 대해서 생각해 오기' 라는 숙제보다는 '우리 반 친구들에 대해서 20분 동안 충분히 생각하고 나서 장점 다섯 가지 쓰기' 라는 식으로 숙제의 범위와 하는 방법이 나타나 있어야 한다. 학부모 입장에서도 '부모님께 잘해 드리고 효도일기를 써라.' 하는 숙제보다는 '어머니 어깨를 10분 동안 주물러 드리고 그 느낌을 일기장에 써 보자.' 라는 숙제가 훨씬 더 기분 좋을 것임은 말할 것도 없다.

이런 숙제 어때요?

📗 주말 숙제 – 동시 쓰기

저학년은 다양한 형식의 글쓰기가 어렵다. 한글을 다 깨칠 무렵 받아쓰기 단계를 넘어 그림과 글을 섞어 일기 쓰기를 한다거나 그림책을 읽어 주면서 글맛을 조금씩 익혀 가게 된다. 노래를 따라 배우고 노랫말을 외우면서 동시의 맛을 보기도 한다. 이럴 때 아이들에게 주말 숙제로 그 주에 있었던 일을 소재로 동시를 써 오게 해 보자. 날마다 쓰는 일기가 좀 벅차기도 할 텐데, 주말에는 일기 대신 동시를 쓰라고 하면 아주 좋아한다. 동시라고 해 봐야 '바닷가에 갔다. / 조개를 주웠다. / 조개가 많았다.' 같은 것이지만, 그게 대체로 1, 2학년 수준이다. 이런 주말 동시 공책을 따로 마련해 두었다가 나중에 모아서 학급문집을 만들 때 글감으로 써도 좋다. 이렇게 모아 놓은 동시만 가지고서 학급문집을 만들기도 하는데, 아이들도 학부모도 아주 좋아한다.

📗 엄마 마음을 헤아리는 숙제

숙제 하면 벌써 학부모도 아이도 긴장부터 하는데, 가끔은 부담 없이 할 수 있는 좀 별난 숙제를 내 보는 것도 좋다. '하루에 엄마 칭찬 열 번 하기' 이런 숙제는 어떨까? 학부모도 아이도 아주 반응이 좋을 것이다. 어떤 아이는 아홉 가지 칭찬을 하고 나서 마지막 한 가지가 영 할 게 없어서 "엄마 잠옷이 참 예뻐요."라고 했단다.

비슷한 숙제가 반복되면 차츰 신선함도 없어지고 지겨워지겠지만, 한두 번 정도는 이런 식의 숙제를 통해 부모에게도 학교교육에 관심을 갖게 하는 기회를 제공하는 것이 필요하다.

한뼘 더!

아이들과 학부모가 들려주는
"이런 숙제 정말 싫다"

숙제인가 벌인가

아이들　"선생님이 오늘 숙제는 애국조례 때 교장 선생님 말씀을 그대로 적어 오는 것이라고 했다. 이렇게 안 하면 아무도 듣지 않기 때문이다. 그런데, 우리가 떠들면서 듣지 않을 때도 많지만 어쩌다가 잘 들어 보려고 하여도 무슨 말씀을 하시는지 잘 못 알아들을 때도 있다. 모르는 말을 많이 쓰시기 때문이다."

학부모　"우리 아이가 뭔가를 열심히 쓰고 있길래 봤더니 '나는 수업 시간에 친구와 떠들지 않겠습니다.' 라는 문장을 백지 한 장 가득 쓰는 것이었다. 아이에게 물어봤더니 수업 시간에 떠들다 선생님께 꾸중을 듣고 반성문을 쓰는 것이라 했다. 물론 아이가 잘못을 했으면 야단도 치고 벌도 내려야 한다. 하지만 무엇을 잘못했고 앞으로는 어떻게 하겠다는 자기 생각을 쓰는 반성문도 아니고, 똑같은 문장을 몇백 번 반복해 쓰는 걸 숙제로 낸다면 아이가 과연 반성을 제대로 할 수 있을지 모르겠다."

이렇게 어려운 숙제를?

학부모　"오늘 우리 아이가 받아 온 숙제 '환경친화적 사진 찍어 오기'. 도대체 환경친화적 사진이 무얼 말하는 것일까? 겨우 초등학교 4학년인 아이가 '환경친화적' 이라는 말을 이해할 수가 있을까? 사실 나도 대충 자연보호와 관련된 것이라는 짐작밖에 할 수가 없다. 게다가 사진을 찍어 오라니. 같은 아파트에 사는 이웃들에게 물어보아도 무얼 말하는지 모르겠단다. 한참 고민하다 할 수 없이 분리수거를 하지 않고 아무렇게나 쌓아 둔 쓰레기를 찍어 갔다. 별로 환경친화적이지 않은 것이라는 생각이 들지만 할 수 없다."

학교에서 하는 게 낫지 않을까요?

학부모　"물컵에 감자를 걸쳐 두었다. 감자싹을 틔우고 키우면서 관찰일기를 쓰는 것이 아이의 숙제이기 때문이다. 그늘에 두어야 하는지, 햇볕을 쬐는 것이 좋은지 물은 얼마 만에 갈아 줘야 하는지 모르는 것 투성이고, 하루하루 눈에 보이지 않는 미세한 변화를 어떤 식으로 아이와 함께 관찰해 나가야 할지도 난감하다. 내가 제대로 지도를 하지 못해서인지 이제 아이의 관심도 떨어지는 것 같다. 감자를 아예 부엌에 옮겨다 놓았다. 어차피 내가 관찰하고 일기를 쓰는 수밖에 없는데 나마저 잊어버리면 안 될 것 같아서이다. 이런 활동은 학교에서 하는 것이 차라리 낫지 않을까? 감자를 기르는 과정에 대해서도 교사가 더 잘 알 테고 친구들과 함께하면 더 흥미도 있을 테니 말이다."

미리 좀 가르쳐 주었으면……

아이들 "선생님이 서울의 역사에 대해 도서관에 가서 조사를 해 오라고 하셨다. 피아노 학원에 갔다가 오는 길에 처음으로 우리 동네에 있는 공공도서관에 갔다. 우리 반 아이들이 많이 와 있었다. 그런데, 우리들은 책을 어떻게 찾는지도 모르고, 어디에서 복사를 하는지도 몰랐다. 어쩔 줄 몰라 우왕좌왕하고 있으니 사서 누나가 와서 도와주었다. 그런데 겨우 자료를 찾아서 복사를 하려고 했는데 10분 후면 도서관 문을 닫는다고 하는 게 아닌가. 할 수 없이 반장이 혼자 남아서 도서관에 온 애들 수만큼 복사하기로 하고 우리는 그냥 집으로 왔다. 아마 우리 반 아이들이 조사해 온 자료는 모두 똑같을 것이다. 선생님이 미리 도서관에서는 어떻게 책을 찾는지, 언제 문을 닫는지 따위를 가르쳐 주셨으면 훨씬 좋을 뻔했다."

우리도 바쁜 사람입니다

학부모 "토요일에 숙제를 내주면서 월요일까지 '부모님과 함께 등산하고서 그 느낌을 글로 써 오라.'고 했다. 아이 아빠는 지난주 야근을 많이 해 일요일만큼은 쉬어야 하고, 나는 한 달 전부터 계획하고 있던 동창모임이 있다. 일주일 전에만 숙제를 내줬어도 나는 친구들과의 모임 약속을 옮겨서 아이와 함께 등산도 가고 친구들과도 만날 수 있었을 것이다. 이제 셋 중 하나를 선택해야 한다. 이미 잡힌 약속을 지키지 못하거나 아이가 숙제를 못해 가거나, 혹은 산에는 가지 않고 거짓말로 숙제를 하거나. 우리 아이의 담임선생님은 다 좋은데, 부모의 시간을 너무 배려하지 않는다. 아이에 대한 상담을 하자고 학교에 오라고 하면서 날짜나 시간을 일방적으로 정해 준 적도 있었다."

몰라서 병!

학부모 "오늘 우리 아이 숙제는 가족신문 만들기. 밑도 끝도 없이 신문을 만들어 오라니! 그것도 생전 보지도 듣지도 못한 가족신문을. 모처럼 가족들끼리 둘러앉는 기회는 되었지만 화목해지기는커녕 골치만 아팠다. 도대체 무엇을 어떻게 해야 하는 건지 감이 잡히질 않았다. 많이 배운 엄마들은 이런 거 척척 잘 만들어 주는지 몰라도 나와 남편은 생전 처음 듣는 말이다. 아이에게 물어봤더니 학교에서도 가족신문 같은 것은 한 번도 본 적이 없단다. 게다가 이걸 갖고 학교에서 전시회까지 한다니, 아이는 잘 만들어야 한다고 생떼를 쓰고 남편은 담배만 피워 물고 있었다."

알아도 병!

학부모 "퇴근하고 집에 가니 아이가 난데없이 '우리나라 전통적인 좋은 풍습인데, 지금은 없어진 것은 무엇이냐?'고 물었다. '나쁜 풍습, 좋은 풍습이 어디 있냐? 다 그때의 상황과 형편에 따라서 필요한 것들이지.' 하고 대답했더니 숙제니까 꼭 좋은 풍습을 생각해야 한단다. 곰곰 생각하다 지난 추석 때 고향집을 다녀오다가 까치밥을 보고 얘기했던 기억이 나서 그걸 쓰라고 했다. 그랬더니 아이가 이제는 그런 좋은 풍습이 왜 없어졌냔다. 할 수 없다. 초등학교 도덕 교과서를 따르는 수밖에. '배금주의', '생명에 대한 존중감이 사라짐' 등의 요지로 아이에게 말을 풀어서 해 주었다. 교과서 자체가 문제이겠지만, 부모의 생각을 묻는 척하면서 정답이 정해진 숙제를 하는 것도 짜증 나는 일이다."

숙제의 의도가 뭔지를 알아야

학부모 "나는 초등학교 1학년의 부모다. 아이가 '태극기의 4괘에 대해 조사해 오기'라는 숙제를 가져와 고생한 기억을 갖고 있다. 일단 집에 백과사전 등 4괘에 대해 조사할 수 있는 기본 자료가 없는 것이 문제였다. 숙제를 못했다며 징징대는 아이를 달래 '내일 아침에 일어나면 알려 주겠다.'고 해서 겨우 재울 수가 있었지만 인터넷에서 4괘에 대한 설명을 내려받고 나서가 더 곤혹스러웠다. 도대체 초등학생 1학년인 아이에게 어떤 수준으로 설명을 해 주어야 할지가 더 막막했던 것이다. 어찌어찌 풀어서 설명을 해 주어도 아이는 영 모르겠다는 표정이었다. 그런데 아이가 학교에 간 뒤에야 아무래도 태극기의 4괘의 이름이 무엇인지 정도를 알려 주면 되었던 게 아닌가 하는 생각이 드는 게 아닌가. 선생님의 의도를 파악하는 게 숙제 자체보다 더 어렵다."

미리 알아보고 냅시다

아이들 "우리 학교는 신림동에 있다. 오늘 숙제는 낙성대에 가서 강감찬 장군에 대하여 알아보는 것. 선생님이 낙성대에 가서 잘 보고 오라고 활동지를 같이 내주셨다. 낙성대에 가서 잘 보면 그 빈칸들을 다 채울 수 있을 줄 알았다. 그런데 황당하게도 실제로 낙성대에 가 보니 거기 있는 비문을 아무리 눈을 씻고 봐도 선생님이 내주신 활동지를 다 채울 수가 없는 게 아닌가. 몇 개는 비문에서 찾아서 적어 넣을 수 있었지만 나머지 빈칸은 집에 돌아와서 백과사전과 강감찬 장군 위인전을 다 읽어서 써 가야 했다."

우리 반 이야기

1. 아이들이 남겨 준 나의 숙제

윤은정 | 서울 방학초 교사

학창 시절, 해마다 이맘때면 늘 '불조심 포스터 그리기' 같은 숙제에 시달렸다. 그런 숙제가 있는 날이면 하루 종일 궁싯궁싯거리다가 밤이 늦어서야 이리저리 꼬물딱대며 그 넓은 4절 도화지에 스케치를 하고는 끝내 무거운 눈꺼풀을 못 이겨 잠이 들곤 했다. 엄마가 부르시는 소리에 놀라 잠이 깨면 이미 이러지도 저러지도 못하는 시간. 그대로 학교에 가도 지각할 게 뻔한지라 맘 놓고 울 수도 없었다. 짜증 섞인 울음소리를 내며 잘못은 온통 일찍 깨우지 않은 엄마한테 돌리고는 집을 나섰다. 학교 가는 길. 이미 전략상 그리다 만 포스터는 집에 두고 나왔고, 학교에 가까워지는 만큼 내 머리는 바쁘게 돌아갔다. '에라, 이미 이렇게 된 거 아주 근사한, 선생님도 딱하게 여기실 만한 좋은 핑계는 없을까?' 결국 생각해 낸 것은 '다 그렸는데 물통을 엎질러 도저히 가져올 수가 없었다.'는 옹색한 변명. 지금도 간혹 아이들이 이런 얘기를 할 때마다 내 어린 시절이 떠올라 피식 웃음이 난다. 아무튼 불쌍한 목소리와 몸짓으로 조금이라도 감면받으려 애쓴 노력은 일말의 성과를 거둬, "다시 그려 왔어야지."라는 말씀과 약간의 보리타작(?)으로 위기를 모면했다.

첫 번째 시행착오 - 해방의 전도사에서 저승사자로

첫 발령 때는 과학과 전담교사로, 도덕·음악과 전담교사로 이리저리 빈 데 있으면 메우던 보충인력(?)이었던 터라 숙제에 대한 기억은 별로 없고, 그 이듬해 첫 담임을 맡았다. 5학년 6반. 열심히 해 보려는 열정은 있었으나 시행착오가 많았던 때라 지금도 그 녀석들 생각하면 미안한 마음이 든다.

숙제라는 것을 너무도 지겨워했고, 숙제가 낳은 파행을 몸소 실천한 바 있었던 나는 숙제를 없애겠노라 과감히 선언했다. 고통에 눌려 있던 이들에게 희망의 메시지라도 전하는 영웅인 양. 해방이라도 맞이한 듯 기뻐 어쩔 줄 몰라 하는 아이들을 보며, 나는 아이들의 입장에 서는, 썩 괜찮은 신세대 교사인 듯 우쭐했고, 아이들의 폭발적 지지 속에 우리는 숙제 없는 자유의 날들을 보냈다.

그러나 그 많은 자유의 시간들을 아이들이 스스로 관리해 나갈 것이라고 생각한 것은 나만의 이상이었는지, 숙제가 없는 상태에서 수업도 다소 어려움을 겪기 시작했다. 또한 학교에서 돌아오면 공부할 생각은 안 하고 그저 놀기만 한다며 원망 반 애원 반의 목소리로 숙제를 내달라고 요구하는 학부모들이 나타났다. 그때부터는 자유로움을 느끼는 아이들의 모습이 방종과 게으름과 나태한 모습으로 보였고, 경쟁력이 필요한 요즘 같은 시대에 아이들을 이 상태로 방치해서는 안 된다는 생각이 들었다. 참으로 두 손이 불끈 쥐어졌다.

그래서 다시 쓰게 한 일기. 그 일기장에서 무수히 많은 신조어를 보고 기초가 부실했음을 절실히 깨달았다. 이 사태를 돌파하기 위해 5학년임에도 받아쓰기 시험을 보고, 틀린 글자는 서른 번씩 써 오게 했다. 무수히 많은 조사를 하게 했고, 한 번이라도 써 보는 것이 중요하다며 자료를 복사해 오는 것은 용납하지 않았다. 지도도 그려 봐야 어디가 어디에 있는지 안다며 사방 쉰 칸짜리 눈금 안에 땅 조각을 그려 짜 맞추게 했고, 수학책 몇 쪽과 비슷한 문제 열 개씩 만들어서 풀어 오기 등 다소 무식하고 무의미하고 원초적인 숙제들도 '언젠가는 선생님의 깊은 뜻을 알게 될 것이다.' 라는 토까지 달아 아이들에게 던져 주었다.

비명 같은 소리를 내지르며 힘겨워하는 아이들. 천사 같은 모습에서 저승사자 저리 가라는 모습으로 돌변한 선생님을 보면서 불평 한 번 못할 만큼 아이들은 숙제하느라 바빴다. '인내는 쓰나 그 열매는 달다.' 는 말을 수시로 이야기하는 교사와 그 열매를 따 먹을 기운조차 없을 만큼 힘들어하는 아이들. 너무나 숙제가 많다 보니 아이들은 숙제를 해 오기보다는 안 해 온 숙제에 대한 변명거리를 만드느라 꾀를 내기 바빴고, 우리의 교실은 숙제 안 해 온 사람을 가려내고 그에 상응하는 처분을 하는 것으로 아침부터 분주했다. 일정이 바빠 숙제 검사를 그냥 지나치기라도 하면 일부 아이들이 아우성이었다.

그렇게 검사 안 하실 거면 괜히 해 왔다고. 어느 틈엔가 숙제는 검사하기 위해 존재하기 시작했고, 청소 당번을 가려내는 도구로 사용되었다.

두 번째 시행착오 - 실패로 끝난 신나는 숙제

4년 전 일이다. 그 녀석, 지금은 고등학생이 되어 있을 텐데……

어느 날 사회과 조사 숙제 검사를 하는데 한 녀석이 "숙제를 했는데 집에 두고 왔다."고 했다. 말하는 것이 영 미심쩍어 집에 가서 가져오라고 했더니 녀석은 계속 미적대며 집에 가려 하지 않았다. 순간 녀석이 거짓말을 했다는 사실에 화가 나서 나의 잔인함이 발동했다. 뻔한 거짓말인 줄 알면서도 빨리 가져오라고 다그친 것이다. 나의 으름장에 할 수 없이 교실 문을 나선 아이는 잠시 뒤 헐레벌떡 숨을 몰아쉬며 뛰어 들어오더니 아빠가 불장난하다가 태워서 못 가져왔다는 변명을 하는 것이다.

교실에 있던 아이들과 나는 그 황당한 거짓말에 박장대소를 했고, 가뜩이나 마음이 짓눌려 괴로웠을 녀석은 고개를 떨구고 끝내는 어깨를 흔들며 소리 내어 울고 말았다. 유독 추웠던 그해 겨울, 나는 그렇게 잔인했다. 그놈의 숙제 때문에.

그 일이 있고 난 뒤, 나와 숙제 모두 아이들에게 숨막히는 고통을 주는 존재라는 생각이 들었다. 하지도 않은 숙제를 가져오라는 선생님의 불호령에 속으로 얼마나 가슴을 졸였을까. 숙제 안 해 온 것이 뭐 그리 큰 죄라고, 박장대소하며 웃는 아이들과 나의 모습을 보며 무슨 생각을 하면서 울었을까.

'이젠 그러지 말자, 도대체 누구를 위한 숙제란 말인가.' 라는 생각이 고개를 들 때쯤 아이들은 내 곁을 떠나 다른 교사들의 품으로 흩어졌다.

아빠가 불장난하다가 태워서 못 가져왔어요.

아픈 사연이 있은 뒤, 봄이 오고 나는 새로운 아이들을 만났다. 눈을 동그랗게 뜨고 여러 각오로 단단히 무장한 듯 단정히 앉아 나만 쳐다보는 순진한 아이들을 보면서 나는 이런 생각을 했다. '너희들은 내게서 무엇을 배우러 왔는고?'

열정이 앞서기보다는 두려움과 책임감, 그리고 앞으로 있을 많은 일들에 대한 미안한 마음이 마치 가불처럼 먼저 고개를 든다. 그러나 내가 어디 가나. 언제 그랬냐는 듯 나는 새로운 배의 노를 저어 힘차게 나아가기로 했다. 과거의 전철은 밟지 않겠노라는 다짐을 옆구리에 끼고.

시중에 나온 '신나는 숙제' 류의 책에서 많은 도움을 받았다. 덕분에 내게 잠시 평화기가 온 듯했다. 그러나 아이들이 변하고 있다는 것은 미처 깨닫지 못했다. 두 해 거듭 우리 반에서 나를 겪은 아이들은 거리낌 없이 자신이 하고 싶은 이야기를 했다. 꼭 함께 생활해 왔기 때문만이 아니라 그렇게 이미 아이들은 변하고 있었다.

어느 날 아이들이 토론을 하자고 한다. 뭔가 마음에 안 들거나 시정하고 싶거나 불합리한데도 담임은 '깊은 뜻이 있다.'고 할 때, 그 깊은 뜻을 차라리 밝혀 줄 것을 요구하며 아이들은 "선생님, 토론해요." 한다.

솔직히 그 말을 들을 때면 가슴이 뜨끔해진다. 도마 위에 오를 준비를 하는 생선처럼. 그러나 예의 '난 썩 괜찮은 교사야.' 라는 자평을 하고 싶어 속마음과는 다르게 흔쾌히 허락한다. 오늘 우리들의 토론 주제는 숙제다.

지금까지 각광(?)을 받으며 내게 평화를 가져다주었던 그 '신나는 숙제' 가 아이들은 싫단다. 일부 아이들은 두레별로 현장조사를 하거나 박물관을 견학하는 숙제가 싫단다. 학원 다니느라 바쁜데 함께 다녀야 하기 때문에 문제가 많더라나. 또 일부 아이들은 부모님 발 씻겨 드리고 느낌 써 오기나 부모님 어린 시절 이야기 듣고 적어 오기 등의 숙제가 싫단다. 쉬운 것 같지만 가게일로, 직장일로 부모님이 늦게 들어오시기 때문에 못해 오는 경우가 있어서란다. 일부 아이들은 '신나는 숙제' 는 숙제가 아니란다. 공부에 도움이 되는 숙제를 내주셨으면 한단다. 내가 글쓰기 지도를 잘한 건지, 나름의 근거를 조목조목 대며 조속한 시일 내에 시정해 줄 것을 정중히 요구하면서 아이들의 토론은 끝났다.

그래, 아이들은 이렇게 나름의 생각을 갖고 있다. 생각을 자유로이 이야기한 아이들을 그저 나무랄 수만은 없는 일이다. '이게 최선의 방법이겠지.' 생각하고는 더 이상의 고민을 덮어 버린 내게 책임이 있었다. 내 나름대로는 깊은 뜻이 있었더라도 아이들이 수긍하지 않았다면, 그건 수긍하지 않는 아이들을 버릇없고 불손하다고 할 것이 아니라 백방으로라도 고민해서 아이들을 설득하지 못한 내 책임이다.

아직도 진행 중인 나의 숙제

그 뒤 한 텔레비전 광고를 보고 '저거다!' 하는 생각이 들었다. 바로 모 아이스크림 광고 카피에 나오는 "골라 먹는 재미가 있다." 그렇게 요즘 사람들은 개성에 따라, 취향에 따라 고르는 재미를 쏠쏠하게 보며 사는 것 같다.

'자, 우리 아이들에게도 숙제를 골라 하는 재미를 주자.'는 생각이 들었다. 나는 일주일치 숙제를 미리 주고는(그래도 노파심에 필수과제 두 개를 붙박이로 정하고), 역량과 필요에 따라 선택과제는 네 개 이상 해 오기로 했다. 쉽게 할 수 있는, 그야말로 '이것도 숙제냐?' 싶은 숙제와 (아이들 생각에 따르면) 공부에 도움이 되는 숙제, 방문 조사 숙제 등 여러 가지를 버무려서. 물론 이것 역시 미리 한꺼번에 다 해 놓거나 임박해서 할 수 있고, 또 편식할지 모른다는 우려도 있으나 그래도 아직은 반응이 좋아 지속하고 있다.

교직생활 6년. 지금에야 내가 해야 할 숙제를 찾았다. 교사인 나에게도 숙제가 있다는 사실을 안 것이다. 바로 숙제에 대한 철학을 갖는 것이다. 숙제는 무엇인지, 꼭 해야 하는지, 해야 한다면 어떻게 해야 하는지.

교육이라는 이름 아래 존재하는 모든 활동에는 교사의 철학이 필요하다는 생각이 든다. 숙제를 내면서도 철학이 필요하고, 아이들과 청소를 하면서도 철학이 필요하다. 이것이 바로 6년 동안 나와 함께 지내다 떠나간 많은 아이들이 내게 남겨 준 숙제다. 만약 내가 '참 잘했어요.' 도장을 받고 별표 다섯 개짜리를 받을 수 있을 만큼 이 숙제를 잘한다면, 장성한 내 제자들도 내가 '숙제'를 통해 기대했던 모습대로 살아가리라.

2. 숙제, 아이들 입장으로 돌아가기

배정현 | 대전 성모초 교사

숙제가 싫은 이유는?

귀찮아서, 재미가 없어서, 놀 시간이 줄어드니까, 책상에 앉아서 해야 하니까 답답해서, 책 볼 시간이 줄어드니까, 잠자고 싶어서, 지루하니까, …….

하고 싶은 숙제는?

신나게 놀기, 텔레비전에 나오는 〈인간극장〉 시청하기, 놀이동산 가기, 일기 쓰지 않기, 밥 많이 먹기, 만화책 읽기, 내가 고칠 것을 생각해 보기, 학교에서 친구들과 일 대 일로 대화하고 느낀 점 쓰기, 노는 시간 정해 놀 수 있는 게임 종류 적어 오기, 하루에 한 통씩 편지 쓰기, 만화 그리기, 창작동요 만들기, 하루에 한 가지씩 좋은 일 하기, 가슴속에 있던 나쁜 마음 풀어 버리기, 잠 11시에 자기, 학원 안 가기, 과자 먹기, 밖에서 놀기, 음악 듣기, 잠 자거나 쉬기, 운동하기, 부모님께 효도하기(부모님 기쁘게 해 드리기), …….

늦어도 아침 7시 30분에는 집에서 출발해야 8시까지 학교에 도착하고 아침 8시 영어방송을 시작으로 하루가 시작되면 점심 시간에도 청소를 하기 위해 운동장에 나갈 수 없고, 3시에 수업이 끝나면 오후 4시 30분부터는 한두 군데 학원에 가야 하는, 그리고 저녁엔 숙제를 해야 하고, 재미있는 컴퓨터 게임도 해야 하고, 동화책도 읽어야 하는 우리 반 아이들의 생각들이다.

발령 초기엔 남들이 다 내고 지금까지 그래 왔으니까 당연히 내야 하는 것으로 알았다. 숙제 검사를 해야 하고, 안 해 오면 남아서 하게 해 몇 배로 더 시켜야 한다고 생각했다.

언제부터인가 '재미있는 숙제'란 말이 생겨났다. 기회가 와서 이런저런 질문을 나 자신에게 해 보았다. "숙제를 왜 내니?" "누굴 위한 숙제지?" "혹시 아이들의 삶을 지배하고 싶은 건 아니니?" "수업 시간에 충분히 가르치지 못했다고 생각하니?"라고, '숙제'라는 고리를 아이들에게 거는 까닭을 살펴보았다. 정말 누굴 위한 것이고, 누구의 필요이며, 하지 않으면 무슨 일이 벌어지는지. 그러면서 몇 가지 원칙을 만들기로 했다. 첫째는 숙제를 내지 말자. 둘째는 나눌 수 있는 숙제를 내자. 셋째는 아이들을 정말로 돕는 숙제를 내자.

학교 안에서의 체험이란 제한적이다. 운동장이나 학교 근처에 나가 보려고 애쓰지만 교과서와 책상, 공책, 칠판을 중심으로 학습이 진행되는 경우가 많다. 아이들이 알아야 할 것들은 그림, 기호, 글자, 식 등 거의 머리를 사용하는 것이다. 손은 쓰기를 위해 보조 역할을 할 뿐이다. 아이들의 가슴에 와 닿는 활동들과 몸을 움직이도록 허락(?)하는 활동들은 매우 드물다.

그러나 사람은 머리 따로, 몸 따로, 가슴 따로, 영혼 따로가 아니기 때문에 지금같이 제한적인 학습환경에서 숙제가 필요할 수 있다. 학교에서 배운 지식을 가정과 사회와 자연 속에서 다시 재통합하는 체험이 필요하기 때문이다. 그러므로 '숙제를 내지 말자.'가 원칙이라 하더라도 이런 필요에 의해 가족을 통해서 자신을 넓히고, 사회를 통해서 더 넓히고 자연을 통해서 자신을 열어 갈 수 있는 경험을 제안하는 것은 바람직한 일이다.

몇 년 전 토요일 오후에 여럿이 모여 할 수 있는 '놀기 숙제'를 냈다. 가까운 공원으로, 시내로 몇 명씩 짝을 지어 숙제를 하기 위해 다니는 모습을 보니 참 즐거웠다. 차를 타야 하고, 서로의 도움을 받아야 하고, 낯선 사람들을 만나야 하고, 뜻밖의 문제가 생기면 해결책을 찾아보고, 자연을 만나며, 또 다른 자신의 모습을 발견했을 것이기 때문이다. 이젠 고등학생이 된 그 친구들이 지금도 서로를 챙겨 주는 모습을 보면 참 잘 낸 숙제구나 싶다. 학원과 컴퓨터와 영상과 문자로 이루어진 동심이란 말은 정말 어울리지 않는 것 같다.

아이들에게 제안하는 숙제는 '만남을 의도한 것'이어야 한다. 만남이 없이 변화가 일어날 수 없다. 사람을 만난다는 것은 훨씬 더 복잡하고, 다면적이며, 깊고, 신비로운 일이 아닐까 한다.

또 숙제는 '아이들이 함께 나눌 수 있는 것'이어야 한다. 서로 다른 사람의 체험을 조금이라도 경험할 수 있기를 바란다. 이것은 숙제를 확인하는 새로운 방법일 것이다. 그러니 숙제를 가지고 상·중·하로 점수를 매기는 것은 바람직하지 않다. 각자의 경험은 그 나름대로 소중한 것들이기 때문이다. 개인의 경험이란 다른 누군가가 있기 때문에 더욱 의미가 있지 않을까. 자신의 경험을 누군가와 나누는 것이 바로 숙제 검사다. 자신을 열지 않으면 받을 수도 줄 수도 없다. 국가 수준, 지역 수준, 학교 수준, 학급 수준의 교육목표가 있겠지만, 사람은 누구나 남녀노소를 가리지 않고 '평화'를 지향해 간다는 것이 나의 생각이다. 교육적인 의도를 담고 있는 숙제도 평화를 위해 한몫을 해야 하고 평화를 위해 열린 서로의 마음은 매우 중요한 것이 아닐까 싶다.

마지막으로 '아이들을 도울 수 있는 숙제'를 내주고 싶다. 스스로 자신에 대해 살펴볼 새도 없이 부모님과 학교의 계획과 시간표에 따라 꼬박 하루를 보내야 하는 아이들을 볼 때면 좀 쉬게 해 주고 싶다. 자기 안에서 들리는 소리에 귀 기울일 수 있도록 숨겨 주고 싶은 마음이 든다. 솔직히 말해 학원을 다니는 등의 활동들이 아이들을 위해서라고 하지만 정말로 그것이 그 아이에게 필요한 것인지 의문이다. 과연 학교 수업이 끝난 뒤 시간이 남아서 주체할 수 없는 아이들이 있을까 싶다.

아이들 안의 생명력은 문서화되지 않은 그들만의 교육과정에 따라 끊임없이 사람을 만나고 배우고 자라는 것이어야 한다고 생각한다. 아이들에게 아무것도 시키지 않으면 불안하고, 잘못될 것만 같고, 뒤처질 것만 같고, 뭔가 책임을 다하지 않은 것 같은 그 마음이 진정한 관심과 애정일까 싶을 때가 있다. 지금도 어린 시절 흙담에 쪼그려 앉아 속눈썹에 내려앉은 햇빛과 장난을 치던 기억이 떠올라 가끔 나른한 행복감에 젖는다. 햇빛 받기, 비 내리는 것 구경하기, 바람 느껴 보기, 흙 밟아 보기, 눈을 감고 손으로 공기 느껴 보기, 집 안에 있는 물건들에게 말 걸기……. 어린 시절엔 온 세상이 내 세상이었던 것 같다. 하지만 정해진 프로그램에 따라 자라는 요즘 아이들 모습을 보면 아이들 바람대로 잠이라도 실컷 자고 싶은 마음이 그대로 느껴진다.

내가 아이들 옆에서 무슨 일을, 왜 하는 건지 먼저 생각해 봐야 한다. 아이들과 함께 하는 모든 활동들의 의미를 교사인 내가 분명히 깨닫고 있지 못하다면 이것이 교사가 해내야 하는 가장 중요한 숙제가 아닐까 싶다.

정보 쌈지

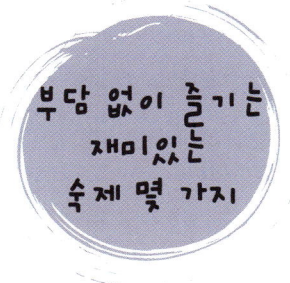

부담 없이 즐기는 재미있는 숙제 몇 가지

우리 가족, 친척들이 하는 일 조사

가족 가운데 3~4명을 선정하여 그들이 하고 있는 일들을 꼼꼼히 조사해 보게 한다. 핵가족인 경우에는 할아버지, 할머니나 자기가 특별히 알아보고 싶은 직업을 가진 친척들을 골라 정해도 좋다. 직접 물어보거나 찾아가서 하루쯤 함께 지내면서(또는 일을 도우면서) 조사를 하면 더욱 좋다. 직접 묻는 방식을 택할 경우에는 사전에 질문지를 만든다. 하는 일의 구체적인 내용, 일을 하면서 만나고 관계를 맺는 사람들, 그 일을 하면서 생기는 어려움이나 고민, 앞으로의 희망 등을 조사한다. 집안 살림을 책임지신 어머니가 하는 일들을 하나하나 따지며 가사를 나누어 할 수 있는 방법을 찾게 할 수도 있다.

친구들과 편지 이어쓰기

요즘엔 전화, 인터넷, 문자 메시지 따위에 밀려 편지 쓰는 일이 드물다. 친구들과 직접 할 수 없는 이야기를 편지로 써서 보내고 서로 답장을 받도록 한다. 먼저 모둠을 짜고 모둠별로 편지 쓸 순서를 정한 뒤 주소록을 만든다. 편지를 받은 친구는 앞 친구가 쓴 글에 뒤이어 같은 형식으로 편지를 쓰고 바로 다음 순서를 맡은 친구에게 보낸다. 저학년은 활동을 하기 전에 편지 쓰기의 일정한 형식과 함께 봉투 쓰는 법 따위를 자세히 지도한다. 방학 숙제로 내줄 경우, 개학하면 편지 이어쓰기에 대한 느낌을 발표하는 시간도 갖는다.

이웃집 알고 지내기

주거문화가 가족 단위의 폐쇄적인 형태로 변해 가면서 특히 도시 지역에서는 이웃에 대한 관심과 교류가 점점 적어지고 있다. 아파트에 사는 사람들은 더 그렇다. 시간을 넉넉히 두고, 자기 집 근처에 있는 이웃집 두세 곳을 골라 알고 지내기라는 과제를 내줄 수 있다. 물론 이 숙제는 미리 학부모들과 상의한 뒤, 학부모와 함께하는 숙제로 내야 한다. 이미 이웃집과 친하게 지내고 있는 아이들에게는 내주지 않아도 된다. 대상이 되는 이웃집에서 이상하게 생각할 수도 있으므로 사전에 취지를 잘 말씀드린 뒤에 무리 없이 알고 지내는 방법과 계획을 세울 수 있도록 한다.

책으로 만드는 세계 지도

가 보고 싶은 나라를 정하고 여러 자료를 모아 스크랩하게 한다. 백지로 된 연습장이나 공책을 구해서 그 나라에 관련된 자료를 모아 붙인다. 백과사전에 나온 나라 소개도 좋고, 사진 신문기사 등도 좋다. 오려 붙이기에 아까운 자료면 복사해서 스크랩한다. 사전에 가 보고 싶은 나라를 정해 역할을 분담한다면 훌륭한 세계 지도가 될 수도 있다. 가능하다면 아이들에게 입체적인 지구본을 마련하도록 권장해 보는 것도 좋다.

친구에게 주는 우정 카드 만들기

재료는 아이들이 가까이에서 손쉽게 구할 수 있는 것을 쓰도록 한다. 종이는 문방구점에서 쉽게 살 수 있는 켄트지, 아트지, 두꺼운 모조지 정도면 되는데, 멋을 낼 양이면 한지나 색깔 있는 엽서나 폐품 가운데 독특한 재질을 지닌 종이를 오려 와도 좋다. 사진을 쓰는 것은 한 방법이다. 그림 재료는 사인펜, 색연필, 그림물감, 크레용을 주로 사용하며, 그 밖의 재료들은 아이들이 따로 사지 않아도 되는 걸로 자유롭게 준비한다. 모둠별로 모여 작업하도록 지도하며 친구를 처음 만났을 때의 인상, 기억하고 싶은 장면, 그 친구와 가장 즐거웠던 일 등을 나타내도록 한다.

외래어 조사하여 우리말로 고치기

우리 주변에서 흔히 쓰이는 외래어를 조사하고 그 말을 대신할 우리말을 찾아본다. 대신할 우리말이 없을 경우에는 만들어 본다. 텔레비전 광고, 간판, 옷, 학용품 등을 조사하면 수많은 외래어가 나타날 것이다. 학용품에 외래어가 나오면 학용품 회사에 외래어를 우리말로 바꾸자는 내용의 건의 편지를 보내 보는 활동도 해 볼만 하다.

유행가 가사 분석하기

아이들에게 가장 쉽고 친숙한 유행가 가사들에 어떤 문제가 있는지 조사하게 한다. 문제가 있다고 판단되는 가사들을 공책에 그대로 옮겨 적고, 어떤 문제가 있는지 소감을 적는다. 가능하다면 유행가 가사 분석에 그칠 것이 아니라 어린이 잡지, 학습지, 텔레비전 프로그램 등을 분석하고 비평하도록 한다. 숙제 결과물들을 모아서 게시판에 전시하고 함께 공유한다. 탐구학습으로 연결시킬 수도 있을 것이다.

역사 달력 만들기

월별로 그달의 비중 있는 역사적인 사건과 관련된 그림 등을 그려 달력을 만들고, 그달의 역사적인 사건들을 날짜 밑에 써 넣는다. 모둠별로 작업하도록 하고, 구성원들이 한 달씩 맡아 정해진 규격의 종이에 그려서 묶는다. 모둠원 수에 따라 6개월, 혹은 일 년치의 달력을 만들도록 한다. 역사 공부에도 큰 도움이 될 것이다.

낱말 맞히기 만들기

개인이나 모둠별로 교과서에 나온 낱말이나 어려운 개념, 기억해 둘 필요가 있는 말들을 조사하여 낱말 맞히기 문제를 만들어 오게 한다. 과목별, 단원별로 제한을 두거나 지정을 해 준다. 학년 말 자투리 시간에 결과물을 모아 함께 풀어 보거나 게시하여 풀게 한다.

열 가지 소리 표현해 보기

문명이 발달하면 할수록 자연의 소리보다는 기계에서 나는 소리를 많이 듣게 된다. 기계에서 나는 소리 가운데 음악을 빼면 모두 소음이다. 그러니 도시 사람 같으면 일 년 내내 소음 속에 사는 셈이다. 의도적으로 눈을 감고 열 가지 소리를 듣고 글로 나타내고 또 직접 그 소리를 흉내 내어 본다. 비오는 소리, 바람 소리, 물 흐르는 소리, 새 울음소리, 파도 소리, 천둥치는 소리 등을 듣고 표현한다.

우리 가족 나무 만들기

나무를 그리고 가지마다 가족의 사진(또는 초상화)을 붙인다. 사진 밑에 가족의 이름과 태어난 곳, 생년월일 등을 쓴다. 가족들의 직업을 그 밑에 간단히 적고 그 일의 사회적 의미를 생각하게 한다. 특히 가정에서 가족들이 나누어 할 수 있는 일을 알아보고 서로 돕는다. 아울러 가족들이 함께 찍은 사진을 몇 장 붙이고 그 사진을 찍을 때의 가족사와 시대사를 비교하여 기록하게 할 수도 있다.

03 교단일기와 내일 준비하기

교사들이 아이들의 성장을 기다리며 꾸준히 교육적으로 개입하듯이,

교사 스스로에게도 자신의 성장을 위한 교육적 개입이 필요합니다.

몸에 익은, 그래서 너무나 익숙한 관성으로부터 벗어나기 위한

자기 성찰이 바로 그것입니다.

더구나 어린 학생들의 삶을 이끌어 주어야 할 책무를 지닌 교사라면

자신의 말 한마디에도 늘 물음표를 던져 보아야 합니다.

이를 위해 마침 시간, 일상을 점검하는 교단일기 쓰기를 제안합니다.

글을 쓰는 동안 자신의 내면을 차분히 가라앉힘으로써,

겸허하게 삶을 뒤돌아보고 다시 앞으로 나아갈 힘을 얻게 될 것입니다.

교사에게 성숙이야말로 전문성의 또 다른 이름입니다.

일상을 되짚는 교단일기를 쓰다 보면, 그 안에 교사 자신은 물론 수업과 아이들의 모습이 그대로 담긴다.
교사의 자기 점검이 아이들 삶과 어울릴 때, 학급의 일상은 몰라보게 탄탄해져 갈 것이다.

엉켜 있는 실타래를 푸는 것은 쉽지 않은 일이다. 하지만 뭉치를 살살 흔들거나 과감하게 가위로 잘라 다시 이어 가며 풀다 보면 어느 순간부터는 술술 풀리게 마련이다. 그러다 보면 쓸모 있는 동그란 실뭉치를 얻을 수 있다.

아이들과 지내는 일도 마찬가지다. 일주일에 몇 번, 혹은 한 달에 몇 번은 엉켜 있는 실타래처럼 생각도 생활도 엉켜 있다는 느낌을 받을 때가 있다. 엉킨 실타래를 푸는 일은 아이들과 함께한 교육활동과 아이들과의 관계, 그리고 교사로서의 삶을 되돌아보는 것부터 시작한다. 이때 그 과정이 모두 기록으로 남아 있다면 엉킨 실타래를 푸는 것은 매우 간단한 일이 될 수도 있다. 어느 지점부터 엉키기 시작했는지, 왜 엉키게 되었는지, 푼다면 어디서부터 헤쳐 나가야 하는지 찬찬히 들여다볼 수 있기 때문이다. 물론 하루하루 기록을 남기다 보면 하루를 단위로 실타래를 챙기게 되어 생활이 엉키는 일을 줄일 수도 있다.

한 교사가 있었다. 아이들을 열심히 가르치려는 의지가 둘째가라면 서러운 그 교사는 열정이 많은 만큼 수업 시간에 자주 소리를 지르는 자신을 발견했다고 한다. 이러면 안 되는데 싶었지만, 고쳐지지가 않아 성격일까, 습관일까 고민만 하고 있었다. 그러던 가운데, 다른 선배들이 교단일기를 써 보라고 해서 소리를 지를 때마다 쉬는 시간에 수첩에 표시를 해 보기로 했다. 화를 낸 횟수를 선을 그어 표시하고 이유를 쓰면서 화를 낼 필요가 없었다는 것을 뼈저리게 느끼게 되었다. 그러면서 점점 화를 내는 횟수가 줄어들었다. 자신을 되돌아보는 기록은 교사를 이렇게 변화시킨다.

모든 반성이 그렇듯 교단일기의 목표도 결국은 내일을 위한 준비이다. 오늘의 나를 추스르면서 더 나은 내일을 맞이할 수 있게 하는 반성의 출발점이기 때문이다. 아이들이 일기 쓰기를 싫어하는 것처럼 교단일기를 쓰는 교사의 수도 미미할 것이다. 그만큼 스스로를 채찍질하며 평가하는 일은 쉽지 않다. 교단일기를 쓰고자 한다면 문제가 되는 상황부터 간단히 기록하는 것으로 시작하는 것이 좋다.

3년 전, 혹은 지난해, 혹은 엊그제의 나는 지금의 나와 얼마나 다른 교사였나? 발전하고 있는 교사인가, 제자리에서 맴돌고 있는가. 의욕과 열정을 잃고 뒤로 걸어가고 있는 것은 아닌가? 이 해답을 교단일기에서 찾아보자.

 ## 교단일기 어떻게 시작할까

하루를 되돌아보면, 아이들과 함께 하나가 되어 즐거운 날이 있는가 하면 아이들도 힘들고 교사도 부끄러운 하루가 있다. 행복한 날은 주로 계획이 순조롭게 이루어진 날, 수업 시간에 아이들과 호흡이 잘 맞아 학습 결과가 만족스러운 날, 아이들이 서로를 아끼고 배려하는 행동을 많이 한 날일 것이다. 반면 후회스러운 날은 교사의 마음이 너무 조급하여 아이들을 몰아붙이고 아이들도 여유가 없이 지친 날, 아이들이 수업에 흥미가 전혀 없고 학습 결과도 형편없었던 날, 아이들이 서로 짜증 내고 싸우며 존중하지 않은 날이다.

기록하지 않는다면 기쁨은 잠시의 만족으로 지나가고, 후회나 부끄러움은 계속 마음에 남아 다음 날까지 이어지게 된다. 하지만 기록을 하게 되면 이 모든 것들이 객관화되어 새로움으로 남는다. 기뻤던 날의 하루는 그날의 방법이나 활동이 다음의 더 나은 활동을 위한 예시로 남게 된다. 아이들과 활동이 뜻대로 되지 않은 하루의 기록은 어느 지점에서 문제가 있었는지 짚어 보게 하며 교육활동 방법이나 구조 개선을 위한 유용한 자료가 된다.

다른 교사의 교단일기를 읽어 보자

아이들에게 글쓰기를 가르칠 때 글을 잘 쓰려면 먼저 좋은 글을 많이 읽으라고 권한다. 마찬가지로, 교단일기를 쓰려고 한다면 우선 좋은 교단일기를 많이 읽어 보는 것이 좋다. 다른 교사의 교단일기를 읽어 보면 교단일기가 일반 생활일기와 어떻게 다른지 알 수 있을 뿐만 아니라 왜 교단일기가 중요한지 새삼 깨닫게 된다.

사람마다 글쓰기 방식이 다르듯, 교사마다 교단일기를 쓰는 방식은 매우 다르다. 교단일기는 교사로서의 삶을 기록하는 방식인 만큼, 어떤 교육철학을 가지고 있는가, 교육에서 어떤 부분을 가장 중요시하는가, 아이들을 어떻게 바라보는가에 따라 각양각색의 교단일기가 탄생한다. 여러 교사의 교단일기를 두루 읽어 보면서 자신의 교육철학을 점검해 보는 것도 큰 의미가 있다.

아이들 일기 쓰기에서 배우자

교단일기를 쓰겠다고 공책과 펜까지 새롭게 갖추었지만 바쁜 일상 속에서 교단일기를 쓰기 시작하는 건 어렵고도 어려운 일이다. 아이들 일기 쓰기 지도에서 힌트를 얻어 보자. 처음 글쓰기를 배우는 저학년 아이들에게 일기 쓰기나 독후감 쓰기를 가르칠 때 한 줄 쓰기나 세 줄 쓰기와 같이 짧게 쓰는 연습부터 시킨다. 마찬가지로, 교단일기도 메모 수준에서 시작하는 것이 부담 없이 시작할 수 있는 좋은 방법이다.

목표를 거창하게 정하지도 말자. 매일 쓰려는 욕심도 버리자. 기록해 두면 좋겠다는 생각이 들 때마다 한두 줄 써 보는 것에서 출발하면 된다. 그렇게 하다 보면 두 줄이 네 줄 되고, 네 줄이 여덟 줄이 되면서 내용에 살이 붙을 것이다. 교단일기 쓰기도 아이들 일기 쓰기와 다르지 않다.

시간을 확보해 놓자

많이 쓰든 적게 쓰든 교단일기를 꾸준히 쓰려면 먼저 일기 쓰는 시간을 확보하는 것이 중요하다. 교사마다 상황은 조금씩 다르겠지만 퇴근한 뒤 집에서 교단일기를 쓰는 일은 참 힘들다. 퇴근하기 전에 교단일기를 쓰지 않으면 때를 놓치고 빼먹게 된다. 따라서 퇴근하기 전 학교에서 맡은 업무 처리나, 교무회의, 동학년회의 등 여러 상황을 고려하여 교단일기 쓰는 시간을 일정하게 정해 두는 것이 좋다.

교단일기 쓰는 시간은 요일마다 다르게 정하는 게 좋다. 교무회의가 있는 날, 동학년회의가 있는 날은 마지막 수업이 끝나자마자 20분~30분 정도가 적당하다. 그렇지 않은 날은 4시 20분 정도가 더 좋을 수도 있다. 수요일 같은 경우 4교시를 해서 시간은 가장 많이 남지만 그만큼 행사나 출장이 많아 오히려 더 쓰기 힘들 수도 있다. 점심 먹고 나서 차 한 잔 마시는 시간이 유일한 자투리 시간일 수도 있다. 학교에 일찍 오는 교사라면 전날 교단일기를 다음 날 아침 시간에 쓸 수도 있다. 8시에 출근한다면 20분~30분 정도 여유를 가질 수 있기 때문이다. 어떤 식으로든 일기 쓰는 시간을 정해 놓았으면 학부모 상담도 그 시간은 피하도록 안내를 하여 교단일기 쓰는 시간을 방해받지 않도록 노력해야 한다.

교사로서의 자기 점검을 담자

교단일기와 일반적인 일기의 차이점은 무엇을 쓰는가 하는 내용에 있다. 이름에 걸맞는 내용이 담겨야 한다. 여느 일기와 다름없는 일상생활만 담는다면 굳이 교단일기라 할 필요가 없다. 교단일기에는 아이들과의 생활이 담겨야 한다. 아이들과 생활하면서 있었던 기뻤던 일, 슬펐던 일, 아쉬웠던 일 등이 담겨야 한다. 또 교수·학습에 대한 고민을 엿볼 수 있어야 한다. 교사가 아이들과 생활하는 가장 큰 이유는 수업을 하기 위해서이다. 따라서 교사가 수업을 준비하지 않는다면 교육에 대한 준비를 하지 않는 것과 같다. 교단일기에는 그런 교수·학습에 대한 고민이 실려야 한다. 그런 고민은 결국 자신의 교육관을 계속해서 점검하는 과정이 되고, 더 나은 교육을 위해 나아가는 추진력이 된다.

물론 이런 내용들은 별개로 떨어져 들어가는 것이 아니라 함께 녹아 있어야 하고 그런 기록을 보며 일기가 자신의 교직생활에 밑거름이 되고 있다는 자부심을 느낄 수 있어야 한다. 교단일기를 내용의 질로 승부하자는 욕심은 나중 목표이다. 교단일기를 쓰는 것이 어느 정도 습관이 된 다음에 욕심 낼 부분이다.

 ## 여러 유형의 교단일기 엿보기

토막토막 쓰는 일기

토막토막 쓰면 부담도 없고, 쓴 다음 갈무리만 잘하면 아이들에 대한 훌륭한 자료가 된다. 쓴 글은 번호대로 이름을 써 놓고 컴퓨터 폴더에 며칠에 한 번씩 옮긴다. 날마다 조금씩 몇 아이에 대해 써 놓은 것도 시간이 흐르면 중요한 자료가 된다.

한 아이와 시간을 내서 이야기 나눈 것을 쓸 수도 있다. 아이들하고 있었던 일이나 관찰한 일을 쓰면 생활지도에 도움을 받을 수 있다. 한 아이에 대해 쓴 글이 한 장 두 장 쌓인 것을 다시 읽으면 아이가 새롭게 보이기도 하고, 교사가 할 일이 떠오르기도 한다.

토막토막 쓴 글 내용에 따라 모은 일기

교사의 눈길과 배려가 조금 더 필요한 아이 몇을 골라 아이별로 일기를 쓰면 아이에 대한 정보를 보다 많이 얻을 수 있다. 기록을 해 나가다 보면 평소에는 보지 못했던 아이의 다른 점이 눈에 들어오고 그것은 아이의 문제를 풀 수 있는 열쇠가 되기도 한다. 또한 일정한 기간 동안 아이에 대해 쓴 것을 나중에 읽어 보면 또 다른 정보가 눈에 들어온다. 이런 기록은 이후 학부모 상담 때에도 매우 요긴하게 쓰인다.

교단일기는 교사가 아이들과 하루 지낸 이야기, 퇴근한 뒤 이어지는 생활까지 폭넓게 쓸 수 있다. 그림책 읽어 준 이야기, 아이들 생활 살펴본 이야기, 공부 시간에 있었던 일, 때로는 그날 내 기분까지, 마음 가는 대로 쓰고 싶은 대로 쓰다 보면 어느덧 생각지 않은 자료가 된다. 또한 일기를 쓰다 보면 자기도 모르게 가르칠 준비를 꼼꼼하게 하게 된다. 아이들을 위해 준비하고 고민하지 않고 일기를 쓸 수 없기 때문이다.

> **예시** **토막토막 쓴 일기**
>
> ○○○○년 12월 11일 화요일
> · 민기 도우미 현석이가 민기한테 동화책을 읽어 주고 친절하게 글자 공부를 시킴. 현석이는 또 민기한테 그림책 《스핑키》를 보여 주면서 그림 속 물건들을 짚어 가며 이름을 맞추어 보라고 함. 민기는 신이 나서 대답함. 점심 먹으러 갈 때 민기한테 물어보니 현석이가 가르쳐 주는 게 재미있다고 함.
> · 공부가 끝나고 그림책 《박물관에서》를 김지은과 임혜진이 나누어 읽고 있음. 마치 연극을 하듯 실감나게 대사를 읽으면서.
> · 혜진이가 김지은한테 아영이랑 놀지 말라고 한 모양. 아영이가 편지를 씀. 김지은은 아무 말도 안 했다고 함. 혜진이를 불러 타이름.
> · 재량활동 시간에 생일잔치를 주제로 토론을 함. 상원이하고 정호가 좋은 의견을 말함. 상원이는 집에서 돈을 안 들이고 하자고 했고, 정호는 부모님한테 감사하는 것을 잊지 말자고 함. 토론을 이틀 이어서 했는데 아이들이 아주 좋아함. 생각보다 종윤이와 진혁이가 사회를 잘 봄.

아이들을 사랑하고 잘 가르치는 보석 같은 선생님들이 둘레에 많다. 그런데 여러 선생님들이 애써 가르친 일이 혼자 해 본 일로 사라지는 것은 아까운 일이다. 지금 학교에서 해마다 하는 현장연구 교육에 별다른 힘을 주지 못한다. 오히려 꼼꼼하게 실천하고 쓴 교단일기가 교육을 바꾸는 진정한 힘이 될 수 있다고 생각한다. 많은 선생님들이 교단일기와 수업일기를 써서 풍성한 자료를 함께 나누었으면 좋겠다.

글쓴이 · 도움 주신 분들 강승숙 | 인천 남부초 교사 · 신명기 | 서울 영훈초 교사 · 조성실 | 서울 누원초 교사

아이들 관찰한 일기

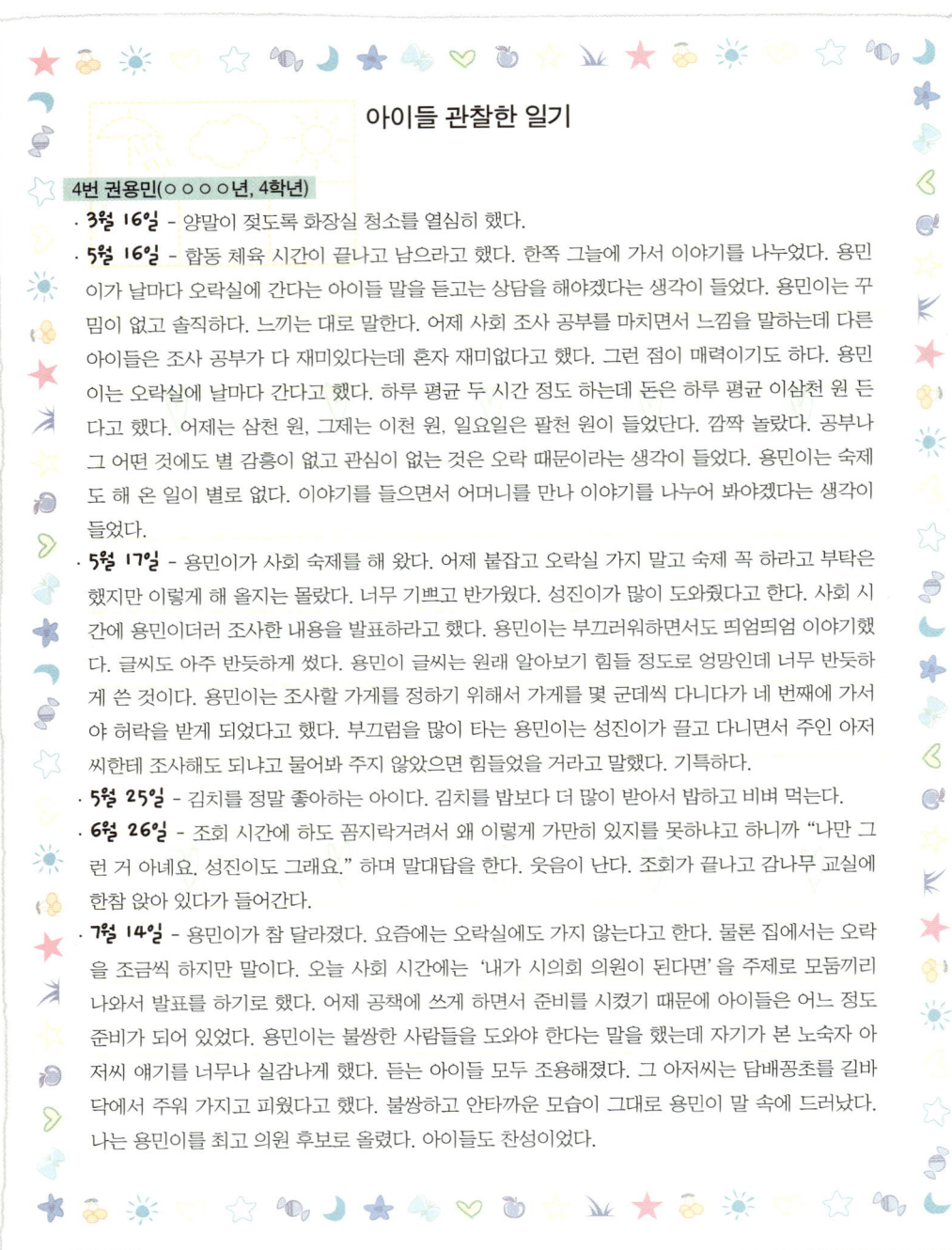

4번 권용민(○ ○ ○ ○년, 4학년)

· **3월 16일** - 양말이 젖도록 화장실 청소를 열심히 했다.
· **5월 16일** - 합동 체육 시간이 끝나고 남으라고 했다. 한쪽 그늘에 가서 이야기를 나누었다. 용민이가 날마다 오락실에 간다는 아이들 말을 듣고는 상담을 해야겠다는 생각이 들었다. 용민이는 꾸밈이 없고 솔직하다. 느끼는 대로 말한다. 어제 사회 조사 공부를 마치면서 느낌을 말하는데 다른 아이들은 조사 공부가 다 재미있다는데 혼자 재미없다고 했다. 그런 점이 매력이기도 하다. 용민이는 오락실에 날마다 간다고 했다. 하루 평균 두 시간 정도 하는데 돈은 하루 평균 이삼천 원 든다고 했다. 어제는 삼천 원, 그제는 이천 원, 일요일은 팔천 원이 들었단다. 깜짝 놀랐다. 공부나 그 어떤 것에도 별 감흥이 없고 관심이 없는 것은 오락 때문이라는 생각이 들었다. 용민이는 숙제도 해 온 일이 별로 없다. 이야기를 들으면서 어머니를 만나 이야기를 나누어 봐야겠다는 생각이 들었다.
· **5월 17일** - 용민이가 사회 숙제를 해 왔다. 어제 붙잡고 오락실 가지 말고 숙제 꼭 하라고 부탁은 했지만 이렇게 해 올지는 몰랐다. 너무 기쁘고 반가웠다. 성진이가 많이 도와줬다고 한다. 사회 시간에 용민이더러 조사한 내용을 발표하라고 했다. 용민이는 부끄러워하면서도 띄엄띄엄 이야기했다. 글씨도 아주 반듯하게 썼다. 용민이 글씨는 원래 알아보기 힘들 정도로 엉망인데 너무 반듯하게 쓴 것이다. 용민이는 조사할 가게를 정하기 위해서 가게를 몇 군데씩 다니다가 네 번째에 가서야 허락을 받게 되었다고 했다. 부끄럼을 많이 타는 용민이는 성진이가 끌고 다니면서 주인 아저씨한테 조사해도 되냐고 물어봐 주지 않았으면 힘들었을 거라고 말했다. 기특하다.
· **5월 25일** - 김치를 정말 좋아하는 아이다. 김치를 밥보다 더 많이 받아서 밥하고 비벼 먹는다.
· **6월 26일** - 조회 시간에 하도 꼼지락거려서 왜 이렇게 가만히 있지를 못하냐고 하니까 "나만 그런 거 아녜요. 성진이도 그래요." 하며 말대답을 한다. 웃음이 난다. 조회가 끝나고 감나무 교실에 한참 앉아 있다가 들어간다.
· **7월 14일** - 용민이가 참 달라졌다. 요즘에는 오락실에도 가지 않는다고 한다. 물론 집에서는 오락을 조금씩 하지만 말이다. 오늘 사회 시간에는 '내가 시의회 의원이 된다면'을 주제로 모둠끼리 나와서 발표를 하기로 했다. 어제 공책에 쓰게 하면서 준비를 시켰기 때문에 아이들은 어느 정도 준비가 되어 있었다. 용민이는 불쌍한 사람들을 도와야 한다는 말을 했는데 자기가 본 노숙자 아저씨 얘기를 너무나 실감나게 했다. 듣는 아이들 모두 조용해졌다. 그 아저씨는 담배꽁초를 길바닥에서 주워 가지고 피웠다고 했다. 불쌍하고 안타까운 모습이 그대로 용민이 말 속에 드러났다. 나는 용민이를 최고 의원 후보로 올렸다. 아이들도 찬성이었다.

그림책 읽어 준 뒤 쓴 일기

2004년 12월 22일 요리사를 꿈꾸는 민재를 생각하고 읽어 준 〈제랄다와 거인〉(토미 웅거러, 비룡소)

"얘들아, 이 책은 민재를 위해서 빌렸어. 민재가 장래 꿈이 요리사잖아." "우우!"

민재 어깨가 으쓱해진다. 첫 장을 보여 주자 아이들이 장난 섞인 목소리로 으윽거리며 무섭다고 호들갑이다. 아이들을 잡아먹는 거인 이야기인데 상우가 거인이 영호를 닮았다고 한소리 한다. 영호가 눈을 부라린다. 실물화상기가 안 돼서 다니면서 보여 주었더니 오히려 집중이 잘된다.

숲 속에서 제랄다는 집안일을 한다. 상우가 돼지, 염소, 고양이, 닭, 소 하며 그림책에 보이는 동물 이름을 읊어 댄다. 드디어 여섯 살 제랄다가 굽고 튀기고 어쩌고 한다는 이야기와 함께 부엌이 나온다. 제랄다는 요리책을 뒤져 가며 요리를 하고 요리에 대해 글을 쓰고 그런다. 여기서 아이들이 매력을 느낀다. 무언가 열심히 하는 아이들은 늘 질투심과 함께 흥미를 느끼게 마련이다. 인엽이는 요리 때문에 살 수도 있다는 것을, 연태는 요리도 한번 배울 만하다는 것을 느꼈다고 나중에 글에 썼다.

아버지가 아파서 혼자 읍내 장에 가야 하는 제랄다, 손수 당나귀가 끄는 수레를 밀고 가는데 절벽 위에서 아이 냄새를 맡고 기다리던 거인은 굶주린 나머지 허둥대다 아래로 떨어지고 제랄다는 놀라며 간호를 한다. 아이들이 웃기는지 배를 잡는다. 제랄다는 거인을 위해 요리를 시작한다. 아무 악의가 없는, 착한 제랄다. 제랄다가 차린 상을 보고 아이들이 놀란다. 빵, 과자, 생선, 돼지구이……. 거인은 같이 성으로 가자 하고 제랄다는 아버지까지 모시고 성으로 간다. 드디어 제랄다는 세상에서 가장 멋진 요리를 시작하고 (아이들 우와우와 — 케이크, 과일, 요리기구 — 대성이 그림책 가까이 하더니 하염없이 붙들고) 완성된 요리가 그려진 펼침면이 나오니까 상우는 그걸 그리겠다고 앞으로 나왔다. 소스 얹은 생선, 소시지와 갖가지 색깔을 입은 먹을거리로 장식한 음식들이 볼 만하다. 거인은 아이를 잡아먹고 싶다는 생각을 잊게 되고, 제랄다는 거인 친구들을 초대해서 음식을 먹인다. 거인족은 제랄다의 음식 맛에 빠져서 사람을 먹고 싶다는 마음을 잊게 된다. 드디어 거인에게 붙잡히지 않으려고 숨어 있던 아이들은 숨어 있는 곳에서 나와 자유를 누린다. 이 지점에서 조금만 빨리 제랄다가 거인 마음을 돌렸더라면 죽은 아이들이 없었을 텐데, 아쉬워하는 아이들이 여럿 있다.

세월이 흘러 제랄다는 처녀가 되고 잘 먹어 보기 좋아진 거인은 수염을 깎고 멀쩡해져서 제랄다와 결혼을 한다. 으악거리는 아이들, 제랄다가 아깝다는 듯. 그러나 재미있고 행복하면 됐지 뭐, 하니 그렇다고 한다. 아이들은 처음에 내가 보여 주려던 이 그림책을 시시하게 여겼다가 요리에 반하고, 무서운 사람을 변화시키는 힘에 놀란다. 연태는 거친 사람을 이렇게 변하게 하고 싶다는 글을 썼다. 민재는 자존심이 상한다며 더 열심히 요리를 하겠단다. 효진이는 도서관에서 혼자 읽을 때는 시시했는데 선생님이 읽어 주니 재미있다고. 앞에 나와 그림을 또 보고 그리고 하는 상우, 대성, 인엽……. 상우는 나쁜 사람도 친절하게 해 주면 착해진다는 것을 깨달았다고 썼다. 상우한테 더 잘해 주지 못한 나를 꼬집는 것 같아 미안한 마음이 들었다.

1. 나를 단련시키는 교육일기

조성실 | 서울 누원초 교사

교육대학을 졸업한 새내기 교사 주제에, 수업에는 자신이 있었다. 아이들에게 설명을 잘할 수 있었고, 목소리를 변화시키고 눈빛에 힘을 주며 수업의 분위기를 잘 이끌 수 있다고 생각했다. 한편으로, 오르간도 제대로 치지 못하고 졸업한 실력 때문에 음악 시간에는 늘 아이들에게 죄지은 마음이었다. 그래서 대신 아이들을 즐겁게 해 주기 위해 이야기를 많이 들려주리라 생각했다. 아이들을 가르치기 시작한 첫해부터 일주일에 한 번씩 어김없이 책을 읽어 주었고, 관포지교 같은 사자성어 이야기, 아이들에게 재미있고 도움이 될 만한 이야기를 골라 자꾸 해 주었다. 도서관, 책방, 주변 친구들에게서 이야기책을 많이 찾았다.

그러다가 우연히 이오덕 선생님 글을 읽게 되었다. 아이들에게 생활이 그대로 드러나는 솔직한 글을 쓰게 해야 하며, 참된 삶을 기록할 때 누구나 감동을 주는 글을 쓸 수 있다는 말씀과 아이들을 병들게 하는 교육현실을 비판하는 글이었다. 그때 이오덕 선생님의 글은 나의 가슴을 뛰게 했고, 머리를 망치로 때리는 것처럼 그동안의 글쓰기를 반성하게 했으며, 아이들에게 가르치는 글쓰기 내용을 새롭게 하는 대변환의 계기가 되었다. 읽을수록 내가 부끄러웠다. 내가 아이들에게 얼마나 자랑스럽게 일제식 체육 훈련을 시켰는지, 얼마나 고민 없이 '차렷'을 외쳤는지, 아이들이 모두 하나처럼 움직이기를 강요했는지 반성했다. 아이들에게 어떤 글이 가장 잘 쓴 글인가를 읽어 주고 솔직한 삶이 있는 글을 잘 쓴 글이라 일러 준 다음 보이는 대로 느끼고 생각하는 대로 쓰기를 가르쳤다. 그리고 나도 하루하루 아이들과 생활을, 고민을, 생각을, 교과지도 계획과 결과를 기록하기 시작했다.

1988년 11월 18일

아이들이 신기해졌다. 조금씩 자기를 제어하는 힘이 생긴 것 같다. 자기 분단이 1등을 해서 선물을 받고 싶은 것인지 칭찬이 좋은 것인지, 어제도 오늘도 아무도 때리지 않아도 되었다. 기분 좋은 일이다. 어제 성민이가 엄마가 없다는 이야기를 듣고 걱정이 되어서 아침에 성민이와 이야기했는데, 장난이었다. 귀여운 녀석. 얼마나 나와 친하고 싶어하는지 모른다. 찬우는 숙제를 해 왔고 더 큰 기대를 해도 될 것 같다. 영우이와 짝을 한 것이 효과가 있었는지 특별히 관심을 가진 것이 좋았는지 모르겠다. 윤이 숙제를 안 해 왔기에 쉬는 시간에 옆에 앉혀서 시켰다. 엄마는 집을 나가고 아빠는 수위로 일한단다. 하나씩 관심을 가지니 조금 더 나아진다. 진영이를 데리고 산수 개인지도를 하였다. 간단한 덧셈도 못한다. 지진아는 절대 만들지 말아야겠다는 생각이다. 내일은 쓰기와 읽기도 살펴야겠다. 잘하고 열심인 아이들은 나의 관심을 갖지 못하니 그것도 잘못이다. 어쨌든 요즘은 아이들 덕분에 행복하다. 내일은 무엇을 기대해 볼까?

교육일기를 쓰며 매일 깨닫는다

매일매일 수업한 것을 기록했다. 반성을 몹시 한 날도 있었고, 나름의 목표를 달성하며 아이들도 즐거워한 날도 있었다. 현실이 주는 문제를 심각하게 느끼기도 했으며, 그것을 해결하기 위해 스스로 노력할 것, 동료교사와 연대해야 할 것들도 정리가 되었다. 그러다 보니 끊임없이 실천할 수밖에 없었다. 스스로 선생으로 커 가고 있다는 생각이 들었다. 조금씩 수업에 대한 철학도 생기기 시작했다.

1994년 6월 14일

3분 발표 방법을 바꿨다. 오늘 성철이가 "종철아, 또철아, 막철아!"라고 하는 것을 듣고 아이들은 내용에 대한 생각까지는 부족한 것을 깨달았다. 그래서,

1. 일주일 단위의 주제를 정한다. (이번 주 : 시험)

2. 의무적으로 한 사람과 신청자를 정한다.

3. 원고 없이 자유롭게 발표한다.

4. 주제를 계속 받는다.

이렇게 원칙을 정했다.

일요일에 산수 공부한 것이 진도에 많은 도움을 주었다. 아이들이 산수로 자라는 모습이 눈에 보인다. 말·듣 시간에 8모둠과 토의했는데, 못한다고 생각했던 8모둠 아이들이 토의를 잘하는 것을 보고 많이 놀랐다. 용기를 주었더니 더욱 잘하는 것이 아닌가?

이호철 선생님은 교과지도만으로는 아이들을 바르게 키우기 힘들다고 하는데, 나는 왜 교과지도가 가장 중요하게 생각될까? 내가 생각할 때 교과지도는, 첫째 성취감(행복), 둘째 어울림(토의), 셋째 선생님과 친함(개별지도)을 얻는 데 충분한 것으로 생각된다.

괴로운 날, 기쁜 날

너무 작은 것을 보면 숲 전체를 보지 못한다는 말처럼, 때론 한 시간 수업의 작은 목표에 너무 매달리다가 교육의 큰 목표를 잊기도 한다. 나는 종종 그럴 때가 있다.

나는 아이들이 수학의 계산 원리나 개념을 수업 시간에 자연스럽게 활동하면서 스스로 발견하고 깨달아야 한다고 생각한다. 그리고 그것은 우리 반 아이들 모두에게 반드시 적용되어야 한다고 생각한다. 아이들이 수학을 못하는 것은 아이들 탓이 아니라 하나하나 학습의 손길을 건네주지 못하게 하는 오늘날 교육현실 탓이라고 생각한다. 그러면서 현실이 열악하더라도 이 상태에서 믿음을 실천하려고 한다. 그러나 현실은 그리 호락호락하지 않다. 자칫 한 시간 수업의 작은 목표에 매달리다가 아이들을 억압하기도 하고, 심한 스트레스를 주기도 하며, 학교는 즐거워야 한다는 것을 잠시 잊기도 한다. 그러면서 교사가 평소 아이들을 존중하는 행동을 하면 아이들은 억압을 배우지 않을 거라고 스스로 안심한다.

하루는 4학년 분수 단원 가운데 '14의 $\frac{1}{7}$은 얼마인가? 16은 24의 몇 분의 몇인가?' 등을 주제로 수업을 했다. 집합수를 전체로 보아야 하는 것과 많은 조작활동으로 계산하는 방법을 스스로 알아내게 하는 것이 내가 의도한 수업 목표였다. 집합수를 전체로 보아야 한다는 것을 아이들이 확실히 깨닫게 하기 위해서 갈등상황을 만들기로 했다. 놀이를 한 다음, 모형 떡을 똑같이 나누어 주고 분수로 표현하게 한다. 그리고 나서는 사탕을 여기저기 붙여 놓은 종이를 똑같이 잘라 나누어 준다. 그러면 아이들은 사탕을 똑같이 나누어 받지 못한다고 항의할 것이고, 나는 종이를 똑같이 몇 분의 몇으로 나누었는데 왜 그러느냐고 딴청을 피운다. 이런 상황을 통해 아이들은 집합수의 몇 분의 몇을 알아야 할 때 집합수를 전체로 인식할 수 있을 것이다. 그렇게 원리를 파악한 후 문제 카드를 풀며 정리를 할 계획이었다.

그러나 그날 수학 수업은 5교시를 지나 4시 20분에서야 끝이 났다. 원리를 발견하고 계산문제를 쉽게 푸는 아이들을 차례차례 집으로 보냈는데, 이해가 늦은 다섯 명은 계산 원리를 완전하게 발견하지 못했다. 아이들이 남아서 활동하는 동안 문제가 무엇일까, 왜 그럴까를 생각하면서 그 괴로움을 교육일기에 정리했다.

2001년 6월 26일

수 전체의 몇 분의 몇을 공부하는 시간. 그렇게 활동을 많이 했는데도 아이들은 모른다. 아이들이 너무 모르니까 머리가 아프다. 미치겠다. 이 노릇을 어떻게 해야 할지. 도입도 잘했고 자료도 잘 만들었는데 아이들은 모른다. 수학을 못하는 것인가? 1, 2, 3학년 과정을 아이들이 모두 철저하게 활동으로 배우지 못한 탓도 있을 것이다. 아니면 4학년 과정이 아이들에게 너무 어려워 스스로 깨치기에 불가능한 것인지도 모른다. 여기에 4학년 것도 모르고 지나가는 것이 많으니 5학년에 가면 더 헤맬 것이다. 벌써 4시 10분. 그래, 두 시간 더 하고 아이들이 모두 안다면 그렇게 해야 할 것이다. 두 시간을 하면 아이들이 다 알 수 있는데, 그렇게 하지 않았다면, 우리가 제대로 시간을 주지 않아서 아이들의 가능성을 죽여 버린 것이다. 쉽게 계산하는 방법만 가르치고 아이들이 활동하며 스스로 생각할 기회를 주지 않은 것일 게다. 괴롭다. 정말 선생인 것이 괴롭다. 슬프다. 어떻게 하면 아이들 모두를 잘하게 해 줄까? 끝까지 남은 다섯 명 아이들은 더 많이 더 천천히 활동해야 이해할 수 있을 텐데, 그럴 시간도, 힘도, 여유도 없다. 아이들을 죽이는 학교. 정말 아이들은 모두 잘 이해하고 즐겁게 공부할 수 있는데, 조건이 안 된다.

아이들은 이날을 어떻게 기억할까? 정말 재수 없고 선생님이 미운 날로 기억할 것이다. 아이들

은 선생인 내 마음을 알까?

교육이라는 큰 산을 만들기 위해

최근에 도서관에 갔다가 이오덕 선생님이 1970년쯤에 쓰신 책을 또 보게 되었다. 책은 누렇게 바랬어

도 이오덕 선생님이 비판한 교육은 여전히 오늘날 우리의 문제였다. 아이들 생활이 파괴되는 오늘날,

우리가 살아야 할 참삶이 무엇인지 담겨 있기에 역시 스승으로 모실 만한 교육자라고 생각했다. 이오

덕 선생님의 강의를 들은 일도, 뵌 적도 없지만 이오덕 선생님의 글을 통해 난 그분을 내 스승으로 만

들었다.

교육의 어떤 큰 이상을 설정한다 하더라도, 즐겁고 행복하지 않으면 아이들은 제대로 배우지 못한다.

오늘날 아이들과 교사를 가장 힘들게 하는 것은 열악한 환경이다. 우리 교실에 있는 마흔세 명의 아이

들에게 참 미안할 때가 많다. 그리고 싸워서라도 아이들에게 충분한 자료, 배울 가치가 있는 교육내용

과 과정, 넓은 교실과 적은 아이들 수의 학교환경을 만들어 주고 싶다.

고민을 해결하려는 노력으로 수업을 잘하는 교사, 교사로서 자존심을 지키며 사회적 책무를 다하는

교사로 늘 서고 싶다. 작은 나무들, 큰 나무들, 곤충들, 흙이 모여 산을 이루듯 개성 있는 아이들과 교

사들이 거름진 흙에서 살아 있는 교육이 되기를 소망해 본다. 오랜만에 아이들을 가르친 지난 기록을

읽어서 참 좋았다.

2000년 3월 10일

학부모총회는 학부모를 교육하는 기회이다. 부모들이 내 아이만 생각하는 태도에서 우리의 교

육을 생각하게 되는 기회이자, 교육이라는 철학적이고 실천적인 명제를 다시 생각하고 정리해

보는 기회이다. 오늘도 학부모와 함께 교육에 대해 토론하는 시간으로 총회를 진행하려 했으나,

당임에게 주어진 30분은 너무 짧았다. 아이들은 아직 잘 파악하지 못해서 아이들 개개인에 대해서는 이야기할 수 없었다. 부모님들은 재미있게 가르쳐 달라, 인성교육, 발표, 사이좋게 놀게 해 달라고 얘기했다. 아이들이 어떤 사람으로 어떻게 살기를 바라는지 먼저 생각해야 한다. 과연 공부는 왜 하는지, 왜 사이좋게 놀아야 하는지, 왜 사회성을 길러야 하는지 생각해야 한다. 자유, 평등, 정의로운 생각을 실천하며 사는 사람이 행복한 사람이다. 공부는 실천력을 기르기 위해서 하는 것이고 사회성을 기르는 것은 사회의 평화를 위해서이다. 모두 개인의 행복을 위한 것이지만 자신이 속한 사회의 영향으로부터 자유로울 수 없다. 아이들에게 공동체 생활에서 규칙을 지키도록 엄격하게 규제하면서 또한 공동체에서 얻는 기쁨을 체험할 수 있는 교육활동이어야 한다. 교육은 체험의 결과로 얻는 것이 값지다. 아이들과 함께 즐겁게 활동할 자료를 많이 생각해야 하는 우리의 임무. 학교생활, 기본생활, 사회생활, 학습의 기본 연습을 하는 3월을 어떻게 지도해야 하는지. 힘들고 걱정이다.

2. 가르치는 일을 돌아보게 하는 교단일기

강숭숙 | 인천 남부초 교사

나는 초등학교 때부터 어른이 될 때까지 일기를 꾸준하게 써 본 일이 없다. 하지만 어쩐지 일기를 꾸준하게 쓰는 이들이 부러웠다. 성실해 보이고 끈기도 있어 보였다. 그래서일까? 새해가 되면 공책 한 권을 사서 며칠은 한 바닥씩 써 나갔다. 이렇게 쓰다 말고 쓰다 말고 하기를 십여 년이나 거듭하다가 두어 해 전부터 제법 꾸준하게 교단일기를 쓰고 있다.

비록 게을러서 그만두기를 되풀이했지만 교단일기를 써야 한다는 생각은 언제나 절실했다. 그 절실함을 갖게 한 책이 오래 전에 읽은 《교원에게 드리는 건의》다. 이 책은 구소련의 교육학자인 '브아 쑤호블린스끼'라는 사람이 썼는데 그는 100가지로 나누어 교원에게 갖가지 건의를 하고 있다. 그 가운데 47번째 건의인 '교원이 일기를 쓰는 데 관한 건의'라는 내용이 내 마음을 크게 움직였다.

전문가이자 창조자인 교원이 자기의 창조적인 일생을 마칠 때, 오랫동안의 노동과 탐구에서 체득한 모든 것을 가지고 무덤 속으로 들어간다면, 그 얼마나 귀중한 재부의 손실이겠는가! 나는 교원들의 그 많은 일기책을 수집하여 교육박물관과 과학연구기관에 귀중한 보물로 보전하였으면 한다.

— 《교원에게 드리는 건의》 상권 130쪽, 거름출판사

이 구절을 읽으면서 나는 아무런 기록 없이 흘려 보낸 지난날을 생각하게 되었다. 잘했든 못했든 나는 열심히 아이들과 부대끼면서 기쁨과 괴로움을 나누었다. 그런데 이런 일에 대한 기록이 거의 남아 있지 않다. 안타깝다. 구소련의 교육학자가 32년간 아이들을 가르치면서 기록한 것들은 이렇다.

아이들이 학교에 입학한 첫 두 주일간에는 그들의 지식과 표상에 관한 자료 기록 / 아이들한테 1~100까지 세게 하고 아이들이 알고 있는 동식물의 이름, 기계의 이름과 쓰임을 묻고 기록 / 아이들의 가정에 있는 책, 학부모들의 교육 정도, 부모가 자녀교육에 들이는 시간 - 자료 정리하여 비교 / 학습에 어려움을 느끼는 아이에 대한 기록.

브아 쑤호믈린스끼는 위의 내용들을 일기에 자세히 쓰고, 쓴 것을 가지고 연구, 비교, 분석하는 일까지 했다. 이 글을 쓰면서 그 부분을 다시 읽어 보았지만 여전히 감동을 주는 건의다.

우리나라에도 이오덕 선생님의 《교육일기》가 있다. 이 일기를 보면 선생님이 마주한 시대와 교육을 두고 얼마나 치열한 고민을 했는지 알 수 있다. 관료적 교육행정에 대한 날카로운 비판과 참교육에 대한 사랑으로 가득한 그의 일기 가운데 한 대목을 보자.

1971년 3월 23일
…… 나는 내가 하는 수업을 남들이 볼까 두렵다. 언제나 그렇다. 그러니 연구수업이란 것도 여간 조심스럽지 않다. 그래 기왕 서툰 수업이라면 좀 열성이나 내어 보자, 목표를 뚜렷하게 세워서 그 목표를 향해 마구 달려가는 수업을 해 보자, 이런 심정으로 수업을 했다.

처음에 읽기를 몇 번 했다. 발음 지도를 했다. 교장은 처음부터 들어와 지도안을 들여다보더니,

약 15분쯤 보다가 나갔다. 조금 있으니 교감과 교무가 들어왔다.

내용에 대한 연구를 문답으로 한 것은, 이 시가 무엇을 쓰려고 하였는가? 어떤 곳이 재미있는가? 좋다고 생각하는가? 시가 다른 이야기글(산문)과 다른 점은 무엇인가를 묻고 대답하는 것이었다.

"이 시를 읽고 참 좋구나, 잘됐구나, 하는 것을 말해 봐요."

"'어라, 폼이 돋았네!'가 재미있어요."

"'파릇파릇 귀여운 새싹'이 좋아요."

아이들은 제각기 한 구절을 말했다.

"그 밖에는 없어요?" ……

— 《교육일기》, 2권 27쪽, 한길사

3월 23일 일기에 이오덕 선생님은 연구수업을 하면서 아이들과 주고받은 이야기를 자세히 적어 놓았다. 선생님이 아이들한테 어떻게 시를 가르치는지 이 한 편만 보아도 어렵지 않게 알 수 있다. 너무 일찍 세상을 떠난 임길택 선생님의 교단일기도 내게 감동을 주었다. 작년 임길택 선생님 시비(詩碑)를 세우면서 여러 사람과 자료집을 만들었다. 그때 선생님의 일기장 몇 권을 보게 되었다. 선생님은 일기장에 아이들이 조그맣게 잘라서 보낸 쪽지편지까지 붙여 놓았다. 삐뚤삐뚤한 글씨로 몇 자 쓴 편지, 그 편지를 선생님은 버리지 않고 소중하게 간직해 놓은 것이다. 아이들이 보낸 쪽지편지 따위는 읽고 나면 그만이었던 나는, 선생님의 일기를 보면서 마냥 부끄러웠다. 임길택 선생님의 일기 가운데는 아이들을 어떻게 가르쳤는지 꼼꼼하게 쓴 글이 많다.

1993년 4월 9일 금요일

…… 현숙이에게 나무젓가락, 그것을 가져오게 했다. 아까는 추워서 공부를 못하겠다던 아이가 웃으며 들고 왔다. 그 나무젓가락을 사탕이라 하고, 내 앞에 다섯 개, 제 앞에 한 개를 놓았다.

그리고 물었다.

1) 난 몇 개 가지고 있지? "다섯 개요."

2) 넌 몇 개 가지고 있지? "한 개요."

3) 누가 더 많이 가지고 있지? "선생님이요."

4) 선생님은 너보다 몇 개 더 많이 가지고 있지? "다섯 개요."

아닌데. "일곱 개요."

아니야. "한 개요."

현숙이는 1)과 4)의 물음 차이를 이해하지 못하고 있었다. 그래서 내 것과 제 것에서 한 개씩 먹

었다 하고 빼내게 하여 남은 개수가 더 많은 거라 일러 주었다. 식도 함께 5-1=4. 그리고 이런

질문을 했다.

— 선생님과 현숙이 가운데 누가 더 나이가 많지? (선생님이요.)

— 선생님은 무슨 윗도리를 입고 있는데? (잠바요.)

— 그래. 묻는 말이 다르니까 대답도 다르게 해야 돼.

하면서 1)과 4)의 답도 달라야 함을 얘기해 주었다. 현숙이는 이런 문제를 제 손으로 풀어냈다.

그리고 "처음 배워 본다."며 좋아라 했다.

— 임길택 선생님 일기 가운데서

이 일기는 임길택 선생님이 1993년부터 세 해 동안 거창초등학교 특수반에서 아이들을 가르칠 때 쓴 일기 가운데 한 편이다. 위에 인용한 일기처럼 선생님은 아이들을 가르치면서 주고받은 이야기, 아이들이 쓴 글자까지 일기에 남겨 두었다. 아이들에 대한 사랑이 절로 느껴지는 일기다.

앞에 세 사람의 글을 인용한 까닭은 이 분들이 나에게 교단일기를 쓰게끔 이끌어 주었고, 어떤 마음으로 써야 하는지를 가르쳐 주었기 때문이다. 사실 나는 제대로 교단일기를 쓴 지 2, 3년밖에 되지 않기 때문에 별로 할 말도 없는 사람이다. 하지만 교단일기를 쓸수록 쓰기를 잘했구나, 더 잘 써야지 하는

마음이 절실해진다. 일기를 쓰다 보니 교사로서 내 모습도 훤히 보이고 가르치는 일에 대한 가닥도 조금씩 잡혀 가는 느낌이다.

교단일기는 컴퓨터에다 쓴다. 처음에는 퇴근할 때 하루 일을 돌아보면서 한 편의 다듬어진 일기를 썼다. 하지만 이렇게 하는 것도 나로서는 벅찼다. 제대로 된 글을 쓰다 보니 힘도 들고 시간도 많이 든다. 이러다 보니 하루 이틀 밀리게 되는 것이다. 그래서 얼마 뒤부터는 아침 시간부터 아이들하고 헤어지는 순간까지 일어난 일 가운데 쓰고 싶은 일이 있으면 앞뒤 말이 이어지지 않더라도 토막토막 써 둔다. 나중에 시간 있으면 정리해야지 하는 마음으로 나만 알아볼 수 있게 써 두는 것이다.

재승이는 재작년에 가르친 아이인데 무언가를 해 보려고 애를 참 썼다. 지금은 5학년인데 가끔 나를 찾아와서 책을 빌려 간다. 그것만으로도 나는 기쁘다. 재승이에 대해 쓴 기록이 가장 길지만 여기에는 줄여서 싣는다.

19번 박재승

- 3월 15일 – 준비물을 안 가져와서 잔소리를 조금 했는데 쉬는 시간에 사탕을 가져와서 내게 준다.

- 4월 6일 – 태순이와 싸우다가 태순이 목 뒤에 손톱자국을 여러 개 냈다. 재승이가 흥분을 너무 잘한다.

- 4월 10일 – 청소 시간에 재승이가 청소기 조립하는 것을 도와주었다. 내가 아무리 맞추어 보아도 잘 안 되자 재승이가 나섰다. 재승이가 얼추 맞추었는데도 청소기는 움직이지 않았다. 나는 고장 났다며 치우려고 했다. 그래도 재승이는 이어설 생각을 하지 않고 이리저리 부품을 끼우고 뒤집어 보고 하더니 결국 움직이게 만들었다. 재승이가 참 달라 보인 날이다.

- 4월 11일 – 아이들 앞에서 재승이 칭찬을 해 주었다. 공부할 준비는 부족하지만 발표도 열심히 하고 청소도 열심히 한다고 말해 주었다.

- 4월 20일 – 재승이가 작곡했다면서 리코더 연주를 했다. 그것을 연극할 때 배경음악으로 쓴

고 싶다고 했다. 또 새로운 면을 발견했다.

· 5월 6일 ─ 재승이랑 얘기하면서 재승이 어머니가 아직 못 와서 재승이가 저녁밥을 차려 먹는

다는 것을 알았다. 간단한 계란 반찬도 해 먹는 모양이다. 재승이는 동생도 챙겨 주

고 아버지 밥상도 가끔 차려 준다고 했다. 재승이가 가끔 집에 늦게 들어가기는 해

도 어른스럽게 행동하는 면도 있다는 것을 알았다.

· 5월 15일 ─ 오늘도 재승이는 과학 교과서를 가져 오지 않았다. 내일 아침부터는 내가 전화를

걸어 주어야겠다.

· 5월 16일 ─ 오후에 청소를 마치고 신발장 이름표 붙이는 것을 도와주었다. 재승이는 일할 때

손 놀림이 아주 자연스럽다. 그리고 자신감이 있다.

· 5월 17일 ─ 아침에 교실에 들어오니 재승이가 다가와서는 500원짜리 동전을 내민다. 어제 약

속한 대로 아침에 군것질을 하지 않고 그 돈을 고스란히 가져온 것이다. 순간 마음

이 뭉클해진다. 난 작은 저금통에 넣으면서 열흘만 군것질하지 않고 돈을 모아서

서점에 가자고 했다.

· 5월 18일 ─ 어제와 마찬가지로 100원짜리 다섯 개와 50원짜리 한 개를 나한테 맡겼다. 약속을

잘 지켜 나갈 것 같다.

· 5월 22일 ─ 아침에 오자마자 500원을 나한테 맡겼다.

· 6월 16일 ─ 친구한테 무엇인가 가르치는 것을 참 좋아한다. 태순이한테 리코더를 가르치는데,

태순이는 "으이, 안 돼. 손이 자꾸 떨려." 그런다. 그래도 끊지 말고 자꾸 하라고 가

르쳐 준다.

재승이에 대해 글을 쓰면서 이 아이에 대해 많이 생각했다. 그동안은 준비물을 안 가져오고 쓸 것 안

쓰고, 친구들과 다투고 해서 문제가 많은 아이라고만 생각했다. 그런데 꼼꼼하게 살펴보니 좋은 점도

많았다. 문제점은 고쳐야 하겠지만 윽박지르듯이 하면 소용이 없다. 장점을 일깨우면서 잘 안 되는 것

도 해결해 보아야겠다. 10여 년이 넘게 아이들을 가르쳐 왔지만 차분한 마음으로 그날 아이들과 어떻게 지냈는지에 생각해 본 시간이 별로 없었다. 그런데 이렇게 글을 쓰다 보니 한 아이 한 아이에 대한 책임이 더 강하게 느껴진다.

수업 시간에 있었던 일

아이들도 나도 행복한 수업 시간은 드물게 찾아온다. 이런 날 공부하면서 아이들과 주고받은 이야기나 느낌은 꼭 써 두고 싶다. 한 시간 내내 수업이 잘된 것은 아니더라도 써 두고 싶은 일이 있다. 그러면 그런 것도 써 둔다. 주고받은 말은 교탁 옆에 늘 두고 쓰는 작은 수첩에 휘갈겨 쓰듯 써 놓았다가 쉬는 시간에 얼른 컴퓨터로 정리해 둔다. '어떤 일이 있었다.' 정도는 퇴근 전이라도 충분히 쓸 수 있지만 생생하게 주고받은 말들은 잊어버리기 쉽기 때문이다.

2001년 9월 26일 수요일

- 국어 시간 시 쓰기를 하기 전, 시를 몇 편 보여 주었다. 〈코스모스〉, 〈소낙비〉, 〈거미〉…… 시를 듣고 난 아이들이 "아이가 코스모스를 웅크리며 보고 있는 듯해요, 거미는 10분을 앉아서 봤을 것 같아요, 〈산고양이〉는 겪은 일 같고 사투리가 나와요, 짧은 것도 시가 되는 걸 알겠어요, 느낌이 잘 나타났어요." 같은 말을 했다.

- 시를 쓸 때 마음을 움직였던 일을 찾아보자고 했다. 진필이는 어제 우리 교실 열쇠를 숨겼다가 혼난 일을 가지고 시를 쓴다.

- 공부 끝나고 늘 모둠으로 앉아 몸 표현하기를 한다. 좀 시끄럽지만 남자 여자 가릴 것 없이 엉겨서 케이크도 만들고 산도 만들고 그랬다. 오늘은 케이크를 만들었다.

- 오늘은 국어를 두 시간 하는 날, 두 번째 국어 시간에는 좋은 시를 골라 시 그림을 그렸다. 윤경이네 모둠은 이원수 시집 《너를 부른다》를 가지고서 노래를 부르느라 정신이 없다. 〈부르는 소리〉를 좋아하는 아이들이 많다. 김성수는 임길택 선생님 시에서 〈저녁연기〉를 골랐다. 내가

작년에 아이들하고 외웠던 시다. 그 많은 임길택 선생님 시 가운데서 이 시를 골랐다는 게 우연치고는…….

―체육 시간에 소고춤을 추는데 지혜가 쩔쩔맨다. 정지은도 박자를 못 맞추고, 진필이는 여자 아이, 남자 아이 놀리느라 정신없고.

―청소 시간에 남아서 리코더 연습을 하던 화용이가 이렇게 하면 되느냐면서 리코더를 부는데 많이 나아졌다.

2001년 11월 6일 화요일 시 감상하고 표현하기

―세 편을 잇달아 외웠다. 〈가을 아침〉을 둘씩 짝을 지어 외우게 했다. 희준이와 누리가 시원하게 낭송을 했다. 진교와 종윤이도 외웠다. 오늘 새로 배운 시는 권태응의 〈등심 머릿심〉이다. 제목을 보고 무슨 뜻인가했더니 아이들이 제대로 설명을 못한다. '등심'은 지는 힘이라고도 하고. 그러다가 내용을 더 살피더니 차츰 알겠다는 얼굴이다. 그래도 나는 아이들이 '힘'을 '심'이라고 쓴 것에 궁금증을 가질 것 같아서 시에서는 소리 나는 대로 써서 시의 맛을 더 내는 이도 있다고 말해 주었다.

―남자, 여자 분단을 나누어 번갈아 읽어 보고는 느낌을 이야기했다. 그런 다음 이 시를 몸으로 나타내 보자고 했다. 슬픈 시라면 몸으로 표현하다가 자칫 시의 맛을 떨어뜨리겠지만 재미있는 시라서 한번 해 보았다. 윤경이와 희준이가 몸으로 나타냈다. 윤경이는 너무 우습게만 표현하려 들었다. 엉덩이를 너무 씰룩거려서 아이들이 웃었다. 내가 너무 장난스럽다고 하니까 종윤이는 자기네 엄마도 그렇게 걷고 아줌마들도 그렇게 걷는다고 했다. 나도 아이들도 한바탕 웃었다.

그림책 읽어 준 일

아이들한테 작년에는 그림책을 많이 읽어 주었는데 아이들 반응이 재미있어서 읽어 준 뒤 글로 쓰기 시

작했다. 읽어 주면서 재미있는 질문이 나올 때는 수첩에 얼른 써 두기도 하고 이야기를 해 준 다음 시간
에 얼른 컴퓨터로 중요한 몇 가지만 쳐 두기도 한다. 그리고 나중에 시간 있을 때 한 편의 글로 정리한다.

10월 23일 화요일《나비를 잡는 아버지》를 읽으면서

― 그림책 《나비를 잡는 아버지》를 실물화상기에 올려놓았다.

― 어 헌덕이다. 《너하고 안 놀아》 쓴 사람 맞아요?

― 제목을 보니 어떤 이야기 같니?

― 임길택 시 〈거울 앞에서〉처럼 아버지를 부끄러워하다 나중에 후회하는 이야기 같아요.

― 나비를 잡다가 문제가 생긴 일 같아요.

― 인물은 어때 보이니?

― 그림책 《내 친구 주이》에 나오는 주이처럼 쓸쓸해 보여요.

― 뭔가 못마땅한 일이 있어서 저러고 있는 거 같아요.

― 풀을 잎에 물고 있는 게 그렇게 보여요.

― 다음 장 넘기고, 뭐가 보이니?

― 질경이. 고무신, 한쪽을 벗고 책을 봐요, 산에 있는 거 같아요. 되게 웃긴다.

― 무얼로 그렸을까?

― 물감? 붓, 딱딱한 풀 같은 거.

내가 쓰는 교단일기에는 그림책 읽어 준 이야기, 아이들 생활 관찰한 이야기, 수업 시간에 있었던 일,
때로는 그날 내 기분까지 고루 들어 있다. 올해는 공부 시간에 있었던 일을 더 꼼꼼하게 써 볼 생각을
하고 있다. 모든 과목을 그렇게 할 수는 없다. 내가 관심을 많이 가지고 있는 과목만 그렇게 할 생각이
다. 돈이 들기는 하지만 좋은 녹음기도 하나 준비하려고 한다. 공부 가르치다가 공책에 뭘 쓰고 하는
일이 너무 바쁘기 때문이다.

애들아!
왜 이렇게 말을 안 듣니……

IV

생활지도와 상담

01 좋은 습관을 키우는 생활지도

평범하고 일상적인 것들을 가지고 가르쳐라.

그것들을 해석하는 작업을 통하여

어떤 특별한 것을 창출하여라.

해석을 한 뒤에야 학생은 특별한 가르침이

어떻게 있게 되었는지를 이해할 수 있다.

날마다 교사는 학생을 이해로 이끌 행위를 되풀이한다.

날마다 나무를 자르고 물을 긷는다.

교사는 단순한 일을 실천으로 보여 주며 가르치고,

그것은 사람을 단순한 진리로 이끈다.

일상으로 되풀이되는 일 없이는 배움도 없다.

놀람(경이) 없이는 지혜도 없다.

— 피 케이 메츠, 《배움의 도》에서

생활지도는 다른 사람과 더불어 생활하는 방법과 자기 삶의
주체로서 살아가는 방법을 배우는 과정이다. 단순히 행동을
통제하는 것을 넘어서서 아이들이 자기 가치관을 세우고 실천하면서
몸과 영혼의 성장을 북돋울 수 있는 의미있는 체험이어야 한다.

생활지도는 지금, 또는 앞으로 살아가면서 일상적으로 부딪치는 여러 장면에서 올바른 태도와 기준을 가지고 판단하고 선택하면서 다른 사람들과 더불어 살아갈 수 있는 바탕을 마련해 가는 과정이다. 사람과의 올바른 관계 맺음과 자연과 인간의 관계 맺음, 사회현상을 바라보는 이성적인 시각과 실천의지들, 그리고 자기 자신을 사랑하면서도 다른 존재들과 더불어 살아가기 위해 가져야 할 태도와 생활습관들을 만들어 나가는 것이다.

따라서 생활지도는 가치 있다고 생각하는 것들을 생활로서 체화하는 교육과정의 결과이며, 담임이나 학교의 교육철학과 학급운영의 결과로 나타난다. 스스로 생각을 키우고, 자기 삶을 가꾸기 위한 자율적 의지를 만들어 가고, 자기 행동에 책임을 지는 방식이 되지 않으면 생활지도는 조금씩 다른 형태를 띠고 있다 하더라도 말썽 없는 학급을 만들기 위한 통제 시스템밖에 되지 않는다.

스티커를 보상으로 내세워 쓰레기 줍기를 해서 교실과 자기 주위를 깨끗하게 유지한다고 해도 환경이나 에너지 개발의 문제는 남의 일인 양하고, 작은 생명을 지키기 위해 삼보일배를 하거나 목숨을 건 단식을 하는 사람들에게 냉소적 반응을 보인다면 결코 올바른 생활지도가 되었다고 할 수 없다.

아이들에게 자신의 생활태도를 어떻게 만들어 갈 것인가를 가르치기 전에 먼저 요즘 아이들의 특징과 자기 반 아이들의 특징을 읽어 내는 것부터 시작해야 한다. 교사의 아이들 읽기는 의사의 문진에 해당하는 일이다. 의사가 맨 먼저 환자의 이야기를 들으면서 환자의 상태에 대한 진단을 하듯이, 교사의 아이들 읽기 역시 생활지도의 첫걸음이다. 다만, 아이들 읽기는 '내 교실의 아이들'에만 한정된 문제가 아니다. 내 교실의 아이들은 '요즘 아이들'에 속해 있다. 요즘 아이들에 대한 이해와 함께, 교실 속 아이들과 일상을 행복하게 꾸릴 방안을 모색해 보는 것에서 아이들의 생활지도가 시작된다.

요즘 아이들의 유형과 특징

힘을 잃은 아이들

많은 교사들이 요즘 아이들을 말하면서 '학원에 지친 아이들'이라는 말을 빼놓지 않는다. 학원을 전전하는 일은 단순히 공부에 지치게 하는 효과만 낳는 것이 아니다. 인간이면 누구나 갈망하는 '자유 시간'을 빼앗기는 데서 발생하는 이상행동을 자주 보게 된다. 저학년에서보다는 고학년으로 올라갈수록 아이들의 이상행동이 눈에 띄게 늘어난다. 고학년으로 갈수록 학습과 학원으로 인한 스트레스가 심해지기 때문일 것이다.

이렇게 학원에서 보내는 시간이 많거나 학습지, 과외에 의지하는 아이들에게서 나타나는 경향은 '힘이 없다'는 것이다. '힘'은 육체적 에너지만을 의미하지 않는다. 요즘 아이들은 공부를 스스로 해낼 수 있는 힘을 잃고 있다. 누군가가 옆에서 끊임없이 가르쳐 줘야 그것이 공부라고 생각한다.

수업 중에도 교사가 어떤 활동을 제시하면 "이거 꼭 해야 하나요?" 하는 식의 질문을 몇 번씩 되풀이하고 교사의 꾸지람을 피하는 정도에서 대충 얼버무리면서 교사와 눈을 마주치지 않고 하루를 넘기고자 하는 아이들이 많다.

학습에서 자발성이 가장 중요하다고 하면서도, 자발성이 일어날 때까지 기다려 주지 않거나 자발성을 유도해 내지 못하는 어른들의 조급성이 이러한 병리적 증상으로까지 나타나는데, 무기력에 빠진 아이들은 뭐든지 될 대로 되라는 식이기 때문에 생활지도에 어떤 프로그램을 적용하더라도 자기를 깊게 들여다보고 치열하게 고민하면서 자신을 세워 나가는 것을 기대하기 어렵다.

경쟁에 민감한 아이들

부모의 관심은 많은 부분 공부에 치중되어 있다. 학교와 달리 학원은 부모들의 그런 관심사를 이용하여 모든 공부를 서열화한다. 그런 경쟁은 교과와 관련된 학원에서만 강조하는 것이 아니다. 운동을 목적으로 하는 스포츠센터에서도 나타난다. 결국 요즘 아이들은 학교에서의 경쟁보다는 학교 밖에서 배운 경쟁으로 자기도 모르게 생활에서 경쟁에 민감해진다.

경쟁에 민감한 아이들은 친구가 잘하는 것을 인정해 주지 않는다. 남의 것은 될 수 있으면 깎아내리고 평소 원만한 관계를 유지하는 친구라도 순위를 정하는 일이 있을 때는 경쟁 상대로 대하는 경우가 많다. 친구가 가진 물건이나 능력에 대해 관심이나 부러움을 표현 하기보다는 '후지다.' '나쁘다.' 등 부정적으로 반응하는 아이들도 늘어나고 있다.

자기 주장이 강한 아이들

요즘 아이들을 말할 때 빼놓지 않고 하는 얘기가 '버릇이 없다.'는 것이다. 아이들이나 젊은 세대에게 늘 따라다니는 이 말은 어쩌면 기성세대의 이기적인 관점일지도 모른다. 좋은 쪽으로 본다면 자기 의견이 확실하다고 할 수도 있다. 많은 아이들이 정말 예전에 비해 자기 의견이 분명하다. 가정교육에서 비롯된 것인지는 몰라도 어른 또는 교사에게 자기 속내를 말하지 못하고 우물거리는 경우는 별로 없다.

그러나 아이들의 의견이 강해진 점도 있지만 동시에 합리적이지 않은 자기 주장이 강해진 것도 사실이다. 다른 아이의 의견을 제대로 들어 주는 일보다 '내 주장을 밀어붙이는 아이들'이 많아진 것이다. 자기 주장이 강한 아이들은 남을 배려하는 마음이 부족하다. 친구 관계에서뿐만 아니라 어른이나 교사에게까지 거침없이 자기 주장을 내세우는 것이 요즘 아이들의 특징이라고 볼 수 있다.

공격적인 아이들

많은 교사들이 예전에 비해 요즘 아이들은 '큰 싸움'은 오히려 덜하는 편이라고 말한다. 그런데 아주 작은 일에 주먹이 먼저 나가거나 심한 욕을 하는 경우는 더 많아졌다고 한다. 참을성이 없어진 것이다. 인스턴트 식품을 많이 먹는 것부터 시작해서 가정에서의 교육방법에 이르기까지 원인은 여러 가지일 수 있다.

그러나 아이들의 공격적 행동은 많은 경우 관심을 끌기 위한 수단이다. 애정과 관심을 사려는 욕구를 충족하기 위해 아이들은 '올바른 행동'으로 힘들다면 싸우는 행동으로라도 관심을 끌려 한다. 그것은 스스로 느끼는 욕구 불만에 대한 보상일 수도 있다.

공격적인 아이들의 행동은 애정, 사랑 욕구가 채워지지 않아 생긴 것이지만 한편으로는 지나친 스트레스 때문일 수도 있다. 교사나 부모가 지나치게 도덕적으로 완전하기를 요구하는 경우에 아이는 오히려 비도덕적으로 행동하기도 한다. 아이에게 바른 행동 특성을 길러 주기 위해서는 설교나 훈계만으로는 충분하지 못하다. 공격적인 아이들은 어른들이나 친구들로부터 따뜻한 사랑과 이해를 받지 못한다고 느끼고 있기 때문이다.

미디어에 빠진 아이들

많은 아이들이 연예인이나 컴퓨터 게임, 채팅 프로그램에 심하게 빠져 있고, 그것들은 아이들의 개인생활이나 대인 관계, 학습 등에 심각한 영향을 미치고 있다. 손을 쓰는 작업을 기피하고 몸을 움직여 노는 것에 익숙하지 않으며, 인내심을 필요로 하는 책읽기나 자신의 생각을 일목요연하게 정리하고 표현하는 것을 힘들어한다. 수업 시간에 집중하지 못하고 졸거나 귀찮아한다. 자신들이 주도해서 만들어 내는 문화가 없기 때문에 주어진 문화에 빠져 버리면서 자기가 뭘 좋아하는지, 무엇을 잘하는지, 무엇을 하고 싶은지 상실해 버리는 경우가 많다.

특히 매체를 통해서 성, 폭력, 언어폭력 등에 너무 노출되어 몸은 아이지만 마음은 어른인 아이도 많다. 부모가 없으면 친구끼리 15세(또는 18세) 이상 관람 비디오를 보는 일도 아주 흔하다. 아이들은 텔레비전 드라마, 비디오, 인터넷을 통해 비뚤어진 남녀 관계를 받아들이고 '성'에 대한 정보를 잘못 이해하여 흉내 낸다. 교사가 아이들이 좋아하는 매체를 직접 함께 겪어 보고, 아이들이 바람직한 매체 문화를 경험할 수 있도록 계획을 세워야 한다. 매체에 얼마나 시간을 보내는지 아이들뿐 아니라 학부모와도 세세한 대화를 나누어 지도할 필요가 있다.

무리 짓기와 따돌림

점차 사회성이 무르익어 가는 초등학교 시기, 특히 여자 아이들의 무리 짓기는 본능에 가깝다. 이 무리 짓기의 방향을 좋은 쪽으로 잡아 가는 것이 모둠활동인데, 교사가 몰려다니는 것 자체를 안 좋게 바라보거나 무조건 어울려 다니지 못하게 하면 아이들은 오히려 교사를 따돌린다. 또 대부분 크고 작은 따돌림의 경험이 있기 때문에 친구를 사귈 때 공격적으로 말을 건네게 되고, 대화하면서 서로 마음을 드러내지 않는다. 놀이가 없어진 아이들은 친구들끼리 욕을 하고 편을 가르는 일에 집착하기도 한다.

따돌림에 대한 집단적 동조가 강해지고 죄의식은 희박한 요즘 아이들의 문화는 자기와 다른 것을 참지 못하는 획일주의가 낳은 병폐이기도 하지만, 따돌림을 하는 아이든 따돌림을 당하는 아이든 그 또래의 고유한 특성인 무리 짓기에 실패하고 있다고 보아야 한다.

반면 남자 아이들은 힘에 따라 서열을 나누고, 힘이 없는 아이나 유행에 둔감한 아이들을 무시해서 함부로 놀리거나 건드리고 때리는 현상이 많이 나타난다. 학급운영에서 아이들 인권 보호나 교사와 어린이의 평등한 관계 유지 등을 원칙으로 활동을 계획하는 것이 필요하다.

책임을 회피하는 아이들

이 밖에 무슨 일에 대해서 꼭 "내가 한 것 아니에요." 하는 식으로 책임을 회피하는 아이들도 많다. 땅에 떨어진 휴지를 보고 "희선아, 그것 좀 주울래?" 하면 열에 아홉은 "내가 한 거 아니에요."라는 대답을 한다.

이는 남을 배려하는 의식과 내가 다른 사람에게 얼마나 많은 것을 받으며 살고 있는가에 대한 의식이 부족하기 때문이다. 학급 공동체가 자신에게 필요한 이유를 모를뿐더러 학급 공동체에서 행복한 경험을 해 보지 못했기 때문에 교사가 시킨다고 해도 거기 수긍하는 마음이 많이 없어진 듯하다.

학급의 주인으로서 마음을 나누는 공동체의 행복한 경험을 하도록 해 주어야 한다. 또 남을 위한 일이 곧 나를 위한 행복한 일임을 교사가 함께 활동하며 경험하도록 해야 한다. 아이들은 어른들이 믿는 대로 자란다고 한다. 아이들을 대할 때 깊은 속마음을 들여다보며 여러 가지 생활지도를 할 필요가 있다.

생활지도의 원칙

1. 생활과 배움이 분리되지 않는 삶의 교육으로 교육 과정을 재구성한다.
2. 아이들이 자신의 '끼'를 발산할 수 있는 시간과 공간을 만든다.
3. 아이들과 소통의 통로를 다양하게 만든다.
4. 모든 일에 마음을 다하는 태도를 기른다.
5. 몇 개의 기준으로 서열화시키거나 경쟁시키지 않는다.
6. 자연과 함께할 수 있는 기회를 많이 만든다.
7. 지나친 욕심은 무관심보다 못할 수 있다.
8. 아이들과 맞서지 않고 몰아붙이지 않는다.
9. 집단으로 보지 말고 아이 한 명 한 명에 집중한다.

내 문제가 아니면 문제가 없는 것이다! 불우이웃돕기 성금을 모금하면 "아무리 땅을 파 봐라. 10원이라도 생기나." 라고 말하며 냉소적인 반응을 보이는 아이. 교사를 난감하게 만든다.

성적은 매우 좋으나 다른 친구들의 어려움에는 전혀 관심이 없는 아이. 이런 아이들은 흔히 '선생님이 공부만 잘 가르치면 되지……' 라는 생각을 하고 있는 경우가 많다.

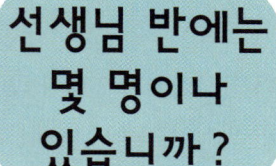

선생님 반에는 몇 명이나 있습니까?

지나치게 다른 사람에게 관심을 표현하거나 애정 표현 방식이 다소 어색한 아이. 가끔 자신을 괴롭히는 아이가 있으면 큰 소리로 울거나 소리를 질러 대기도 한다. 이런 행동이 계속 반복되면서 다른 친구들로부터 소외를 받게 되지만, 아무리 일러 줘도 잘 받아들이지 못한다.

잠시라도 손을 가만두지 못하고 책을 잘게 찢거나 공책 따위를 이리저리 구부리는 아이, 수업 시간에 심하게 다리를 떨거나 의자를 부산스레 움직이는 아이. 이런 아이들이 반에 서너 명만 있어도 수업은 험난하다.

사회성을 기르지 못한 아이들끼리 함께 살아가려고 하니 자연히 적대적인 관계가 형성되는 경우가 많다. 이런 분위기에서 혹시 친구들에게 소외당할까 봐 늘 두려워하는 아이들은, 생일은 물론이고 각종 '데이'를 지나칠 정도로 챙기려 든다.

지나치게 책에 몰두하는 아이가 있다. 물론 깊은 독서열이 나쁜 것은 아니지만 문제는 다른 아이들과 전혀 어울리지 못하는데도 스스로 그것을 문제라고 생각하지 않는다는 점이다.

우리 반 아이들을 읽는 몇 가지 방법

3월 첫 만남에서 설문이나 자기 소개를 통해 아이들을 웬만큼 알게 되었더라도 거기서 그쳐서는 안 된다. 일상 생활지도를 위해서는 역시 일상적으로 아이들을 읽어 내야 한다. 아이들은 시시각각 변하기 때문이다. 아이들 상태를 진단하는 활동을 꼭 시간을 더 내어서 의도적으로 할 필요는 없다. 교과 시간에 교과 내용과 연결하여 자연스럽게 읽어 낼 수도 있고, 교사마다 하는 학급활동 속에서 좀 더 유심히 관찰하면서 파악할 수도 있다. 아이들 읽기의 요체는 현란한 기술이 아니라 아이들의 생활을 깊이 이해하려는 교사의 마음이다.

● 나 표현하기 활동

아이들이 스스로를 표현해 볼 수 있는 활동을 많이 한다. 색종이로 자신을 표현하는 색깔을 집으라고 하거나, 모양을 만들어 자신의 상태나 마음을 표현하게 하는 활동을 하면 아이들이 현재 고민하고 있는 것이나 무엇을 소중히 여기고 있는지 알 수 있다. 3월에 자기 소개하기에서 자신을 드러내는 활동을 하기도 하지만, 학기 중에 수시로 하면서 아이들의 마음을 꾸준히 확인해 봐야 한다.

● 요즘 자주 쓰는 말

한 사람의 언어를 읽는다는 것은 그 사람의 마음을 읽는 일이다. 성인의 경우는 언어 사용과 마음 길이 서로 다른 경우도 많지만 아이들의 경우는 대부분 일치한다. 교실에서 교사가 어느 한 아이의 언어 사용에 이상한 점을 발견했다면 그 아이가 왜 그런 언어를 사용하는지 원인을 찾아보자.

아이의 언어 뒤에는 아이의 가정과 친구 관계가 그대로 나타나 있음을 확인할 수 있을 것이다. 요즘 아이들 사이에서 자주 쓰는 언어를 잘 들여다보면 아이들의 심리 상태가 어떤지 또는 어디에 관심이 가 있는지 알 수 있다.

아이들 사이에서 유행하는 언어만 보면 오히려 아이들을 읽기 어렵다. 아이들의 유행어는 텔레비전이나 만화 프로그램에서 시작되고 별 뜻 없이 유행하기 때문이다. 유행어보다는 또래 집단 사이에서 자연스럽게 쓰이는 언어를 들여다보면 알게 모르게 전반적으로 나타나는 '내포된 언어가 갖는 의미'를 찾을 수 있다. 동료 또는 같은 학년 교사들과 대화를 하면서도 자주 들리는 아이들 언어에 귀 기울일 필요가 있다.

● 요즘 가장 많이 듣는 말

말하기·듣기 시간을 이용해 자신이 요즘 가장 많이 듣는 말이나 가장 듣기 싫은 말, 가장 듣고 싶은 말이 무엇인지 이야기하다 보면 아이들이 요즘 고민하고 있는 문제나 처해 있는 객관적인 상황을 알 수 있다. 이런 것이 파악되면 교사는 아이들의 문제를 같이 해결해 나가는 동반자 역할을 할 수 있다.

부모님에게 "컴퓨터 꺼라."라는 말을 가장 많이 듣는다고 한 아이는 컴퓨터에 심각하게 빠져 있음을 알 수 있고 "책 좀 봐라."라는 말을 가장 많이 듣는다고 한 아이는 독서에 취미가 없음을, 그리고 "그만 자라."라는 말을 많이 듣는다고 한 아이는 평소에 잠이 많다는 것을 알 수 있다. 듣고 싶은 말도 그렇다. "책 그만 보고 잠 좀 자라." "내 아들이 제일 멋지다." "공부 그만 해라."라는 말을 제일 듣고 싶다는 말에서 그 아이의 바람과 욕구, 희망 등을 엿볼 수 있다. 이런 자료들을 학부모통신에 실으면 아이들과 부모가 소통할 수 있는 작은 창구가 된다.

● 좋아하는 놀이 살피기

한 사회의 문화는 그 사회의 흐름을 주도하고 있는 세대의 놀이문화를 보면 알 수 있다. 요즘 아이들을 이해하기 위해서도 제일 먼저 아이들의 놀이문화를 이해해야 한다. 교사는 아이들이 어떤 놀이를 좋아하는지 그 놀이의 목표(놀이 자체의 목표)가 무엇인지 어떤 도구를 사용하는지 등 아이들의 놀이문화를 읽어 낼 수 있어야 한다. 아이들의 놀이를 살필 때는 반드시 컴퓨터 게임과 바깥 놀이를 구분하여 본다. 좀 더 관심을 갖는다면 아이들이 왜 그런 놀이에 관심을 가지는지도 읽을 수 있을 것이다.

● 방과 후 아이들 생활 들여다보기

학교 일과를 끝낸 다음의 아이들 생활에 대해 아는 것도 중요하다. 그것은 다음 날 수업과 많은 관계가 있기 때문이다. 사회 문제가 될 정도로 학원에서 보내는 시간이 많아진 아이들이다. 학교가 끝난 뒤 아이들이 어떻게 지내는지 관찰할 수 있어야 한다.

방과 후 학원 수강 문제뿐만 아니라 가정에서의 아이들 시간 활용에 대해서도 살펴야 한다. 가정에서 아이들이 주로 무엇을 하고 지내며, 함께 시간을 보내는 사람이 누구이고, 부모와의 시간은 어떻게 활용되는지 알아 둘 필요가 있다.

● 학부모의 관심사 살피기

아이들 읽기는 한편으로는 학부모 읽기와 궤를 같이한다. 부모를 알지 못하면 아이를 온전하게 알 수 없다. 요즘 부모의 관심이 어디에 있는지를 읽으면 요즘 아이들의 행동 유형을 이해하는 데 많은 도움을 받을 수 있다.

부모의 관심이 모두 공부 또는 성적이라고 뭉뚱그려 말할 수도 있겠지만 자세히 들여다보면 꼭 그렇지만도 않다. 경제적인 면, 문화적인 면, 자녀교육의 방향 등 요즘 부모들에게서 나타나는 '기류'를 살펴야 한다.

교실에서 만나는 아이들의 행동이나 언어의 많은 부분은 부모의 관심 분야와 비슷하다. 그리고 부모의 관심이 지나치거나 그릇된 경우, 아이의 행동이 어긋나거나 거친 언어를 쓰게 된다. 때로는 부모의 관심과 정 반대되는 분야에 관심을 둠으로써 자신의 스트레스를 발산하는 아이도 있다.

● 대화를 통한 읽기

대화는 아이들을 읽는 가장 직접적인 방법이다. 그리고 가장 효과적인 방법이기도 하다. 대화의 기술을 완벽하게 갖추어 한 명 한 명 모든 아이들의 속내를 알아내는 일은 쉽지 않은 과정이다. 그래도 교사가 반복해서 아이들과 대화를 하려고 노력할 때 아이들 마음을 조금씩 열 수 있을 것이다.

즉흥적인 대화를 통해서도 아이에 대한 파악이 가능하겠지만, 앞에서 말한 아이들의 놀이, 언어, 방과 후의 생활, 부모의 관심 등에 대해 교사가 나름대로 사전지식을 가지고 대화를 나누면 더 좋다. 아이들의 뿌리에 무엇이 있는지 알고 나면 아이의 행동과 언어를 훨씬 더 깊이 이해할 수 있다. (아이들과 대화를 나누기 위한 마음가짐이나 주의점은 2권 250쪽 참고)

일상을 가꾸는 생활지도 전략

정성껏 배우는 태도 형성

머리로 배운 지식은 기억 속에 남거나 사라지지만 몸으로 정성껏 배운 것들은 가슴속에 남아 행동으로 체화된다는 말이 있듯이, 배움의 과정은 단순히 지식을 암기하는 것이 아니라 깨쳐 나가는 과정이므로 아이들은 힘껏 정성껏 배워야 한다. 수학과에서 하나의 개념을 배우고 국어과에서 중심 생각을 찾는 활동을 하더라도 그것으로 나아가는 과정이 정성스럽지 않으면 자기 것이 될 수 없다. 배우는 과정 자체를 정성껏 하게 하면서 그 과정을 소중히 여기는 태도를 만들어 나가야 한다. 그래야 자신이 활동했던 학습지 한 장도 소홀히 여기지 않는다.

● 조작활동

수업 속에 아이들이 스스로 체험할 수 있는 조작활동을 어떻게 넣을 수 있을지 깊이 고민하고 그 조작활동을 돕는 도구로서 학습지를 개발하여 수업을 준비한다. 분수를 가르치면서 아이들이 직접 나눠 보는 활동을 하게 하면 아이들은 몸으로 분수를 익히게 된다. 지형도를 보고 높낮이에 맞춰 직접 지형을 만들어 보면 산이 이어져 있음을 체험하면서 산맥을 이해하게 된다.

● 자기 화분 살리기

교실을 가꾸기 위한 목적뿐만 아니라 작은 생명을 살리는 것을 목적으로 화분을 돌보고 보살피는 과정에서, 생명을 길러 내는 수고와 작은 생명들이 가지고 있는 힘을 느낄 수 있게 되고 자연에 대한 경외심과 생명의 순환 과정을 자연스럽게 배워 나간다. 자기 힘으로 애써 무언가를 키워 보는 경험에는 잘 가꾸어진 화단이나 활짝 핀 화원의 꽃들을 보는 것과는 다른 힘이 있다.

● 학습 주제와 관련한 책읽기

지식을 암기하는 것은 배움이 아니다. 배움은 책에서 제기하는 문제의식을 가지고 교사나 친구들과 끊임없이 소통하면서 자기 생각을 정리해 나가는 것이다. 자기 관점을 가지고 주제와 관련한 책들을 읽으면서 좀 더 폭넓게 생각을 살찌울 수 있다. '가을'이라는 주제를 가지고 수업을 진행하면서 가을을 주제로 한 동화책이나 과학책, 그림들을 함께 보는 것은 어떨까. 《강아지똥》(길벗어린이)을 공부하면서 권정생의 다른 책을 함께 읽게 한다든지, 경제 수업을 하면서 《돌고 도는 돈》(글·발레리 기두, 그림·브뤼노 하이츠, 시공주니어) 같은 만화를 추천해 주면 그 분야에 관심이 있는 아이들의 생각을 넓힐 수 있고 자신의 가치관과 관점을 세우는 데 도움을 준다.

● 배움의 과정 아름답게 정리하기

하나의 학습 과제를 해결하는 과정이 정성스러웠던 만큼, 그 결과를 아름답게 마무리하는 것도 중요하다. 석고로 힘들게 자기 흉상을 조각한 아이들이 평가가 끝나기 무섭게 작품을 운동장 구석에 내동댕이치거나 힘겹게 그린 그림을 구겨 버리는 모습을 종종 본다. 아름답게 마무리하는 것까지 지켜보지 못할 정도로 정신없이 흘러가는 학습 흐름이나 넘쳐나는 학습량이 문제겠지만 작은 작업의 결과도 아름답게 마무리해서 공책이나 작품 모음집에 정리하는 과정까지 학습의 과정으로 챙겨야 한다.

저학년은 활동 유형별로 종합장을 만들어 활동한 결과들을 모아 나가게 하고, 고학년은 '배움 공책'을 만들어 완성한 활동지나 조작활동의 결과를 모아 나가게 하면 일 년 동안 아이들 활동이 고스란히 하나의 작품으로 남는다. 아이들은 자기 배움의 과정이 담겨 있는 그것들을 아주 소중히 여기게 된다.

학급 문화 만들기

● 약속 정하기

교사가 이러저러한 약속을 정하자고 한다고 해서 그 약속이 잘 지켜지지는 않는다. 잘 지켜지지 않으니까 벌칙을 강화하게 되고 결국은 그 벌 때문에 갈등상황에 빠지기도 한다. "숙제는 꼭 해 와야 하고, 일기는 매일 써야 한다."는 식의 약속을 정하면 안 해 오는 아이를 어떻게 할 것인지 고민하게 되고 그러다 보면 결국은 벌이나 체벌이 따를 수밖에 없다.

그러나 그것은 약속으로 정할 것이 아니라 일상생활의 지도 내용으로 삼을 부분이다. 교사는 일기 안 써 온 아이들, 숙제 안 해 온 아이들을 어떻게 지도할 것인지 꾸준히 고민해 보아야 한다.

약속은 여럿이 함께 생활하면서 반드시 지키지 않으면 안 될 최소한의 규칙으로 결정해야 하며 아이들의 의사를 존중해서 만들어 나가야 한다. 교사가 제시하더라도 왜 그것을 약속으로 정하고 싶은지 충분히 설명하고 아이들의 동의를 얻어야 약속으로서의 힘을 발휘하게 된다.

약속을 정하고 나면 약속을 지키지 않을 경우 어떻게 할 것인지에 대해서도 계획을 세운다. 벌을 정할 때에 아이들에게만 맡기면 너무 지나친 벌칙을 정해서 교육적이지 않거나 인권 존중의 대원칙을 저버릴 수 있다. 아이들과 벌칙을 정할 때도 충분히 토론하고 교사가 적절히 개입하면서 만들도록 한다. (학급 약속 정하기에 대한 내용은 1권 36쪽 참고)

● 체벌 안 하기

학급 내에서 언어폭력, 물리적인 폭력을 없애기 위해서는 교사의 체벌부터 다시 생각해 봐야 한다. '이 세상에 맞을 짓은 없다.'는 생각이 아이들 마음속 깊숙이 자리 잡지 않으면 아이들은 자신이 행한 폭력을 계속 합리화해 나간다. 교사의 체벌이 폭력인가 하는 점은 따져 보아야 할 문제이지만, 교사와 아이들 사이에서 또는 아이들 사이에서 폭력이 나오기 전에 언어로 충분히 소통하는 과정은 꼭 필요하다. 그렇게 되면 아이들 사이에서도 어떤 폭력도 결코 허용되지 않는다는 인식이 자리 잡게 된다.

● 학급 내 동아리 활동

아이들은 주어진 문화를 끊임없이 탐닉하지만, 자신들이 문화를 만들어 가는 희열은 거의 느끼지 못하고 지낸다. 학급에서 자신의 취미나 특기를 살려 동아리를 만들어 활동하게 하고 그 성과를 공유할 수 있는 시간을 만들어 주면 훨씬 생동감 있는 학급 분위기를 만들 수 있다.

댄스나 만화, 고무찰흙 인형 만들기, 바느질 인형 만들기, 책읽기, 신문 만들기, 영어동화 읽기, 한자 익히기, 장구 치기, 난타 등 아이들이 만들고 싶은 동아리를 마음껏 만들게 하고 동아리 활동을 적극 장려해 보자. 학급어린이회 회의 시간이나 재량활동 시간, 또는 아침활동 시간에 아이들이 활동한 결과를 공개하거나 동아리 활동란에 자신들의 작품을 전시하게 하면 아이들의 숨은 솜씨가 피어나는 것을 볼 수 있다.

입시나 성적 문제에서 그나마 조금 자유로운 초등학교에서라도 자신들이 갖고 있는 장점들을 발산시키면 그 기운을 밑거름으로 공부 방향도 스스로 정할 수 있다. 여기저기 기웃거리는 아이들 때문에 일주일도 안 돼 없어지는 부서도 있지만 그것도 아이들이 자신을 찾아가는 과정이라 생각하고 느긋하게 봐 주면 뭔가를 발견하는 과정을 결과보다 중요시하고 존중해 주는 학급 풍토를 만드는 데 큰 역할을 한다.

> **이런 일이 있었어요**
>
> 학교생활에 별 흥미를 못 느끼던 규윤이는 만화부를 만들어도 되느냐고 몇 번씩 묻더니 결국 만화부를 만들어 만화를 그리고 공개하기 시작했다. 곧 그 만화에 관심을 보이며 만화를 배우고자 하는 아이들이 점차 늘어났다. 역사를 배울 때는 공부한 내용을 만화 동아리 아이들이 만화로 그려서 다음 날 바로 게시하였고 그것을 읽고 짧게 소감을 써 주는 아이도 있었다. 친구들 관계에서도 자신감을 얻은 규윤이는 의욕적으로 학교생활을 하기 시작했고 지금은 대학에서 미술을 전공하면서 좀 더 과학적이고 예술적인 만화를 그리겠다는 의지를 불태우고 있다.

● 자연과 함께하기

3월이면 학교 주변에 있는 나무 가운데 하나를 정해서 꾸준히 관찰하면서 주변에 대한 관찰력을 키우고 변화하는 생명들의 소중함을 느끼게 한다.

공책 반쪽 크기의 수첩을 만들어 내 나무를 꾸준히 관찰하고 기록해 나가는 것이다. 일주일이나 이주일에 한 번씩 토요일 아침활동 시간을 자기 나무 관찰하여 그리거나 글쓰기 하는 시간으로 꾸며도 좋다.

주말 농장을 학교 가까운 곳에 분양 받으면 아이들과 함께 땅을 엎고 씨를 뿌리고 벌레 잡고 상추 뜯고 오이 따서 밭가에 앉아 쌈을 싸 먹는 맛도 느껴 볼 수 있다. 자연 속에서 아이들의 생명력도 함께 돋아난다. (텃밭 가꾸기에 대한 내용은 1권 232쪽 참고)

● 시와 노래, 그리고 책을 좋아하는 문화 만들기

시 노래 공책을 따로 만들어 일주일에 시 한 편과 노래 한 편을 나누어 주고 한 주 동안 노래와 시를 외우면서 그림으로 꾸미고 외우는 활동을 해 보아도 좋다.

책읽기 활동은 도서관을 이용한다. 도서관이 없거나 부실한 경우, 권장도서 목록을 만들어 2~3권 정도씩 사 오게 해서 학급문고를 꾸린 뒤 순환도서 체제를 만들어 두면 좋다. 일주일에 두 번 정도 독후활동을 하게 한다. 독후활동은 한 권의 공책에 누적해서 기록해 나가는데, 아이들에게 너무 부담이 되지 않도록 조심한다. (책과 함께 하는 활동은 3권 108쪽 참고)

● '선생님 이야기해요' 코너 만들기

'선생님 이야기해요' 코너를 만들어 교사와 특별히 하고 싶은 얘기가 있는 아이들이 자유롭게 대화 신청을 할 수 있도록 한다. 학급에서 문제가 일어났을 때 담임교사에게 중재를 요청할 수도 있고 교사와 개인적인 대화를 하고 싶을 때에도 신청할 수 있다.

교사에게 중재를 요청하는 경우, 신청서(예시 1)가 들어오면(신청함은 잠금장치를 해 두고 교사가 열쇠를 관리한다.) 갈등 관계에 있는 다른 아이에게도 교사가 대화를 요청한다. 상대방이 이를 받아들이면 대화 일정을 잡아(예시 2) 대화를 진행하고, 대화를 진행하면서 어떤 문제를 해결하고자 할 때는 반드시 합의문을 쓰도록 한다.

교과 시간과 연결시키기

수업은 사회를 보는 시각을 키우고 자신의 생활과 마음을 들여다보며 가치 있는 것을 내

예시 1

대화 신청서

- **신청한 사람** : 김지영
- **이야기하고 싶은 날짜** : ○○○○년 ○월 ○일
- **함께 이야기하고 싶은 사람** : 선생님, 최순영, 박혜림
- **이야기하고 싶은 내용** : 우리 반 카페에서 자주 내 흉을 보아서 하지 말라고 했는데 자꾸 합니다. 지워 달라고 해도 지워 주지 않습니다.

예시 2

대화 일정 안내

김지영의 대화 신청이 받아들여져 일정이 다음처럼 잡혀 있습니다.

날짜 : ○○○○년 ○월 ○일 오후 3시 30분
장소 : 우리 반 교실

그때 만나요!

면화할 수 있는 기회이다. 자기 생각과 판단에 근거한 진정한 의미의 자율성을 가지기 위해서라도 이러한 과정은 반드시 필요하다. 교과 내용을 훑어보면서 함께 생각해 봐야 할 가치나 주제들을 가려내어 그에 대한 프로그램들을 마련해 교과 수업을 구성하도록 한다. 생물과 환경에 대해 배울 때는 생태교육 프로그램을 배치해서 생태그물 속에 인간이 차지하는 비중과 함께 우리가 관계 맺고 있는 환경, 나아가 다른 생명들의 소중함을 배우도록 할 수 있다. 따돌림 문제나 차별에 대한 것들도 여러 가지 자료를 객관적으로 읽어 보고 다른 사람들과 생각을 나눔으로써 근본적인 태도 변화까지 꾀할 수 있다.

예시 3

문제 해결을 위한 합의문

● **날짜** : ○○○○년 ○월 ○일 오후 3시 30분
● **이름** : 김지영, 최순영, 박혜림
● **중재자** : 박지희 선생님

합의문

우리는 문제 해결을 위해 다음과 같이 노력하기로 한다.
1. 김지영은 우리들을 째려보지 않는다.
2. 친해지지 않더라도 서로 흘겨보거나 흉을 보지 않는다.
3. 5월 20일 밤까지 카페에 있는 김지영에 대한 글을 모두 지운다.
4. 흉본 것을 사과하는 글을 카페에 싣는다.
● **서명** : 김지영, 박혜림, 최순영
● **중재자 서명** : 박지희

각 시기의 아이들에게 반드시 필요한 가치관이나 함께 생각할 주제들이 어느 과목 어느 단원들과 연결되어 있는지 찾아보고 그 시간에는 교과 고유의 기능적인 목표와 발을 맞추어 가치 지향적 수업들을 구성해 보자.(수업 구성하기에 대한 내용은 2권 44쪽 참고)

한편, 수업 시간 중에 숙제를 해 오지 않았다고 무릎을 꿇게 하거나 노력해도 잘 나오지 않는 점수와 등급을 아이의 의지와는 무관하게 학급 아이들에게 공개하고 심지어 점수별로 자리를 배치하는 행위는 아이들의 가슴속에 분노만 키울 뿐이다.

숙제를 하지 않는 것은 자기 자신한테 불성실한 일이다. 그러므로 교사는 그 아이에게 숙제를 해야 하는 필요성을 느끼게 해 주거나 숙제를 하지 못하는 장애 요소를 제거해 주어야 한다. 학습의 참여도나 성취 결과의 측면에서 자신이 판단해야 할 문제이지 많은 사람들 앞에서 벌을 준다고 해결될 문제는 아니다.

글쓴이 · 도움 주신 분들 박지희 | 서울 상경초 교사

사회성이 발달한다는 것은 여럿이 함께 살아가는 사회에서 자신도 사회를 구성하는 일원으로 행복하게 살아갈 방법을 익힌다는 것이다. 사회성이 아직 여물지 않은 저학년 생활지도는 올바른 사회생활의 바탕을 배우는 데 목표를 두어야 한다. 생활지도의 기본 원칙은 고학년의 경우와 다르지 않으나 저학년은 경험이 많이 부족하기 때문에 사회성의 근간을 이루는 행동이나 언어를 처음부터 배워야 한다.

저학년 만나기

자기를 **표현**하는 법 가르치기

박지희 | 서울 상경초 교사

노는 방법 가르쳐 주기

저학년 아이들의 생활지도는 뭐니 뭐니 해도 노는 방법을 가르치는 것이다. 운동장에 나가서 술래잡기, 그림자 놀이, 그네 타기, 짝짓기 따위를 하며 많이 놀아야 한다. 교사가 중심이 되어서 놀다가 모둠별로 놀이를 하도록 하기도 한다. 혼자 노는 아이, 잘 어울리지 못하는 아이들은 교사가 함께 놀면서 아이들과 어울리도록 배려해 주다가 슬그머니 빠져서 아이들끼리 잘 어울릴 수 있도록 한다.

교실에서 놀 때는 주로 놀잇감을 가지고 놀게 된다. 놀잇감 가운데는 특히 아이들이 좋아하는 놀잇감이 있는데, 꼭 몇몇 아이들이 그 놀잇감을 독차지하려는 일이 생긴다. 이 때문에 다툼이 생기기도 한다. 교사는 아이들이 노는 모습을 유심히 관찰하면서, 놀고 싶은 사람은 누구인지 손을 들게 한다. 그리고 다른 친구들에게 "함께 놀자고 말해 보렴." 하는 식으로 양보하면서 함께 놀 수 있도록 지도한다. 놀잇감을 양보한 아이와 함께 놀자고 말한 아이를 모두 칭찬해 주고, 주변의 아이들도 자기 의견을 솔직히 말하고 양보심을 키울 때 더 많은 사람이 행복하게 된다는 사실을 느낄 수 있도록 한다.

마음을 말로 표현하는 방법 알려 주기

저학년 아이들은 공연히 친구를 건드려서 싸움을 일으키기도 한다. 그럴 때는 주변의 아이들과 동그랗게 앉아서 교사가 사회를 보면서 토론을 해 본다. 왜 싸웠는지, 싸우는 과정에 어떤 마음이었는지 말로 표현하도록 진행한다. 같이 놀고 싶어서 그랬다는 이야기를 많이 하는데, 그럴 때 "나랑 블록놀이 하자." "나랑 알까기 하자."는 식으로 말하는 연습을 시킨다. 특히 다른 여자 아이나 남자 아이를 습관적으로 먼저 툭툭 건드리는 아이가 있는데 고쳐지지 않으면 부모님께 부탁을 해서 사과 편지와 사탕을 주면서 직접 사과하도록 지도하면 효과가 있다. 물론 말로 표현하는 방법, 자신을 나타내는 방법은 바른생활 시간이나 국어 시간에 따로 공부하는 것이 필요하다.

마음을 가꾸는 학급활동 계획하기

학급운영 프로그램 중 '나무와 친구 되기'는 특히 저학년 생활지도에 효과가 있다. 처음 학교에서 생활하는 저학년 아이들이 자연과 함께하는 삶, 친구와 함께하는 기쁨을 조금씩 배워 갈 수 있는 좋은 활동이다.

나무에 관해 이야기를 해 주고, 자기 나무를 정해서 나무와 처음 만난 것을 기념하는 사진을 찍는다. 일주일에 한 번, 혹은 집에 갈 때마다 나무를 찾아간다. 자기 나무에게 즐거운 일도 이야기해 주고, 슬픈 일도 이야기해 준다. 그리고 자기 짝꿍도 나무에게 소개한다. 나무에게 편지도 쓰고, 시도 쓴다. 처음 꽃이 피었을 때, 열매를 맺었을 때는 색종이 목걸이를 만들어서 칭찬도 해 준다. 친구들에게 자기 나무를 그려서 소개도 하고, 부모님께도 소개한다. 한여름에는 보건교사에게 청진기를 빌려서 청진기를 대고 나무의 물 올라가는 소리를 들어 보아도 재밌다. 물 올라가는 소리가 잘 들리지는 않지만 청진기를 대는 순간 살아 있는 생명임을 느끼게 된다.

그러다 보면 방학 때에도 나무를 보러 학교에 오고, 추운 겨울이 되면 나무에게 잘 견디라고 격려 인사를 하는 아이도 생긴다. 나무 주변의 곤충, 바위에게 내 나무와 친구를 해 달라고 부탁하는 말도 한다. 일 년간 나무와 친구 되기는 저학년 아이들이 자연이 우리와 하나임을 느끼게 해 주는 학급운영 프로그램이다.

우리 반 이야기

1. 아이들 마음을 읽는 점심 나들이
2. 옛이야기로 하는 생활지도 한 수
3. 급식지도 해야 할까, 말아야 할까

1. 아이들 마음을 읽는 점심 나들이

강승숙 | 인천 남부초 교사

마흔 명이 넘는 아이들한테 고루 관심을 기울이는 게 쉬운 일이 아니다. 공부를 가르치기 전에 먼저 아이들을 알아야 한다. 그러려면 이야기도 나누고 머리도 쓰다듬어 주어야 하는데 그럴 시간이 좀처럼 나지 않는다. 쉬는 시간마다 해 봐야지 하고 마음을 먹지만 일기 좀 보다가 다음 시간 준비하다 보면 금세 다 지나간다. 아침활동 시간에 한 명씩 불러서 이런저런 이야기를 해야지 하고 생각도 해 보았지만 그것도 쉽지 않다. 아침활동도 제대로 하려면 아이들을 잘 살펴야 하고 활동이 끝나면 검사도 해야 한다. 그래도 궁리를 하다 보니 길이 열렸다. 어느 날, 점심을 먹다가 문득 밥 먹고 교실에 들어가기 전에 아이들을 한 명씩 데리고 학교 안 나들이를 하면 어떨까 하는 생각이 들었던 것이다.

나들이를 시작하면서 꾸준하게 잘할 수 있을지 자신이 없었다. 그저 점심 먹고 운동한다 생각하고 되는 만큼 하자고 마음을 편하게 먹었다. 그런데 나중에 보니 1번에서 끝번까지 나들이를 다 했다. 그러면서 내가 아이들에 대해 평소 모르고 지나가는 것이 많다는 것을 알게 되었다. 비록 5분밖에 안 걸리는 짧은 나들이었지만 나한테 하는 이야기, 저희들끼리 하는 이야기를 들으면서 아이들한테 더 가까이 갈 수 있었다.

처음에는 알차게 나들이를 하려는 마음에 아이한테 이것저것 물었는데 어쩐지 자연스럽지가 않았다. 그래서 그냥 편하게 텃밭을 손보기도 하고 말없이 걷기도 했다. 내가 볼일이 있으면 아이를 데리고 다니면서 하기도 했다. 나들이에 별 관심이 없는 아이들도 있지만 그래도 손꼽아 기다리는 아이들이 더 많다. 그냥 선생님하고 단 둘이 손을 잡고 걷는다는 게 좋은가 보다.

4월 21일 / 보경이와 점심 나들이

보경이는 칭찬보다 야단을 더 많이 듣는 아이다. 얼굴을 찡그리고 있거나 친구한테 소리를 버럭 지르는 때가 많아서 나한테 야단을 맞는 것이다. 보경이는 스티커라든가 새로운 물건을 장난기 많은 남자 아이들이 조금이라도 만지면 신경질을 내면서 소리를 지른다. 짝하고도 자주 다투는 편이다. 짝한테도 문제가 있겠지만 보경이도 마음이 너그럽지 못하다. 보경이 편을 들어주고 야단도 안 치려고 하지만 자꾸 야단을 치게 되니까 보경이와 좀 서먹한 느낌마저 든다. 내 느낌이 그렇다.

점심 나들이를 하면서 더 친해져야겠다고 생각했다. 보경이한테 식구들 얘기를 해 보라고 하니까 아버지는 택시기사고 어머니는 보험회사 다니느라 저녁 6시가 되어야 들어오신다고 했다. 보경이가 묻는 말 외에 별말이 없어서 손을 잡고 천천히 걷기만 했다. 선생님한테 할 말이 있냐고 물으니 같은 모둠 친구 태호가 친구들을 귀찮게 한다고 이른다. 보경이는 여러 가지로 불만이 많은 편이다. 보경이 마음을 더 풀어 주어야 할 것 같다.

4월 24일 / 선영이와 점심 나들이

점심을 먹고 선영이와 걷고 있는데 여자 아이들 대여섯 명이 졸졸 따라왔다. 나는 좀 멀찌감치 따라오라고 했다. 바짝 붙어 오니까 선영이하고 얘기를 할 수가 없었다. 아이들은 내가 무슨 말을 하는지 궁금하다고 했다. 선영이는 아이들 등쌀에 웃기만 한다. 나한테 한 번도 말을 건 적이 없는 아주 얌전한 아이다. 그림자같이 조용한 아이다. 그래도 내가 묻는 말에는 조곤조곤 대답을 한다. 선영이는 아직 친한 친구가 없다고 했다. 작년에 친한 친구가 있었는데 파주로 이사를 갔다고 한다. 선영이는 미술과 국어를 좋아했다. 나는 선영이를 이끌고 쥐똥나무 있는 곳으로 가서 열매도 만져 보고 감잎 커진 것도 살펴보았다. 아이들하고 하루하루 나와서 볼 때마다 이파리가 커진다. 혜영이가 한쪽에서 사철나무 잎을 따서는 풀피리를 불었다. 삐익— 하고 소리가 크게 났다. 혜영이가 그러니까 현영이도 다른 아이들도 따라 한다. 선영이는 가만히 보기만 했다. 나는 아이들한테 선영이를 위해서 노래 하나 불러 주라고 했다. 아이들은 〈고향바다〉를 불러 주었다. 나와 선영이를 앞에 두고 빙 둘러서서 말이다. 누가 보면 운동장 한쪽에서 뭐 하나 싶었을 거다. 나는 마침 《그림자 옮기기》라는 동화가 생각나서 아이들한테 원을 만들어 손을 잡으라고 했다. 그리고 속으로 내가 열하고 숫자를 세면 다 같이 하늘을 보라고 했다. 물론 그림자는 하늘로 가지 않았다. 그래도 아이들은 재미있다고 했다.

4월 27일 / 광일이와 점심 나들이

광일이와 나는 점심을 먹고 신관 뒤편으로 갔다. 그곳에는 텃밭이 있는데 고추, 상추, 쑥갓 같은 것을 심어 놓았다. 나는 광일이한테 이름을 하나씩 물었다. 광일이는 하나도 몰랐다. 내 말에는 별로 귀를 기울이지 않고 자기 얘기 하느라 정신이 없다. 광일이는 공부 시간에 발표를 많이 하지만 친구하고 말도 많이 하는 편이다. 그런데도 책은 더듬거리며 읽는다. 광일이는 기성이하고 친하다고 했다. 아버지가 교회 전도사님이다. 광일이는 지난주 예배를 마치고 식구들이랑 피자 먹으러 간 이야기를 했다. 그일이 몹시 즐거웠던 모양이다. 광일이는 땀을 많이 흘리는 것 같았다. 손이 너무 축축했다.

5월 16일 / 성진이와 점심 나들이

성진이와의 점심 나들이는 한참 만에 이루어졌다. 어린이날, 어버이날 쉬고 토요일은 점심 시간이 없고 스승의 날도 오전 수업을 하느라 점심을 먹지 않았기 때문이다. 성진이한테 미안했다. 성진이랑 걸으면서 보니 감나무 잎이 많이 넓어졌다. 나는 성진이더러 감잎 좀 보라고 했다. 참 신기하다. 날마다 운동장을 둘러보니까 나무 잎사귀가 조금씩 자라는 것을 볼 수가 있다.

성진이는 재미있는 아이다. 한마디 물으면 쉼 없이 이야기가 나온다. 성진이는 사회를 좋아하는데 어제는 가게 조사한 것을 실감나게 발표했다. 말솜씨가 좋아서 발표만 하면 아이들이 잘 듣는다. 성진이는 지금 할머니, 할아버지 그리고 아버지와 지낸다. 엄마는 머리가 많이 아파서 진주 외할머니 댁 가까이 있는 병원에서 치료를 받는다고 한다. 많이 아파서 집에 있기 어려운 것 같다. 성진이 얘기를 들으면 아버지가 막노동을 하기 때문에 그리 돈을 많이 버는 것 같지 않다. 하지만 살림은 그닥 어려워 보이지 않는다. 성진이는 학습지도 네다섯 개 정도 하고 학원도 한 군데 다닌다.

성진이하고 이런저런 얘기를 하다가 재승이에 대해서 물었다. 요즘 재승이 때문에 고민이 많아서 도움말을 들을까 싶어서였다. 성진이는 재승이랑 '들꽃사랑' 취미 모둠인데, 연경산에 갔던 이야기를 했다.

"재승인요, 되게 착해요. 학교에서는 좀 왕따

비슷한 식으로 아이들이 막 대하지만 좋아하는 아이들도 많아요. 산에 갔을 때 보니까 다 재승이하고 잘 놀아요. 재승이는 무슨 놀이를 하면 '내가 술래 할게.' 이러거든요. 그래서 아이들이 좋아해요."

동네에서 아이들하고 놀다가 동생이 술래가 되면 대신 해 주고 또 반 친구들이랑 놀 때도 술래가 먼저 되어 준다고 했다. 재승이가 다시 보인다. 성진이랑 한참 이야기를 하고 있는 재균이, 강건이, 병진이가 뒤따라온다. 열 걸음만 떨어져서 오라고 했다. 그래도 킥킥대며 살금살금 따라온다. 모른 체하고 가는데 나뭇가지 사이로 재승이가 풀피리 부는 것이 보인다. 성진이와 가까이 가 봤다. 아이들은 재승이가 나뭇잎으로 피리를 잘 분다고 했다. 내가 재승이더러 해 보라고 하니 재승이는 개나리잎 같은 것을 입술에 대고 "뿌--뿌륵" 하는 소리를 냈다. "하, 재승이 피리 잘 부네." 하고 칭찬을 하니까 씩 웃는다. 환하게 웃는데 얼굴에 보조개가 참 예쁘다. 재승이와 성진이, 나는 나란히 넓직한 돌 위에 앉았다.

"재승아, 너는 누구하고 제일 친하니?" 하고 물으니 재승이는 옆에 앉은 성진이를 가리켰다. 성진이도 재승이하고 친하다고 했다. 다시 재승이한테 아침에 짝 태영이가 공부할 준비 하라고 말한 것 가지고 왜 화를 냈냐고 하니까 재승이는 참견하는 게 싫다고 했다. 그러고 보니 태영이가 좋은 말로 했을 것 같지 않다. 그래서 재승이도 자존심이 상한 거다. 나는 그래도 선생님이 태영이한테 부탁을 했으니까 깜빡 공부 준비를 못했으면 친구 얘기 듣고 얼른 준비하라고 했다. 재승이는 알겠다고 한다. 성격 좋고 재미있는 성진이가 재승이의 친한 친구라서 마음이 든든하다.

2. 옛이야기로 하는 생활지도 한 수

정현주 | 경기 남양주 금곡초 교사

6학년 아이들과 수업을 하다가 일어난 일입니다. 두 남자 아이가 수업이랑 상관없이 소곤거리며 떠들고 있었습니다.

"둘이 수업에 관심이 없구나! 뒤에 나가서 반성하다가 반성 다 했으면 들어와."

입을 삐죽이 내밀고 나간 두 녀석들. 뒤에 가만히 서 있기는 하는데 아무리 지나도 제자리로 안 옵니다.

참을성 없는 내가 먼저 물었습니다. "너희들 내가 반성했으면 들어오라고 했는데, 왜 안 들어오니?"

"선생님, 저희는 반성할 수 없어요. ○○도 떠들었고 △△도 떠들었는데 왜 우리만 뒤에서 벌서야 해요?"

다른 때 같으면 내가 먼저 고래고래 마구 화를 냈겠지만 그날은 내가 제 정신이었나 봅니다. 천사 같은 표정으로(＾ ＾), "그래 알았어. 반성 안 돼도 들어와 앉아."

두 아이들 그제야 승전 장군들처럼 고개 빳빳이 들고 자리에 앉습니다. 다음 시간에 난 아이들에게 옛이야기를 해 주마고 했습니다. 아이들의 환호성. 다 컸다며 논리로 따지려는 6학년도 옛날 얘기라면 어찌 그리 좋아하는지.

"옛날옛날에 어느 작은 나라가 있었대. 거기에는 백성들과 임금님과 신하들이 살았겠지?"

"공주는요?"

"몰라, 있었는지도 모르지만, 이 이야기에 공주는 안 나오는구나. 어쨌든 그 나라의 임금님은 자주자주 나라를 두루 돌아보며 백성들이 잘 지내는지, 힘든 점은 없는지 알아보고, 나라를 잘살게 하려고 참 애썼다는구나. 그러던 어느 날 한 마을을 지나가는데, 그 마을 사람들은 왜 그랬는지 청소도 안 하고 쓰레기와 음식 찌꺼기가 여기저기 길거리에 뒹구는데도 관심도 없이, 일도 안 하고 낮에도 늘어지게 잠만 잤다는구나.

보다 못한 임금님이 동네 주민들을 불러서, 마을을 위해서 청소도 하고 일도 열심히 하고 그래야 되지 않겠냐며 야단을 쳤대요. 계속 이렇게 게으르고 지저분하게 하면 벌금을 내리겠다고. 임금님 말을 들은 동네 사람들은 수군수군하더니 이윽고 한 사람이 나서서 그랬대. '왜 임금님은 우리 동네 사람만

미워하냐. 다른 동네 사람들은 칭찬하면서. 쓰레기가 많은 동네는 얼마든지 있다. 벌금을 내리려거든 그 동네들 다 모은 다음에 똑같이 내려라. 우린 임금님의 그 명령을 못 따르겠다. 임금님이 우리 마을을 미워해서 하는 말이다.' 임금님은 그 말을 듣고 어이가 없어서 그냥 돌아왔대. 여름이 되어 소나기가 내리고 무더운 햇볕이 내리쬘 때 그 동네는 어떻게 되었을까?"

"아마 모기랑 파리가 많이 생겼을 거예요. 쓰레기 냄새가 지독할 거예요, 어쩌면 무서운 전염병이 생겼을지도 몰라요."

"맞아요. 온 마을이 파리와 모기떼로 난리가 아니었대. 지독한 냄새도 문제고. 그제서야 사람들은 아차 해서는 청소를 하고 소독을 하고 난리를 쳤다는구나. 그리고 생각했대. 그때 임금님이 정말로 마을 주민을 미워했던 것일까에 대해서. 그런 생각을 '후회' 라고 하겠지? 난 우리 6학년 아들내미 딸내미들이 그런 우매한 마을 사람들이 아니었으면 좋겠구나. 다른 마을이 청소를 할 때까지 우리도 절대로 안 한다는 것, 옳은 판단일 수도 있지만 결과적으로 그 판단은 옳지 못했지? 왜일까?"

"청소는 자기네 마을을 위해서 하는 것이기 때문이지요. 다른 마을이 청소 안 한다고 우리도 안 하는 것은, 자기 마을을 위해서 해야 하는 일에 남의 핑계를 대는 것이구요."

"그렇구나. 선생님이 너희 가운데 누군가에게 안 좋은 점을 말하고 벌세우거나 반성하라고 하면 어떻게 하는 것이 좋을까?"

그제야 아이들은 후후 웃으며 왜 이 긴 이야기를 했는지 속으로 가늠했지요. 아까 뒤에 서 있던 두 아이들은 모르는 척 딴 짓 하며 실실 웃었구요.

청소가 끝나고 모두들 돌아가는데, 이 아이들이 교실 뒤에서 장난을 치며 집에 안 가고 있었어요. 난 못 본 척 책상에 앉아 모아 둔 학습지 채점을 하고 있는데, "선생님!" 교실 뒤쪽 문에서 두 아이가 나를 불렀어요. 고개를 들고 보니 두 아이가 웃으며 수줍게 말했어요.

"저희들 오늘 잘못했습니다."

"잘못했어요. 용서해 주세요, 선생님!"

"후후, 용서랄 것 있니? 그래 용서할게. 대신 일루 와서 요기다가(얼굴 ^ ^) 뽀뽀해 주고 가."

"으악! 안녕히 계세요."

두 녀석은 도망치듯 교실 문 밖으로 앞서거니 뒤서거니 달려갔습니다. 굳이 말 안 해도 되는데, 그렇게 말해 준 아이들이 내심 뿌듯했습니다. '역시 근본이 되었어. 후후.'

전 가끔 아이들에게 문제가 생겼을 때에는 즉흥적으로 이야기를 지어서 해 줍니다. 아주 작은 일 하나에도 스스로 많이 컸다고 생각하며 설익은 논리로 따지며 아옹다옹 다투는 6학년 아이들. 전 그런 아이들에게 같이 논리로 따지지 않으려 합니다. 오히려 아이들의 약한 고리, 즉 마음을 열도록 합니다. 아이들은 옛이야기 속에 나오는 황당한 주인공을 비웃기도 하고 심각해지기도 하고 명랑해지기도 하면서 자신의 문제를 잠시 접어 두고 이야기 속의 인물들에 대한 평가를 합니다. 그러다가 자신의 일로 돌아와 생각하고는 바른 판단을 내리곤 했지요. 제 나름의 아이들을 변화시키는 노하우입니다.

3. 급식지도 해야 할까, 말아야 할까

김권호 | 서울 일신초 교사

우리 반은 5교시 시작종이 울려도 식판을 앞에 두고 있는 아이가 여럿일 때가 많다. 대개 채소, 김치 따위와 씨름할 경우에 그렇다. 아무래도 안 되겠는지 정수기에서 물을 받아 와 물 한 모금, 김치 한 조각을 번갈아 먹는 아이도 있고, 식판에 물을 따라 놓고 김치를 물에 씻어서 먹는 아이도 있다. 그래도 잘 못 먹고 있으면 친한 동무가 대신 먹어 주기도 한다. 나 몰래 조금씩 먹어 주는데 그러다 걸리면 나를 보고 씩 웃는다. 내 눈에 힘이 들어가면 슬그머니 자리에서 일어나고, 그렇지 않으면 아예 대놓고 먹어 준다. 때에 따라 다르기는 하지만 아이들은 제가 할 수 있는 만큼 김치를 먹기 위해서 노력하고 있다.

자유로운 사회에서 무엇을 먹든 그것은 개인의 취향이다. 게다가 반마다 특이 체질을 가진 아이가 한두 명 있게 마련이니, 전체에게 같은 잣대로 급식지도를 하기도 어렵다. 학부모들도 아이마다 다른 체질을 배려해 주기를 바란다. 무엇보다 급식지도라는 게 안 먹는 반찬에 대해 간섭하는 일이기 때문에 별 수 없이 잔소리를 많이 해야 한다. 그런 잔소리는 교사와 편식하는 아이와의 관계를 나쁘게 만들곤 한다. 개인의 취향도, 체질도, 아이와의 관계도, 교실의 평화도 고려해야 하니 어쩌면 교사에게 급식 지도는 안 하는 게 훨씬 편한 일일 수 있다. 그래서 올해는 학년 초에 먹기 싫으면 안 먹어도 된다 했다. 내심 아이들과 얼굴 붉히지 않고 좀 편하게 지내야겠다는 마음도 있었고, 아이들 인권을 지켜 준다는 대의명분도 분명했기 때문이다.

그런데 급식지도를 다시 할 수밖에 없는 상황이 금세 찾아왔다. 어쩌면 이미 예상된 일이었는지도 모른다. 아이들은 채소를 먹지도 않고 배식통에 버렸고, 고기, 스파게티 같은 것들은 서로들 더 먹겠다고 다투었다. 결국 마음을 바꿔 다시 급식지도를 할 수밖에 없었다.

무엇보다 아이들을 설득하는 것이 필요했다. 대체로 아이들은 자신이 먹어 보지 않은 음식에 대해서는 선입견이 심하다. 그래서 먹어 보지도 않고 맛없다고 버틴다. 먹어 보지 않고 맛이 없는 걸 어떻게 알 수 있을까. 그렇게 안 먹겠다고 버티던 녀석이 할 수 없이 먹고는 "어, 맛있네." 할 때 참 황당하다. 먹다 보니 맛을 알고, 맛을 아니 찾아 먹게 되는 것이다. 못 먹겠다 버티면 우리 집 아이에게 김치와 나물을 먹일 때처럼 작게 잘라서 조금씩 먹였다. 일단 맛을 알게 하는 게 중요하다. 조금씩 꾸준히 먹이는 것이 교사로서 내가 선택할 수 있는 가장 좋은 전략이라고 생각했다.

먹어 보지 않고는 맛없다 말할 수 없다고 선언했기 때문에 아이들은 일단 조금씩 자른 것은 먹으려 했다. 조금이라도 먹으면 다 먹지 않아도 되니 좋고, 음식과 씨름하지 않고 나머지 점심 시간을 놀며 즐길 수 있으니 그쪽이 훨씬 유리하다는 것을 일찌감치 파악했다. 그렇게 1학기가 지나자 조금씩 맛에 익숙해지고 조금 큰 것도 먹을 수 있게 되었다. 더 많은 시간이 지나면 맛을 느끼며 찾는 수준까지 갈 수 있겠지만 일 년 안에 그런 일은 일어나지 않을 것이고 바라지도 않는다.

낯선 반찬이 나왔을 때는, 내가 직접 먹는 시범을 보여 주고 그 맛에 대해 말하면서 아이들에게 먹어 보게 했다. 다른 일도 그렇지만, 급식지도에서도 교사가 직접 먹는 걸 보여 주는 것은 매우 효과 있는 방법이다. 한 번은 미역국에 미더덕이 들어 있었다. 먹어 보지 않은 아이들이 대부분이다. 먹자 하니 그걸 어떻게 먹느냐고 야단이었다. 내가 오도독 오도독 씹어 먹으며 "맛있고 고소하네!" 그러면서 먹어 보라고 하니 몇 아이가 긴가민가하더니 먹는 시늉을 한다. 언제나 이렇게 따라 하는 아이들이 있게 마련인데, 물론 비위 좋은 녀석들이다. 먹어 본 아이가 좀 과장스럽게 "먹을 만하네." 하니, 더 많은 아이들이 먹어 보려고 입에 넣는다. 굳이 미더덕까지 억지로 먹이고 싶지도 않았고, 낯선 음식에 대한 두려움을 없애고 적응력을 키우기 위해 먹어 보자 한 것이라 큰 기대도 없었는데도, 의외로 먹는 아이들이 있어 많이 놀랐다. 먹지 않은 아이도 있지만, 그 다음 미더덕이 나왔을 때는 먹겠다는 아이들이 그전보다 많아진 것도 사실이다. 이렇게 낯선 것을 아이들이 먹을 수 있다는 확인을 했으니 다른 것도 잘 먹일 수 있겠구나 싶어 희망이 생겼다. 간혹 배가 아프다고 핑계를 만들어 피하기도 했지만, 대부분 큰 불만 없이 내 뜻대로 따라왔다.

그러나 교실에는 내 뜻대로 되지 않는 아이들이 늘 있다. 슬기는 김치를 비롯해 나물 같은 것을 절대로 먹으려 들지 않고 마냥 버틴 아이다. 얼마나 고집에 센지 점심 시간이 한참 지나도 먹을 생각을 안하고 통 딴청이다. 내가 설득하려고 이야기하면 아이는 그런 것까지 네가 왜 상관하느냐는 듯 날카로운 눈빛으로 날 바라보고 휙 나가 버릴 때가 많아 속상한 적이 한두 번이 아니었다. 한 번은 먹어야 집에 보내 준다 엄포를 놓았는데도, 퇴근 시간이 다가올 때까지도 먹지 않고 버텼다. 시간이 갈수록 속이 타는 나와는 달리 아이는 천하태평이다. 이리저리 돌아다니다가 어디 가서 한참 지나서 오거나, 자리에 앉으면 고개를 다른 쪽으로 돌리고 나를 의식하지 않는 척하면서 시간을 보낸다. 결국 퇴근 시간이 다 되었고, 나는 아무 말도 못한 채 아이를 돌려보내고 말았다. 아이의 고집이 승리한 순간이었다. 그렇게 싫어하니 그만 포기하고 싶었다.

아이를 보낸 다음 한참을 자리에 앉아 급식지도를 꼭 해야 하는지 생각했다. 아이와 내가 이렇게 대치 상태로 있는 것이 옳은지 생각했다. 그래서 다시 내게 질문했다. 나는 슬기가 항복하기를 바라는 것일까 하고. 교사인 내 권위에 저항한 아이에게 화가 나서, 아이에게 이러는 것일까 하고. 그런데 아무리 생각을 해도 그렇지가 않았다. 아이가 나를 대하는 태도에는 화가 났지만, 내 권위에 항복하기를 바라는 것은 아니었다. 나는 다만 슬기를 채소나 나물을 먹는 아이로 키우고 싶을 뿐이다. 왜 아이가 그런 것을 먹어야 한다고 생각하는가를 다시 물었다. 그랬더니 아이의 건강한 삶을 위해서, 제대로 된 먹을

거리를 먹이기 위해서, 사람다운 사람으로 키우기 위해서 그렇다는 대답이 나왔다.

우리 집 아이에게 채소를 먹이듯 우리 반 아이에게도 채소를 먹이려고 하는 태도는 당연한 것이다. 만약 아직 입맛이 굳어 있지 않은 아이들에게, 어렸을 때 잘못된 습관으로 자리 잡은 지금의 상태를 개인의 식성이라고 인정하고 먹는 대로 내버려 둔다면 아이 스스로 채소를 먹는 일은 거의 없을 것이다. 당장의 건강을 위해서도 채소를 안 먹는 것을 방치할 수는 없다. 아픈 아이가 약을 먹기 싫어해도 병이 낫기 위해서는 약을 먹여야 하듯. 그러니 급식지도를 포기할 수는 없는 일이었다. 교사인 내가 힘든 것은 원칙이 틀려서가 아니라 방법이나 기술이 잘못되었기 때문이다. 그러니 원칙에 대해 고민하거나 괴로워하지 말고, 방법을 고민하자 생각했다. 그렇게 마음을 다잡으니 그제서야 자리에서 일어나 퇴근할 수 있었다.

다음 날, 교무실 냉장고에 옮겨 두었던 슬기의 식판을 점심 시간에 다시 꺼내 놓았다. 나름대로 배수진을 친 것이다. 어제 그렇게 생각을 정리했어도 식판을 꺼내 놓을 때는 다시 몇 번을 망설였다. 원하지 않는 방법이었지만 뾰족한 다른 방법이 생각나지도 않았고 일단 조금이라도 먹으려 노력해야 한다는 내 의지를 강하게 보여 주는 게 필요하다 생각했다. 그랬더니 아이도 좀 놀란 눈치다. 그제서야 노력해 보겠다고 했다. 위기일발의 순간을 그렇게 넘길 수 있었다. 그 뒤에도 수없이 자잘한 실랑이를 하게 되었지만, 아이의 기본적인 태도는 변해서 자기 나름으로 조금씩 먹으려고 노력했다. 지금도 슬기는 채소를 좋아하지 않는다. 그러나 그런 태도의 변화를 통해서 희망의 싹을 발견하고 싶다.

우리 반 아이들은 그렇게 먹을 수 있는 만큼 김치를 비롯해서 그동안 멀리했던 반찬들을 먹기 시작했다. 처음에는 먹는 시늉만 한 것이 맞겠다. 그런데 학년 말인 지금 돌아보니 언제부터인지 안 먹어서 애태우는 아이는 없어졌다. 다만 매운 음식이 몰려 있는 오늘 같은 날에는 5교시 공부 시간까지 식판과 씨름하는 아이가 남는다.

늘 초등 교사의 역할은 어디까지일까 고민하게 되지만 선택은 어렵다. 과연 이렇게라도 먹을 수 있게 된 것이 바람직한 변화일까, 아니면 또 다른 권위주의로 아이를 억압한 '나쁜 교육'일까. 그 경계에서 아이들과 점심을 먹는다.

정보 쌈지 1

나는 우리 아이들을 얼마나 알고 있나

지금 우리 아이들의 변화는 숨이 가쁠 만큼 가파르다.
그러나 문제는 변화 그 자체가 아니라 그 변화의 흐름을
어떻게 잘 이끌어 나가느냐는 것이다. 그런 뜻에서 우리 아이들의 문화를
얼마나 알고 있는지 한 번 점검해 보자.

1. 책, 텔레비전, 라디오, 컴퓨터 등의 매체 가운데 아이들에게 가장 큰 영향을 미치는 것은 무엇일까요?

2. 아이들이 가장 좋아하는 가요 세 곡과 그 노래를 부른 가수 이름을 써 보세요.

3. 아이들이 가장 좋아하는 만화책 세 권과 주인공 이름을 써 보세요.

4. 아이들용 잡지(만화 잡지, 스포츠 잡지 포함) 가운데 가장 인기 있는 것과 가장 좋은 잡지라고 생각하
   는 책을 들어 보세요.

5. 한 달 동안 서점의 어린이책 코너에 몇 번이나 가 보나요?

6. 아이들이 볼 만한 방송 프로그램을 얼마나 자주 확인하나요?

7. 아이들에게 가장 인기 있는 텔레비전 프로그램을 세 편 골라 보세요.

8. 아이들이 좋아하는 영화를 두 편(비디오, 만화영화 포함)만 들어 보세요. 선생님이 최근에 본 어린이
   영화는 무엇인가요?

9. 아이들이 가장 좋아하는 스포츠 경기, 팀 이름, 선수 이름을 하나씩만 들어 보세요.

10. 아이들의 하루 평균 오락 시간과 가장 재미있어하는 게임 제목을 두 가지만 들어 보세요.

11. 아이들끼리 가장 많이 하는 놀이를 두 가지 들어 보세요.

12. 아이들이 다녀도 좋은 학원과 적정한 수강 과목 수를 생각해 보세요. 그리고 실제로 학원 수업 시간이 얼마나 되는지 써 보세요.

13. 아이들이 학원 선생님과 학교 선생님 가운데 어느 쪽에 더 친근감을 가지고 있다고 생각하는지요?

14. 아이들끼리 즐겨 가는 곳과 가고 싶어하는 소풍 장소를 두 곳씩 들어 보세요.

15. 아이들이 가장 받고 싶어한다고 생각하는 선물 두 가지만 써 보세요.

16. 아이들 사이에서 유행하거나 특별히 재미있어하는 말을 한 가지만 들어 보세요.

17. 아이들이 특별히 좋아하는 옷이나 신발 브랜드가 있나요? 있다면 무엇인가요?

18. 아이들의 일주일 평균 용돈이 얼마나 될까요?

19. 아이들은 용돈을 어디에 가장 많이 쓸까요?

선생님은 여러분을 알고 싶어요

선생님이 처음 만난 여러분을 이해하기는 참 어려워요. "선생님은 우리를 너무 몰라요!" 하면서 토라지지 말고 여러분이 어떻게 생활하고 있고 어떤 생각을 하고 있는지 알려 주세요. 있는 모습 그대로 솔직하게 써 주세요. 대답을 쓴 까닭을 써도 좋고 선생님에게 하고 싶은 말을 덧붙여도 좋아요. 자유롭고 편안하게요. 자, 준비됐나요?

1. 책, 텔레비전, 라디오, 컴퓨터, 오락 게임 중 가장 좋아하는 것은 무엇인가요?

2. 동요, 가요, 팝송, 클래식, 어떤 노래라도 좋아요. 가장 좋아하는 노래를 써 보세요.

3. 가장 재미있게 읽은 책(만화책도 함께)을 두 권만 써 보세요.

4. 가장 좋아하는 잡지(만화, 스포츠 잡지도 함께)는 무엇인가요?

5. 요즘에는 어떤 텔레비전 프로그램을 제일 재미있게 보고 있나요?

6. 가장 재미있게 본 영화(비디오, 만화영화도 함께)의 이름을 써 보세요.

7. 가장 좋아하는 스포츠 종목과 선수의 이름을 하나씩만 써 보세요.

8. 컴퓨터 게임 중에서 가장 즐겨하는 것은 무엇인가요?

9. 친구들과 가장 재미있게 하는 놀이는 무엇인가요?

10. 좋아하는 남자 친구 또는 여자 친구가 있나요? 있다면, 또는 생긴다면 같이 해 보고 싶은 일은 무엇인가요?

11. 다니고 있는 학원의 종류와 개수, 그리고 몇 시간을 학원에서 보내는지 써 보세요.

12. 학원에서 배울 때와 학교에서 배울 때 어느 쪽이 더 재미있나요? 그 이유는요?

13. 학원 선생님과 학교 선생님 중 어느 쪽이 더 좋은가요? 그 이유는요?

14. 친구들과 자주 놀러 가는 곳은 어디인가요?

15. 내가 선생님이라면 어디로 소풍을 가고 싶은가요? 그 이유는요?

16. 요즘 친구들 사이에서 가장 재미있게 많이 쓰는 말은 무엇인가요?

17. 친구들이 많이 하는 말 중 가장 듣기 싫은 말(욕도 포함)은 무엇인가요?

18. 특별히 좋아하는 옷이나 신발 브랜드가 있는지, 있다면 그 이름을 써 보세요.

19. 일주일에 용돈을 얼마나 받나요? 만일 내가 부모님이라면 얼마를 주고 싶나요?

20. 용돈은 주로 어디에 쓰나요?

02 | 아이들 삶을 살피는 개인상담

만남과 상담은 서두르지 않는 데서 출발합니다.

우리 반 아이들을 어떻게 볼 것인가를 먼저 생각해 보고,

그 다음 서로 열린 마음으로 만날 수 있도록 배려하는 것이

상담의 준비이며 시작입니다.

교사는 겉으로 드러난 것의 이면을 살필 수 있어야 합니다.

교사에게 필요한 것은 나쁜 곳을 지적하거나

고쳐 줄 요란한 기술이 아니라

아이들의 부족한 마음을 채워 줄 수 있는 사랑입니다.

생활지도가 공개적이고 집단적인 데 비해, 상담은 좀 더
은밀하고 개별적이며 시간이 걸리는 '한 인간에 대한 이해와
신뢰의 과정'이다. 충분한 준비와 이해가 바탕이 될 때
아이를 돕는 상담이 가능하다.

일상적으로 아이들과 만남을 이끌어 가는 교사에게 상담은 생활 그 자체라고 해도 무방하다. 상담을 시작하기 전에 먼저 상담의 목적, 즉 왜 상담을 하는가를 점검해 보는 일이 중요하다. 학술적 차원에서 상담에 접근하기보다 교사 스스로 교실에서 생활하면서 그 필요성을 절감하고 아이들에게 다가간다면 그 효과는 매우 클 것이다.

상담은 대화의 과정이기도 하다. 아이들과 생활하다 보면 화가 나거나 답답할 때가 많다. 화가 나거나 답답하다는 것은 아이의 행동을 보고 교사가 느끼는 감정이다. 그런 상황에서 교사는 '왜?'라는 질문을 하게 된다. '저 아이가 왜 저런 행동(말)을 할까?' 그 이유를 알지 못하면 화내고 혼내고 때로는 무시해 버릴 수 있다. 그러나 행동과 말의 바탕에 깔려 있는 아이의 마음을 읽어 낸다면 교사의 단순한 판단이 얼마나 큰 무지에서 비롯된 것인가를 깨닫게 된다.

결국 상담은 아이를 제대로 읽기 위한 것이다. 그리고 그렇게 상담을 통해서 아이를 제대로 읽어 낼 수 있다는 것은 아이에게 도움이 될 뿐만 아니라 교사 스스로에게도 엄청난 도움이 된다. 사랑도 상대를 알고 나야 제대로 할 수 있다 했다. 교육에 있어서 아이를 제대로 알지 못하면 지식은 전달해 줄 수 있을지 몰라도 교사와 아이 사이에 오가는 인간적인 애정은 없다고 봐야 한다. 아이들을 제대로 사랑하기 위해 상담은 아이와 교사가 서로 마음을 터놓는 과정이다. 서로 마음을 열면 형식이나 절차는 아무런 문제가 되지 않는다.

상담에서 가장 유의할 점은 상담을 받는 아이는 문제를 가진 사람이 아니라 도움이 필요한 사람이라는 것이다. 문제를 가지고 있다 해도 도움을 원치 않으면 상담이 잘 이루어지지 않는다. 가끔 교사들은 문제를 가진 아이를 불러서 일방적으로 타이르거나 몇 가지 사실을 캐묻고는 상담을 했다고 하기도 한다. 이때는 상담 관계가 이루어지지 않았기 때문에 상담이라고 보기 어렵다.

조금 다르게 표현하자면 상담은 교사와 아이들이 함께 만들어 가는 작품과 같은 것이다. 찰흙과 물감이 아닌 생활의 문제를 가지고 이렇게 저렇게 해 보면서 좀 더 아름다운 모습을 창조해 나가는 것이다. 그 과정에는 좌절도 있고 기쁨도 있다. 활동을 끝냈을 때 만족할 수도 있고, 크게 아쉬움이 남을 수도 있다. 그 과정을 보다 잘 이끌어 나가기 위해서 교사는 무엇을 준비하고 계획해야 하는지 살펴보자.

상담에 대한 이해와 준비

교사의 자세

어느 교육 집단에서든 상담의 한계는 많이 드러난다. 목표는 좋지만 그 목표대로 상담을 제대로 진행해서 원하던 결과를 얻는 것은 쉽지 않기 때문이다. 몇 번 상담을 하고 나서 한숨 쉬는 교사가 많은 것은 그 목표에 너무 무게를 두었기 때문이다.

한 교실에서 30~40명의 아이들을 지도하면서 상담을 제대로 하는 것은 아주 힘들다. 개인상담일 경우는 더 그렇다. 또 상담은 지속성을 갖고 해야 하는 것인데 서너 명만 상대로 상담을 진행해도 교사는 지칠 수밖에 없다.

교사가 아이를 대상으로 상담을 하고자 한다면 목표에 대해 서둘지 말아야 한다. 때로는 내담자(아이)와 관계 형성이 잘 되어서 두세 번의 상담만으로도 기대한 것 이상의 결과를 얻을 수도 있다. 그렇지만 그런 경우는 아주 드물다. 상담이라는 틀에 맞춰 진행시켜 나가려는 욕심을 버리고 편안한 상태에서 아이와 대화를 한다는 생각을 갖는 것이 좋다.

상담의 목표

상담의 목표는 아이가 가지고 있는 문제를 해결하는 것이다. 문제를 해결하는 과정에서 아이의 행동을 변화시키고 문제 해결 능력도 기를 수 있다. 문제 해결 능력이 생긴다는 것은 물고기 한 마리를 얻는 게 아니라 낚시법을 익히는 것과 같아서 아이에게 큰 힘이 된다. 그러나 아이가 가지고 있는 문제는 상담을 몇 차례 했다고 해서 금방 해결되지 않는다. 그 때문에 교사도 아이도 실망을 안고 상담을 포기할 수도 있다. 이런 일을 막기 위해서도 보다 세부적인 상담 목표가 필요하다.

첫째, 상담 목표는 아이 스스로 세우도록 돕는다. 아이는 아직 어리기 때문에 자신의 문제를 정확하게 인식하지 못하고 제대로 목표를 세우지 못할 수도 있다. 이때 교사가 나서서 일방적으로 문제를 짚어 주고 목표를 정해서 이끌고 나가는 것은 좋지 않다. 아이 스스로 목표를 정하되 그 결정에 문제가 있을 때는 교사가 그것을 짚어 주고 다시 문제점을 보완해서 목표를 세울 수 있도록 돕는 것이 좋다. 그래야 아이 스스로 책임감도 느끼고 실천 의욕도 높아진다.

둘째, 중간 목표를 거쳐서 최종 목표에 이르는 것이 좋다. 행동수정요법에서는 인간의 모든 행동을 학습의 결과로 본다. 아이들이 가지고 있는 버릇 가운데 바람직하지 못하다고 생각하는 행동은 재학습이 필요하지만 이때 학습 목표를 너무 크게 잡지 않는 것이 좋다. 아주 작고 쉬운 목표를 정해서 하나씩 성취해 나가는 기쁨을 아이와 함께 맛보는 것이 중요하다. 그러기 위해서는 단계별로 알맞은 목표를 세워야 한다. 최종 목표로 가기 위한 여러 개의 중간 목표가 필요한 것이다. 작은 것이라도 하나씩 이루어 나갈 때 아이는 자신감과 용기를 얻을 수 있다.

예를 들어 수업 시간에 일어나 돌아다니는 아이가 있다면 1차 목표를 한 시간 동안 일어나지 않는 것으로 정하고, 1차 목표에 충분히 도달했을 때 2차 목표 두 시간 동안 자리에서 일어나지 않기를 제시하는 게 좋다.

상담자로서 교사가 지켜야 할 것들

1. 선입견을 버리자

학년 초에 학급 아이들의 명단을 받고 나면 전 담임교사에게 아이에 대해 여러 가지 이야기를 듣는다. 전 담임교사가 알려 준 정보가 생활지도와 이어진다는 점에서는 긍정적이지만, 때로는 선입견을 갖게 되기도 한다. 아이를 이해하는 자료로서만 활용하고 그 아이에 대한 판단은 뒤로 미루어 두어야 한다. 그 아이의 모든 것을 단정적으로 보지 말고 여러 가능성을 열어 놓고 가야 한다. 그래야 아이와 진정한 만남을 가질 수 있다.

2. 아이들과 친해져야 한다

학년 초 교사와 아이가 처음 만났을 때부터 상담은 준비 단계에 들어간다. 두 사람 사이에 친밀감이 생겨야 나중에 문제를 가지고 만날 수 있기 때문이다. 교사에 대한 신뢰 대신 거부감만 심어 주었다면 상담은 이루어질 수 없다.

아이들과 가까워지는 방법에는 여러 가지가 있겠지만 무엇보다 아이에 대한 배려와 아이를 존중하는 마음이 필요하다. 권위를 내세워 아이들을 마음대로 조정하기보다 한 인격체로 동등하게 대할 때 아이는 교사 가까이 다가올 것이다.

3. 교사가 먼저 상담을 경험해 보자

예전에는 마음의 병이 깊은 사람만 상담을 받는 것으로 알았으나 요즘에는 인식이 많이 달라졌다. 상담교육의 기회도 많아져서 마음만 먹으면 얼마든지 공부해 볼 수 있고, 상담도 받을 수 있다. 방학을 이용하여 집단상담이나 명상(마음 수련)을 해 보는 것도 좋은 방법이다. 상담자에게 필요한 전문적인 지식뿐만 아니라 삶을 보다 행복하게 살아 나갈 수 있는 힘을 얻을 수 있다.

4. 여러 가지 방법을 활용하자

하루가 바쁘게 돌아가는 초등학교에서 상담을 이어 나가는 것은 매우 어려운 일이다. 상담에 할애할 수 있는 시간을 미리 생각해 보고 그 시간에 맞는 활동 계획을 세우는 것이 필요하다. 집단상담을 이용하는 것도 좋다. 집단상담은 한꺼번에 여러 명의 아이들을 만날 수 있을 뿐 아니라 교사가 직접 조언하지 않아도 서로 마음을 열고 이야기하는 사이에 갈등이나 고민이 해결되는 수가 많다. 저학년 아이들은 자신의 마음을 표현하는 것이 서툴기 때문에 놀이나 그림, 극, 노래와 같은 다양한 매체를 활용하며 이야기를 나누는 것도 효과적이다.

5. 목표를 분명히 하자

개인상담에서는 사례마다 상담의 목표가 달라질 수 있다. 그러나 학급을 운영할 때 상담을 중요한 방법으로 사용하고자 한다면 학급의 공동 목표를 세우는 것이 필요하다. 3월에 학부모상담이나 아이들과의 개별면담을 통해 아이들의 특성을 파악한 뒤 한 학기 정도 작은 목표를 정해 두고 지속적인 활동을 해 나가는 것이 효과적이다.

그러나 가장 중요한 것은 왜 상담을 하고자 하는지, 상담을 통해 아이들과 무엇을 나누고 싶은지 교사 자신이 명확하게 알고 있어야 한다는 것이다.

6. 교사는 해결사가 아니다

어떤 형태의 상담이건 상담이 부담스러운 이유는 교사가 모든 해결책을 제시해 주어야 한다는 강박 때문인 듯하다. 상담을 할 때에는 '내가 가지고 있는 정보나 지식을 빨리, 보다 많이, 아이를 위해 사용해야지.' 하는 마음을 경계해야 한다. 문제 해결의 비법을 찾아 단숨에 해결하려는 생각은 욕심일 뿐 상담에 아무런 도움을 주지 못한다. 내가 해결하겠다는 생각을 버리고 아이와 함께 서로 도와 가며 문제 해결의 실마리를 찾아 나가는 것이 중요하다.

7. 판단하지 말고 있는 그대로 보자

"너는 싸움대장이구나!" 한 교사가 아이에게 이렇게 말하는 장면을 가정하고, 몇 가지 질문을 해 보자. 머릿속에 어떤 그림이 그려지는가? 아이의 기분은 어떨까? 이 말을 듣는 아이의 모습이 커 보이는가? 아이는 교사에게 어떤 감정을 갖게 될까? 지금 교사는 어떤 마음인가? 교사는 아이를 존중하고 있는가?

이 질문의 답을 놓고 다시 한 번 질문을 해 보자. 이 아이는 지금 선생님과 상담을 하고 싶을까? 아니다. 대부분의 사람들은 자신에 대한 판단을 들을 때 화가 나거나 항의하고 싶은 마음이 생긴다.

그러면 판단하지 않는 것은 어떻게 하는 것인가? 있는 그대로 보는 것이다. 곤충학자가 개미를 관찰하듯이 그냥 바라보는 것이다. 곤충학자는 개미를 관찰하면서 "너는 너무 작다." "그렇게 바삐 갈 필요가 있냐? 좀 쉬었다가 가라. 그런 습관은 바꾸는 게 좋아."라고 말하지 않는다. 다만 언제나 바라볼 뿐이다. 그리고 점점 개미의 특성을 잘 이해하게 된다. 새로운 이해가 생길 때 곤충학자는 기뻐한다. 이때도 개미는 여전히 작고 바삐 움직이고 있을 뿐이다. 있는 그대로 보는 것은 곤충학자의 시선으로 아이를 바라보는 것이다. 곤충학자의 시선으로 바라보면 문제행동을 한 아이는 문제아가 아니라 드라마의 주인공이 될 수 있다. 탓하는 마음보다 이해하는 마음으로 아이를 바라보기 때문이다.

8. 개인의 문제는 사회적이며 역사적이다

각자 다른 길을 걸어온 두 사람이 어느 날 한 장소에서 만났다고 하자. 두 사람은 차림새, 행동, 생각이 판이하게 다를 수 있다. 이때 두 사람은 서로를 어떻게 바라볼까? 서로를 이해하기보다는 거부감이나 호기심을 드러내기가 쉬울 것이다. 그들은 서로에 대해 '정말 이해할 수가 없군.' 이러기 쉽다.

교사가 아이들을 만났을 때도 마찬가지이다. 몇몇 아이들의 행동은 정말 이해하기가 힘들다. 왜 그런가? 그것은 가정환경이 다르고 자라면서 만난 사람들이 다르기 때문이다. 귀하게 대접받으며 살아온 아이도 있고, 소홀하게 취급당한 적이 많은 아이들도 있다. 그들은 하나의 사건을 놓고 해석을 달리 하고, 대응하는 방식도 서로 다르다.

이렇게 서로 살아온 역사가 다르고, 현재 놓여 있는 처지가 다른 것을 무시할 때 '왜 저럴까?' '그래 봐야 너에게 이득이 될 게 아무것도 없는데 왜 그러는 거니?' 하면서 답답한 가슴만 치게 된다. 지금 아이가 하는 행동 하나만 놓고 보면 이해할 수 없는 일이라도 아이가 살아온 역사를 알고 나서 바라보면 너무나 당연한 것일 수 있다.

9. 꾸준히 하자

상담은 일 년 동안 꾸준히 해야 한다. 일회성으로 끝나는 경우도 있겠지만 일 년 동안 지치지 않고 일관되게 상담을 이어 가야만 어느 정도 목적을 이룰 수 있다. 그리고 진정으로 아이들 마음의 힘을 길러 줄 수 있다.

10. 아무리 사소한 일이라도 비밀은 지켜야 한다

학교 상담의 경우 특히 비밀이 지켜져야 한다. 상담을 할 때도 조용한 자리에서 진행하고, 끝난 뒤에도 비밀은 반드시 지켜야 한다. 사안에 따라서는 학부모에게도 비밀로 해야 한다. 비밀을 지키지 못했을 때 상담에서 얻은 성과는 물론 인간관계마저도 최악의 상태가 될 수 있다.

여러 가지 상담 기법

경청   경청은 상담을 성공적으로 이끄는 데 가장 중요한 요소이다. 누구나 자기가 하는 이야기를 상대방이 잘 들어 주어야 좋아한다. 교사가 건성으로 듣고 있다면 아이는 이야기를 꺼내다가 말 것이다. 아이가 자신의 생각과 감정을 충분히 표현할 수 있도록 도우려면 교사는 진지한 태도로 잘 들어야 한다. 잘 들을 때 이야기의 내용뿐만 아니라 상대방의 감정, 속마음까지도 이해할 수 있다.

그러나 잘 듣는다고 해서 아이가 말하는 것을 끝도 없이 마냥 듣기만 하는 것은 아니다. 상담 문제와 관련 없는 이야기가 길어질 때는 화제를 되돌릴 수 있어야 한다. 다르게 표현하면 경청은 상담자가 내담자의 말과 행동에 선택적으로 주목하는 것이다.

반영   반영은 한마디로 표현하자면 거울이 되어 상대방의 말, 생각, 느낌, 행동을 비춰 주는 것이다. 반영이 잘 이루어질 때 아이는 교사가 자신을 완전히 이해한다고 느낀다. "맞아요! 지금 제 기분이 바로 그래요!"

반대로 반영이 잘 이루어지지 않을 때 아이는 "아니 그게 아니라, 저는 그냥 엄마가 걱정이 돼서 그랬다니까요." 하는 식으로 말하게 된다. 이럴 때 아이는 가슴이 답답하고 말할 기분이 안 난다.

반영을 잘하려면 교사는 깨끗한 거울처럼 마음이 맑은 상태여야 한다. 자기 걱정으로 꽉 차 있거나 아이의 잘못을 고쳐 주겠다는 생각으로 만나면 제대로 반영을 할 수 없다. 위기 상황이 아니라면 마음이 맑은 상태일 때 상담을 하는 것이 좋다.

명료화   명료화는 아이가 한 말 속에 담겨 있는 의미를 보다 분명하게 말해 주는 것이다. 아이가 미처 깨닫지 못한 생각이나 애매하게 느끼고 있던 감정을 정확하게 말해 줌으로써 스스로에 대한 이해를 더 잘할 수 있다. 명료화가 잘 이루어질 때 아이는 상담이 잘 이루어지고 있다는 느낌을 갖게 되고, 보다 적극적으로 자신의 문제를 살펴보게 된다.

직면   직면은 아이 스스로 자신의 감정이나 생각을 모르거나 거부할 때 교사가 그 문제에 관심을 갖도록 말하는 것이다. 다시 말하면 아이가 문제를 못 보거나 외면해 버려서 계속 그 상황에 머물러 있을 때 교사가 그 문제를 살펴보도록 이끄는 것이다.

직면이 효과적으로 이루어지면 상담은 크게 발전할 수 있으나 무리하게 사용했을 때는 심한 반발과 상처를 남길 수 있다. 그만큼 직면은 강력하게 작용하므로 사용할 때는 시기와 방법에 대해서 충분히 검토해야 한다.

해석 해석은 아이가 한 말이나 행동의 의미나 관계를 설명해 주는 것으로, 가장 깊이 내면세계에 접근하는 방법이다.

해석은 직면보다도 더 신중하게 사용해야 한다. 아이 스스로도 거의 깨닫고 있으나 아직 확실하게 말로 표현하지 못할 때 해 주는 것이 좋다. 받아들일 준비가 되어 있지 않을 때 해석이 이루어지면 상담 관계마저도 깨 버릴 수 있다.

상담자의 유형

상담에 대한 이해와 목적에 따라 교사의 상담 방식은 여러 유형으로 나누어진다. 일반적인 교사들의 상담 유형을 살펴보면 다음과 같다.

지휘자형 상담 지휘자형 상담은 교사가 하는 대부분의 상담 형태에서 볼 수 있는 모형이다. 상담자인 교사가 지휘봉을 들고 그 속도와 내용을 조절하는 경우이다. 이 경우 아이들은 교사의 지휘에 따라 움직이기 때문에 능동적인 상담이 되지 못한다.

지휘자형 상담을 하는 교사들의 공통점은 대부분 명령조의 말을 많이 선택한다는 것이다. 이렇게 하면 문제가 해결된다는 식으로 일방적인 결론을 내려 버리는 것이다. "선생님이 하라는 대로만 해 봐. 그러면 너의 문제는 다 해결돼." 하는 식의 말을 하면서도 상담을 한다고 생각하는 교사들이 있다.

이 경우에 아이들은 수동적이 되어 주로 교사의 말을 듣기만 할 뿐이다. 가끔은 누가 상담자이고 누가 내담자인지 모르는 상황도 나온다. 교사의 지휘봉에 따라 아이를 움직이게 하는 명령형 상담은 얼핏 겉으로 보기에는 아이의 문제를 해결할 수 있을 것 같지만 아이가 마음을 열지 않은 상태로 끝나는 경우가 많다. 시작도 끝도 모두 교사 혼자 하는 경우이다.

○×형 상담　이 모형 역시 많이 나타난다. "네 고민이 아버지와 어머니가 헤어지려고 한다는 것이지?" "네가 결석해도 아버지는 아무 말씀 안 하시지?"

모든 질문이 "예."나 "아니오."로 대답할 수밖에 없도록 진행되는 상담 유형이다. 원하던 대답을 들을 수 있을지는 몰라도 물음에 대한 답 이외에는 어떤 말도 나오지 않는다는 데 문제가 있다. 상담에서 가장 중요한 것은 아이 마음속에 있는 문제에 대한 정보를 어떻게 상담자가 알아내는가 하는 점이다. 그런데 교사가 설명이 아닌 단답형 대답만 필요로 하는 질문을 한다면 더 이상의 정보는 나오지 않는다. 폐쇄형 물음을 반복함으로써 아이는 수동적으로 되고 마음을 닫게 된다.

캐묻기형 상담　어떤 문제에 대해 집요하게 캐묻는 형이다. 형사가 취조하듯이 그 뿌리까지 파고들려는 자세를 보이는 상담 유형을 말한다. 예를 들면, "이 부분이 좀 다르잖아. 어떻게 된 거야? 너는 왜 그렇게 생각하는데? 뭣 때문에 그러는데? 친구 때문이야, 가족 때문이야? 도대체 왜 그래? 이해를 할 수 없잖아."라는 식이다. 흔히 교실에서 아이들이 무슨 잘못을 저질렀을 때 아이를 불러 세워 놓고 왜 그런 잘못을 했는지 물을 때의 습관이 상담으로 이어지는 경우다. 그러나 문제의 근원과 그에 대한 아이의 생각은 자연스러운 대화 속에서 아이 자신도 모르게 나오는 것이어야지, 상담자가 조사하듯이 캐묻는 것은 아무런 도움이 되지 못한다.

아이는 이런 상담에서 일단 겁을 먹는다. 어디까지 말을 해야 할지 갈등을 겪게 된다. 교사는 아이의 생각을 묻는 게 아니고 바른 대로 말하라고 강압하는 형국이 되어 버린다. 상담자와 상하 관계에 있다는 것을 아이가 인식하게 되면 상담은 이루어지지 않는다.

풍문형 상담　상담자와 내담자 사이에서 오고 가야 할 이야기를 자꾸 다른 사람의 말을 인용해서 "너에 대해 이미 다 알고 있다."는 식으로 이야기하는 경우이다. 이런 것은 학교상담에서만 나타나는 유형일 것이다. 상담자(선생님)가 내담자(아이)에 대해 어느 정도 정보를 갖고 있고 잘 알고 있다는 판단에 의해 이루어지는 상담이기 때문이다.

혹시라도 상담의 대상인 아이에 대한 정보를 다른 아이를 통해 들었더라도 그것에 대해서는 상담을 하는 아이에게는 비밀로 해야 한다. 또 아이의 부모로부터 아이에 대한 정보를 얻었더라도 자연스러운 대화를 통해서 아이 스스로 말하도록 해야지 "누구한테 들었는데……."라는 식으로 이야기하면 아이는 상담 이후로 모든 사람에게 입을 닫아 버리고 행동을 숨기게 된다.

개인상담에서는 상담자와 내담자 사이에 서로 믿고 말하는 분위기가 형성되어야 한다. 아이가 선생님과 이야기한 것이 부모님이나 친구들에게 언제 어떻게 옮겨질지 모른다는 생각을 갖는다면 상담은 이미 실패한 것이다.

그래그래형 상담 상담 과정에서 아이의 말을 인정해 주는 것은 매우 중요하다. 아이는 교사가 자신의 마음을 다 이해하고 인정해 준다는 생각에 편안한 마음을 갖게 된다. 이런 상담을 진행할 때에는 형식적인 인정이나 수용의 말이 아니라 아이에게 진정으로 신뢰를 심어 줄 수 있는 말투와 몸짓, 표정을 보여야 한다. 아이가 상담을 하면서 '우리 선생님은 내 이야기에 대해 그냥 무조건 '그래, 그래.' 하면서 대하는구나.' 라고 생각하게 해서는 안 된다.

시종일관 아이의 이야기를 들어 주고 고개만 끄덕여 주는 상담은 상담이 아니라 상담자가 내담자의 속풀이 대상이 되어 준 것일 뿐이다. 물론 상담은 아무에게도 말하지 못했던 것을 상담자에게 쏟아 놓음으로써 속에 있는 응어리를 풀어내는 과정이 될 수도 있다. 그러나 그것으로만 그치면 완결된 상담이 아니다. 다 듣고 나서 교사의 의견을 솔직하게 말해야 한다. 아이의 처지를 인정하고 아이의 생각을 수용해 주되 교사의 역할, 상담자로서의 도움말은 분명하게 해 주어야 상담이 의미가 있다.

친구형 상담(의리, 믿음) 초·중등학교 학생들에게 "고민거리가 있을 때 누구와 상담하는가?" 하고 물으면 80% 이상이 친구라고 대답한다. 아이들은 왜 친구를 상담자로 선택할까? 이유는 간단하다. 그들을 신뢰하기 때문이다. 친구가 문제를 해결해 줄 것이라는 믿음보다는 친구가 나의 고민에 대해 비밀을 지켜 줄 것이라는 믿음이 있기 때문이다.

또 비슷한 생각을 가지고 있을 것이라는 믿음 때문이기도 하다. 비슷한 생각을 가지고 고민하는 친구야말로 자신의 고민을 함께 이야기할 수 있는 상대라고 생각하는 것이다. 문제의 해결을 위해서가 아니라 문제를 공유하는 차원에서 친구를 상대로 상담을 요구한다.

가장 모범적인 상담 유형이 바로 이런 친구형 상담이다. 이를 위해서는 우선 평소에 아이와 교사 사이에 단단한 신뢰의 끈이 연결되어 있어야 한다. 선생님은 나의 생각을 충분히 이해해 주실 것이라는 믿음, 선생님도 이런 고민을 하며 초등학교 시절을 지냈을 것이라는 믿음, 우리 선생님은 내 비밀을 꼭 지켜 주실 것이라는 믿음이 아이 마음속에 자리 잡아야 한다.

아주 쉬워 보이지만 가장 힘든 상담 형태이다. 아이와 어깨를 나란히 하고 그 고민을 수용하면서 믿음을 주고 또 문제를 함께 해결해 나가는 과정은 교육의 가장 큰 목표와도 그 지점을 같이 한다고 볼 수 있다.

글쓴이·도움 주신 분들 권미화 | 충남 천안 신촌초 교사·신명기 | 서울 영훈초 교사·황재숙 | 서울 상원초 교사

상담을 마음을 열고 대화하며 해결 방법을 찾아가는 활동이라고 본다면, 저학년 아이들은 늘 상담을 할 준비가 되어 있다. 저학년 아이들은 교사를 보면 늘 무슨 이야기든 하고 싶어한다. 이런 아이들의 이야기를 잘 들어 주는 것부터 교사의 상담은 시작된다. 하지만 아직 의사소통 훈련이 부족한 아이들에게서 많은 정보를 얻기는 힘들다. 학부모상담을 통해 아이들에 대한 정보를 구체적으로 파악해 그에 대한 해결책을 구해야 한다.

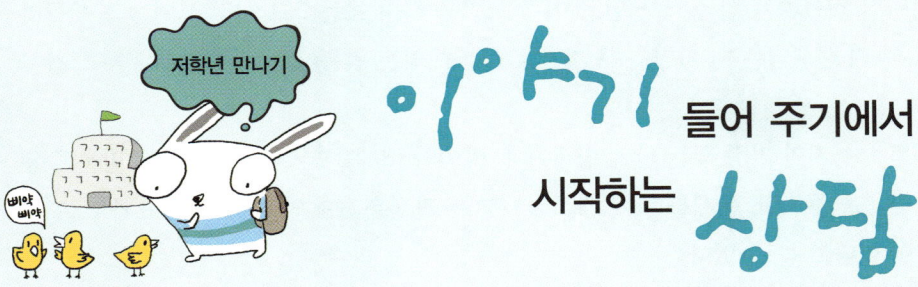

저학년 만나기

이야기 들어 주기에서 시작하는 상담

조성실 | 서울 누원초 교사

아이의 이야기를 잘 들어 주자

아이들은 아침 시간, 쉬는 시간, 심지어는 수업 중에도 자기 이야기를 하려고 한다. 그리고 그저 이야기하는 것, 자기의 사정을 교사가 아는 것으로 만족감을 느끼기도 하고, 자기 문제가 해결되었다고 생각하며 학교생활을 잘해 나간다.

저학년 아이들이 교사에게 말을 걸 때에는 뭔가 마음 깊숙이 있는 이야기를 하기 위해서가 아니라 단편적인 생활을 선생님과 함께 이야기하고, 선생님과 친해지고 싶다는 신호를 보내 오는 것이다. 그렇다 해도, 아이들이 말을 걸어올 때에는 아무리 바쁘더라도 귀를 기울여 주는 것이 중요하다.

"선생님, 어제 갈비 먹었어요." "우와, 맛있었겠다."

"선생님, 어제 놀러 갔어요. 개구리 봤어요." "정말?"

"선생님, 성진이가 때렸어요." "많이 아팠겠네. 어디?"

"선생님, 민우가 놀려요." "그래? 어디 볼까?"

대답을 한 번 하면 금방 얼굴이 피어난다. 어떨 때는 교사가 더 해결 방법을 찾을 필요도 없이 자기가 하고 싶은 말만 하고 하던 놀이를 하러 가 버리는 경우도 있다.

저학년 상담에서 가장 중요한 것은 교사가 아이들이 스스럼없이 이야기하고 싶도록 편한 사람이 되는 일이다. 얼굴빛을 부드럽게 하기, 작은 일도 세심하게 보살펴 주기, 못하는 공부나 일도 오래 기다려서 가르쳐 주기, 다정하게 이름 불러 주기, 걱정해 주기, 한 명씩 보고 잘 웃기, 잘못했을 때 조용히 타이르기, 아침 시간에 마주 보고 개별로 이야기할 시간 갖기, 이야기 들려주고 책 읽어 주기 등 부모와 같은 세심함으로 아이들을 대하면 아이들은 교사를 편하게 이야기할 상대로 여기고 하고 싶을 때 언제라도 일상의 상담을 요청할 것이다.

학부모상담을 활용하자

아이들에게는 아이들 나름으로 할 수 있는 이야기를 듣지만, 좀 더 구체적이고 자세한 아이의 생활을 알고 싶거나 보살핌이 필요한 아이가 눈에 띄면 학부모상담을 해 보는 것이 좋다. 사회적 의사소통 훈련이 되어 있지 않은 저학년 아이들에게서 많은 정보를 이끌어 내기에는 무리가 있기 때문이다.

학부모상담을 하기 전에 우선 아이에 대해 세밀히 관찰할 필요가 있다. 수업을 하거나 아이들과 어울려 놀거나 식사를 할 때 아이가 어떻게 하는지 유심히 살펴보고 학부모와 함께 정보를 공유한 다음 교사가 필요로 하는 것을 물어보면 좋겠다.

글쓰기와 그림 그리기를 활용하자

차분히 앉아서 대화하는 것에 익숙하지 않은 저학년 아이들에게는 그림을 그려 보게 하거나 글을 써 보게 하는 것도 좋은 의사소통 방법이다. 평소에는 별 말이 없고 조용한 아이도 글이나 그림으로 마음을 표현하게 해 보면 의외의 모습을 보여 줄 수 있다. 아이의 모습을 다양한 각도에서 살피면 그만큼 아이에 대한 이해도 깊어진다.

이러한 활동은 따로 시간을 내어 하는 것보다 교과와 연동하여 하는 것이 좋은데, 평소 글쓰기나 그림 그리기를 중심으로 학급운영을 꾸려 간다면 학급활동 속에서 아이들의 작품을 유심히 살피는 것으로도 충분하다.

한뼘 더!

유형별 아이들 상담,

이렇게 접근해 보세요

도움말 · 이희철 | 한가족상담센터 소장, 김은혜 | 마음샘클리닉 소아청소년 정신과 전문의

교실에서 아이들을 가르치다 보면 아이들마다 제각기 개성을 지니고 있고, 해마다 그 유형이 달라져 어떻게 접근해야 할지 당황스럽다. 아이를 제대로 읽은 교사의 판단이 가장 정확하겠지만 일반적으로 나타나는 여러 유형에 대한 상담 접근법을 들어 보았다. 교실에서 아이들 상담을 하기 전 읽어 두면 좋은 참고자료가 될 것이다.

이기적이고 타율적인 아이

초등학교 5학년 아이의 경우입니다. 고학년 정도 되면 남을 배려할 줄 알고, 남보다 앞장서서 무언가를 해 볼 만도 한데, 이 아이는 모든 사고와 행동이 자기 중심적입니다. 공동 과제물을 가지고 올 때도 항상 자기가 손쉬운 준비물을 맡으려고 하고, 다 같이 청소할 때도 자기 할 일만 해 놓고 쉬려고 합니다. 이기적이어서 그런지 시키는 일만 합니다. 물론 시키는 일도 제대로 안 하구요. 학부모와 상담을 하려고 몇 번이나 연락을 했지만 한 번도 찾아오지 않아 매우 답답합니다. 어떻게 하면 좋을지요.

다른 사람의 마음이나 생각을 읽고 공감하며 이를 바탕으로 어떤 행동을 이끌어 내는 것은 아이들이 배워야 할 가장 소중한 삶의 기술입니다. 그렇게 하면 대인 관계도 훨씬 원만해집니다. 상대방이 어떻게 행동할지 예측하면서 나의 행동을 결정하게 되니까요. 또한 아이들이 상대방이 자기와 다른 생각을 가질 수 있다는 것을 알게 되면 다른 사람이 요구하는 일에도 더욱 효과적으로 대처할 수 있습니다. 초등학교 고학년이 되면 아이들 대부분이 나의 생각, 다른 사람의 생각, 그리고 사회적인 가치까지 생각할 줄 알게 되는데, 이러한 능력은 청소년기에 들어서도 계속 발전합니다.

아이들에게 입장을 바꿔 생각하는 훈련을 하게 하면 어떨까요? 자율적으로 계획하여 학습 준비물을 가져오게 하고 청소하는 방법을 상의하게 하면서 말입니다. 모둠별로 교사가 지도한다면 아이들이 서로 다른 아이의 입장에 서서 생각하고 느낄 수 있는 기회가 될 것입니다. 가정에서도 상대방을 이해하는 연습을 같이 할 수 있다면 더 바랄 나위가 없겠지요. 하지만 아이가 다른 사람을 이해하려면 우선 자신의 생각과 느낌을 있는 그대로 관찰하고 수용할 줄 알아야 합니다. 자신을 알지 못하면서 다른 사람의 마음을 이해할 수는 없으니까요. 나 자신을 존중하지 못하는 상황에서 발달하는 것은 눈치나 무관심밖에 없습니다. 학교에서는 바람직한 행동에 대해 아이들과 구체적으로 이야기하고 이를 시각적으로 확인해 주세요. 다른 사람의 마음을 잘 이해하거나 어려운 일을 솔선수범해서 하는 아이에게 칭찬을 해 주면 아이들은 자연히 그런 일에 많은 관심을 가지게 될 것입니다. 아이들에게는 선생님의 관심이 가장 큰 상이 되니까요.

늘 욕을 하는 아이

> 초등학교 3학년인 승현이는 반에서 '욕쟁이'로 통합니다. 말끝마다 욕이 튀어나오는데, 달래도 보고 야단도 쳐 보지만 변화가 없습니다. 일상생활에서 욕을 밥 먹듯 하고 있습니다. 친구들도 승현이를 슬슬 피하는 눈치입니다. 부모님께 말씀드려 보았는데 부모님도 무척 난감해하시지만 별다른 방법이 없는 것 같습니다. 조언을 부탁드립니다.

아이들은 누구나 욕을 재미있어합니다. 새로운 자극이기도 하고 무엇인가 자기들끼리만 통하는 말인 것 같습니다. 부모가 하지 못하게 할수록 그 재미는 더합니다. 이럴 때 부모나 주변의 어른들은 욕하는 행동을 아이들의 호기심으로 이해하여 대해 주지 못하고 과민반응을 보이곤 합니다. 아이들이 삐뚤어질까 봐 지레 겁을 먹는 것이지요.

그러나 어른들의 과도한 반응은 아이들에게 욕을 하면 어른들이 즉각 반응을 보인다는 것을 알게 하는 것일 뿐입니다. 때때로 아이들은 욕을 하는 자체보다 욕을 할 때 주변 어른들이 보이는 반응을 더 신기해합니다. 또 욕을 잘하는 아이들은 다른 아이들에 비해 더 충동적일 수 있습니다. 자신의 감정을 다른 사람에게 효과 있게 전달하지 못하고 부정적인 감정을 욕으로 나타내는 것이니까요. 이런 관점에서 본다면 우선 욕을 할 경우 관심을 보이지 않는 것이 이 행동을 줄이는 방법입니다.

또 다른 방법은 아이에게 화가 나는 상황에서 우선 모든 행동을 멈추고 생각을 먼저 하는 훈련을 시켜 보세요. 화가 날 때 욕을 해 버리기 전에 우선 참고 화를 가라앉히는 방법을 연습시킵니다. 그런 뒤 이 문제를 어떻게 해결해야 선생님에게 야단도 맞지 않고 효과적으로 대처할 수 있는지 가능한 방법을 생각해 보게 하는 것입니다. 이것을 '우선 멈춤 놀이'라고 이름을 붙여 반 전체가 참여할 수도 있겠습니다.

욕을 하는 어린이가 산만하고 많이 움직이며 집중력이 짧다면 '주의력 결핍 과잉 행동장애'가 있을 가능성도 있습니다. 이러할 경우에는 소아정신과에서 정확한 진단과 치료를 받도록 하세요. 치료를 통해 여러 가지 긍정적인 효과를 한꺼번에 얻을 수 있으니까요. 마지막으로, 아이들은 항상 어른들을 모방합니다. 어른들이 과격한 언어를 사용하는 것을 자제하고 화가 났을 때도 바람직한 방법으로 이를 표현하는 모습을 보여 준다면 아이들에게 이보다 더 좋은 교육방법은 없겠습니다.

발표할 일만 있으면 우는 아이

초등학교 5학년 여학생으로, 수업 시간 중 혹은 다른 상황에서도 발표를 하거나 의사를 밝히고 주장을 해야 할 상황이 되면 항상 울기만 합니다. 어떻게 지도해야 할까요?

이럴 경우 대부분의 교사나 부모, 주변 사람들은 우선 아이에게 "울지 말고 말로 해라." "울긴 왜 울어? 못하겠으면 못하겠다고 말하지."라며 아이에게 울음을 그치길 요구하거나 "왜 우니? 누가 너한테 뭐라고 했니?" "바보같이 울긴 왜 울어? 말도 못하는 벙어리야?"라고 다그칩니다. 하지만 이런 식으로 대하면 아이는 더욱 위축되어 말을 하지 못하게 될 뿐 아니라, 말하기를 강요하거나 다그치는 사람에 대해서 부정적인 감정을 품게 되어 결과적으로는 관계만 악화됩니다. 이런 경우에 아이를 제대로 지도하고 도와주려면, 먼저 말하지 못하고 울기만 하는 아이를 비난하거나 평가하지 말고, 있는 그대로의 아이 심정을 올바르게 파악하여 적절한 표현으로 그 아이의 마음을 헤아려 주어야 합니다.

발표를 하지 못해서 울 수밖에 없는 아이의 심정이 어떠할지 한번 생각해 볼까요? 아마도

이 아이의 심정은 '발표하는 게 너무 힘들고 어려우니 제발 나에게 시키지 말아 주세요.' '발표하지 못하고 울 수밖에 없는 저를 이해해 주세요.' '죄송합니다. 발표하지 못해서……. 이런 나를 이해해 주시고 그냥 좀 넘어가 주세요.' 이럴 것입니다. 이러한 상태에 있는 아이에게 울지 말고 말할 것을 요구하거나 아이를 평가하고 비난하는 태도를 보이면, 아이의 심정은 더욱 복잡해지고 심한 경우에는 큰 상처를 받게 됩니다. 즉, '내가 발표할 수 있으면 왜 울겠어! 이렇게 발표 못해서 울고 있는 나를 이해하거나 위로해 주지는 못할망정 왜 자꾸만 건드려!' '제발 나 좀 그냥 내버려 둬. 더 이상 건드리지 마.' '야! 씨……, 너도 내 입장이 한번 돼 봐! 너 같으면 울지 않을 수 있겠어?' 등 여러 가지 감정이 복잡하게 얽히고설켜 결국에는 상대방에 대한 부정적인 감정이 생겨나게 됩니다. 또한 자기 자신에 대해서도 열등감과 수치감, 부정적인 자아개념 등의 태도가 나타나게 되며, 이런 것이 지속되면 삶 전체가 망가질 수도 있을 것입니다.

이런 아이의 경우에는 우선 그 아이의 심정을 올바르고 충분하게 파악한 다음, 그것을 적절하게 표현해 주는 태도가 중요합니다. "너무 힘들지? 울 수밖에 없는 네 심정은 오죽하겠니?" "네 자신이 너도 원망스러운가 보구나?" "잘하고 싶지? 그런데 잘 못해서 속상하지?"라고 아이의 심정을 읽어 줄 수만 있다면 아이는 자신이 이해받고 있고, 받아들여지고 있다는 느낌으로 상대방이 너무나 고맙게 느껴질 뿐 아니라, '아, 내가 이런 상태인데도 이해해 주니, 내가 뭔가를 해 보려다가 실수를 하거나 잘하지 못해도 비난하거나 야단치지 않으실 거야.' 하는 생각이 들고 용기를 얻어서 발표를 하거나 뭔가를 시도할 수 있게 될 것입니다.

모든 일에 의욕이 없는 아이

> 초등학교 3학년인 우리 반 한 아이는 만사 의욕이 없습니다. 수업 중에도 과제는 그럭저럭 해내는데, 공부에도, 아이들과 노는 것에도 별로 흥미가 없습니다. 아이답게 밝고 의욕이 있었으면 합니다. 어떻게 아이를 도울 수 있을까요?

학교를 처음 다니기 시작할 때에는 저마다 준비된 상태가 다르게 마련입니다. 아침에 일어나는 것이 어려운 아이가 있는가 하면, 일어나기는 제때 잘 일어나지만 세수하면서 한나절, 옷 입으면서 한나절, 이렇게 준비하는 데 오래 걸려 엄마의 속을 태우는 아이도 많습니다. 알림장을 쓰지 않거나 숙제에 필요한 책과 공책을 학교에 두고 가는 아이도 있고 생각하는 것은 좋아하지만 글씨를 쓰는 것은 무척 싫어하는 아이도 있습니다.

이 모든 관문을 넘어서서 학교에 잘 적응하고 자율적으로 책임감 있게 자기 할 일을 할 줄 아는 아이가 되기 위해서는 선생님과 부모님의 관심과 격려가 필요하며, 또한 인내심을 가지고 기다려 주는 것도 중요합니다.

빨리 적응하는 아이도 있고 적응 기간이 유달리 오래 걸리는 아이도 있습니다. 적응이 더딘 아이에게 조급한 마음으로 다그치고, 어른들이 아이의 일을 대신 해 주고, 아이가 애써 한 일을 하잘것없는 것으로 여기고 몰라 줄 때, 아이들은 만사 의욕을 잃게 됩니다. 심한 경우에는 우울증에 빠지기도 하지요.

선생님과 부모의 가장 중요한 역할은 관심을 가지고 지켜보면서 칭찬과 격려를 아끼지 않는 것입니다. 이것은 아이를 방치하는 것과는 전혀 다릅니다. 안쓰럽고 다급한 마음에 어른이 대신 해 주거나, 선생님에게 야단맞는 것이 싫어서 엄마가 집에서 엄하게 감독을 하게 되면, 아이는 잘 따라오는 듯이 보이지만 혼자 해낼 수 있는 능력을 계발하지 못하고 의욕도 없어집니다. 어차피 엄마의 검열을 받아야 하고 엄마의 기준에 맞추어 공부해야 하는 것이니까 나의 생각이나 의견은 중요하지 않게 되는 것이지요. 그래서 어른이 시키는 대로 하는 것이 편하지 더 이상 혼자서 무엇을 하려고 들지 않게 됩니다.

숙제를 다 못해 갔을 때, 수업 준비가 덜 되었을 때 그 결과에 대한 책임을 아이가 지도록 해야 합니다. 어른들은 답답하기도 하고 빨리 잘하도록 도와주고도 싶겠지만, 자신의 힘으로 문제를 해결해 나가는 연습을 할 기회를 주어야 합니다. 이런 부분을 학부모상담을 통해 부모님과 공유하는 것이 중요합니다.

사람은 태어날 때부터 새로운 것에 대한 호기심을 갖고 태어납니다. 이러한 호기심이 꺾이지 않고 성장하도록 도와주는 것이 중요합니다. 호기심은 새로운 사실들을 이해하고 사물을 관찰하며 나아가 지식을 쌓는 원동력이 되기 때문이지요. 새로운 지식, 사실들을 배우는 일이 즐거워진다면 공부는 자연히 재미있고 흥미로운 것이 될 수 있습니다. 물론 아이가 특히 힘들어하는 부분에서는 이를 기민하게 알아차리고 집중적으로 도와줄 필요가

있습니다. 항상 관심을 가지고 지켜보면서 도움을 청할 때는 도와주고, 혼자 해결하려고 노력할 때는 칭찬을 아끼지 않으면서 인내심을 가지고 한 발 물러서서 지켜봐 주십시오. 머지않아 책임감 있게 행동하고 공부를 재미있어하는 아이로 달라져 있을 것입니다.

어른 흉내를 내며 대드는 아이

초등학교 6학년인데 머리 모양, 장신구, 복장 등에서 어른 흉내를 내기 시작합니다. 간혹 노래 방에 가거나 술을 마시기도 해서 꾸짖으면 "어른들은 하면서 왜 우리는 안 돼?" 하며 대듭니다. 이런 아이의 행동에 어떻게 대처해야 할까요?

아이를 교육한다는 것은 참으로 쉬운 일이 아닙니다. 교사나 부모에게 대항하는 경우는 더욱 힘들게 느껴질 것입니다.

하지만 냉정하게 현실을 점검해 보면 방법은 있게 마련입니다. 아이들이 성장하다가 어느 시기에 이르러 어른들을 모방하면서 어른들의 역할이나 태도를 학습하는 것은 자연스러운 일입니다. 따라서 아이가 교사에게 대항한다고 해서 무조건 부정적으로 여기는 것은 바람직하지 않습니다. 또한 노래방에 드나들고 머리에 물을 들이는 등 아이가 아이답지 못한 행동이나 태도를 보이는 것도 일종의 어른을 모방하고 흉내 내는, 성장의 당연한 과정으로 보아야 할 것입니다. 특히, 어릴 때 부모나 주변 성인들로부터 충분한 인정이나 사랑을 받지 못하고 성장한 경우에는 이러한 현상이 보다 이른 시기에 더욱 심하게 나타나는 경향이 있습니다.

따라서 이러한 행동이나 태도를 보이는 아이에게 교사나 부모가 그런 행동을 제지하거나 부정적인 반응을 보이면 대항하고 거부하는 태도를 보이는 것은 당연한 결과인지도 모릅니다. 즉, 부모나 교사가 자신의 행동을 제지하거나 부정적인 태도로 반응하면 아이는 자기 자신의 존재를 무시하고 거부하는 것으로 인식해서 상대방에게 반발, 혹은 대항적인 행동을 보이게 되는 것입니다.

이러한 행동이나 태도에 대해 교사나 부모는 자신의 입장에서 아이를 함부로 평가하거나 판단하는 태도를 보이기보다 아이의 입장에서 생각해 보아야 합니다. "야! 너 빨리 어른이 되고 싶은가 보구나?" "야! 너 정말 화가 많이 났구나? 선생님한테 대드는 것을 보니." 등의 반응은 아이로 하여금 자신이 존중받고 있다는 인식을 가지게 해 함부로 행동하거나 반항적인 태도를 보이지 않게 될 것입니다.

이러한 과정을 거쳐서 아이와 어느 정도 관계 형성이 되면 "야! 난 네가 이렇게 저렇게 할 줄 알았는데 그렇게 하지 않아서 당황스럽구나(답답하구나)."라는 식으로 아이와 대화의 물꼬를 터 나가야 할 것입니다.

우리는 상대방의 어떠한 행동이나 태도를 접할 경우 대부분 자기 기준으로 판단하여 맘에 들지 않으면 상대방을 비난하거나 평가하는 식으로 말할 때가 많습니다. 그러나 나의 판단 기준과는 다른 상대방의 행동이나 태도에 '저건 아닌데…….' 하는 생각이 들면, 우선 '저 사람은 나와는 다르구나.' 하는 인식을 가지고 "난 네가 어떻게 할 줄 알았는데 그렇지 않아서 내가 어떠하다."는 식으로 상대방에 대해 자신이 갖고 있는 기대나 생각을 진솔하게 털어놓으십시오. 그러면 상대방에게 거부감이나 상처를 주지 않고 좋은 관계를 유지할 수 있으며, 문제도 해결 가능한 방향으로 풀어 나갈 수 있을 것입니다.

친구를 때리고 못살게 구는 아이

초등학교 2학년 남자 아이입니다. 입학한 뒤로 거의 매일 다른 아이를 때리고 있습니다. 타이르기도 하고 야단도 쳐 보지만 그만두지 않습니다. 어떻게 해야 할까요?

아이들은 말보다 행동이 앞서는 경우가 많습니다. 충동적인 성향을 타고 난 아이, 상대방에게 거절을 당할까 봐 두려운 아이, 관심을 표현하는 알맞은 방법을 모르는 아이, 좌절감을 표현하지 못하고 화가 나면 감정을 조절하지 못해서 쉽게 폭발하는 아이 등 이런 경우에 아이는 다른 아이를 때리는 공격 성향을 보입니다.

충동적인 성향을 타고난 아이라면 주의력 결핍이나 과잉 행동장애, 학습장애에 대한 진단이 필요하겠지요. 아이 개인에 대한 이해도 필요하지만 우선 반 전체를 위한 규칙들을 정할 필요가 있습니다. 아이들이 함께 의논하여 어떤 경우에 상을 받고 어떤 경우에 불이익을 당하는지 스스로 규칙을 정할 수 있도록 도와주세요. 이것은 아이들이 문제를 해결하

는 방법을 생각해 보고 그 결과를 따져 봄으로써 행동을 선택하게 하는 문제 해결 훈련이 됩니다.

하지만 계속 문제를 일으키고 교사의 지시에 따르지 않는다면 부모님을 만나 협조를 구하셔야 합니다. 이럴 때 알림장을 이용할 수도 있습니다. 서너 가지 지켜야 할 일에 대해 아이가 학교에서 얼마나 잘 지켜주었는지를 확인하여 알림장에 기록합니다. 엄마는 방과 후 아이가 가져온 알림장을 보고 아이에게 상을 줄 수 있겠지요. 이것은 아이가 긍정적인 행동으로 관심을 받을 수 있도록 함으로써 칭찬받는 것은 기분 좋은 것이라는 것을 깨닫고 칭찬받으려고 노력하도록 하기 위해서입니다.

물론 자주 부딪히는 아이들끼리는 자리를 멀리 떨어져 앉게 하는 것도 도움이 됩니다. 차분한 아이 옆에 앉혀 짝의 차분함이나 남을 배려하는 태도를 배울 기회를 제공할 수도 있겠지요.

또 늘 문제를 일으키는 아이를 다른 아이를 이끄는 모둠장으로 만들 수도 있습니다. 책임 있는 역할을 맡겨서 아이가 문제행동을 객관적으로 보게 함으로써 아이의 행동을 교정하고 예방하는 효과를 기대할 수 있습니다.

아이에게 화가 나는 순간 우선 참고 화를 다스리는 방법을 알려 주세요. 복식호흡이나 온몸에 힘주었다가 빼기와 같은 근육이완 훈련을 하면 충동적으로 반응하려고 할 때 스스로 통제하는 힘을 키워 줄 수 있습니다.

우리 반 이야기

내가 만난 아이들

최은희 | 충남 아산 거산초 교사

선생 노릇한 지가 올해로 십이 년이 되는 나는 요즘 들어 자꾸 아이들에게 지은 죄가 떠올라 마음이 괴롭다. 뭘 몰라서 죄를 짓고, 알면서 실천하지 못해 죄를 짓고, 또 심성이 좋지 못해 죄를 짓고……. 내가 쓰는 글 역시 그 때문에 실수투성이이고, 효과가 있었어도 어찌 보면 좁은 생각에 스스로 흡족해 하는 수준일 것이다. 그럼에도 불구하고 여기에 감히 밝히는 것은 내 실수가 누군가에게 거름이 될 수도 있기 때문이다. 적어도 나 같은 실수나 방황은 하지 않을 것이니까.

감정의 기복이 심하고, 통제가 잘 이루어지지 않는 아이

재영이는 감정의 기복이 매우 심하고 또 감정을 드러내는 데 거리낌이 없는 아이이다. 이 아이는 나를 무척 당황하게 하고, 힘들게 하고, 한편으로는 보람도 느끼게 하였다. 재영이가 문제를 드러낸 것은 학년 초인 3월 20일 과학 시간이었다.

과학 시간에 실험을 하는데 재영이가 교실을 돌아다니며 다른 모둠활동에 끼어들고 시끄럽게 떠들었다. 내가 몇 번 자리로 돌아가라고 이야기를 했으나 들은 척도 하지 않았다. 보다 못해 팔을 잡아끌어 자리에 앉히자 신경질을 내며 눈을 하얗게 흘기더니 책상 위에 탁 엎드려서 꿈쩍도 하지 않았다.

나는 은근히 화가 났다. '뭐한 놈이 성낸다더니, 적반하장도 유분수지. 이것 참!' 감정이 상한 내가 목소리를 점차 높여 가며 고개를 들라고 했으나 재영이는 미동도 하지 않았다. 학년 초인 데다가 이런 버릇없는(?) 녀석을 그냥 두었다가는 일 년을 고생하겠다 싶어 마음을 다잡았다.

"얼른 일어나라, 응?"

"못 일어나니? 너 좀 혼나야겠다."

실랑이를 하다하다 내가 소리를 지르며 아이의 뒷머리에 알밤을 한 대 주었다. 마음이 무척 상했던 터라 알밤을 주는 손에 힘이 실렸던 것 같다. 재영이가 벌떡 일어나더니 아아악 하며 괴성을 질렀다. 뒤이어 "나 집에 갈 거야. 이 학교 안 다닐 거야." 그러면서 말릴 새도 없이 가방을 들고 뛰쳐나갔다.

나는 직감적으로 이거 뭐가 잘못됐나 싶어 후다닥 쫓아나가 아이를 붙들었다. 신발장 앞에서 거세게 항의하는 아이를 질질 끌다시피 교실로 데리고 들어왔다. 재영이는 발로 버티다 힘에 끌려오며 나에게 험한 욕을 했다. 4학년 아이가 아무리 이성을 잃어도 상식적으로 도저히 교사에게 할 수 없는 말들을 거침없이 쏟아 내는 것이었다.

반 아이들은 모두 긴장해서 숨소리 하나 나지 않을 정도로 조용했다. 나는 황당한 감정이 쉽게 다스려지지 않아 재영이의 잘못을 꾸짖었고, 재영이는 눈물을 흘리며 내가 나쁘다고, 싫다고 악을 써 댔다. 그것은 마치 서너 살 먹은 아이나 할 수 있는 행동이었다.

어떤 위험한 일을 벌일지 몰라 손을 꽉 붙잡고 있으니까 재영이가 내 가운데 손가락을 물었다. 아프기도 하고 화도 나서 소리를 지르며 또 손가락을 깨물어 보라고 하자 다시 깨물었다. 얼마나 분한지 턱을 바르르 떨면서……. 감정을 절제하지 못한 내가 다시 깨물어 보라고 하자 이번에는 머리를 책상 모서리에 짓찧었다. 겁이 나서 내가 잡아끌자 소리를 또 꽥꽥 질러 댔다. 어머니가 숨이 목에 차서 달려왔다. 그렇게 한 시간을 재영이와 나는 끊어질 듯 당겨진 활시위처럼 버티고 있었다. 어머니가 오자 재영이는 "나는 바보야. 우리 집에서 나는 못난이야." 그러면서 아기처럼 응석을 부리고 제 손가락을 깨물었다. 어머니가 오시자 일단 재영이를 넘겨 주고 나는 자리에 서서 막 울었다. 아이들이 보고 있으니 눈물을 그쳐야 한다고 생각했지만 눈물이 멈춰지지 않았다.

감정을 다스린 뒤 재영이와 재영이 어머니, 상담을 공부하신 김 선생님과 이야기를 나누었다. 처음에 재영이 어머니는 아이가 학년이 바뀔 때마다 신고식을 거하게 하는 편인데 적응을 하면 괜찮더라는 말만 되풀이했다. 나는 이미 진이 다 빠져 김 선생님이 재영이 어머니와 오랫동안 이야기를 했다. 김 선생님은 어릴 때 억눌린 감정이 많은 아이들은 마음속에 쌓인 것들을 다 풀어 주지 않으면 성인이 되면 그동안 억눌린 것들을 한꺼번에 표출하기 때문에 오히려 문제를 더 크게 만들 수 있다며 지금이라도 전문가 상담을 받아야 한다고 강하게 이야기를 했다. 재영이 어머니는 자기가 아이를 힘들게 가졌고, 또 집에 여러 사람이 드나들어 버릇없다는 이야기를 들을까 봐 아이의 행동을 지나치게 통제해서 키웠더니 결국 자신이 아이를 저 지경으로 만들었다며 울었다.

결국 한바탕 소동이 끝난 뒤 재영이는 며칠 동안 학교를 오지 않기로 했다. 저나 나나 마음에 상처가 심해서 며칠 동안 서로 감정을 식히는 시간이 필요할 것 같아서였다. 대신 어머니 일터에 같이 나가서 어머니가 일하는 것을 지켜보고 도와드리며 어떻게 학교생활을 해야 할지 고민해 보라고 하였다. 그러나 며칠 학교에 나오지 않겠다던 재영이는 하루 만에 학교에 왔다. 오더니 내 앞에서 심심해서 학교에 나왔다며 미안하다고 사과를 했다.

그 뒤 재영이는 일주일에 한 번씩 상담소를 다니며 제 마음에 쌓여 있는 이야기를 풀어놓고 아울러 어머니도 함께 상담을 받기 시작했다. 그러면서 아이의 표정이 조금씩 변하기 시작했다. 물론 평소에는 상냥하다가도 제 뜻과 맞지 않으면 저도 모르게 험한 욕을 하거나 동무들에게 함부로 구는 행동이 아주 없어진 것은 아니지만 스스로 감정을 자제하려고 노력하는 모습이 엿보였다.

나 또한 재영이가 문제행동을 보이면 즉각 반응하지 않고 한 발자국 물러나 있다가 조용히 타이르거나 왜 그런 행동을 했는지 이유를 들어 주었다. 그러면서 최대한 아이의 입장이 되어 생각해 주려 애썼다. 또 다른 동무들에게 심한 욕을 하거나 괴롭힐 때는 엄한 목소리로 이름을 부른 뒤 조용히 쳐다보거나 내 옆으로 불러서 세워 두었다. 한편 아이가 자신의 생각을 투덜거리는 목소리나 신경질적인 모습으로 나타내면 차분한 목소리로 말할 때까지 무심한 척 내버려 두었다. 물론 마음속에서는 천불이 몇 차례씩 일어났지만……

재영이 어머니와 자주 메일을 주고받으며 집에서의 생활과 상담소에서 나눈 이야기들을 함께 공유하곤 하였다. 재영이 어머니의 헌신적인 노력과 나에 대한 신뢰가 나와 재영이를 살려 주는 데 큰 역할을 하고 있다. 재영이 어머니의 편지를 보면 재영이의 변화를 조금 더 실감할 수 있을 것이다.

너무 오랜만에 소식 드립니다.

그간 상담실에 두 번 다녀왔습니다. 지난주에는 성격검사를 했었고 이번 주에는 성격검사 결과를 가지고 이야기하고 제가 어떻게 해야 인내심을 가지고 재영이를 대할지 상담했습니다.

재영이는 성격적으로 어떤 성향인지 잘 모르겠다고 하시더군요. 예를 들면 외향인지 내향인지, 감각적인지 직관적인지, 사고형인지 감정형인지, 판단형인지 인식형인지가 뚜렷하게 나타나지를 않는데요. 제가 생각하기엔 심리적으로 불안정해서 그런가 했습니다. 그림으로 자신을 표현해 보라고 해도 어떤 땐 종이 한 장이 다 차도록 그리기도 하고 어떤 땐 아주 작게 그리기도 해서, 굉장히 인정받고 싶은 욕구가 강한 대신 자신감이 없는 것 같다고 하셨습니다.

결국은 아직 어린아이니까 아빠 엄마의 숙제라는 걸 느끼게 되었습니다. 그리고 저도 많이 편안해졌다는 말씀 드리려구요. 그간 내가 왜 그렇게 재영이를 구속했을까 싶을 정도로 제 자신을 들여다보고 있는 중입니다.

상담실 선생님 말씀처럼 가정에서 충분하게 욕구 충족이 되면 나가서도 마음 넓은 행동을 하리라는 생각이 듭니다. 그래서 요즘은 재영이 의견을 많이 존중해 줍니다.

저번 토요일에도 학교 갔다 와서 2시에 어린이 미사를 가야하는데 "엄마, 내일 아빠 엄마하고 어른 미사에 가면 안 돼요?" 하고 묻는데, 옛날 같으면 소리 한 번으로 제압해서 보냈을 텐데 "그럼 내일 꼭 간다고 약속하고 너 하고 싶은 대로 해."라고 했더니 좋아서 컴퓨터 게임 하더니만 그 뒷날 어른 미사가 길고 지루하니까 다음부터는 꼭 어린이 미사에 참여해야겠다고 하데요.

짜증 낼 기회를 제공해 주지 않으니까 짜증을 많이 줄었습니다. 재영이가 집에서 하는 공부라고는 전에부터 하던 재능수학과 재능한자뿐인데 그것도 대충대충 속전속결주의라서 조금 봐 주다 보면 나 스스로 속이 터질라 그래 자주 부딪혔는데, 이번 월요일에 리코더 찾다가 학습지를 보니까 여전히 엉망으로 해 놓았데요. 학교 갔다 왔길래 엄마랑 같이 해 보자면서 좀 봐 주는데 전에처럼 약간 언성이 높아지려고 해서 제 마음을 들여다보면서 참고 했더니 나중에 재영이 하는 말 "엄마 화 안 낸다면서 아까 왜 화냈어요?" 하는 거예요. 이렇게 민감한 녀석인데 내가 너무 상처를 많이 줬구나 싶어 요즘에는 재영이를 보면 마음이 아려 옵니다.

그리고 이번 금요일에는 상담실 선생님에게 엄마가 화 안내려고 노력하는 게 느껴진다고 얘기하는 걸 듣고 저도 놀랐습니다. 우선은 제가 마음을 다스리는 게 중요하리라는 생각입니다. 재영이 행동에 사사건건 즉각적으로 반응했었는데 지금은 한 발 물러서서 바라보니까 저 자신도 의외로 마음이 편하구요, 공부는 동기 부여가 될 때 하겠지 싶어서 강요하지 않게 되데요.

오늘은 양진이랑 같이 와서 게임방에 간다기에 양진이 어머니와 통화한 뒤에 한 시간만 놀고 오라고 했더니 좋아라 나가서 놀다 왔습니다. 양진이가 좋은지 상담실에서도 또래상담 학습지에다가 양진이 얘기를 썼대요.

저녁에 재영이와 이런저런 얘기를 하다가 활발하게 노는 것은 얼마든지 좋지만 다른 사람에게 피해 가는 행동을 하면 네가 충분히 인정한 후에 벌을 내려도 좋으냐고 물었더니 그렇다고 했는데 또 상황에 따라 어떤 행동이 나올지는 모르겠습니다.

학교에서는 어떤지요. 아이들하고 관계나 선생님한테는 어떤지요.

다음에 또 소식 드리겠습니다. 안녕히 계십시오.

○○○○년 3월 30일 재영이 엄마 드림

아이의 문제는 어른의 문제에서 시작되고 또 어른이 문제를 해결하지 않으면 아이의 문제 역시 해결될 수 없다. 우리 반 재영이 같은 경우 부모님이 아이의 문제를 해결하기 위해 적극적으로 대응해서 아이가 변할 수 있었던 것이다. 또 어떤 아이에게 문제가 나타나면 그것을 교사가 혼자 해결하려 하기보다는 전문가의 도움을 받을 수 있도록 하는 것이 필요하다. 교사는 전문가와 지속적으로 관계를 맺어 나가며 아이의 상황이나 학교에서 교사가 도와주어야 할 것 따위를 찾아 나가는 것이 바람직하다고 본다. 내 반 아이이기 때문에 내가 해결할 수 있다는 생각은 자칫 아이의 문제를 방치하는 결과를 가져올 수 있기 때문이다.

내성적이고 자신감 없는 아이

학년 초에 아이의 상황을 자세히 적은 편지를 받으면 — 자기 아이를 특별하게 여겨 달라는 속뜻이 담긴 편지가 아닌 경우 — 기분이 무척 좋아진다. 아이의 문제를 해결하려는 의지가 엿보이고 또 나 혼자 힘들어하지 않아도 된다는 안도감이 들기 때문이다. 수빈이 어머니 편지를 받았을 때도 역시 그랬다.

> 수빈이는 엄마와 떨어지면 불안한 분리불안 증세를 가지고 있습니다. 엄마가 가까이 있으면 마음이 편안해지구요. 2학년 초에 시작된 이 증세로 인하여 중앙초등학교에서 용화초등학교로 전학을 하였구요. …… 2학년 9월부터 겨울방학 전까지 서울 삼성동에 있는 원광아동상담소에서 상담을 받았으며 지금은 나사렛대학에서 심리학 교수님께 상담을 받고 있습니다. 자신감이 많이 결여되어 있으며 수동적이고 소극적인 아이입니다. 선생님의 관심과 격려를 부탁드립니다.
>
> ○○○○년 3월 4일 수빈이 엄마 드림

수빈이가 가지고 온 편지를 읽으며 나는 한 해 동안 이 아이에게 내가 해 주어야 할 것이 무엇인가 고민했다. 어머니와 떨어지면 분리불안 증세를 느낀다니 제일 먼저 선생님이 어머니처럼 편안하고 안정감 있게 아이를 안아 주는 게 필요하다는 생각이 들었다. 그래서 아이를 불러서 "수빈아, 학교에 오면 내가 엄마야. 무슨 일이 있으면 내가 다 알아서 해 줄 테니까 나한테 이야기해. 알았지? 네 옆에는 내가 있다는 걸 잊지 마." 그러면서 아이를 안심시켰다.

그렇지만 수빈이는 나에게 쉽게 마음을 열지 않았다. 학교에 와서 한 번도 말을 하지 않고 가기 일쑤였다. 그래서 모둠을 만들 때는 일부러 친한 동무들과 함께 앉도록 했다. 나에 대한 믿음이 생길 때까지는 동무들로부터 위안을 얻는 게 필요했기 때문이다. 또 공부 시간이나 학급활동에서 조금이라도 성의를 보이면 다른 아이들 앞에서 칭찬을 듬뿍 해 주었다. 가끔씩 아이들이 없을 때는 따로 불러서 학교 다니면서 힘든 게 없느냐고 묻기도 하고, 수빈이가 엄마 떨어져서도 씩씩하게 지내는 게 장해 보인다고 머리를 쓰다듬어 주었다. 공부 시간에도 옆을 지나다가 어깨를 토닥거려 주고 손을 끌어당겨

잡아 주기도 했다.

그렇게 3, 4월이 지나고 5월이 되었다. 수빈이가 일기장에 자신의 마음을 드러내기 시작했다. 외삼촌이 돌아가셔서 어머니가 슬퍼한다는 내용이었는데 한 쪽 반에 걸쳐 자세하게 일기를 쓴 것이다. 아침에 일기를 읽고 나서 곧바로 담임상을 만들어서 아이들 앞에서 주었다.

"수빈아, 다른 동무들에게 네 일기를 읽어 줘도 되지?"

내가 물으니까 수빈이가 희미하게 웃었다. 나는 아이들 앞에서 수빈이 일기를 읽어 주었다. 그 다음부터 수빈이는 일기 쓰기에 자신감을 가졌다. 그러면서 일기를 통해 제 속마음을 드러내 놓는 데 주저함이 없어졌다.

우리 반은 매주 금요일마다 돌아가며 동무네 집에 가서 모둠 식구들이 잠을 자고 온다. 방과 후 활동이다, 학원 수업이다, 시간에 쫓겨 동무들과 어울릴 시간이 없는 아이들에게 모둠 동무들끼리 친하게 지낼 수 있는 기회를 주기 위해서 아이들 의견을 듣고 하게 된 것이다. 수빈이에게는 어머니로부터 떨어지는 훈련이 필요한데 더할 나위 없이 좋은 기회였다. 수빈이는 처음에는 망설였으나 다른 동무들이 자꾸 가자고 조르니까 저도 가겠다고 했다. 한 번은 어렵게 갔는데 그 다음부터는 금요일만 되면 집에서 옷을 싼다, 준비물을 챙긴다, 아주 부산스럽다고 한다.

어머니에게서는 이제 어느 정도 거리를 갖게 되었지만 소극적이고 수동적인 것은 아직도 여전하다. 다만 변화가 있다면 동무들과 다툼이 있거나 제가 하고 싶은 이야기가 있으면 나에게 와서 쫑알쫑알 이야기한다는 것이다. 그것만으로도 나는 올 한 학기 내가 수빈이에게서 기대한 것을 충분히 얻은 셈이다. 더 이상 나를 어려워하지 않는다는 것은 수빈이가 학교에서 어느 정도 자신감을 찾아 나가는 것이라 보기 때문이다.

자신감이 넘치고 친구들을 억누르려는 아이

명희는 팔방미인이었다. 못하는 게 없는 아이였다. 전 학년 선생님이 '꼬마 선생님' 이라고 부르며 입이 닳도록 칭찬을 하던 아이였다. 그래서 나는 명희가 우리 반이 되었을 때 은근히 신경이 쓰였다. 대

부분 지난 학년 선생님한테 지나치게 사랑을 많이 받은 아이들은 나와 관계를 맺을 때 한참 동안 적응을 못했기 때문이다. 가능한 한 모든 아이들을 편견 없이 공평하게 대해 주려고 노력하는 모습이 명희처럼 전 학년 담임한테 무제한적인 사랑을 받아 온 아이들에게는 왠지 밀려난다는 느낌을 가지게 하는 모양이었다. 그래서 내 눈에 들어 보려고 튀는 행동을 많이 한다. 명희 역시 그랬다.

새 학년 첫날 출석을 부르는데 선희라는 아이가 뒤늦게 교실 문을 열고 들어왔다. 내가 왜 늦었냐고 묻자, 선희는 머뭇거리는데 명희가 나서서, "쟤네 엄마가 선생님인데 동생 유치원 보내느라고 그랬대요." 조금도 거리낌 없이 말하는 거였다. 나는 황당했다.

"명희야, 내가 지금 누구한테 물어봤니?" 딱딱한 목소리로 물었다. 그러자 명희는 망설임 없이 "선희요." 하고 대답하는 게 아닌가? 나는 기가 막혀서 명희를 쳐다보기만 했다. 그러면서 명희가 만만치 않다는 생각을 했다. 그러나 그날뿐만이 아니었다. 명희는 다른 애들에게 뭘 물어보면 톡 채뜨려서 제가 대답을 하곤 했다. 다른 아이들은 그런 명희에게 적응이 된 건지 별로 이상하게 여기지도 않았다.

"명희야, 이제부터는 내가 너한테 물어볼 때만 대답해. 다른 애들은 입이 없니? 왜 다 네가 나서서 대답을 하는 거야? 나는 너한테 물어본 게 아니야." 그러면서 따끔하게 제지를 했다. 그리고 되도록 명희에게 질문하는 것을 피했다. 처음에는 입을 내밀고 골을 냈다. 그러다가도 저도 모르게 끼어들고 다시 나에게 꾸지람을 듣고……. 그렇게 나와 신경전을 벌였다.

공부 시간에도 마찬가지였다. 학습 능력도 뛰어나고 의욕도 무척 앞서는 아이라 공부 시간에 발표를 독차지하려 했다. 내가 다른 아이를 시키면 제가 먼저 답을 말해 버리며 다른 아이들 입을 틀어막았다. 그러나 나는 아랑곳 않고 명희의 대답을 못 들은 척 무시하고 지명한 아이가 대답을 하도록 요구했다. 저 아니면 안 된다는 사고방식을 조절해야 할 필요가 있었기에 조금 심하다 싶게 아이의 욕구를 무시했다. 한 달 정도 명희와 나는 보이지 않는 신경전을 벌였다. 모든 일에서 자기가 주인공이 되지 않으면 견디지 못하는 아이와의 싸움은 참으로 힘들었다.

다행스러운 것은 명희 어머니가 명희의 독선적인 성격을 알고 이번 기회에 확실하게 고쳐야 한다며 나에게 힘을 주었기에 학부모와의 마찰은 없었다는 점이다. 그러나 대부분의 경우 아이가 새 담임에게서 전과 같은 사랑을 받지 못하면 학부모는 불만을 표시하거나 담임을 불신한다. 따라서 아이를 지도하기에 앞서 학부모와 아이의 성격이나 학교생활, 그리고 동무들과의 관계에 대해 잘잘못을 명확하게 짚어 보고 무엇을 어떻게 고쳐 나가야 할지 함께 의논해야 한다.

명희와의 줄다리기는 겉으로 보기엔 변화가 있는 것처럼 보였다. 나는 수시로 명희를 남겨 놓고 과자를 나눠 먹으며 이야기를 했다.

"명희야, 나는 명희가 지혜로운 사람이라고 생각해. 지혜로운 사람은 항상 멀리 내다보지. 내가 너를 미워하는 것처럼 생각되어서 동무들한테 내 흉도 보고 욕도 하는 거지? 지금 내가 미우면 욕해도 돼. 그런데 내가 왜 명희를 괴롭히는 것 같으니?"

명희는 내가 물으면 자기 잘되라고 선생님이 그러는 거라며 눈물도 잘 흘렸다. 그러나 행동의 변화는 쉽지 않았다. 여전히 내 눈이 미치지 않는 곳에서는 동무들을 함부로 대하고 따돌림하고 그랬다. 특히 학교에서 나한테 칭찬을 받은 아이라든가, 제가 하고 싶어하는 일을 맡아 하는 아이들은 어김없이 따돌려 놓았다. 그래도 나는 명희가 언젠가는 다른 동무들을 인정하고 저만 내세우지 않는 아이가 될 거라는 믿음을 가졌다. 왜냐하면 아이는 이제 겨우 열 살이니까.

명희는 글쓰기나 그리기, 노래, 그리고 다른 동무들을 이끄는 통솔력까지 뛰어났다. 내가 무슨 일을 맡겨 놓으면 손댈 일 없이 완벽하게 해내는 아이였다. 담임으로서 그런 아이에게 자꾸 일을 맡기고 싶게 마련이다. 그렇지만 나는 그런 유혹을 떨쳐야 했다. 그것은 명희를 위하는 게 아니라 아이를 독선적이고 자만에 빠지게 만들기 때문이었다.

그래서 조금 능력이 떨어져도 다른 아이들에게 모둠장도 맡겼고(물론 돌아가면서 하는 것으로 정하긴 했지만), 학급회의도(명희가 회장으로 선출되었음에도) 부회장들과 번갈아 가며 진행하도록 했다. 그것은 명희뿐만 아니라 명희의 그늘에서 제 능력을 키워 볼 기회조차 갖지 못한 아이들에게 내가 해 줄 수 있는 일이었다. 부회장들이 회의를 진행하는 날은 칭찬도 많이 해 주고 용기도 북돋워 주었다. 처음에는 명희의 현란하고 논리 정연한 말솜씨에 주눅이 들어 있던 아이들이 조금씩 자신감을 갖게 되었다.

아울러 명희가 동무들을 따돌리면 모둠에서 떨어져 나와 혼자 외로움을 느끼게 생각하는 자리에 며칠
씩 앉게 했다. 그것은 명희에게만 해당되는 것이 아니라 동무를 얕보거나 따돌리는 누구에게나 해당
되는 벌이었다. 그런 벌이 최선일 수는 없었지만 아무리 이야기하고 따돌림 당하는 동무가 되어 겪어
보기를 해도 통하지 않아 궁여지책으로 선택한 방법이었다. 생각의 자리에 앉을 때는 동무들과 이야
기하는 것도 제한을 두었고, (점심 시간에만 말할 수 있는 것으로) 활동도 혼자 해야만 했다. 동무의
소중함을 무시하고 함부로 행동했으니까 동무들 없이 지내 보며 동무가 왜 필요한지 스스로 찾아보라
는 생각에서였다.

그런 일들이 반복되면서 명희는 동무들에게 말도 조금 고분고분하게 했고 또 명희가 다른 동무들을
억누르면 아이들도 스스로 대항하게 되었다. 선생님이 저희들 편이라는 걸 알아서였을까? 예전처럼
명희에게 무조건 수긍하지 않고 잘못된 행동을 하면 저희들이 따지면서 문제를 해결해 나갔다.

한 해를 다 보내고도 명희는 툭하면 동무를 깔보는 말을 했고 다른 아이들이 저보다 못하다는 마음을
버리지 않았다. 그렇지만 다른 아이들이 그런 명희의 행동에 무조건적으로 굴복하지 않으며 더 이상
마음의 상처를 받지 않았다. 아이들 스스로가 명희의 폭력(언어폭력이나 무언의 따돌림)을 견디는 힘
이 생겼기 때문으로 보였다.

(※아이들 이름은 모두 가명입니다.)

정보 쌈지

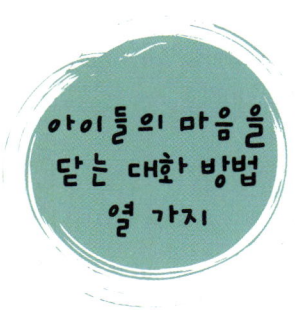

아이들의 마음을 닫는 대화 방법 열 가지

이동갑 | 전 충북 청주 수곡초 교사

왜 마음을 닫는 방법인가? 처음 컴퓨터를 배울 때 동료교사 한 사람이 '내 컴퓨터 빨리 망가뜨리는 방법 열 가지'를 소개해 주었다. 사용 중에 코드를 뽑거나 전원 스위치를 끈다, 커피나 음료수를 마시면서 컴퓨터 자판을 친다는 등의 내용이었다. '컴퓨터를 사랑하는 백 가지 방법'보다 훨씬 가슴에 와 닿았다. 이런 방식으로 대인 관계 속에서 무심코 범하기 쉬운, 다른 사람이 나에게 다가오지 못하는 이유를 교사의 관점에서 살펴보았다.

교사가 아이들의 마음 문을 닫아 버리게 하여 편안하게 하루를 보내고 싶다면 다음 몇 가지 효과적인 방법이 있다.

각 항목별로 그런 경우가 거의 없다는 1점, 간혹 있었던 것 같다 2점, 보통이다 3점, 가끔 있다 4점, 자주 있는 편이다 5점으로 계산하여 자가 진단을 해 보자.

1. 아이들이 말을 걸어올 때 딴 일 하며 대답하기

공문을 처리하거나 인터넷을 검색하거나 신문을 보면서 무척 바쁜 표정을 지으면 더 효과적이다. 이때 아이들은 우리 선생님은 지금 내 말에 귀를 기울이지 않는다고 판단할 것이다. 역지사지의 심정으로 교사가 말할 때 딴 짓 하는 아이들을 보면서 느끼는 심정을 생각하면 그 효과를 금방 알아차릴 수 있다.

2. 대화 도중에 말허리 자르기

아이가 말하는 도중에 "핵심만 말해." "그래서 이랬단 말이지?" 하며 말을 가로챈다. 아이들은 내가 지금 선생님의 시간을 낭비하고 있음을 알아챌 것이다. 성급하게 판단하기와 사촌지간이며 명령하기와는 형제지간.

3. 설교하기

도덕적인 설교로 예수님, 부처님, 공자님을 자주 인용하면 더 효과가 있다. 충고하기와 오랜 친구 사이.

4. 상처 싸매기

상대방의 고통에 오버하면서 감정을 퍼낸다. 슬픔과 기쁨을 역동적으로 표현하면 좋다. 성급한 위로와 동정도 사촌지간이다. 나보다 더 슬퍼하는 선생님을 보면서 아이들은 한 방에 감정의 홍수에 침몰된다.

5. 무시하기

상대방의 무지와 실수에 때를 놓치지 않고 반응하여 자신의 부족함을 절감하게 한다. 비꼬아서 말하기와 꼬투리 잡기가 친한 친구 사이이다. 모욕적인 말과 경멸하는 눈빛 따위를 함께 사용하면 효과적이다. 아이들의 자존심 세워 주기와는 극히 사이가 좋지 않다.

6. 분노 속에 빠져서 자신을 잃어버리기

작은 일도 확대하고 감정을 극대화하며 문제의 본질에서 벗어나는 분노 속에 함몰되기. 고함 소리와 함께 값이 작게 나가는 물건을 집어 던지는 등 다소 과격한 행동과 상기된 얼굴 표정을 함께 지으면 교실은 의도 이상의 공포로 가득하게 된다.

7. 극단적인 언어 표현과 약속하기

감정의 조절이 잘 안 된 상태에서 내가 사용할 수 있는 좀 더 중량감 있고 부담이 되는 언어를 사정없이 골라 쓴다. "두 번 다시 너하고 대화하지 않을 거야!" "오늘 이 일이 해결될 때까지 아무도 집에 보내지 않을 거야." 돌아올 수 없는 다리를 건너 다시 주워 담기 어려운 놀라운 효과를 발휘한다.

8. 비교하기

"옆 반 아이들 반만 닮아라." "창피해서 얼굴을 못 들겠다." "작년 아이들은 안 그랬는데." 등 다양한 표현을 활용하여 비교하되, 구체적인 수치를 언급하면 더욱 파괴력이 크다. 이는 학부모들도 많이 사용하는 것으로 형제 간에 비교하기, 옆집 아이와 비교하기, 친척 또래와 비교하기 등과 남매지간이다. 집에서 받는 스트레스를 교사가 더욱 상승시켜 울고 싶은데 뺨 때리는 격의 시너지 효과가 난다.

9. 편애하기

특정 아이의 이름을 집중적으로 불러 주기, 점심 시간에도 옆에 앉게 하여 친밀한 정을 대내외에 과시한다. 칭찬받는 아이의 자존감을 극대화시켜 주고 다른 아이들을 무시하는 부수적인 효과가 있다.

10. 짜증 내기

교실의 공기 한 올 한 올을 못으로 긁어 내는 심정으로, 겨울철 유리창이 억지로 열릴 때 들리는 재그러운 소음처럼 신경질적인 되받아치기를 함께 사용하면 더욱 파급 효과가 크다.

나의 점수는?

(   ) 점

20점 이하라면 아이들과의 대화가 아주 잘 이루어지고 있는 것이다. 30점 내외라면 평소 나의 행동이 얼마나 아이들을 나에게 다가오지 못하도록 만드는 것인가에 대한 성찰의 기회가 될 것이다. 35점이 넘는다면 상황을 심각하게 받아들여야 한다. 그러나 근심할 필요는 없다. 무엇이 문제인지 알았기 때문에.
그렇다면 아이들을 내게 다가오게 하는 대화법은 무엇인가? 그 대답은 자명하다. 뒤집으면 된다. 위의 열 가지를 반대로 하면 될 것이다. 명심하자. 한꺼번에 다 실천하려고 하기보다 한 가지만 제대로 실천하기 시작하면 나머지는 고구마 넝쿨처럼 따라오는 것이다.

03 집단상담으로 아이들 만나기

아이들은 새로운 환경에 놓이게 되면

자기를 드러내기보다는 다른 아이들을 관찰하는 위축된 태도를 보입니다.

집단상담을 할 때, 아이들은 기대감과 불안감을 가지고 임합니다.

자신의 이야기가 얼마나 받아들여질지,

어느 정도 솔직해도 되는지 알아보기 위해

교사와 친구들을 관찰하고 시험합니다.

이때 가장 중요한 것은 교사의 역할입니다.

교사도 집단의 한 사람으로서 솔직하게 자기를 공개하고

먼저 시범을 보이는 것이 좋습니다.

집단상담은 개인이 가지고 있는 문제를 집단 안에서 대화를 통해
해결하거나 해결 가능성을 발견하게 함으로써 좀 더 자신감을 갖고
적극적으로 생활할 수 있도록 돕는 활동이다. 또한 이를 통해
학급 친구에 대한 이해와 애정을 갖도록 이끌어 줄 수 있다.

초등학교 저학년 아이에게 "너는 커서 무슨 일을 하고 싶니?" 하고 물으면 금방 답이 나온다. 소방관, 군인, 의사, 가수…… 꿈의 종류도 다양하다. 고학년 아이들에게 꿈을 물으면 의사, 과학자, 교사, 법관, 축구선수, 연예인과 같은 답이 나온다. 까닭을 물으면 돈을 많이 벌 수 있기 때문이라고 한다. 중·고등학교에 다니는 아이들에게 같은 질문을 하면 "글쎄요……" 하며 대답하지 못하는 아이들이 제법 많다. 아무 생각 없이 점수 올리기에 급급한 것이다. 나는 누구인지, 무엇을 좋아하는지, 왜 공부를 하는지에 대한 생각 없이 그저 공부에만 매달려서 열등감과 불안감, 그리고 강박증에 시달리고 있다.

자기 중심성에서 벗어나기 시작하는 초등학교 중학년부터는 집단활동 속에서 자기 자신과 다른 사람을 이해하는 기회를 갖는 게 좋다. 혼자서는 쉽게 자기 이야기를 꺼내지 못하는 아이라도 다른 사람의 이야기를 들으면서 자신을 돌아볼 수 있고, 용기를 내어 자신의 이야기를 해 볼 수도 있는 것이다. 또, 교사 혼자서 주는 피드백보다 친구들이 주는 다양한 피드백은 받아들이기도 훨씬 쉽다. 아이들이 친구들과 함께 놀며 생각하는 사이에 스스로 자신과 주변과의 관계를 살필 수 있도록 돕는 교육활동이 바로 집단상담이다.

집단상담을 적절히 운용하면 교사도 짧은 시간에 많은 아이들을 도울 수 있어서 좋다. 교사나 아이들 모두가 바쁜 학교 현실에서 이 점은 매우 중요하다. 방과 후 활동으로 아이들이 바빠서 시간을 맞추기가 쉽지는 않지만 사전에 학부모와 아이들의 양해를 구한다면 무리 없이 진행할 수 있을 것이다.

집단상담 활동이 잘 이루어지면 교사와 반 친구들에 대한 친밀감과 신뢰감도 따라 올 수 있어서 교사가 학급운영 하는 데도 큰 도움이 된다. 그러나 집단상담에서는 특정 구성원의 개인적인 문제가 충분히 다뤄지지 않을 수 있으므로 집단상담을 통해 개인상담이 필요한 아이를 알아내고 이를 개인상담으로 유도하는 노력을 병행해야 한다.

집단상담의 준비

구성원의 수

프로그램에 따라 차이가 있으나 7~10명 정도가 적당하다. 집단상담에서 집단의 크기가 너무 작으면 아이들 상호 관계와 행동의 범위가 좁아져 각 개인이 받는 압력이 너무 커진다. 반면 집단의 크기가 너무 커지면 각 개인에게 적절한 주의를 기울이지 못해 혼란스러울 수가 있다.

시간과 횟수

1회로 끝내는 것보다 1주 1~2회(1회 모임 시간 두 시간 정도)로 하여 5주~12주 정도 계속하는 것이 좋다. 여건상 어려울 때는 1회로 하되 네 시간 이상 길게 하도록 한다.

전체가 참여하는 집단상담을 할 때에는 재량활동 시간을 활용하면 된다. 일 년 중 교사가 활용할 수 있는 재량활동 시간은 모두 32시간인데, 이를 모두 집단상담으로 운영하기에는 무리가 있으므로 처음에는 너무 욕심을 부리지 말고 한 가지 주제를 가지고 한 주에 한 프로그램씩 10주 정도를 계획하면 좋겠다. 이렇게 하다가 자신감이 붙으면 다음 해에는 집단상담을 중심으로 일 년 학급운영을 짤 수도 있다. 모둠별로 진행할 때에는 방과 후 시간을 활용한다. 모둠별로 원하는 날짜와 시간을 정하고 아이들에게 참가희망서를 받아 진행하면 된다.

학부모에게도 집단상담을 학급에서 중요한 활동으로 이어 갈 것임을 미리 알리는 것이 좋다. 방과 후 시간을 내는 것도 학부모의 협조가 필요한 만큼 아이들을 통해 알림장이나 학부모통신을 보내도록 한다.

장소

상담실이 따로 없는 현실에서 집단상담을 벌이기 위해서는 교실이나 강당을 사용할 수밖에 없다. 둥그렇게 모여 앉을 수 있도록 빈 공간을 마련하고, 주변에 있는 물건을 한쪽으로 치워서 자유롭게 움직일 수 있도록 한다. 분위기가 산만해질 수 있는 공간은 피하고, 교실의 경우 커튼을 쳐서 보다 조용하고 아늑한 분위기를 만든다.

집단상담 프로그램 구성하기

집단상담 프로그램은 인터넷에서 검색하면 아주 많이 찾을 수 있다. 집단상담 프로그램을 소개한 단행본도 많이 나와 있기 때문에 조금만 관심을 가지고 찾아보면 어렵지 않게 프로그램을 구할 수 있다. 문제는 그 가운데 어떤 프로그램을 가지고 할 것인가 하는 점인데, 프로그램을 선별하기 위해서는 교사가 먼저 학급 아이들의 특성과 아이들이 필요로 하는 것이 무엇인지 살펴보아야 한다. 아이들에게 여러 가지 집단상담 프로그램을 예시하고 선호도를 조사하면 학급의 특성에 맞는 주제를 중심으로 프로그램을 운영할 수 있다.

재량활동 시간을 활용하여 전체 아이들과 함께하는 집단상담에서는 자기 존중감 기르기, 공감과 협동을 통한 타인 이해, 친구들과 사이좋게 지내기, 슬픔과 상실 극복하기, 분노 통제하기, 책임감 기르기, 진로 탐색 등을 주제로 정할 수 있다.

방과 후 시간을 활용하여 자발적인 참여자로만 집단상담을 진행할 때에는 참가자들이 공통적으로 가지고 있는 문제를 가지고 프로그램을 만들면 된다. 친구 문제, 학업 문제, 부모 이혼, 집단따돌림, 인터넷 중독 등이 될 수 있을 것이다.

학년 초에는 서먹서먹한 분위기를 없애고 친밀감을 느낄 수 있는 프로그램으로 준비한다. 학기 중반에 들어서면서부터는 자신의 마음을 드러낼 수 있는 프로그램 가운데서 너무 무겁지 않은 것으로 시작해서 점차 진지하게 참여할 수 있는 것으로 구성하고, 마무리 단계에서는 서로 피드백을 주고받도록 한다.

프로그램은 집단의 성격에서 따라서 교사가 알맞은 것을 골라서 짜는 것이 좋다. 예를 들면 2~3시간 활동 프로그램은 '별칭 소개 – 나의 장점 – 내가 소중히 여기는 것'으로 구성하고, 5~7시간 활동 프로그램은 '별칭 소개 – 기뻤던 일, 슬펐던 일 나누기 – 타인이 본 나의 삶 – 피드백' 이런 순으로 구성해 볼 수 있다.

집단상담 프로그램을 구할 수 있는 단행본

· 《우리 반 집단상담》(강태심 외 6명, 우리교육)
· 《참만남 나눔 성장을 일구는 도덕 수업》(어린이세상, 우리교육)
· 《학급활동으로 이어가는 집단상담》(배경숙, 우리교육)
· 《삶의 기술》(로즈마리 스메드 몰가넷, 학지사)
· 《사회적 기술 향상 프로그램》(Ruth Weltmann Begun, 시그마프레스)
· 《효과적인 학급경영을 위한 집단상담 프로그램》(오인수, 한숙경, 교육과학사)

집단상담 프로그램을 구할 수 있는 인터넷 사이트

· 한국청소년상담원 www.kyci.or.kr
· 카운피아 www.counpia.com
· 커리어넷 www.careernet.re.kr
· 한국정보문화진흥원 www.kado.or.kr
· 정보통신윤리위원회 www.icec.or.kr
· 인터넷중독예방상담센터 www.iapc.or.kr

상담자의 역할

교사는 아이들에 대한 신뢰와 이해를 가지고 집단을 이끌어 나간다. 더불어 아이들이 편안한 마음으로 참여할 수 있도록 분위기를 만드는 것이 중요하다. 이를 위해서는 평소 학급운영과 교육활동을 통해 교사와 아이들 사이에 친밀감과 믿음이 형성되어 있어야 한다. 실제로 집단상담을 진행할 때에는 말로만 하면 지루해지기 쉬우므로 그림, 동작, 음악을 적절히 사용하고, 이야기를 나눌 때 아이들의 얼굴을 마주 보고 눈을 맞추면서 대화를 나누도록 한다.

집단상담을 진행할 때 가장 중요한 것은 열린 마음이다. 아이들이 어떤 말을 하더라도 허용적으로 받아 주어야 한다. 아이들의 말을 받아 준다는 것은, 아이가 한 말 속에 담긴 의미나 기분, 그리고 성격까지도 세심히 살피는 것을 말한다. 특히 기분이나 심정을 잘 알아 주면 훨씬 더 편안한 분위기를 만들 수 있다. 그러기 위해서는 교사 스스로 타인의 감정을 섬세하게 살피는 연습을 해야 한다.

때에 따라 칭찬과 인정, 지지와 격려를 적절히 해 주는 것도 중요하다. 칭찬을 할 때에는 사실에 대해 칭찬하는 것보다는 사람에 대해 칭찬하는 것이 더 효과적이다. 예를 들어 운동을 잘한다는 칭찬보다는 운동을 잘하기 때문에 알 수 있는 아이의 성격, 즉 부지런하고 씩씩하고 진취적이고 사교적인 아이라는 점을 칭찬해 주는 것이 좋다. 교사가 적절하게 칭찬과 인정, 지지와 격려를 하면 아이들도 이를 배워 집단상담을 진행하는 동안 서로 칭찬하고 지지해 주는 분위기가 만들어진다.

톡톡 아이디어

처음부터 교사가 집단상담을 진행하기가 부담스럽다면 기관의 도움을 얻을 수도 있다. 전국 시도에 있는 청소년상담실이나 한국정보문화진흥원(인터넷 중독 예방 프로그램), 아동폭력상담소(폭력 예방 프로그램) 또는 문제와 관련된 기관에 의뢰하면 무료로 강사를 파견하여 집단상담을 운영해 준다. 교사도 교실에서 함께 참여하면서 진행 방법을 배우면 이후에 혼자서도 자신 있게 집단상담을 진행할 수 있다.

집단상담을 진행할 때에는 교사도 한 사람의 집단원으로 참여해서 다른 사람과 똑같이 활동에 참여하는 것이 좋다. 때에 따라서는 먼저 시범도 보여야 한다. 교사가 진행만 할 경우 아이들은 이야기를 꺼내 놓기 꺼려할 수도 있다. 교사가 먼저 자기 이야기를 적극적으로 꺼내서 아이들이 보다 활발하게 참여하도록 이끈다.

이야기를 나눌 때에는 가능하면 한 사람도 빠뜨리지 않고 고루 기회를 주어야 하는데, 아이들이 스스로 참여하도록 하고 강요하지 말아야 한다. 이야기가 이어지지 않을 때에는 무리하게 강요하거나 질문을 던지지 말고 기다려 주어야 한다. 그러고도 이야기가 나오지 않으면 다음 사람으로 넘어가도록 한다. 또한 말 잘하는 아이 혼자서 길게 이야기를 끌고 가지 않도록 한다. 그러나 말하는 중간에 이야기를 끊지는 말아야 한다.

집단상담 중에는 "진혁이가 참기만 하다가 소리를 질렀다고 했을 때, 내 마음이 후련했어요." "내가 안 그랬는데 친구들이 자꾸만 나를 의심하는 말을 했을 때, 머리를 박고 죽고만 싶었어요." 하는 식으로, 사실을 설명하는 말보다는 그 순간 느낌이 어떠했는지 이야기하도록 한다.

한 프로그램이 끝나면 꼭 느낌을 나누도록 한다. 이때에는 상대방으로부터 받은 구체적인 자료에 근거하여 느낌을 이야기해야 한다. 이는 집단원들이 프로그램의 의미를 깨닫는 동시에, 자기 모습과 태도를 돌아보는 계기를 제공하기 때문이다.

집단 내에서 한 이야기는 비밀이 지켜져야 한다는 점을 시작할 때와 끝날 때 꼭 일러 두도록 한다.

글쓴이 · 도움 주신 분들 박은희 | 충남 천안 봉서초 교사 · 황재숙 | 서울 상원초 교사

01

우리들의 첫 만남

준비물 : 활동지 1

마음 열기 ● **당신은 이웃을 사랑합니까**

· 책상을 뒤로 밀고 의자를 학생 수보다 하나 적게 준비하여 둥그렇게 놓는다.

· 모두 의자에 앉고 술래만 남는다.

· 술래는 앉아 있는 친구에게 가서 큰 목소리로 "당신은 이웃을 사랑합니까?"라고 묻는
다. (술래가 남학생이면 여학생에게, 여학생이면 남학생에게 가서 물어보도록 한다.)

· "예."라고 대답하면, 양옆에 앉아 있는 친구 둘이 자리를 바꾸어 앉는다. "아니오."라
고 대답하면 "그러면 어떤 이웃을 사랑합니까?"라고 다시 묻는다. 이때 대답에 따라
자리를 바꿔 앉는 친구들이 달라진다. 즉, "안경 낀 이웃을 사랑합니다."라고 하면 안
경을 낀 친구들이 자리를 바꾸어 앉고, "청바지를 입은 이웃을 사랑합니다."라고 하
면 청바지를 입은 친구들이 자리를 바꾸어 앉는 식이다.

· 자리를 바꾸어 앉을 때 술래도 빈자리를 찾아서 앉는다. 의자가 한 개 모자라므로 자
리가 없는 사람이 술래가 된다.

· 다른 술래가 이미 말한 이웃은 다시 말할 수 없다. 술래의 말에 귀를 기울이고, 되도
록 남녀가 섞여 앉도록 한다. 교사도 함께 참여할 수 있다.

본 활동 ● **새 친구들과 인사 나누기**

· 모두 동그랗게 둘러앉는다.

· 1분 정도 옆에 앉아 있는 친구와 인사를 나누고 자기 소개를 한다.

· 교사의 안내에 따라 여러 친구들과 짝이 되어 서로
자기 소개를 한다.

· 다시 서로를 관찰하다가 교사의 안내를 따른다.

교사의
안내 예시

"나하고 성격이 가장 비슷할 것 같은 친
구와 만나세요."
"키가 비슷한 친구와 만나세요."
"눈의 크기가 비슷한 친구와 만나세요."
"비슷한 옷을 입은 친구와 만나세요."

마무리 활동 ● · 책상을 정리하고 앉는다.

· 활동지에 친구 이름과 닮은 점, 알게 된 점, 특징에 대하여 기록한다.

· 활동에 대한 소감이나 느낌을 기록한다.

내가 만난 친구

학년   반   이름

친구 이름	나와 닮은 점	친구의 특징과 알게 된 점

🌸 활동을 하면서 새롭게 알게 된 점이나 느낀 점을 적어 봅시다.

우리는 친구야

준비물 : 빙고판, 활동지 2, 활동지 3

마음 열기 ● **친구 이름 빙고**

· 모두 종이를 꺼내 가로세로 각각 5~6칸씩 25~30칸을 그리게 한다. (학생 수에 따라 칸 수를 정하면 된다.)

· 각 칸에 학급 친구들의 이름을 쓴다.

· 빙고 놀이를 하기 전에 몇 줄을 지워야 "빙고!"를 부를 수 있는지 미리 정한다. 보통 가로, 세로, 대각선을 합쳐서 3~4줄 정도 지우게 하는 것이 적당하다.

· 교사가 먼저 한 아이의 이름을 부르면, 아이들은 빙고판에서 그 이름을 지운다.

· 이름이 불린 아이는 일어나서 다른 친구의 이름을 부르고 앉는다.

· 계속해서 이름을 부르고 빙고판을 지운다.

· 미리 약속한 3~4줄을 가장 먼저 지운 사람이 "빙고!"라고 외치면 끝난다. 빙고가 여러 명이 나올 때까지 계속할 수도 있다.

본 활동 ● **나의 상징동물은**

· 〈활동지 2〉에 자신을 상징하는 동물을 그리고 특징과 장점 등을 기록한다.

· 기록할 시간을 충분히 주고 기록이 끝나면 활동지를 모은다.

· 모은 활동지를 보면서 교사는 특징과 장점을 읽어 준다. 이때 이름은 밝히지 않는다.

· 아이들은 내용을 들으면서 자신이 생각하는 친구의 이름을 〈활동지 3〉에 쓴다.

· 소개가 끝나면 활동지에 쓴 이름이 맞는지 순서대로 확인한다.

· 확인할 때에는 그 번호에 해당되는 아이가 일어서도록 한다.

· 친구 이름을 가장 많이 맞힌 아이에게 작은 상을 준다.

마무리 활동 ● · 활동을 통하여 알게 된 점과 느낀 점을 정리하여 발표한다.

나를 소개합니다

학년   반   이름

1 나의 특징은 무엇인가요? 겉으로 드러나는 특징을 중심으로 적어 봅시다.

2 나를 상징하는 동물은 무엇인가요? 그림으로 그려 보세요. 그 이유는 무엇인가요?

3 나의 장점은 무엇인가요? 솔직하게 적어 봅시다.

4 나의 비밀은 무엇인가요? 쓰고 싶은 사람만 쓰세요.

누구일까요?

학년   반   이름

순번	이름	순번	이름	순번	이름
1		14		27	
2		15		28	
3		16		29	
4		17		30	
5		18		31	
6		19		32	
7		20		33	
8		21		34	
9		22		35	
10		23		36	
11		24		37	
12		25		38	
13		26		39	

🌼 활동을 하면서 새롭게 알게 된 점이나 느낀 점을 적어 봅시다.

마음 열고 나를 받아 줘

마음 열기 ● **짝을 지어 봅시다**

· 책상을 뒤로 밀어 전체가 설 수 있는 공간을 마련한다.

· 자연스럽게 돌아다니다가 교사가 말하는 수만큼 친구들과 짝을 짓는다. (음악이 있으면 음악을 틀어 주어도 좋다.)

· 수에 맞추어 짝을 지은 아이들은 앉고 마지막까지 짝을 짓지 못한 아이들은 함께 벌칙을 받는다.

· 여러 가지 경우의 수를 제시하여 많은 아이들이 서로서로 짝을 지어 볼 수 있도록 한다.

· 마지막 짝짓기는 한 모둠 규모인 7~8명으로 하여 모둠별로 하는 다음 활동으로 이어 나가도 좋다.

본 활동 ● **벽 뚫기**

· 7~8명씩 짝을 지어 모둠을 구성한다.

· 한 모둠은 교실 가운데 남고 나머지 모둠은 자리에 앉는다.

· 가운데 선 모둠원들 중 한 명은 술래가 되어 원 밖에 서 있고 나머지는 서로 팔짱을 끼고 원 밖을 향해 선다.

· 술래는 안으로 들어가기 위하여 노력하고 나머지 모둠원들은 힘을 모아 술래가 들어올 수 없도록 막는다.

· 술래가 벽을 뚫고 들어가면, 다른 친구를 술래로 지명한다.

· 1~2분 정도 시간을 더 주었는데도 술래가 못 들어가면 나머지 모둠원들이 다른 친구를 술래로 뽑는다.

· 돌아가면서 한 모둠에서 여러 명이 술래를 하고 나면, 또 다른 모둠이 앞에 나와서 같은 활동을 한다. 앉아 있는 친구들은 관찰자의 입장에서 조용히 지켜보도록 한다.

마무리 활동 ● · 활동지에 술래의 느낌, 벽을 만든 느낌, 관찰자의 느낌, 그리고 활동을 통해 알게 된 점과 느낀 점을 구별하여 기록한다.

· 술래였을 때, 벽을 만들었을 때, 관찰할 때 어땠는지 발표한다.

보물을 찾아서

준비물 : 활동지 4

마음 열기 ● **관심 가지기**

· 두 사람씩 짝을 짓고 '가' 와 '나' 를 정한 다음 서로 주의 깊게 관찰한다.

· '가' 가 눈을 감고 기다리는 동안, '나' 는 자신의 모습 가운데서 세 가지를 바꾼다. 옷
차림, 자세, 표정 등 눈에 보이는 모습이라면 어느 것이든 상관없다.

· 교사의 신호에 '가' 는 눈을 뜨고 정해진 시간(예 : 30초) 안에 '나' 의 바뀐 모습을 찾
아낸다. 다시 역할을 바꿔 해 본다.

본 활동 ● **보물을 찾아보자**

· 두 사람씩 짝을 지어 순서를 정한다. (이때 〈마음 열기〉에서 활동했던 친구 외에 다른
친구를 짝으로 정한다.)

· 서로의 장점을 생각할 수 있는 시간을 가진다.

· 서로의 긍정적인 부분을 말해 주고 이야기를 들은 친구는 느낌을 말한다.

· 모둠을 10명씩 나눈 다음 〈활동지 4〉를 나눠 주고 방법과 규칙을 알려 준다.

· 모둠별로 보물을 찾으면서 느낀 점을 발표한다.

〈활동 방법〉

1. 모둠 친구들에게 직접 물어보고 해당되는 보물을 가진 친구의 이름을 활동지에 적는다.

2. 빈칸에는 제시된 장점 외에 자신이 찾고 싶은 친구의 장점(보물)을 적는다.

〈활동 규칙〉

1. 해당되는 모둠원이 없을 때는 비워 둔다.

2. 어떤 경우에도 자기의 이름을 써서는 안 된다.

마무리 활동 ● · 서로 어떤 보물을 찾았으며, 어떤 생각과 느낌이 들었는지 소감을 나눈다.

보물을 찾아서

학년   반   이름

 모둠에서 다음 보물을 가진 친구를 찾아서 이름을 적어 봅시다.

- 할머니, 할아버지 두 분 모두 살아 계시는

- 김치찌개를 끓일 줄 아는

- 어린 동생을 잘 돌보는

- 이번 달이 생일인

- 피아노 등의 악기를 연주하는

- 친구에게 따뜻하게 대하는

- 우리 고장이 아닌 다른 곳에서 태어난

- 뱀을 무서워하지 않는

- 용돈을 스스로 버는

보물을 찾은 느낌은?

서로 도우며 살아요

준비물 : 잔잔한 음악, 활동지 5

마음 열기

힘 모아 재미있는 문장 만들기

· 모둠별로 육하원칙(언제, 어디서, 누가, 무엇을, 왜, 어떻게) 가운데 하나의 요소를 정한다.

· 모둠마다 육하원칙 요소에 알맞은 단어를 모은다.

· 요소별로 모둠에서 발표할 때 자기 모둠에서 고른 단어 가운데 전혀 어울리지 않을 것 같은 단어를 골라 문장을 이어 본다.

언제	어디서	누가	무엇을	왜	어떻게
오늘 새벽	평양	선생님	똥	추워서	몸에 발랐다

본 활동

도와주세요

· 모둠을 만든다.

· 모두 눈을 감고 조용한 음악을 들으면서 지금까지 누군가의 도움을 받았던 일을 한 가지씩 떠올린다. (충분한 시간을 주어야 한다.)

· 서로 생각한 상황을 이야기하면서 역할놀이로 꾸밀 이야기를 정한다.

· 이야기가 결정되면 그 상황에 맞는 장면을 꾸민다. 마지막 장면은 정지동작으로 마무리하도록 한다.

· 관람하는 아이들에게 역할놀이를 관람하는 자세에 대해 설명한다.

· 역할놀이를 시연하고 난 뒤, 정지동작으로 멈춘다. 교사가 한 사람씩 어깨를 짚어 주면 그 인물이 느낀 점, 생각한 점 등을 이야기한다.

마무리 활동

· 역할놀이를 하면서 들었던 느낌, 역할놀이를 보면서 관찰한 인물에 대한 생각이나 느낌, 자신이 그 역할을 한다면 어떻게 할 것인지 등을 이야기해 본다.

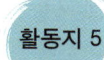

역할놀이에 나오는 사람들의 말과 행동 살피기

학년   반   이름

1 내가 관찰한 사람이 맡은 역은 무엇인가요?

2 관찰한 것을 말과 행동으로 나누어 적어 봅시다.

말 :

행동 :

3 기록한 관찰 내용에 대해 어떤 생각이 드나요?

4 그렇게 생각한 까닭은 무엇인가요?

06 그림으로 마음을 나누자

준비물 : 8절 도화지, 색사인펜이나
색연필 등의 필기도구, 조용한 음악

마음 열기 ● **좋아 좋아**

· 모두 자리에 앉아 4박자 게임을 한다.

· 전체 동작은 4박자 리듬에 따라 무릎, 손뼉, 오른쪽 엄지, 왼쪽 엄지(말할 때 동작) 순
으로 한다.

· 다 함께 "좋아 좋아." → 교사 "아영이 좋아." → 아영 "나도 좋아." → 다 함께 "좋아
좋아." → 교사 "정훈이 좋아." → 정훈 "나는 싫어." → 다 함께 "그럼 누구?" → 정훈
"미영이 좋아." → 미영 "나도 좋아." 혹은 "나는 싫어." ……

· 모두 한 번씩 골고루 지적하도록 한다.

· "나도 좋아."라는 말은 연속해서 세 번 이상 못하게 한다. "나는 싫어."라는 말이 나와
야 술래가 바뀌기 때문이다. 남녀 학생이 번갈아 가며 지적하게 한다. 4박자에 맞지
않거나 연속하여 세 번 이상 "나도 좋아."라고 하면 벌칙을 받는다.

본 활동 ● **그림 대화**

· 아이들에게 8절 도화지를 나누어 준다.

· 뒷면에는 이름을 쓰고 앞면에는 그리고 싶은 그림을 그린 뒤(1~2분 정도), 종이를 옆
친구에게 건네준다. (음악을 들으며 그림을 그리다가 음악이 멈추면 중단하고 옆 친
구에게 종이를 건네주어도 좋다.)

· 종이를 받은 친구는 말없이 그 종이에 그림을 그린 다음 다시 옆 친구에게 종이를 건
네준다.

· 이렇게 학급 전체를 돌아 마지막에 원래 주인에게 돌아오면 활동을 멈춘다.

마무리 활동 ● · 각자 자신의 그림을 보고 처음에 생각했던 그림과 어떻게 달라졌는지, 새롭게 변한
그림을 보고 어떤 느낌이 드는지 뒷면에 정리한다.

· 다른 친구들의 그림에 덧붙여 그리면서 생각한 것이나 알게 된 것을 정리한다.

· 그림을 소개하고 느낌 나누기를 한다.

나의 손

준비물 : 새우깡(과자), 양파링(과자)

마음 열기 · **마음을 하나로 모아서**

· 모둠별로 한 줄로 서서 모둠원 모두 새우깡을 하나씩 입에 물고 손을 허리 뒤에 모은다.

· 시작 신호에 맞추어 앞사람은 양파링을 뒷사람의 새우깡에 걸어 주고 이를 계속 뒷사람에게 전달한다.

· 주어진 시간에 양파링을 많이 옮긴 모둠이 이긴다.

본 활동 · **도와주세요**

· 각자 손바닥을 대고 손의 모양을 그린다.

· 손바닥을 모두 그린 뒤 그동안 손도장을 남길 만한 일을 했는지 생각한다.

  예 잘해 보려고 노력한 적이 있는가? 자랑할 만한 것이 있는가? 부끄러운 일이 있는가?

· 손바닥 안에는 일 년 동안 자기 손이 한 일 가운데 가장 잘 한 일을 두세 가지 쓰고, 손바닥 밖에는 일 년 동안 자신의 손이 한 일 가운데 가장 부끄러운 일을 두세 가지 정도 쓴다.

· 그림 위쪽에 자신의 손에 특별한 이름을 붙여 준다.

  예 겸손한 손, 스타의 손, 위대한 손, 예쁜 손, 미소 손, 봉사의 손, 부지런한 손, 부끄러운 손 등

마무리 활동

· 짝과 함께 바꾸어 본 뒤 교실 벽면에 게시한다.

· 활동에 대한 느낌이나 생각을 서로 이야기하고, 손이 할 수 있는 일을 다시 한 번 생각해 본다. 교사는 자신의 행동에 대한 책임은 자신에게 있음을 알려 준다.

1. 마음을 나누는 친구 사귀기

강승숙 | 인천 남부초 교사

예전처럼 같은 반 아이들 사이가 가깝지 않은 것은 부모들이 성적에 지나치게 관심을 보이는 데도 문제가 있지만, 달라진 생활환경도 한몫한다. 내가 어렸을 때만 해도 집에 보통 앞뜰 뒤뜰이 있어서 어른들 눈총 받지 않고 놀 수 있었다. 친구 집에서 자는 일도 흔했다. 하지만 아파트나 연립에서는 아이들이 조금만 시끄럽게 놀아도 어른들이 어지러워 견딜 수가 없다. 친구네 집에서 잠을 자는 일도 없다. 몇 해 전 친구 집에 가서 잠자는 숙제를 냈다가 그만두고 말았다. 찬성하는 부모가 없어서였다.

하지만 친구와 잘 지내는 일은 교과 공부 못지않게 중요하다. 대가족이 같이 살면서 어울려 사는 걸 자연스레 익혔던 예전 아이들과 달리, 부모와 한둘밖에 없는 형제들 속에서 자라는 요즘 아이들은 둘레 사람을 배려하고 이해하는 마음이 모자란다. 어린 아이들이기 때문에 친구를 욕하고 놀리며 따돌리거나 때리는 건 아니다. 어릴 때부터 폭력을 절제하는 마음을 기르지 못하면 어른이 되어도 잘 고쳐지지 않는다.

교과 공부 못지않게 친구들과 잘 살아가는 공부가 중요하지만, 이 일은 모둠활동으로 할 수 있는 일이 아니었다. 그래서 1998년, 인천 주안남초등학교에서 5학년 아이들을 가르치면서부터 친구 사귀기 공부를 해 오고 있다. 이 일은 아이들한테도 친구를 이해하고 넓게 사귀는 좋은 기회가 될 것 같았다.

어른이나 아이나 잘 통하는 사람끼리 어울려 다니고 놀게 마련이다. 하지만 관심을 안 가졌던 사람도 우연히 이야기를 나누다가, 또는 함께 일을 하다가 친해질 때도 있다. 그런 뜻에서 일 년 동안 말 한 번, 놀이 한 번 제대로 해 보지 않은 친구와 서로 집에 가서 놀고 어울려 보게 했다.

아이들은 어떻게 해서라도 시간을 내서 친구 집에도 가 보고, 운동장에서도 뛰어 놀고, 공원 의자에도 앉아 이야기를 나누었다. 시간이 없으면 일요일에도 약속을 정해서 만났다. 서로 집에도 가 보고, 아주 작은 점이라도 친구의 좋은 점을 찾아내기도 했다. 이렇게 하면서 남자, 여자 아이들도 많이 친해지고 친구가 없던 아이들도 친한 친구가 생겼다. 오락, 컴퓨터, 텔레비전에 매달려 살던 아이들이 돌아다니며 자전거 타고 퐁퐁 타고 축구를 하게 되어 반갑기 그지없었다.

마음이 맞지 않는 친구와 사귀기

친구 사귀기 공부를 하기 전에는 늘 아이들한테 왜 이 일을 하는지 설명한다. 누구나 마음이 맞는 친구하고는 잘 지낼 수 있지만, 마음이 맞지 않는 친구와 잘 지낼 수 있는 게 진짜 생활 공부라고 한다. 이 공부를 잘하면 어른이 되어서도 이웃하고 잘 지낼 수 있다고 한다. 그리고는 공책에 그동안 친하게 지내지 못했던 친구들 셋을 골라 이름을 쓰게 한다. 자기하고 맞지 않는다고 생각해서, 어쩐지 친하고 싶지 않아서 멀리 했던 친구들 이름을 차례로 써 보자고 한다. 그리고는 지켜야 할 일을 정한다.

　① 조용한 곳에 앉아 30분 동안 속마음 이야기하기

　② 서로 집에 가서 숙제하거나 놀기(컴퓨터 게임을 하거나 텔레비전, 비디오를 보는 건 안 됨. 돈을 많이 들여 노는 것도 안 됨.)

　③ 내가 잘하는 것 가르쳐 주기

　④ 친구가 어려울 때 도와주기

　⑤ 친구 사귀기 한 일 일기에 쓰기

친구 사귀기를 시작하는 날은 다 같이 노래를 부르면서 자연스럽게 사귈 친구 옆에 가 서게 하거나 내 말을 착실하게 따를 아이들부터 이름을 불러 짝을 골라 곁에 가 서게 한다. 내 말을 잘 알아듣고 따르는 아이들도 있지만 친하고 싶은 아이들하고 짝을 지으려는 아이들도 있기 때문이다. 그런 눈치가 보이면 알아보고 짝을 바꾸어 준다. 그리고 하루 날을 정해 같이 앉게 한다. 일주일에서 열흘쯤 사귄 뒤 마지막 날 키를 생각해서 둘이 앉고 싶은 자리에 앉으라고 했다. 아이들은 이렇게 앉는 것을 아주 재미있어했다. 이렇게 앉은 날 아침 시간에는 서로 편지를 쓰게 했다.

남자 아이들은 친구를 사귀라고 하면 만나서 만화나 비디오를 보거나 컴퓨터 게임을 하는 일이 많다. 같이 숙제를 하거나 뜻 깊은 시간을 보내는 아이들도 있지만 그렇지 못한 아이들이 더 많다. 그래서 밖에서 땀 흘려 뛰어노는 아이들을 자꾸 칭찬해 주고 그렇게 해 보라고 한다.

첫해에는 6월부터 했는데 자꾸 해 보니 2학기에 하는 게 좋을 것 같다. 아이들도 나름대로 친구 사귀는 문제로 고민을 하기 때문에 반갑게 받아들인다. 고학년 아이들은 자존심도 있고, 친구를 많이 가리기 때문에 처음에는 저학년만큼 적극 나서지 못한다. 그래도 잘 설득하면 따라온다.

예슬이에게

예슬아, 나 미연이야. 친구 사귀기를 해서 정말 친해진 것 같아. 예슬아, 우리 더 친하게 지내자. 친구 사귀기를 놀이터에서 하면서 재미있게 놀고 맛있는 것도 먹고 싶다. 우리는 30분 말하기를 제대로 잘한 것 같아. 예슬아, 우리 편지도 30분 말하기 하듯이 하자. 나는 걱정이 살이 안 찌는 거고 못하는 것을 만들기야. 우리끼리 만들기 한번 해 볼까? 너 종이 접기는 약간 한다고 했잖아. 우리 친하게 지내자. 안녕.

11. 8. 미연이가.

미연이는 친구를 잘 사귀지 못했다. 미연이 어머니도 그 점을 걱정해서 늘 친구들을 집에 데려오라고 했다는데 친구 사귀는 공부를 하면서는 친구도 잘 데려오고 친구 집에도 놀러 가고 해서 너무 좋다고 했다. 글에서도 미연이가 예슬이하고 친하고 싶어하는 마음이 잘 드러난다. 다음은 예슬이가 미연이한테 쓴 편지다. 예슬이는 미연이의 좋은 점을 자세히 짚어 가며 말해 주고 있다. 이렇게 격려와 칭찬이 가득한 편지를 받은 미연이는 그만큼 친구에 대해 관심을 갖게 되고 자신감을 가지고 속마음을 표현하게 되는 것이다.

미연이에게

미연아. 너와 같은 친구 사귀기 하는 예슬이야. 너와 친구 사귀기를 하면서 많은 점을 느꼈어.

첫째는 미연이가 착하고, 두 번째는 귀엽다는 거고, 세 번째는 수학을 잘한다는 거야. 우리 시간

이 없어서 별로 못했는데 그래도 참 즐거웠어. 그래도 30분 말하기는 잘한 것 같아. 너는 사과를

좋아한다고 했지? 그래서 사과같이 예쁜가 봐. 우리 시간 나면 같이 그림 그리는 게 어때? 시간

이 안 되면 어쩔 수 없고. 앞으로도 친하게 지내고 서로가 모르는 걸 도와주자. 이만 쓸게. 안녕?

11. 8. 예슬이가.

친구 사귀기를 한 지 두 해쯤 지나서는 친구를 사귀면서 겪었던 일을 연극으로 표현해 보게 했다. 아이들한테 특별히 연습할 필요는 없다고 했다. 친구를 사귀면서 있었던 일 가운데 가장 기억에 남는 장면을 골라 그대로 하면 되기 때문이다. 겪은 일이라 연습하지 않아도 잘할 수 있을 것 같았다. 그래도 자신이 없으면 짬을 내서 한두 번 연습하라고 했다.

유림이와 하영이는 운동장에서 만나 구름사다리 하며 논 것을 표현했다. 유림이는 자기를 공주 대하듯이 하라면서 하영이를 다그친다. 하지만 하영이도 지지 않고 싫다고 한다. 유림이하고 하영이는 지금 이곳이 교실이라는 생각을 잊어버린 것처럼 보였다. 마치 엊그제 그 시간으로 돌아가서 다시 놀이를 하고 있는 것 같아 보였다. 연극을 보는 아이들도 나도 몇 차례나 배꼽을 쥐며 웃었다.

이렇게 겪었던 일을 연극으로 나타내 보니 내가 교실에서 볼 수 없는 아이들의 여러 가지 모습을 볼 수 있었다. 아이들이 쓰는 말투도 고스란히 보인다. 유림이는 지나치게 텔레비전에서 배운 말투를 많이 쓴다. 농담도 조금은 지나치고. 하영이하고 유림이가 너무 가볍게 웃기는 말을 해 가면서 사귄 것도 알 수 있었다.

2002년 들어서는 서로 마음을 다해 정성껏 사귄 짝을 골라 으뜸, 버금, 애씀상을 차례로 주는 우정상을 뽑았다. 상품은 학교 앞 떡볶이 가게에서 사 먹을 수 있는 오백 원짜리 떡볶기 상품권이다.

국어 시간마다 틈틈이 서로 사귄 이야기를 발표하게 했다. 네 명쯤 발표시켰는데 재미있게 서로 사귄

이야기를 듣고 다른 아이들도 잘해 보고 싶어했다. 친구를 사귀기로 정한 마지막 날에는 다섯 가지 약속대로 열심히 한 아이들을 나오라고 해서 서로 어떻게 사귀고 무엇을 느꼈는지 말하게 했다. 그리고 아이들이 아침활동 시간에 짝한테 쓴 편지를 읽고, 마지막으로 아이들 의견을 듣고 우정 으뜸상, 버금상, 애씀상 받을 아이들을 정했다. 처음으로 우정 으뜸상을 받은 아이들은 구본향과 배성현이었다.

"성현이는 나하고 다섯 가지 약속을 했어요. 9시면 잠자기, 학교에 돈 가져오지 않기, 컴퓨터와 텔레비전 하루에 한 시간만 안 하기, 무단횡단 안 하기. 이걸 성현이가 잘 지키면 내가요, 우리 집에 날마다 데려가서 논다고 했어요. 우리는 처음에 방에서 놀다가요, 성현이가 밖에 나가자고 해서 축구를 했어요. 그런데 성현이가 공에 배를 맞고 울려고 해서 '괜찮아?' 하고 물었더니 웃었어요. 한 시간 놀았는데 처음에는 성현이가 장난을 쳤지만 우리 집에서는 부모님이 있으니까 장난을 안 쳤어요."

아이들은 귀가 솔깃해서 본향이 이야기를 들었다. 나는 칭찬을 많이 해 주면서 이렇게 친구를 사귀면 된다고 했다. 아이들은 본향이가 오락을 많이 하는 성현이 버릇을 고쳐 주기 위해 애를 쓰고, 성현이는 친구 말을 따라 노력한 것을 높이 샀다. 이렇게 우정상을 주고 나니까 아이들 사이에 더 잘해 보고 싶은 마음이 생겼는지 쉬는 시간에 새로 정한 짝하고 만날 약속을 하는 아이들이 많이 보였다.

친구를 사귀면서 마음이 깊어진 아이들

한 반에 몇 명씩은 친구 없이 쓸쓸하게 지내는 아이들이 있게 마련인데 소진이도 그랬다. 소진이는 착하고 얌전하지만 말이 없어서 그런지 늘 혼자였다. '어떻게 하면 소진이를 친구들하고 잘 어울려 지내게 할까?' 생각한 끝에 일주일에 한 번씩 짝을 바꿔 가면서 서로 사귀게 해야겠다고 생각했다. 희라가 소진이를 사귀겠다고 한 때는 2학기에 들어선 10월이었다. 참 고마웠다.

희라 글을 보니 소진이는 누군가 다정하게 말을 시키면 조곤조곤 이야기를 잘하는 아이였다. 한쪽 귀가 좋지 않아서 이름을 불러도 빨리 알아듣지 못하는 일이 있기는 하지만 무슨 일이든 열심히 하려 든다. 누가 보거나 말거나 청소도 열심히 한다. 그림도 잘 그리고 일기도 잘 쓴다. 마음도 맑고 솔직하다. 희라처럼 다른 친구들도 조금만 다가간다면 소진이가 좋은 친구라는 것을 알게 될 것이다.

시간이 없어서 소진이와 친구 사귀기를 못했다. 그런데 오늘은 소진이도 나도 청소라서 집에 갈 때 같이 가게 되었다. 처음에 같이 가다가 최재형과 이현규가 나를 '하마'라고 놀려서 소진이와 헤어졌다. 하지만 얼마 안 가서 다시 만났다. 혼자서 가고 있는 소진이를 내가 따라잡을 것이다.

"휴우, 겨우 따라잡았네."

소진이는 대답 대신 빙긋 웃었다.

"소진아, 최재형하고 이현규 같은 아이들이 나보고 하마라고 놀리잖아, 왜 그러는지 알아?" "몰라? 왜 그러는데?" "응, 내가 유치원 때 하마반이었거든, 근데 최재형과 같은 유치원을 다녔어. 그래서 나보고 하마라고 하는 거야" "겨우 반 하나 때문에?" "응." "내가 다녔던 유치원은 너네처럼 동물 이름이 아니라 꽃 이름이었는데……." "꽃? 민들레반, 장미반 이렇게?" "응." "넌 무슨 반이었는데?" "민들레반이었다가 장미반으로 옮겼어." "왜?" "응, 민들레반 선생님이 그만 두셨거든."

여기까지 하니 소진이와 말하기가 조금 편해지면서 재미있었다. 그리고 민들레반 선생님과 장미반 선생님 중에는 어느 선생님이 더 좋았는지 궁금해졌다.

"민들레반 선생님하고 장미반 선생님을 비교하면 누가 더 좋았니?" "장미반 선생님." "그래? 그럼 바꾸길 잘했네." "응."

이 말 뒤로는 잠깐 이야기가 끊겼다. 나는 이때 '나도 반 이름이 꽃 이름이었으면 좋았을 걸.' 하는 생각이 들었다. 멈칫 했던 이야기를 내가 다시 이어 갔다.

"소진아, 너는 무슨 유치원 다녔어?" "동원유치원. 너는?" "나? 나는 청학유치원."

이런 이야기 말고 단짝 이야기, 선생님 얘기 등을 했다. 모두 유치원에 관한 이야기였다. 비록 시간이 모자라서 조금밖에 얘기를 못했지만 재미있었다. 특히 내 별명 때문에 시작된 이야기라서 재미있었다. 평소에 말을 잘 안하는 소진이와 친해져서 소진이를 조금이라도 활발해지게 돕고 싶다.

정희라(인천 주안남초 5학년)

3학년을 가르칠 때다. 새로 사귈 짝을 정하고 며칠 지나서 진우가 입을 실룩거리며 다가와서는 성철이가 시간이 없다고 사귀는 걸 자꾸 미룬다고 일렀다. 그러면 오늘이나 내일이라도 약속을 정해서 하라고 했더니 성철이가 시간이 없다고 했다. 성철이가 진우하고 놀 마음이 없어 보였다. 성철이는 공부를 잘하는 모범생이지만 진우는 그렇지 못했다. 성철이는 진우가 자기를 짝으로 골랐을 때부터 영 못마땅한 얼굴이었다.

쉬는 시간에 성철이를 나오라고 했다. 왜 진우와 사귀지 못했느냐고 물어보니 학원 갔다 오면 시간이 없다고 했다. 몇 시에 학원이 끝나냐고 물으니까 4시 30분쯤이라고 했다. 그때 만나면 되겠네 했더니 성철이는 다시 숙제를 해야 한다고 했다. 일주일 내내 시간이 없다며 내 앞에서 또박또박 말하는 성철이를 보니 은근히 화가 났지만 다시 성철이를 타이르면서 숙제는 나중에 하고 집에 가기 전까지 약속을 정해서 알려 달라고 했다. 그런데 갑자기 성철이가 눈물을 뚝뚝 떨어뜨렸다. 할 수 없이 들어가라고 했다. 시간이 지났는데 여전히 성철이는 꿈쩍도 안 했다. 진우가 가서 뭐라 뭐라 그러는 것 같았다. 진우가 무던히도 애를 썼다. 기분이 좋을 리 없을 텐데, 그렇게 애를 쓴다. 진우는 성철이와 정말 친해지고 싶은 모양이다. 결국 성철이와 진우는 약속을 했다. 진우는 기분이 좋아서 집에 갈 때까지 벙글어진 입을 다물지 못했다.

일주일이 지나 짝을 바꾸는 날이 되었다. 아침 시간에 아이들이 짝과 서로 사귄 이야기를 쓰게 했다. 누구보다도 진우와 성철이가 어떻게 지냈는지 궁금했다. 글을 보니 성철이는 진우에 대해 처음 가졌던 생각이 많이 달라졌다.

한진우와 짝이 되었을 때 한진우가 싫었다. 그런데 진우가 계속 자기 집에 가자고 해서 진우네 집에 갔다. 진우하고 처음에 목이 말라서 시원한 환타 음료수를 마시면서 컴퓨터를 켜고 했다. 진우가 모르는 것도 알려 주고 바이러스가 걸리는 날도 알려 줬다. 진우와 나는 학교 시간이 끝나고 곧바로 만났다. 진우와 같이 짝이 되어서 컴퓨터도 재미있게 하였다. 진우하고 음료수도 먹으면서 친구 사귀기를 해서 재미있다. 그리고 진우가 모르는 것도 많이 알려 주었다. 그리고 피아노 선생님이 오늘 시간을 늦춰 주어서 컴퓨터를 하고 놀았다.

박성철(인천 주안남초 3학년)

예희는 누가 보아도 착실하고 예쁘장한, 여자 친구들 사이에서도 인기가 많은 아이다. 그런 예희가 장난이 많아 공부 시간에 늘 야단을 듣는 남자 아이 윤지현을 짝으로 골랐다. 지현이는 좋으면서도 부끄러운지 얼굴이 빨갛게 되었다. 여기저기서 아이들이 놀렸지만 예희는 아랑곳하지 않았다. 나는 남자, 여자를 따지라고 말한 적이 없다. 그냥 우리 반에서 가장 친해 보지 못한 아이, 조금 싫어했던 아이하고 먼저 사귀어 보라고만 했다. 예희는 윤지현하고 2학년 때부터 같은 반을 했는데 얘기를 해 본 일이 거의 없었다.

오늘은 친구 사귀기를 하는 날이다. 나는 윤지현과 2학년 때부터 같은 반이었지만 별로 친하지 않았기 때문에 윤지현을 짝으로 골랐다. 윤지현은 내가 친구 사귀기를 같이 하자고 하니까 아무 말도 하지 않았다. 학교 공부를 마치고 문화와 지현이와 나는 천막교실에서 만났다. 지현이는 계속 태권도 학원에 가야 한다고 하면서 도망치려고 했다. 그래서 붙잡아서 30분 말하기를 했다. 먼저 내가 지현이한테 물었다. "너는 걱정거리가 뭐야?" "나는 '돼지' 안 되는 것, 그래서 밥도 조금만 먹을 거야. 너는 걱정거리가 뭐야?" "난 없어."

이렇게 이야기를 주고받다가 심심해서 정금집에서 얼음땡을 했다. 그런데 지현이가 갑자기 책가방을 메고 도망갔다. 할 수 없이 문화와 나는 집으로 갔다. 오늘 지현이와 친구 사귀기를 하면서 나는 지현이가 살을 빼려고 노력한다는 것, 그리고 놀기를 싫어한다는 것을 알았다.

김예희(인천 주안남초 3학년)

2. 학급 문제, 한마당 집단상담으로 풀어요

이동갑 | 전 충북 청주 수곡초 교사

초등 교실에 맞는 상담 기법에 대해 연구하면서 나는 학급에서 벌어지는 다양한 갈등상황을 해결하는 방법으로 집단상담의 치료 효과에 주목하였다. 그러나 기존의 집단상담을 학급에 적용해 보니, 문제점들도 많았다. 서양식 상담 기법이라 문화적 차이도 컸을 뿐만 아니라 집단상담을 하기에는 집단의 규모(20명 내외와 40명 규모의 학급)와 공간(집단상담실과 일반 교실)의 문제도 컸다. 그렇다고 학급 재판소와 같은 형태도 도움이 되질 못했다. 재판 만능주의와 화해와 중재 과정의 실종이라는 지점에서 학급재판소는 초등 아이들에게 맞지 않는 문제 해결 방식이었고, 무엇보다 학급이라는 공동체의 본질을 재판이라는 수단을 통해 해결한다는 점에서 전제 자체가 잘못 되었다는 생각이 들었다.

그래서 생각해 낸 대안이 한마당 집단상담이다. '한마당' 이란 예로부터 우리 조상들이 사랑방에 모여 마을의 크고 작은 문제를 대화로 해결하고 합의를 이끌어 내던 제도를 본받아 대화의 자리를 마련한다는 의미를 가진다. 리더인 담임교사를 중심으로 집단상담의 형태로 운영하게 되는데, 집단상담의 특성에 따라 상담에 참여하기 원하는 아이와 그날 주제와 관련된 아이를 중심으로 10여 명의 집단을 편성한다. 다른 아이들은 관찰자가 되어 한마당 집단상담의 전개 과정을 살핀다. 집단상담이 모두 끝난 뒤에는 모든 참여자와 관찰자가 느낀 점 대화하기에 참석하며, 각자가 자신의 기록장에 일지를 쓰게 된다. 일지는 교실 뒤편에 언제나 걸어 두고 모든 아이들이 볼 수 있도록 했다.

한마당은 아래 순서로 진행한다.

· 학급 구성원과 교사는 한마당에 안건을 제안할 수 있고, 한마당이 펼쳐질 것이 공고되면 학급은 집단상담 대형으로 앉게 된다. 구성원들은 불리고 싶은 별칭으로 자신의 이름을 정하고 존댓말을 사용하며, 상대방의 감정을 살펴 주고 존중해 준다는 약속에 근거하여 한마당에 임한다.

· 교사는 집단상담 진행자의 역할을 담당하게 되는데, 이해 당사자와 사건과 관련된 아이들을 객관적으로 바라보도록 구성원들을 이끌어야 한다. 각자의 관점을 균형 있게 연결하고 방향을 제시한다.

· 한마당은 문제 제기 → 이해 당사자들의 갈등 표출 → 갈등상황에 대한 집단 전체의 참여 → 해결 방안 제시 → 해결

안 수용 등의 단계를 거치게 된다. 이때 구성원들은 문제의 본질을 정확히 이해하고 그 해결 과정에 동참함으로써 문제 해결력을 기르고 옳고 그름에 대한 판단력을 키울 수 있다.

· 한마당이 순조롭게 진행되기 위해서는 어느 정도 시간과 경험이 필요하므로 학년 초에는 교사의 지도가 필요하다.

· 구성원들은 한마당에서 언급된 개인과 집단의 비밀을 지킬 의무가 있다. 이를 어겼을 경우 구성원의 자격이 일정 기간 정지 당하는 가장 엄격한 제재를 받게 된다. 또한 한마당에서 결정된 결과는 마당 바깥에서 시비가 되어서는 안 된다.

마니또 날 생긴 일

민수는 정신지체 3급 판정을 받은 아이로 키가 작고 피부는 검은 편이며 귀엽게 생긴 얼굴을 가졌다. 이목구비가 뚜렷한 편이지만 발육이 늦고 지능이 낮아 친구들과 의사소통이 안 되는 편이었다.

민수와 한 반이 되었지만 6학년 학급을 운영하는 3월은 정신없이 바쁘기만 했다. 4월부터는 매일 아침과 오후, 육상 지도를 해야 했다. 민수에게 따로 신경을 쓸 형편이 아니었다.

학교에 특수학급이 있었지만 교무 업무로 바쁜 특수학급 담임선생님은 학급에서 친구들과 함께 생활하는 것이 더 도움이 된다는 의견을 내셨고 또 통합교육이 추세인 점을 감안해 나 역시 이에 동의했다. 문제는 민수가 학급에서 아이들과 어울리지를 못한다는 점이었다. 기본적으로 의사소통이 되지 못해 아이들과 싸우는 일이 잦았다. 제일 뒤편에 앉히면 친구들과 싸우거나 시야에서 멀어지므로 내 턱밑에 앉게 하였다. 아무도 민수의 짝이 되는 것을 원하지 않았으므로 나는 민수를 혼자 앉게 하였다. 민수가 하는 일은 자동차를 조립하고 자동차 놀이를 하는 일이다. 물론 가끔씩 책은 가지고 오지만 시간표와 상관이 없거나 실제 수업에 참가하기는 어려웠다. 민수를 위해 어떤 프로그램도 마련하지 못한 채 봄날은 속절없이 흘러가고 있었다. 그 일이 있기 전까지.

매월 마지막 날은 마니또(비밀 수호 천사) 잔치를 하는 날이다. 5월 31일 마니또 잔치는 3, 4교시에 열렸는데, 마니또 잔치를 한참 하고 있던 중 갑자기 민수가 의자를 들고 욕설을 하면서 반대편 여자 아이들을 향해 던지려고 하였다. 우리 모두는 너무나 놀랐고 맞은편에 앉아 있던 나도 당황하기는 마찬가지였다. 그래서 권위 있게 한마디 하였다.

"민수 너, 그 의자 어서 내려놓지 못해!"

민수는 내 말에도 불구하고 머뭇거림도 없이 욕설을 하며 그 의자를 던져 버렸다. 나는 너무나 화가 난 나머지 민수에게 다가가 뺨을 후려쳤다. 작은 덩치의 민수가 바닥으로 쓰러졌고 몇몇 여자 아이들이 울기 시작했다. 상황을 수습하고자 했지만 교실에 깃든 공포 분위기와 좌절감, 실망감 등은 우리 모두를 깊은 나락으로 끌고 들어갔다. 한참 시간이 흐른 뒤 아이들에게 말했다.

"선생님은 오늘 일이 너무나 당황스럽고 속이 상해서 어떻게 수습을 해야 할지 모르겠군요."

그러나 정작 아이들이 놀란 것은 의자를 던진 민수 때문이 아니라 평소의 모습과 너무 다른 담임교사의 모습 때문이었다는 것은 한참 후에야 어렴풋이 느낄 수 있었다. 학년 초 "어떠한 경우에도 폭력을 행사하지 않겠노라."는 약속을 어긴 선생님에 대한 두려움과 놀람이 사태의 전면에 성큼 다가서 있는 것에 나는 깊은 좌절과 당황을 감출 수가 없었다.

그날 밤 나는 잠을 이룰 수 없었다. '이러고도 내가 교사라니…….' 참으로 고통스럽고 부끄럽고 민망하였으며 자괴감으로 인해 아이들 앞에 다시 서는 것이 어려울 것만 같았다.

아침 일찍 마음을 추스르고 어제의 폭력 사태에 대해 당사자인 민수와 학급 전체에게 사과하였다. 한편, 나 역시 민수가 왜 의자를 던졌으며, 어떤 과정을 거쳐 이 문제를 해결하는 것이 바람직한지에 대해 학급 전체와 함께 한마당으로 해결하기를 원하였으므로 한마당 신청서를 작성했다. 담임인 내가 제기한 한마당은 인성부의 협의를 거쳐 오전 중에 공고되었으며 오후 시간에 한마당을 펼치게 되었다.

사회자는 원칙적으로 당사자와 상대방이 아닌 자원자 중에서 진행하게 되어 있지만 아이들이 한마당 집단상담에 익숙하지 않은 학년 초인지라 담임교사인 '평화' (물론 그날은 전혀 평화롭지 못했지만)가 진행을 하였다. 사회자의 역할은 학급회의의 의장과 집단상담의 지도자의 역할이 혼재된 것이라고 보면 된다. 사회자는 한마당 집단상담의 제목과 당사자와 상대방을 소개하고 인성부로 하여금 한마당 집단상담을 열게 된 자세한 배경을 공유하게 한다. 사회자의 역할은 한마당에서 무척 중요하지만 가장 본질적인 역할은 안내자인 교사의 역할이다. 따라서 전문적인 훈련을 받지 않았다 하더라도, 아이들의 마음을 나누게 하는 중재자의 역할을 할 수 있다.

우리는 한마당을 통해 지금까지 한 번도 친구들 앞에서 자신의 심정(의견)을 발표해 본 적이 없었던 민수의 이야기를 들을 수가 있었다. 민수가 말했다. 의자를 왜 던졌는지에 대한 친구의 물음에 대한 대답이었다.

"스누피님이 저를 비웃었어요!"

당시 상황에서 스누피가 민수(민수는 별칭을 지을 수 없어서, 가명을 씁니다.)를 비웃는 것을 본 사람이 없었고 그럴 상황도 아니었던지라 다시 물어보았다.

"민수님, 스누피님이 언제 민수님을 비웃었나요?"

"3월 달에요!"

그게 왜 그때 생각이 났었는지 물어볼 필요는 없었다. 민수가 느끼는 시간과 공간은 다른 아이들의 그 것과는 다른 세계일 수도 있음을 우리는 그 순간 알았다. 그런 민수에게 의자를 내려놓으라는 담임의 이야기가 귀에 들렸을까? 그 아이의 뺨을 때렸다니! 참으로 참담한 순간이었다. 다시 한 번 민수와 학급 전체에게 진심으로 용서를 빌었다. 왜 비웃었는지 스누피에게 물어보았지만 스누피는 잘 기억하지 못했다.

민수의 말문이 터졌다. 스누피뿐만 아니라 장군이가 5학년 초에 자신을 복도에서 때렸으며 호나우도도 3학년 여름방학 바로 전에 빌린 100원을 갚지 않았다는 것이다. 그 밖에도 그동안 친구들이 자신에게 끼친 피해를 열거하였는데 우리 모두는 숨이 턱에 차올랐다. 영화 〈레인맨〉에서 더스틴 호프만이 전화번호 숫자를 외우는 장면처럼 민수의 기억력은 놀라웠다. 우리는 민수의 이야기가 사실과 가까우며 그것이 해결될 필요가 있다는 것을 느끼고 있었다. 민수를 때리거나 놀리거나 비웃은 것으로 지명된 아이들이 민수에게 일일이 사과를 하고 용서를 빌었다. 민수는 흔쾌하고 단호하게 용서했다. 민수에게 돈을 빌린 아이는 그때의 상황을 잘 기억하지 못했지만 민수의 기억과 돈을 빌린 아이의 기억 중에서 우리 학급 공동체는 민수의 기억을 선택하였고 민수는 돈을 돌려받았다.

민수의 두 번째 불만은 친구들이 자신과 놀아 주지 않는다는 것이었다. 그래서 민수는 하루 종일 "놀아 줘!" 하고 신호를 보냈지만 여자 아이들은 자신이 다가가면 소리를 지르며 피하고 남자 친구들도 자신을 괴롭히기만 할 뿐 놀아 주지 않아서 속이 상한다는 것이었다. 그래서 민수는 여자 아이들의 머리를 당기거나 먼저 시비를 걸곤 했다. 친구들에게 물었다. 학교에 와서 친구들이 아무도 자신과 놀아 주지 않는다면 속이 상할 수밖에 없다는 것에 모두 공감하였다. 그리하여 친구들이 왜 놀아 주지 않는지에 대해 민수가 친구들에게 물어보게 하였다. 친구들의 대답은 이랬다.

"안 씻어서 몸에서 냄새 나요."

"씻고 올게요!"

처음으로 쌍방향의 의사교류가 이루어지는 순간이었다. 민수는 몸을 씻고 오기로 약속했고 친구들은 그런 민수와 놀아 주겠다는 약속을 하였다. 그런데 그때 민수가 말했다.

> **예시** 한마당 신청서

신청 일시 : ○○○○년 ○월 ○일 ○요일		성 명	도우미	담 임
제 목	마니또 날 생긴 일			
당사자와 상대방	평화		민수	
신청 이유	5월 31일 3~4 교시 마니또 잔치 행사에서 있었던 민수님의 의자 던지기 건에 대한 이유와 이를 체벌로 대처한 평화님의 평화스럽지 못한 행동에 대해 학급 전체의 의견과 해결 방안을 구하고자 합니다.			
바라는 해결	한마당을 통해 평화님의 행동에 대한 친구들의 의견을 들어보고, 민수님을 어떻게 대해야 할지 민수님의 의견과 친구들의 의견을 들어 보아야 합니다. 잘못한 부분은 사과하고 앞으로 친구들과 화목하게 지낼 수 있는 방향을 의논할 수 있기 바랍니다.			
인성부 의견	마니또 잔치 과정에서 민수님의 행동을 폭력으로 처리한 선생님(평화)이 잘못에 대해 사과해야 합니다. 또 민수님이 왜 그런 행동을 하였는지 알아보아야 합니다. 그리고 앞으로 이런 일이 다시 일어나지 않도록 친구들이 어떻게 행동해야 할지 결정하여야 합니다.			
한마당 후 해결	민수님이 마니또 잔치 과정에서 왜 그렇게 행동하였는지 이유를 알았습니다. 그리고 평소 민수님의 입장을 이해하려고 하거나, 민수님의 이야기를 진지하게 들어 준 적이 없는 우리들의 잘못을 알 수 있었습니다. 한편, 평화님은 다시 한 번 민수님에게 폭력을 행사한 일에 대해 당사자와 학급 전체에게 사과하였고 용서받았습니다.			
교사 의견	이번 한마당에서는 학급의 일원인 민수님에 대해, 그동안 우리가 충분히 의견을 들어 주지 못했고 친하게 지내려고 노력을 하지 않았다는 것을 발견했습니다. 아울러 민수님의 잘못된 행동에 대해서 폭력으로 대처한 평화님의 행동은 학급 모두에게 상처를 주는 잘못된 대처였습니다. 하지만 한마당을 계기로 민수님을 우리 학급의 일원으로 받아들일 수 있었고 모두 친하게 지낼 수 있는 기회가 되어 무척 기쁘고 여러분이 자랑스럽습니다.			

"성실님은 나하고 놀아 줘요!"

우리 모두의 시선은 성실이에게 향했다. 평소 작은 덩치의 성실이는 학급에서 주목받는 존재가 아니었지만 오늘 민수가 우리 학교에서 자신과 놀아 주는 유일한 친구라고 이야기하면서 학급의 중심으로 성큼 다가섰다. 학급 모두가 물었다. 어떻게 민수와 놀아 줄 생각을 했느냐고. 성실이의 대답은 이랬다.

"친구잖아요!"

대답은 간단하고 선명했다. 우리 모두는 한동안 아무 말도 하지 못한 채 성실이를 바라보고 있었다.

그러자 여기저기에서 "저도 성실님처럼 민수님과 놀아 주겠어요." 하고 자원하는 친구들이 나왔다.

여자 아이들도 이구동성으로 "앞으로는 민수님을 피하지 않고 같이 어울리고 도와주고 대화하겠어

요."라고 했다. 그 후 민수는 학급에서 졸업할 때까지 아무 문제를 일으키지 않았다. 졸업 앨범을 찍기

위해 잔디밭 줄을 넘다가 팔을 부러뜨린 일 외에는.

만약 이러한 일을 담임교사가 설득이나 재판으로 풀었다면 어떠한 솔로몬의 판결도 아이들에게 머리

로 이해는 불러올지언정 가슴으로 감동을 나눌 수는 없었을 것이다. 누구도 다치지 않고 우리는 서로

의 심정을 충분히 나누었으며 더불어 살아가는 일에 대해 온몸으로 체험하였다.

한마당을 통해 우리는 많은 경험을 나누었다. 학급에서 일어나는 여러 문제상황들을 한마당에 내놓고

풀어 갔다. 상대방에게 상처를 주지 않고 자신의 의사를 표현하며 상대방의 말 속에 있는 감정을 받아

들이며 학급 모두가 성장을 향해 나아가고 있었다.

04

부적응아와 관계 맺기

눈에 띄는 아이들의 행동이나 변화는 틀림없이

뭔가 이유를 포함하고 있습니다.

이런 아이들의 모습을 걱정하는 교사들도 점점 늘어나고 있습니다.

아이들의 마음을 읽기 위한 미술치료 연수를 받는가 하면

성격 유형별로 알맞은 상담을 하기 위해 따로 상담교육을 받기도 합니다.

이런 노력의 중심에 놓인 것은,

물론 아이들의 행복한 삶에 대한 고민과 성찰입니다.

무너져 가는 아이들의 삶을 더 이상 방치할 수 없다는 긴박한 신호를,

교사들은 이미 충분히 받고 있기 때문입니다.

마음이 아픈 아이든, 몸이 아픈 아이든 교사의 노력만으로 안 되는 일이 있다. 행동 수정이 쉽지 않거나 대화가 잘 안 될 때는, 교육 전문가로서 학교생활에 대한 객관적인 의견을 부모님께 이야기하고 유관기관을 알려 주어 도움받을 것을 권유해야 한다.

교실에서 아이들을 가르치다 보면 가끔 교사의 역할은 어디까지인가에 대해 고민하게 된다. 아무리 설명하고 달래도 수업태도가 일 년 내내 바뀌지 않는 아이를 볼 때, 남겨서 공부를 시켜도 학습 성취도가 높아지지 않을 때, 친구들끼리 사이좋게 지내게 하려고 상담을 몇 번씩 해도 왕따 문제가 해결되지 않을 때, 학부모 상담을 해도 여전히 숙제와 준비물을 챙겨 오지 않을 때 교사는 어깨를 늘어뜨린다.

교사를 당황스럽게 하는 문제행동을 보이는 아이와의 관계는 한편으로는 교사의 능력 밖의 상황일지도 모른다. 그런 아이 중에는 전문적인 상담이나 의학적인 치료가 필요한 경우도 있기 때문이다.

하지만 문제행동을 보이는 모든 아이들이 교사가 손대기조차 힘들 정도로 심각한 상황에 빠져 있는 것은 아니다. 손대기조차 힘든 상황이라 할지라도 다른 도움의 손길을 구하기 위해 교사가 다리 역할을 해야 할 경우도 많다. 문제행동을 보인다 해도 아이는 아이인지라, 특정 문제에 대한 기초 지식과 유형별 특징, 주의할 점을 숙지하고 있다면 다른 아이와 비슷한 정도로 배려해도 상황이 나아질 수 있다.

중요한 것은 어떤 경우라도 '교사도 어쩔 수 없는 애'라며 지레 겁을 먹고 아이를 포기하는 일은 없어야 한다는 점이다. 아이를 포기하는 경우는 주로 아이에 대해 정확하게 진단하지 못했기 때문이다. 막연하게 '쟤, 좀 문제 있는 거 아니야?' '저런 게 자폐인가?' '부모도 손놓고 있는데 내가 뭘 할 수 있겠어?' 하고 혼자 판단하고 넘어가는 것이다.

이러한 아이를 두고 섣불리 판단하기보다는 동료교사나 주위의 기관 등에 문의하여 아이를 도울 수 있는 방법에 대해 지혜를 모아야 한다. 우선 전 담임에게 아이의 이전 상황에 대해 확인하고, 학부모와도 상담을 해 보아야 한다. 또, 전문기관에 의뢰하여 해결법을 찾아볼 수도 있다.

부적응아, 어떻게 접근할까

아이들의 정신건강을 확립하는 데 가장 중요한 요소는 교사와 학생의 관계 형성에 있다. 이것은 유치원에서든 고등학교에서든 마찬가지이다.

첫째, 교사의 친근하고 따뜻한 태도는 아이가 교사에 대해 신뢰를 갖는 바탕이 된다.

둘째, 교사는 개별 아이들을 모두, 있는 그대로 수용하는 것이 중요하다. 또, 아이와의 관계에서 허용적인 태도로 아이가 자신의 감정을 자유로이 표현할 수 있는 분위기를 만들어 주어야 한다. 단, 여기에서의 허용감은 감정적인 부분을 말하는 것이지 어떤 행동을 해도 된다는 방임적 태도를 말하는 것은 아니다.

셋째, 일 년이 지난 뒤에도 아이에게 아무런 변화가 없다고 허탈감에 빠질 필요는 없다. 한 아이의 정서적 문제를 치유하는 데에는 어느 정도 한계가 있다는 것을 교사 스스로 인정하고 시작해야 한다.

개별 아이들에게 눈길을 주자

무엇보다 교사는 아이들과 친밀하게 대화를 나누는 것에서부터 문제를 풀어 가는 것이 가장 좋다. 현실적으로 한 명의 교사가 40여 명이나 되는 아이들과 개별적으로 관계를 맺기는 어렵지만, 아이들 일기나 과제물을 검사하면서 아이가 어려움을 겪는 지점을 일상에서 파악하도록 노력해야 한다. 일기장에 한두 줄이라도 정성 어린 글을 적어 주면서 담임의 관심을 표현하는 것도 좋다. 긍정적인 피드백은 교사와 아이들을 강하게 이어 준다.

결과보다는 과정을 살피자

아이들을 격려할 때에는 결과에만 치우치지 말고 과정을 칭찬해 주는 것이 필요하다. 결과는 실패로 나왔을지라도 열심히 했던 아이의 모습을 칭찬해 주어 아이 스스로 실패도 인정할 수 있게끔 돕고, 노력하는 자세가 중요하다는 것을 알게 해 주어야 한다. 여기에 교사가 어린 시절 실패했던 경험과 못했던 것, 좋아했던 것을 이야기해 주면 교사 스스로 아이들의 역할 모델이 되어 좌절감 때문에 힘들어하는 아이에게 긍정적인 영향을 줄 수 있다.

학부모와 상의하자

교사가 아이들에게 접근하는 방법은 여러 가지가 있다. 특히 눈에 띄는 아이들에 대해서는 이 아이가 왜 그렇게 행동하는지 원인을 찾는 것이 중요하므로 먼저 학부모와 상의해 보는 것이 좋다. 아이의 문제는 주로 가정에 있는 경우가 많다. 학부모와 만나 아이의 상황을 솔직히 털어놓고, 집에서는 어떤지 터놓고 이야기하는 것이 필요하다. 문제가 심각할 경우 학부모에게 아동상담기관의 도움을 얻을 것을 제안하는 것도 교사의 역할이다.

교사와 학교의 역할에 주목하자

교사와 아이들은 모두 학교라는 테두리 안에 있다. 그러므로 학교와 교사의 역할을 빼놓을 수 없다. 사회성 발달이 더딘 아이들에게 다른 사람과 함께 살아가는 법, 다양성을 인정하는 태도를 학습할 기회를 학교에서 보충해 줄 수 있을 것이다. 특별활동 시간이나 재량활동 시간을 이용하여 운동장에서 신체를 접촉하며 할 수 있는 놀이(수건 돌리기, 잡기 놀이, 얼음땡 등)를 같이 하는 것은 어떨까.

교사가 주도하여 집단 프로그램을 하는 것도 좋다. 주제를 정하여(사회성 프로그램, 자기 표현 프로그램, 자기 주장 훈련 프로그램 등) 방과 후나 특별활동 시간이나 재량활동 시간에 집단상담 프로그램을 진행하는 것이다.

학교에서 복지관과 연계하여 자기 주장 훈련과 같은 집단상담 프로그램을 진행하기도 한다. 자기 주장 훈련은 자신을 바로 알고 존중하며 있는 그대로의 자기 생각과 느낌을 정확하게 표현하여 올바른 인간관계를 형성하도록 돕는 프로그램이다.

또, 학교가 주관이 되어 올바른 부모교육에 대한 특강을 주최하여 학부모에게 바른 양육 방법을 알려 주는 것도 필요한 일이다.

상담기관의 도움을 받자

아이의 연령과 지능에 비추어 보아 지나치다 싶을 때는 학부모와 상의하여 상담기관의 도움을 받는 것이 아이의 문제를 빨리 해결할 수 있는 최선의 방법이다. 신경정신과 의사의 진단이 필요한 아이도 있을 것이다. 초등학생의 경우, 자신의 상황이나 마음을 놀이로 표현하도록 이끌면서 자연스럽게 치료 과정으로 들어가는 놀이치료를 고려해 볼 수도 있다.

부적응의 유형과 대처법

학습부진과 장애 (학습지진, 학습부진, 학습장애)

학습에 어려움을 보이는 아이에게는 다양한 원인이 있다. 교실에서 나타나는 유형은 크게 세 가지로 나눌 수 있다.

첫 번째는 지능지수가 75~80 이하인 학습지진 아동이다. 이 가운데는 원인을 알 수 없는 정신지체 아동이 약 85%를 차지하고 있다. 나머지 15%는 기질적인 뇌손상을 가지고 있는 아이들이다. 자신의 노력에 비해 학업 성취도가 낮게 나타난다.

두 번째는 학습부진 아동이다. 지능지수가 정상 수준이고 신경계에도 이상이 없지만 우울증, 불안, 강박증 등의 정서적인 요인이나 가정 불화, 빈곤, 한부모 가정, 왕따 등 사회 환경적인 요인들 때문에 학업 성취도가 낮게 나타난다. 정서적, 환경적 요인이 제거되거나 의학적 치료를 통하여 교정이 되면 정상적인 학습 능력과 학업 성취도를 보일 수 있다.

세 번째는 학습장애 아동인데 중추 신경계의 기능 장애가 원인으로 알려져 있다. 학습장애는 지적 능력과는 상관없이 듣기, 말하기, 읽기, 쓰기, 추론 또는 수학 계산 등의 능력과 사용에 문제가 있는 경우를 말한다. 주로 국어, 수학 교과의 성취도가 낮은 편이다.

 ### 진단

교사는 아이들의 학습 장면을 오랫동안 관찰할 수 있는 위치에 있다. 따라서 아이의 행동에서 나타나는 특성을 누구보다 세밀히 관찰하여 아이가 가지고 있는 문제점을 빨리 발견할 수 있다. 학부모상담이나 전문기관 연계 등의 적절한 조치들이 이루어진다면 아이의 학습 결손 누적을 조기에 방지할 수 있다. 또한 실패감, 좌절감 등으로 인한 부정적인 자아 개념이나 공격성 등의 2차적인 행동장애를 줄여 학습뿐만 아니라 인성 발달에 도움을 줄 수 있다. 이런 점에서 교사의 관심 어린 관찰은 객관적 평가 못지않게 의미가 크다.

물론 다인수 학급이라는 조건 때문에 이러한 요구가 교사에게 많은 부담이 될 수도 있다. 그러나 학습에 흥미를 보이지 않거나 잘 따라오지 못하는 아이들만이라도 매일 유심히 관찰해 보면 어느 정도 아이들의 특징을 파악할 수 있다. 학습 과정에서 다음과 같은 어려움을 겪는 아이들이 있는지 자세히 살펴보도록 한다.

1) 읽기

· 생략, 대치, 왜곡, 좌우 반전, 한 줄 건너뛰어 읽기를 한다.

· 음운론적 기능 결함으로, 철자가 어울려서 내는 소리의 규칙을 잘 이해하지 못한다.

  (곤란 → 곤난)

· 글자의 시각 정보를 받아들이는 과정에 어려움이 있다.

  (자원 봉사자 → 자연 봉사원, 화살 → 양궁)

· 글자의 시각 정보를 파악하는 데 방향 구분을 잘 못한다. (반성 → 변성, 오리 → 우리)

· 여러 자극 속에 묻혀 있는 특정 형태의 시각적 구분이 어렵다.

  (가장 큰 종류는 → 가장 큰 공룡은)

· 시간 차원에서 음향 자극 순서를 잘 분별하지 못한다. (냉장고 → 고장냉)

2) 독해

· 잘못 읽어서 다른 뜻으로 해석하게 된다. (휴지를 주웠다 → 휴지를 주었다)

· 주의집중력이 부족해 문장을 대충 훑어보거나 끝까지 다 읽지 않아 실수를 한다.

  (아래 보기에서 골라 쓰세요 → 보기와는 상관없이 자기 마음대로 씀)

3) 쓰기

· 방향성을 구별하지 못해 좌우상하를 반전하여 쓴다. (코코아 → 토토어)

· 구두어로 제시했을 때 받아쓰기를 잘 못한다. (대화 → 대아, 참외 → 참회, 부모님과 → 부모님가)

· 맞춤법을 잘 틀린다. (어지럽다 → 어지렸다, 찾아갔다 → 찾아같다)

· 문법에 맞지 않는 글쓰기를 한다. (과자를 사 먹어서 배고팠다)

4) 말하기

· 표현 언어 : 말로 표현할 때 상황에 맞는 표현을 하지 못하거나 적절한 단어 선택이나 문장 구성을 어려워한다. (아파서 병원 갔어요 → 병원에서 아픈 거예요, 찢어 붙이면 예쁜 꽃이 돼요? → 찌즈믄 꼬 에뻐?)

· 수용 언어 : 상황에 알맞은 대응을 하지 못한다. (나는 말띠인데 너는 무슨 띠니? → 노란띠)

5) 셈하기

· 기호를 반전하여 뺄셈을 덧셈으로 한다. (7-2=9)

· 좌우나 상하를 바꾸어 쓴다. (100 → 001, 6 → 9)

· 정보 처리를 잘 못한다.

①
$$
\begin{array}{r}
35 \\
\times\ 8 \\
\hline
560
\end{array}
$$
(8×5=40에서 4가 십의 자리에 올라간 것과 십의 자리의 피승수 3을 더한 후 승수 8에 곱하여 계산한 답임)

② 동생의 나이는 6살이고 형은 3살 더 많다. 형의 나이는? (63살)

6) 정서

· 주의집중을 잘 못한다. 주의집중장애(ADHD) 아동의 20%는 학습장애(LD)이며, 학습장애 아동의 30~80%는 주의집중장애 증후군을 보인다. 주의집중장애 아동은 자리에 가만히 앉아 있지 못하고 다른 것을 만지거나 돌아다니는 특징이 있다.

· 실패감, 좌절감 등으로 소극적이고 자신감이 부족하며, 학습의 내적 동기가 형성되어 있지 않고, 부정적 자아 개념을 갖고 있으며, 다소 공격적이거나 충동적이다. "아이 귀찮아." "다 모르겠어요." "알면 선생님이나 해 봐요." "맞잖아요."와 같은 언어를 쓰며 억지를 부리는 경우가 많다.

지도 방법

1) 학습지진

아이의 인지 수준과 흥미에 맞추어 개별 교육 프로그램을 마련한다. 아이가 가지고 있는 잠재적인 지적 능력을 최대한 발휘할 수 있도록 구체적인 사물과 다양한 체험 활동, 그리고 여러 가지 감각 도구와 자료를 활용하여 가르치는 것이 효과적이다. 장기기억 속에 저장했다 꺼내어 사용할 수 있도록 전략을 사용하는 본보기를 보여 주면서 적은 양의 과제를 통합적인 교과로 쉽게 재구성하여 반복하여 지도한다. 실제 생활과 관련하여 가르치는 것이 바람직하다.

2) 학습부진

우선 학습부진의 원인(부적절한 부모 자녀 관계, 내적 동기 부족, 사회성 결여 등)을 파악한 뒤 원인을 없애는 작업과 병행하여 지도하는 것이 효과적이다. 부모의 양육태도가 바람직하지 못하여 늘 욕설을 퍼붓거나 때리는 경우, 과도한 학습 부담으로 학습에 흥미를 잃어버린 경우에는 학부모상담을 통해 아이가 처해 있는 환경을 조절해 줄 필요가 있다. 이때 교사는 '나 전달법'으로 자녀와 대화 나누기, 학습량 줄여 주기, 행동 수정으로 강화하기 등의 기법을 학부모에게 권해 줄 수 있다.

교사는 아이의 특성을 꼼꼼히 관찰한 뒤 지도 방법을 결정하여 내적 동기를 불러일으킬 수 있도록 도와준다. 국어의 경우 주유소 사은품 목록 적어 보기, 휴게소 음식 종류 써 보기, 종이 현수막 만들기, 어린이 명함 만들기, 4단 만화 그리기 등을 해 볼 수 있다. 수학은 〈백설공주〉에 나오는 인물 더하기, 피자 가게 배달 오토바이의 수 추론하기 등을 해 볼 수 있다. 공격성이 있는 아이의 경우에는 공격성을 해소할 수 있는 놀이를 이용해 구체적으로 아이의 장점을 격려해 주면서 긍정적인 자아 형성과 함께 자신감을 갖도록 한다.

3) 학습장애

· 학습 지도를 하기 전에 주의집중력을 증진시킬 수 있는 활동을 한다. 에어 캡 눌러 터뜨리기, 뽕망치 게임, 쌀 보리 게임, 구슬 쌓기 게임 등을 이용할 수 있다.

· 즐거운 지적 게임을 통하여 문제 해결력을 향상시킨 뒤 수학 문제를 풀게 한다. 수수께끼 풀기, 제스처 게임, 주사위를 활용한 말판 게임 등을 이용할 수 있다.

· 시각적인 단서를 주어 정보 처리 과정에서 나타나는 실수를 고칠 수 있도록 도와줄 수 있다. 색연필로 오류가 일어나기 쉬운 부분을 표시하거나 구분해 주면 실수가 줄어든다.

· 다감각법을 활용하여 지도한다. 쓰기에서 좌우를 바꾸어 쓰는 경우에는 '이'를 중심으로 한 획만 첨가하여 '아'나 '어'를 만드는 작업을 해 본다. 읽기의 경우 '가'를 기본으로 여러 가지 받침을 붙여 가며 읽어 보게 한다. 혹은 녹음된 소리를 듣고 맞는 글자를 찾아내는 활동도 좋다.

· 아이의 상태가 심각하여 교사의 힘만으로는 지도하기 어려울 경우에는 전문가와 상의하거나 전문 치료기관에 의뢰할 수도 있다.

주의집중장애

최근 문제행동을 보이는 아이들의 유형을 살펴보면 지나치게 산만하고 공격적인 아이들이 많이 눈에 띈다. 이런 아이는 우선 의자에 앉아 있는 자세만으로도 가늠해 볼 수 있는데 한쪽 엉덩이만 의자에 붙이고 반대쪽 다리는 무릎을 바닥에 대고 앉아 있는 경우이다. 또한 의자를 앞뒤로 젖혀 대거나 책상 위에 있는 물건들(지우개, 딱지, 로봇 등)을 계속 만지작거리는 등 잠시도 가만히 있지 못하는 모습을 보인다.

주의집중장애는 주의가 산만할 뿐만 아니라 과잉행동도 함께 보이는 경우가 많다. 알림장 빠뜨리기, 준비물 빠뜨리기, 엉뚱한 과제 해 오기 등, 다른 아이들에 비해 생활력이 낮다. 이러한 부적응이 되풀이되면 자신감을 잃고 반항적이 될 수도 있다. 주의산만이나 과잉행동과 함께 충동성을 가지고 있는 아이들도 있다.

 진단

1) 주의력장애

다음 증세 가운데 여섯 가지 이상이 6개월 이상 지속되며, 발달 수준에 적응하지 못하거나 부합하지 않는 경우 주의력장애에 해당한다.

· 세부 사항에 주의를 기울이지 못하거나 교실 또는 다른 활동에서 부주의한 실수를 하는 경우가 많다.

  예〉 '아닌 것을 고르세요.'에서 문제를 끝까지 읽지 않아 '맞는 것'을 고른다.

    '모두 고르세요.'에서 한 가지만 쓴다.

    수학 문제에서 −를 +로 계산한다.

    9를 0으로 잘못 보고 계산한다.

· 놀이를 하거나 수업 중 활동을 할 때 지속하거나 마무리를 하지 못한다.

  예〉 과제 수행을 하다가 "그만 할래요, 힘들어요." 하면서 마무리를 하지 않는다.

· 이야기를 들을 때 경청하지 않는 것처럼 보인다.

  예〉 "네? 뭐라고요?"라고 질문 내용에 대해서 반문한다.

· 학교 수업을 따라가지 못한다.

  예〉 공책 필기를 끝까지 하지 못한다.

· 일이나 활동을 조직하는 데 어려움을 겪는다.

　예〉 이것저것 만지기만 하고 과제를 시작하기 어려워한다.

· 지속적으로 정신적인 노력이 필요한 일을 싫어하거나 꺼려한다.

　예〉 받아쓰기에서 어떤 겹받침이 쓰이는지 생각하지 않고 소리 나는 대로 쓴다.

· 일이나 활동에 꼭 필요한 것을 자주 잃어버린다.

　예〉 연필, 옷, 준비물 등

· 외적인 자극에 주의가 쉽게 산만해진다.

　예〉 과제 수행 중 밖에서 사이렌 소리가 나면 "뭐예요?" 하고 묻는다.

· 일상적인 활동에서 건망증이 심하다.

　예〉 약속을 잘 잊어버린다.

2) 과잉행동

다음 증세 가운데서 여섯 가지 이상의 반응이 6개월 이상 지속되는 경우 과잉행동장애에 해당한다.

· 손이나 발을 불안하게 떨거나 자리에서 뒤척거린다.

　예〉 앞 머리카락을 후— 부는 행동을 반복한다.

· 수업 시간에 한자리에 있질 못하고 교실에서 자꾸 돌아다닌다.

　예〉 자기 자리에서 자꾸 일어나 다른 모둠에 가서 이것저것 참견한다.

· 지나치게 많이 뛰거나 기어오른다.

　예〉 미끄럼틀에서 내려오는 쪽으로 올라 갔다가 머리 방향부터 거꾸로 내려온다.

· 조용히 즐기는 여가활동에 참여하기를 어려워한다.

　예〉 생각을 해서 답해야 하는 사고력 게임에 쉽게 싫증을 낸다.

· 항상 무언가를 하고, 모터를 단 것처럼 행동한다.

　예〉 제지할 사이 없이 물건들을 집어던지거나 책상 위로 뛰어다니기도 한다.

· 지나치게 수다를 많이 떤다.

　예〉 다른 사람의 질문에는 대답할 생각을 하지 않고 자신의 이야기만 계속 한다.

3) 충동성

· 질문이 다 끝나기도 전에 불쑥 대답해 버린다.

  예〉 "저 알아요." 하면서 틀린 답을 말한다.

· 자기 차례를 잘 기다리지 못한다.

  예〉 주사위 게임을 하면서 다른 사람이 던질 차례인데 기다리지 못하고 먼저 주사위를 던져 버린다.

· 다른 사람의 말을 가로채어 말하거나 놀이 중에 불쑥 끼어든다.

원인

학업, 행동, 정서, 또래 관계 등 사회성에까지 영향을 미치는 주의집중장애의 원인으로는 유전적인 요소와 함께 아동학대, 뇌염, 임신 중 약물 복용, 또는 출생 시 체중 미달 때문에 뇌에 미세한 손상이 생겨 일어나는 신경학적 요인이 있을 수 있다. 도파민 등 신경전달 물질의 결핍과 같은 생리학적 장애에 의해서도 일어날 수 있다. 너무 자주 이사를 다니거나 주변 환경이 어수선하고 규칙이 불분명하면 증상이 더 나빠질 수 있다.

행동상의 문제점

지속적인 주의가 필요할 때, 정신적인 노력을 해야 하거나 자신이 매력을 느끼지 못할 때에는 증세가 악화되는 경향이 있다. 글씨를 아무렇게나 휘갈겨 쓰고, 집으로 돌아가는 도중 교문 앞에서 병아리를 들여다보다가 집에 가는 시간을 잊어버리는 등 시간 개념도 희박하다. 차가 다니는 위험한 곳에서 주위를 살펴보지 않고 공을 주우러 달려들며 뜨거운 기구를 아무 생각 없이 덥석 집기도 한다.

관련된 특징

발달 단계에 따라 공격적 행동, 사회성 결핍, 학교 부적응 등 다양한 양상으로 나타난다. 그 때문에 친구들로부터 따돌림을 당하거나 부모나 교사와 갈등을 빚기도 한다.

· 짜증을 참지 못하거나 다혈질이어서 화를 잘 낸다.

· 자신의 요구가 관철될 때까지 계속 우긴다.

· 자세히 설명하지 못하고 의사소통에서 어려움을 겪는다.

· 자긍심과 학업 성취도가 낮다. 게으르거나 책임감이 없거나 반항적으로 보이기도 한다.

지도 방법

우선 수업을 하기 전에 다음과 같은 기본 훈련을 시키는 것이 좋다.

1) 기억 훈련과 주의 훈련을 통한 주의집중력 향상시키기
· 시각 기억 훈련 : 순서 기억하기, 특징 기억하기, 동작 전달하기, 없어진 것 알아맞히기
· 청각 기억 훈련 : 단어 기억 놀이, 슈퍼마켓을 차리고 물건을 사고 파는 역할놀이
· 시각 주의 훈련 : 숨은 그림 찾기, 두 가지 도형 사이의 차이점 찾기, 두 가지 숫자 사이의 차이점 찾기, 입 모양 보고 단어 알아맞히기, 신문에서 글자 찾기
· 청각 주의 훈련 : 설명 듣고 그대로 따라 행동하기, 가라사대 게임, 청개구리 게임, 쌀보리 게임

2) 행동수정 방법
· 초시계 활용 : 초시계로 주의집중 지속 시간을 기록하여 행동을 지속시킨다.
· 자기 억제법 : 충동적인 행동을 하려고 할 때 눈 감고 1에서 30까지 세게 한다.

3) 놀이 활동
즐거운 활동을 통하여 주의집중 시간을 늘리고 학습에 대한 동기도 유발할 수 있다.
· 인지적 놀이 : 점 이어서 삼각형 만들기, 속담 빨리 찾기, 빙고 게임
· 동적 놀이 : 구슬치기, 가위바위보, 동전 높이 쌓기, 땅따먹기, 알까기

4) 약물 치료
증상이 심한 경우에는 의사의 처방에 따라 약물을 복용하여 완화시킨다.

5) 그 밖에
의자에 바로 앉지 않고 움직임이 심한 경우 교사와 아이 사이에 미리 둘만 알아보는 약속

을 정한다. 선생님이 손가락을 튕기면 바로 앉으라는 신호라는 것을 정한 뒤 "똑바로 잘 앉아라."라는 말 대신 사용하면 지적을 당한다는 느낌을 주지 않고도 아이의 태도를 지적할 수 있다. 아이의 자존심을 해치지 않는 유용한 방법이다.

적대적 반항장애

초기에는 꼬집거나 날카로운 물건으로 찌르거나 침을 뱉는 등의 행동을 보이다 점차 친구나 교사에게 심한 욕설이나 주먹질, 발길질을 해 대기도 한다. 혹은 가위와 같은 위험한 물건들을 들고 위협하는 난폭한 행동을 하기도 한다.

 진단

적어도 6개월 동안 다음 중 네 가지 혹은 그 이상의 행동을 보인 경우라면 이 장애에 해당한다고 볼 수 있다.
· 자주 이성을 잃는 행동을 한다.
· 자주 어른과 소모적인 논쟁을 벌인다.
· 자주 어른들의 요구나 규칙에 순응하기를 거절하거나 부인하는 행동을 한다.
· 고의로 다른 사람에게 화를 낸다.
· 다른 사람의 실수나 잘못된 행동을 필요 이상으로 비난한다.
· 다른 사람들에게 과민한 반응을 일으키고 성가시게 한다.
· 짓궂게 행동하고 앙심을 품는다.

 원인

부모의 불화, 별거, 가출, 이혼 등으로 결손 가정이 늘어나는 추세이다. 이런 환경의 변화로 아이가 무관심하게 방치되는 경우, 과잉보호로 집에서는 무엇이든 허용되었으나 학교에서 제지를 당할 경우, 어머니와 아버지가 서로 다른 양육태도를 보이는 경우, 부모가 우울증이나 신경조직의 질병으로 신경질적인 반응을 보이는 경우, 부모에게 자주 심하게 매를 맞는 경우 등 아이는 이때 얻은 분노가 억압되어 있다가 분출되면서 공격적인 행동을 보이게 된다.

지도 방법

학급에 적대적 반항장애를 겪는 아이가 있는 경우에는 다른 친구들이 다칠 수도 있으므로 시급한 도움이 필요하다.

1) 학부모상담

학부모와 상담이 가능하다면 원인을 찾아서 제거해 주는 방법을 모색해 본다.

2) 분노를 발산할 수 있는 놀이

아이의 분노가 어디서 오는지, 어떤 유형인지 분석하여 분노를 적절히 표출할 수 있는 놀이가 무엇인지 알아본다. 이러한 놀이를 통해 아이가 다른 사람에게 언어나 신체적인 공격을 가하기 전에 바람직한 방향으로 분노 감정을 해소할 수 있도록 도와준다.

· 아이에게 분노를 표출하고 싶은 사람의 이름을 쓰게 한 뒤, 그 이름을 놀이용 권투 샌드백에 붙이고 권투 글러브로 실컷 때리기, 축구공 차기, 물총 놀이, 두더지 잡기 놀이(방망이로 세게 치기)

3) 행동수정

· 권리 박탈 : 침을 세 번 뱉으면 어떤 권리를 제한당하는지 미리 제시하여 행동이 일어나지 않도록 도와준다.
· 행동 계약법 : 침을 일정 횟수만큼 뱉지 않았을 때 종이에 직접 쓴 약속 내용의 보상을 받도록 한다.
· 고립 : 욕을 하거나 때리는 경우 손을 벽에 대게 하고 3분 정도 서 있도록 한다. 이때 반항하거나 난폭하게 행동하면 뒤에서 교사가 껴안고 "안 돼." 하고 말하면서 단호하게 제지해야 한다.

4) 그 밖에

· 문제지 번호에 그림 그려 주기 : 적대적 반항장애를 겪는 아이 가운데는 틀린 문제에 사선으로 빗금을 그어서 표시한 것을 보고 흥분하여 화를 버럭 내는 경우도 있다. 맞은 답

에만 하트 모양이나 동물 등 좋아하는 그림을 그려 넣어 주거나 한 번에 맞히면 금메달, 두 번 만에 맞히면 은메달, 세 번만에 맞히면 동메달을 주는 식으로 놀이로 바꾸어 성공감과 성취감을 줄 수 있도록 배려하면 분노 대신 도전 욕구가 생겨나 학업 수행에 내적 동기를 불러일으킬 수 있다.

선택적 함묵증

말을 할 수 있는데도 특정 상황이나 특정 장소 또는 특정 인물에 대하여 입을 굳게 닫아 버리는 경우이다. 식구들과는 말을 잘한다고 하는데 학교에 와서는 교사나 친구들에게 한 마디도 안 하고 고개만 끄덕이는 식의 동작으로만 의사소통을 한다. 이런 상태가 수개월 지속되기도 한다.

진단
· 다른 상황에서는 말을 하면서도 특수한 사회 상황에서는 말하는 것을 일관되게 실패한다.
· 말을 하지 않아 수업이나 의사소통을 방해한다.
· 장애 기간이 최소한 한 달 이상 지속된다. (모든 것이 낯선 1학년 아이들은 이런 경우가 종종 있으므로 첫 한 달은 지내 봐야 한다.)

원인
· 몹시 수줍어하는 경우, 아이가 어렸을 때 여러 가지 원인으로 고립된 환경에서 자라 사람들과 어울릴 수 있었던 기회가 적어서 그럴 수 있다.
· 쉽게 상처 받고 예민하여 분노를 느낄 때 말을 하지 않는 경우, 수동적 공격성을 표출하는 것일 수 있다. 즉 말을 하지 않음으로써 상대를 간접적으로 공격하는 것이다.

지도 방법
위협을 하거나 강제로 말을 시켜 보려는 시도는 바람직하지 않다.
· 사회적 관계에 점진적으로 노출시켜야 한다. 수줍음을 극복할 수 있도록 학부모 상담을 통하여 적은 수의 친척이나 친구 등과 어울릴 수 있는 기회를 마련해 주도록 한다.

· 전화로 통화하기를 시도해 볼 수 있다. 전화 통화를 할 때에는 직접 얼굴을 마주 보지 않기 때문에 수줍음이 덜하여 말을 할 수도 있으므로, 우선 교사가 전화로 말하기를 시도해 볼 필요가 있다.

· 끈끈이 표적판에 공 던지기나 소리 지르기와 같이 적대감을 표출할 수 있는 신체적 활동을 해 볼 수 있다.

틱 장애

틱(Tic)이란 자기 의지와는 무관하게 갑작스럽게, 연속적으로, 리듬 없이, 빠르게, 똑같이 움직이는 운동이나 음성을 말한다. 흔히 볼 수 있는 운동 틱으로는 눈 깜빡이기, 목 흔들기, 입이나 코 씰룩이기, 입술을 접었다 폈다 하기, 어깨 으쓱거리기 등이 있고, 음성 틱으로는 헛기침, 코 훌쩍거리기, 연속해서 "아" 하고 소리 지르기, 혀 끝 채기 등이 있다.

진단

4주 이상 12개월 이하의 기간 동안 지속적으로 운동 틱 혹은 음성 틱이 나타나는 경우에 틱 장애를 의심해 볼 수 있다.

원인

틱은 긴장이나 우울, 죄책감 등을 해소하기 위해 나타나는 행동이며, 여자 아이보다 남자 아이에게 세 배 정도 더 자주 나타난다.

지도 방법

1) 긴장의 원인 찾아 해소하기

다른 아이들이 받아쓰기에서 한 문장을 쓸 동안 속도가 느려 문장의 반 정도밖에 못 쓰는 것 때문에 교사에게 지적을 받은 1학년 남자 아이가 입을 씰룩이기 시작했는데, 엄마가 집에서 초시계를 가지고 시간을 재면서 연습을 시키자 코를 찡긋거리는 행동이 더해졌다. 원인을 살펴본 결과 연필을 쥔 손에 힘을 주어 글씨를 꾹꾹 눌러 쓰느라고 시간이 많이 걸린다는 것을 알게 되었다. 연필 쥔 손에 힘을 빼고 글자체를 바꾼 뒤에 상태가 나아졌다.

2) 놀이

하마 입에 알 집어넣기 게임 등 긴장을 이완시킬 수 있는 놀이를 한다.

3) 음악 치료

틱 행동을 할 때 좋아하는 음악을 들려준다.

4) 약물 치료

교실에서 수업을 하기 어려울 정도로 심하거나 두 개 이상의 운동 틱과 두 개 이상의 음성 틱이 일 년 이상 지속되는 경우에는 의사의 처방에 따라 약물을 복용하여 증상을 완화시킨다.

5) 그 밖에

"너 왜 그러니?" "가만히 안 있을래?" 등의 말을 하면 아이는 더 긴장하여 틱을 보이는 빈도수가 잦아지거나 틱의 종류를 다른 것으로 바꾸므로 지적하지 않도록 유의한다.

도벽

인간의 소유 개념 발달 과정에 따르면, 만 6세가 넘으면 남의 물건을 소유하려는 것은 옳지 않다는 개념이 확실해진다고 한다. 즉, 정상적으로 자란 아이는 예닐곱 살이 넘으면 훔치는 행동은 부당하며 법에 어긋난다는 판단이 뚜렷해진다는 것이다. 그러나 초등 아이들 가운데는 친구의 운동화나 교사의 지갑을 훔치거나, 문구점이나 슈퍼마켓 등에서 우유 등을 티셔츠 안에 집어넣고 나오다 들키는 경우가 있다.

원인

· 갖고 싶은 욕구가 채워지지 않았을 때 물건을 훔치게 된다. 부모의 방임으로 용돈이 없거나 부족하여 기본적인 욕구를 충족시킬 수 없는 경우이거나 혹은 반대로 자녀가 풍족하게 자랄 수 있게 키워 보겠다는 부모의 과잉보호가 원인이 될 수도 있다.
· 다른 친구나 형이 시켰을 경우, 또래 집단에서 소외되지 않기 위해 훔치는 행위를 할 수

있다.

· 관심을 끌기 위해 물건을 훔치는 경우가 있다. 부모 사이의 불화가 심하고 싸움이 잦은 경우 아이가 물건을 훔치는 행동을 하기도 하는데, 이때 아이는 자신의 행동이 '부부 문제'에서 '자녀 문제의 해결'로 부모의 관심을 바꾸어 놓는다고 여겨, 그 나름대로는 가정을 유지하는 문제 해결 방법의 하나로 해석하는 것이다.

· 신경증적인 도벽은 자신의 욕구를 다른 방법으로는 충족시킬 수 없어서 그 욕구 충족 수단으로 훔치는 행동을 반복하는 경우이다. 개인의 분노, 좌절 등과 관계가 있다.

· 또래 집단으로부터 인정받거나 자기 능력을 과시하기 위해 훔치는 행동을 할 수 있다.

지도 방법

아이의 행동을 세심히 관찰하고 학부모 상담을 하여 도벽의 원인이 어디에 있는지 파악한 뒤 각각에 맞게 대처하도록 한다.

· 부모와 같이 있는 시간을 늘려 사랑받으려는 욕구를 충족시킨다.

· 아이와 용돈 액수와 지급 방법을 의논해서 결정하고 사용처를 확인한다.

· 훔친 돈은 그 금액 이상을 반드시 돌려주어야 한다는 사실을 인식시킨다.

· 친구 관계를 면밀히 살펴 또래집단에서 훔치는 행위에 대한 요구가 있는 경우 이를 단호히 거절하게 한다.

· 먹을 것에 대한 욕구를 적절히 충족시켜 준다.

· 아이가 가진 다른 장점을 찾아내어 격려해 준다.

글쓴이·도움 주신 분들 김지윤 | 전 바리아동여성상담센터 놀이치료사 · 유복희 | 한국아동문제연구소 심리학습치료사

최형아 | 인천 공항초 특수교사

통합학급 운영, 어떻게 하면 좋을까

통합교육 바로보기

이제는 사회가 여러모로 발전하여 연배가 지긋한 교사들의 입에서도 '통합교육'이라는 단어가 자연스럽게 흘러나오는 시대가 되었다. 분리교육 위주의 특수교육이 주를 이루던 과거에 비하면 이것은 분명 중요한 변화이다. 실로 인간성과 연대성의 회복을 강조하는 미래지향적 사람들의 꾸준한 노력의 결과라 아니할 수 없다.

장애 학생 통합교육의 진정한 목표는 '함께 살아가기'에 있다고 할 수 있다. 즉, 누구든 함께, 평등하게 행복을 누리며 살아가려는 의지를 심어 주고 서로의 차이를 인정하고 배려하도록 하는 것, 그럼으로써 함께 성숙하는 것이다.

그러나 '통합교육'의 원칙을 가지고 미래를 준비해 가는 교사의 입장에서, 우리는 냉철하게 현실을 직시하고 문제점을 지적해 볼 필요가 있다. 과연 장애 학생의 완전 통합교육을 위한 기반 조성이라는 현실적 과제가 제대로 진행되고 있는가. 현재의 통합교육에 대해 부모와 교사 그리고 학생은 어느 정도 만족하는가.

아이 특성에 따른 개별화교육

고백하기 참 부끄러운 일이지만 신출내기 시절에 있었던 일이다. 정신지체장애 학생(A라고 하자.)이 포함된 통합학급에서 임상장학이 열렸다. 읽기도 서툴고 수학이라고는 1에서 10까지 수밖에 모르던 A에게 5학년 과정의 수업 목표는 당연히 이해할 수 없는 것이었고, 한 시간 내내 A는 멍하니 앉아 있기만 했다. A에게 그 한 시간이 얼마나 큰 고역이었을 것인가는 두말할 나위도 없었다. 게다가 평소에 없던 선생님들까지 우르르 교실에 들어와 있었으니 말이다.

A는 담임과 친구들의 눈치를 보면서 한 시간 동안 자리에 앉아 있어야만 했다. 결국 A는 그 시간을 견디지 못하고 자리에 엎드려 버렸다. 수업을 진행하던 담임교사의 얼굴엔 당

황하는 빛이 역력했다. 나는 나대로 가슴을 치며 담임교사와 미리 세세한 부분까지 상의하지 못한 나의 부주의와 준비 부족을 탓하고 있었다. 수업 후, 간담회 자리에서 당연히 이 문제가 제기되었다. 하다못해 A에게 학습지를 나누어 주는 역할을 맡기거나 A에게 적합한 학습지를 따로 제공했어야 옳지 않은가 하고 누군가 의견을 제시하자 어떤 일반학급 교사가 이렇게 말했다.

"그런 아이들은 그저 아이들이랑 무리 없이 잘 놀도록만 살펴주는 게 최선이죠."

자리에 모여 있던 교사들의 얼굴에 무언지 모를 쓸쓸한 미소가 떠올랐다. '잘 놀도록만? 그것이 과연 최선이란 말인가?' 그렇지 않아도 A에 대한 배려를 못해 주는 데 대한 미안함과 부담감을 동시에 느끼고 있던 통합학급의 담임교사는 그저 침묵을 지켰다. 내 마음이 괜시리 무거워지면서 만감이 교차하였다. 과연 이런 경우 A를 통합시키는 것이 옳았을까, 아니면 학습도움학급(특수학급)에 와서 따로 공부하게 하는 것이 옳았을까.

결론은, 통합교사나 특수교사 양쪽 모두 준비되지 않은 상태에서의 무리한 통합은 오히려 안 하느니만 못하다는 것이다. A처럼 학년제의 적용이 무의미한 아이의 경우 아이에게 필요한 사회성 및 개별화 교육목표에 근거하여 통합의 정도와 방법을 재조정해야 할 필요가 있었다. 그저 학교라는 곳의 분위기를 파악하느라 어리둥절해 있던 신출내기 특수교사였던 나의 모습이 참 어이가 없지만, 아무런 지원도 받지 못하고 A를 맡아야만 했을 통합학급 담임교사에게는 지금도 미안한 마음이 든다. 그때의 뼈저린 실패의 경험이 '통합교육'에 대한 나의 신념과 실천을 변화시켰음은 더 설명할 필요가 없다.

장애 아동을 학급의 당당한 구성원으로

그렇다면 과연 정서장애 학생이 속한 학급에서 제대로 된 통합교육을 하려면 어떤 준비가 필요할까. 때때로 통합수업을 협의하고 시간표를 협의하기 위해 통합학급을 방문할 때마다 교사들이 이구동성으로 하는 말이 있다. 바로 장애 학생을 위해 특별히 신경을 써 주고 싶어도 실제로 일일이 챙겨 주기가 어렵다는 점이다. 그나마 장애에 대한 이해를 갖고 있는 통합학급 교사들조차 이런 말을 하는 것을 보면, 정말 큰 문제가 아닐 수 없다.

그러면 무엇 때문에 마음만 있고 실제로 잘해 주기는 어려운가? 우리 학교에서 실시한 설문조사 결과에서 가장 많이 응답한 순서로 보면 그 이유는 크게 다음과 같다.

① 자리 이탈, 공격 행동, 자기 자극 행동, 주의산만 등 정서장애 학생이 가지고 있는 독특한 수업 방해 행동을 다루기 어렵다.

② 40여 명의 과밀학급에서 장애 학생을 일일이 개별지도할 시간과 여력이 없다.

③ 대부분의 정서장애 학생이 가지고 있는 심각한 언어적 문제로 의사소통이 어렵다.

④ 장애 학생의 현재 수준과 요구에 맞게 매시간 교육과정을 바꾸는 것이 현실적으로 불가능하다.

이 가운데 어떤 것은 통합학급 교사와 특수교사의 지속적인 노력으로 극복할 수 있는 것이지만, 어떤 것은 전반적인 교육환경이 개선되지 않으면 해결의 꿈도 꾸기 어렵다. 그러나 어려움이 있다고 해서 장애 학생에게 꼭 필요한 통합교육을 포기할 수는 없는 일이다.

우선, 통합학급 교사의 입장에서 학급운영을 할 때 유념해야 할 내용들을 살펴보자.

첫째, 교사 스스로 장애 학생을 자기 학급의 당당한 구성원으로 받아들이려고 노력해야 한다. '교사는 아이들의 거울'이라는 말이 있다. 통합학급 교사가 장애 학생을 이해하고 배려하는 만큼 아이들도 그 아이를 받아들이고 배려한다는 점을 늘 상기하자.

둘째, 받을 수 있는 모든 도움을 학교 안의 특수교사에게 요청하자. 장애 학생의 장애 정도와 특성, 그리고 학습 수준, 필요한 교육과정 등에 관한 것을 특수교사와 함께 알아보고 계획을 세운 다음, 그것을 바꾸어야 할 필요가 있을 때에도 함께 의논하여 결정하도록 하자. 우리나라 교육문화는 아직까지 팀 접근을 자연스럽게 받아들이지 못하는 분위기이다. 그러나 장애 학생을 위한다면 관련 전문가들의 도움을 받지 않을 수 없으며 때때로 특수교사와의 협력교수(2교사 수업)도 고려해 보아야 한다. 이래저래 신경 쓰이고 귀찮은데 나 혼자 어떻게 해 보지 하는 생각은 금물이다. 특수교사와 장애 학생에 대한 이야기를 자주 나누다 보면 어려운 환경에서도 분명 의미 있는 방법들을 찾을 수 있을 것이다.

셋째, 마음의 준비가 되었다면 가능한 교과 및 교과 외 시간에 최대한 장애 학생을 참여시켜 본다. 국립특수교육원의 연구, 〈효율적인 통합교육 운영 방안〉에 따르면, 일반적인 통합교육 모형에서 통합이 가능하다고 여겨지는 부분은 크게 '조·종례, 현장 체험학습, 축하행사, 문학, 수학, 미술, 음악, 체육, 점심 시간, 학교행사'인 것으로 나타났다. 물론 통합에 필요한 여러 가지 학습자료와 장애 학생에 대한 정보를 특수교사와 의논하여 결정하도록 한다. 그 과정을 통해 정서장애 학생의 행동문제에 어떻게 대처하면 좋은지, 교육과정 목표를 어떻게 바꾸어야 할지에 대해 충분히 정보를 교환하도록 한다.

넷째, 특수교사와 함께 통합에 따르는 문제를 지속적으로 분석하고 그 해결 방법을 모색한다. 모든 문제행동에는 원인이 있고 문제행동을 통해 아동이 얻게 되는 긍정적인 결과가 있다. 가령 아이가 울 때마다 엄마가 먹을 것을 주었다면 아이는 배가 고프거나 무언가 먹고 싶을 때마다 우는 행동을 하게 되는 것과 같은 이치이다. 거꾸로 이러한 선행 자극과 후속 결과를 인위적으로 조작함으로써 장애 학생의 문제행동을 수정해 줄 수 있다.

물론 이를 위해서는 행동수정에 관한 기본적인 이론과 방법에 대한 이해가 필요하다. 통합학급 교사라면 최소한 이에 대한 책 한 권 정도는 읽어 두어야 하지 않을까 싶다. 생각보다 많은 행동문제에 대처할 수 있음을 느끼게 될 것이다. 예컨대, 《특수아동교육 – 일반학급 교사를 위한 통합교육 지침서》(이소현 박은혜 공저, 학지사)와 같은 자료가 어느 정도 도움이 될 것이다.

얼마 전, 일본에서 자폐장애인 최초로 정식 공무원이 된 테츠유키의 한국 방문이 큰 화제가 된 적이 있었다. 늘 그렇지만, 그의 뒤에는 장애 자녀를 사회에 통합시키고자 필사적으로 노력해 온 어머니가 있었고, 그를 진정한 형제로 받아들이고 기꺼이 함께해 온 많은 사람들이 있었다. 특히 개인적으로나 직업적으로나 왕성한 사회활동을 하고 있는 테츠유키의 어머니 아카시 요코는 그 와중에도 한 달에 한 번 '아카시 통신'을 발행하여 자신의 장애자녀 이야기를 지역사회 주민들과 공유했다고 한다. 이쯤이면 우리는 쉽게 짐작할 수 있다. 처음에는 '뭐 이런 이야기를…….' '왜 우리가 그의 이야기를 알아야 하지?' 하며 어쩌면 눈살을 찌푸렸을지 모를 지역사회 주민들은 시간이 갈수록 테츠유키의 이야기를 기대하게 되었고 그를 자연스럽게 지역사회의 일원으로 인식했을 것이라는 사실을 말이다.

아직까지는 특수교사가 중심이 되어 장애 학생 통합교육의 필요성을 외치고 있는 실정이지만, 머지않아 통합학급 교사를 비롯한 모든 교사가 함께 통합교육의 필요성을 역설하는 시대가 오기를 간절히 바란다. 제대로 된 통합교육이야말로 일반 학생과 장애 학생이 모두 인간답게 성숙할 수 있는 길이라고 굳게 믿기 때문이다. 아마도 그런 날들이 오면 나도 좀 더 신명나게 '아카시 통신'과 같은 우리 아이들 이야기를 쓸 수 있지 않을까 생각해 본다.

통합학급 장애 아이를 보살필 때, 이런 점을 신경 써 주세요!

통합학급을 맡았습니다. 아이들 모두를 위해 어떤 태도를 가져야 할까요?

첫째, 특수학급에 대한 올바른 첫인상을 심어 주세요. 일반학급 담임선생님들이 아이들을 지도하실 때 가장 범하기 쉬운 오류는 아이들이 잘못하고 말을 안 들으면 "특수반 보낸다!" 하고 으름장을 놓는 것입니다. 이러한 모습은 아이들에게 특수학급에 대한 부정적인 인상을 심어 주게 됩니다. 특수학급에 오가는 아이들이 장애가 있기 때문에 학업이 매우 어려운 것은 사실입니다. 하지만 특수학급은 공부를 못하기 때문에, 선생님의 말을 잘 안 듣기 때문에, 아니면 잘못을 저질러서 벌을 받으러 가는 곳은 아닙니다.

정확하게 알아 두어야 할 것은, 특수학급은 장애가 있는 아이에게 개별적인 지도를 하는 동시에 통합교육을 지원하기 위해 설치된 학급이라는 것입니다. 학습부진으로 특수학급에 들어간 아이는 빠른 시일 내에 제 학급으로 다시 돌아와야 합니다. 이 점을 꼭 인지하고 특수학급에 대한 부정적인 인상을 심어 줄 만한 말씀은 되도록 삼가시고 정확한 정보를 완곡한 표현으로 전달해 주시면 좋겠습니다.

둘째, 장애 아이에 대해 긍정적인 태도를 가지세요. 장애 아이가 있는 학급에서는 당연히 직면하는 문제가 많습니다. 그러나 이를 부정적으로 생각하기보다 긍정적으로 생각한다면 아이들의 문제 해결 능력이 한층 성숙해질 수 있는 기회가 될 것입니다. 실제로 유치원 시절부터 장애 아이와 함께 생활해 본 경험이 있는 아이들의 경우, 장애 아이들을 배려하고 함께 지내는 태도 면에서 다른 아이들보다 뛰어나다는 연구 결과도 나와 있습니다. 장애 아이의 문제행동을 불편하고 싫은 것으로 인식하기보다는 함께 극복해 나가야 하고 함께 극복할 수 있는 문제로 인식하는 것이 중요합니다.

아주 쉬운 예를 하나 들어 보겠습니다. 어떤 자폐증상의 아이가 조용한 수업 시간에 갑자기 휘파람을 불었습니다. 아마도 수업 내용을 알아들을 수 없었거나, 수업 시간이 지루하여 그런 행동을 했을 것입니다. 때문에 수업의 흐름이 끊겼고 선생님은 당연히 당황하셨겠죠.

문제는 자폐 아이의 행동에 대한 담임교사의 반응입니다. 몇 가지 예상되는 반응은 다음과 같습니다. ① 인상을 찌푸리며 자폐 아이를 나무란다. ② 아무 일도 아니라는 듯 웃으며 자폐 아이도 참여할 수 있는 과제를 찾아 준다. ③ "얘들아 지금 ○○가 왜 휘파람을 불었을까? 우

리가 어떻게 해 주면 될까?" 하며 아이들에게 질문을 던지고 함께 해결 방법을 모색해 본다.
④ 조용히 자폐 아이를 데리고 나가 특수학급에 맡긴다.

위의 반응 가운데 어떤 방법을 선택하느냐에 따라 아이들의 태도도 달라집니다. 선생님의 행동과 태도를 모방하기 때문이지요. 바로 이러한 의미에서 교사는 아이들의 거울입니다.

셋째, 장애 아이의 문제행동을 흉내 내지 못하게 지도하세요. 흉내의 의도가 무엇이냐에 따라 지도 방법이 달라질 수 있을 것 같습니다. 우선 비의도적이고 뜻 없는 모방의 경우, 자신의 행동이 학급에 끼치는 부정적인 영향을 충분히 설명해 주면 될 것입니다. 문제가 되는 것은 의도적이고 악의적으로 장애 아이를 놀리거나 흉내 내는 경우인데요, 이럴 경우 담임교사의 각별한 지도가 필요합니다.

장애 아이가 학급에서 왕따를 당하는 일이 많이 생기는데 바로 이러한 문제를 미리 예방하지 않고 방치할 경우에 그렇게 됩니다. 대부분 교사의 관심과 설득으로 나아지는 경우가 많지만 그렇지 못할 경우에는 특수교사와 협력하여 집중 지도를 하는 것이 좋을 듯합니다.

넷째, 장애가 있다고 무조건 잘해 주지 마세요. 장애 아이가 일반학교에서 아이들과 함께 어울려서 학교생활을 하는 가장 큰 이유는 말 그대로 '함께 어울리기 위해서'입니다. 다양한 개성의 여러 개체가 함께 어울리기 위해서는, 사회의 규칙과 약속들이 지켜져야 합니다. 또한 상대방을 이해하고 배려할 줄 아는 기본적인 태도가 형성되어야 합니다. 장애 아이라고 해서 무조건 잘해 주고 무조건 봐주고 모든 면에서 특혜 아닌 특혜를 제공한다면, 장애 아이나 비장애 아이 모두가 평생 서로에게 긍정적으로 적응할 수 있는 기회는 없을 것입니다.

담임교사나 친구들이 너무나 착해서 좋은 마음과 측은지심으로 장애 아이의 모든 것을 대신해 주는 경우가 있기도 합니다. 그러나 이로 인해 장애 아이의 자립심과 자존감을 무너뜨릴 수 있다는 것도 생각해 주시기 바랍니다.

아이가 이런 행동을 보일 땐 어떻게 하죠?

"아이가 수업 중에 소리를 질러요, 수업 중에 마구 돌아다녀요."
두 경우 모두 많은 선생님들이 겪는 일일 것입니다. 수업 중에 소리를 지르거나 돌아다니는 것은, 현재의 수업에 흥미를 느끼지 못해서가 그 첫 번째 이유이겠고, 그 수업의 과제를 수행해야 한다는 동기 부여가 되지 못한 것이 두 번째 이유입니다. 그리고 세 번째 이유는 다른 친구들의 과제 수행에 호기심이 발동해서, 또는 뭔가 바라는 것이나 못마땅한 것이 있어서일 것입니다. 이런 이유들이 유추가 된다면, 아이가 집중하여 수행할 수 있는 과제물을 제공하거나 아이가 원하는 것, 못마땅해하는 것을 찾아내 해결해 주어야 할 것입니다.

다만 관심을 끌기 위해서 하는 행동이라면, 조용히 자리에 앉게 하고 다른 아이들처럼 수업에 집중해야 한다는 것을 알려 주세요. 그리고 민감하게 반응하지 마시고 무시하는 방법을 선택해 보세요. 처음에는 수업에 방해가 되는 행동을 무시하기가 쉽지 않을 것이고 아이들도 적응하기 어렵겠지만, 교실 내에서 소리를 지르고 돌아다니는 것이라면 번번이 자리에 앉히려고 애쓰기보다는 긴장과 이완을 주는 것이 아이와 선생님, 다른 아이들에게도 효과적일 것으로 생각됩니다. 교실 밖이나 학교 밖으로 뛰어나간다면 분명히 그 이유가 있을 것이니, 특수학급 담당 선생님과 원인을 찾아보시고 해결해 나가면 좋을 것 같습니다.

"교실에선 아무것도 안 하고 가만히 앉아 있기만 해요."

꼭 무언가를 하고 있어야만 한다는 강박관념을 버리고 마음을 편히 가지라고 권하고 싶습니다. 장애 아이들은 일반학급에 배치되어 있는 것 하나만으로도 자기 또래 아이들의 일상생활을 느끼고 자신의 연령에 맞게끔 학습하게 됩니다. 장애 아이들이 일반학급에 앉아서 아무것도 안 하고 있을 때와 특수학교의 자기 학급에 앉아서 아무것도 안 하고 있을 때를 비교해서 생각해 보십시오. 배치된 환경만으로도 이미 아이에게는 엄청난 차이가 있으며, 그 자체만으로도 아이는 무언가를 무의식 중에 배우고 있습니다.

교실에 가만히 앉아만 있는 것이 무의미하다고 느껴진다면, 아이의 학년과 연령, 학업 수준을 고려해 알맞은 학습 단계의 과제물을 제공하는 것도 좋겠습니다. 과제물 제시 여부와 과제물 내용에 대해서는 특수학급 선생님과 상의하길 바랍니다.

장애 아이도 함께 행사에 참여시키고 싶어요

중요한 것은 학급에서 행하는 모든 활동과 행사에 장애 아이를 참여시키고자 하는 담임선생님의 의지입니다. 일단 기본적인 의지가 있다면 그에 따르는 문제상황이 형성될 것이며 이에 대하여 특수교사는 언제든지 협의할 준비를 하고 있습니다.

〈참여 방법〉현장 체험학습

장애 유형이나 정도에 따라 다르겠지만, 일단은 아이들 스스로의 경험을 확대시키자는 의미에서 실시되는 것이므로, 모둠을 꾸려 모둠장의 책임하에 아이들이 같이 움직일 수 있도록 지도하고 교사는 지속적인 관찰을 하는 것이 일반적인 방법입니다. 도우미 교사가 참여하게 되면 도우미 교사에게 아이들의 활동을 주시하도록 하는 것도 좋습니다. 다만 한 가지, 교사가 아이를 일 대 일로 데리고 다니면서 혼자서 책임지는 방법은 피했으면 합니다. 마음이 놓이지 않는다면, 교사가 장애 아이가 포함된 모둠과 같이 활동하는 것도 방법이 될 것입니다. 한 가지 더 부탁을 드린다면, 장애 아이가 포함된 모둠에 지나치게 부담을 준다거나 장애 아이의 부주의로 인해 발생한 일에 대해서 엄한 벌을 내리는 일이 없었으면 하는 것입니다. 이는 장애 아이가 그 모둠원들의 짐이 되어 마음속에서부터 미움을 불러일으키는 요인이 될 수 있기 때문입니다. 무사히 체험활동을 마쳤을 때에는, 반 아이들 앞에서 모둠 대표를 칭찬해 준다면 뿌듯한 마음을 느낄 것입니다. 물론 장애 아이가 잘한 부분, 즉 모둠을 이탈하지 않고 친구들과 잘 다녔다거나 군것질하겠다고 떼를 쓰지 않은 점을 친구들 앞에서 칭찬해 주면 더욱 좋습니다.

〈참여 방법〉운동회나 체육대회

운동회나 체육대회는 모두가 신나는 날입니다. 이때 장애 아이가 할 수 있는 역할을 만들어 주고 단체 행동의 중요성을 알게 하는 게 좋습니다. 운동회에선 이것저것 옮겨야 할 것도 많고, 담당해야 할 일들도 많을 것입니다. 그런 일들을 다른 아이들과 함께 할 수 있도록 역할 분담을 해 주세요. 무용이나 단체 게임에도 참여하게 해 주고요. 무용이나 단체 게임을 할 때 특수교사나 도우미 교사가 짝이 되어 아이의 활동을 도울 수 있습니다. 단체 활동인데도 도저히 다른 아이들과 조화가 되지 않는다면, 단체 게임에서는 반환점 역할을 줄 수도 있고 자신의 학년 단체 게임 중에 '신나는 △△초등학교 운동회, 꽃처럼 나비처럼, 가자!' 등의 피켓을 들고 서 있는 역할을 부여할 수도 있을 것입니다. 개인 달리기에서도 연습을 해서 혼자 출발 신호에 맞추어 결승점까지 달릴 수 있도록 하게 하고, 도움이 필요하면 교사나 학부모가 같이 달려 줄 수도 있습니다.

운동회는 승패를 떠나 모두가 참여하고 즐긴다는 데 의미가 있는 날입니다. 참여에 의의를 두고 생각해 본다면, 장애 아이가 어떤 유형의 장애를 가지고 있다고 해도 참여할 수 있는 방법들은 무궁무진할 것입니다.

(도움말 · 김기영 | 경기 성남 수정초 특수교사, 최형아 | 인천 공항초 특수교사)

1. 제발 학교에 나와 주렴

조복순 | 서울 신명초 교사

수업을 시작하기 전 일기 검사를 마친 후 출석부를 들고 아이들 이름을 부른다. 매일 보는 아이들이라 누가 오지 않았는지 한눈에도 금방 알 수 있지만 아이들 이름을 아침마다 부르는 것은 나름대로 하루를 시작하는 나의 첫 번째 절차이다. 기껏해야 하루 정도를 못 본 셈이지만 그 사이에도 아이들은 별별 일들을 가슴에 담고 나름대로의 표정을 만들고 나타나 똑같은 아이일 거라는 나의 고정관념을 깨뜨리곤 한다. 그래서 이제는 한 명 한 명 이름을 부르면서 내가 먼저 아이들을 새로운 눈으로 보려고 한다. 실제로 아침에 교실 문을 열고 들어서며 아이들이 하는 "안녕하세요!"라는 인사말은 마치 보리밭을 내닫는 종달새 음성처럼 얼마나 아름답고도 정다운지, 출석을 부르면서 오늘도 우리가 함께 있을 수 있음에 감사의 마음이 드는 것은 그만큼 평범한 일상이 얼마나 소중한지를 알아버린 철든(?) 교사의 감성 탓이리라.

김희윤, 박아름, 박철우, 이세영……, 김형진. 출석을 부르다 내 눈과 형진이의 눈이 아주 잠깐 마주친다. 그렇지만 아이는 대답 대신 얼른 고개를 숙인다. 반 아이들의 시선도 일제히 일주일 만에 등교한 형진이에게 쏠린다. '아, 오늘은 드디어 네가 와주었구나!' 지난번처럼 야단을 쳐서 다음 날부터 또 학교에 나오지 않는 일이 없도록 각별히 내 감정 조절에 최선을 다하리라 결심하며 출석 부르기를 마친다.

형진이의 결석이 잦아지고 아이를 찾아 온갖 거리를 쏘다니면서 들었던 수많은 생각들. 처음엔 자애

로운 엄마의 마음이었지만 시간이 지나면서 짜증과 분노 때문에 스스로 괴로웠다. 자주 아이가 미워지고 차라리 전학이라도 가지, 왜 하필이면 내 반이 되어 이렇게 속을 썩이나, 순간순간 교사라는 직업에 회의가 들기도 했다.

숙제를 자주 안 해 오고 교과서조차 가져오지 않는 날이 많았어도 형진이는 겉보기에 비교적 말이 없고 조용해서 생활지도가 수월했던 편이었다. 왜 일기를 안 썼냐고 다그치고 교과서도 못 챙겨 가지고 다니냐고 핀잔을 주어도 "그럴 수도 있지요. 선생님은 뭐 그런 적이 없어요?" 하며 삐딱한 시선을 들이댈 줄도 모르는 순진한 아이였다. 비록 수준이 낮은 저학년용이기는 하지만 동화책도 얌전히 보고 해서 그다지 신경이 많이 쓰이는 편도 아니었다.

그러다 날씨가 따뜻해지고 해가 길어지는 봄날이 다 갈 때쯤부터 형진이는 수업 시간에 자주 졸기 시작했다. 중·고등학교에서야 수업 중 조는 일이 다반사로 있을 수 있지만 잠시도 가만 있질 않는 초등학교에서 수업 중에 조는 건 결코 흔한 일이 아니다. 그래서 나도 처음엔 반 아이들과 함께 깔깔대며 웃기까지 했었다. "하하하, 깔깔깔……." "선생님, 형진이 침까지 흘리면서 자요." 책상까지 치며 웃는 아이들 틈에서 나 역시 장난삼아 농담을 하며 잠자는 형진이를 바라보곤 했었으니까.

"선생님, 형진이 결석했는데요."

"혹시 누가 형진이 집을 아는 사람이 있으면 내일까지 왜 결석을 했는지 알아 오고 내일은 꼭 오라고 해라."

형식적인 이야기를 마치고 수업에 들어간 날부터 아이는 결석을 밥 먹듯 하기 시작했다. "너 왜 그렇게 학교에 자주 결석하니? 결석계 써서 부모님 사인 받아 가지고 와." 항상 바쁜 일감과 쌓인 업무 처리에 아이에게 호통만 쳐서 돌려보냈던 많은 날들. "네." 한 마디로 짧게 대답을 마친 아이는 쏜살같이 교실을 벗어나 어딘가로 내달렸고 나는 곧 그 아이를 잊고 또 다른 시간과 일 속에 묻혀 버렸다.

출석 이틀에 결석이 하루, 그러다 결석 하루에 출석이 하루, 다음엔 결석 이틀에 출석이 하루, 그리곤 일주일 결석에 출석이 하루. 차츰 나는 아이를 찾아다니는 시간이 늘어 갔고 몇 차례 회신 없는 편지를 써 보낸 뒤로는 형진이의 부모님께 적개심까지 생기기 시작했다. '낳기만 하면 다입니까? 아무리

의무교육이라도 학교교육이 어떻게 이루어지는지 협조는 못할망정 아이를 이런 식으로 방치해도 되는 거예요?' 하며 만나기만 하면 당장 소리라도 버럭 지르리라 다짐까지 했었다.

형진이가 사는 집은 학교에서도 꽤 먼 산비탈 쪽에 있었고 아버지와 둘이 산다는 한 칸짜리 방문엔 자물쇠만 달랑 매달려 있곤 했다. 주위 사람들 말로는 저녁 늦게 아이 엄마가 다녀가는 경우도 있고 아버지는 가끔씩 들어와 볼 수 없다고 했다.

'어디 가서 아이를 찾나⋯⋯.' 그야말로 형진이 찾아 삼만리가 되어 학교에서 일이 제대로 되지 않을 지경이었다.

"어제 놀이터에서 만났는데요. 내일부터는 학교에 온댔어요." 반 아이들이 전해 준 소식들도 아이가 오지 않을 때에는 전혀 도움이 안 되는 정보였다. 재미없는 교실 수업보다 더 짜릿한 무언가가 아이를 끌고 있음이 분명한데 그것이 무엇인지 도무지 알 수가 없었다. 아이들이 좋아하는 것을 캐내기 위해 신세대 잡지도 뒤적여보고 그들이 좋아하는 가요도 중얼거리며 의식적으로 가까워지려 애썼다. 뭔가 세심한 주의를 기울이지 못한 채 의례적이고 형식적인 수준에서 대충 넘겨 버린 일들이 자주 후회되곤 했지만 내 마음을 아는지 모르는지 아이는 여전히 결석이 잦았다.

어느 날 형진이가 모처럼 만에 책가방을 챙겨 얌전한 모습으로 등교를 했다. 반가운 마음에 얼른 다가가 아이를 끌어안고 먼저 인사를 건넸다. 무표정한 얼굴로 뒤로 몸을 빼던 형진이를 끌어안는 순간, 이상한 냄새를 맡았다. '담배 냄새 같기도 하고⋯⋯.' 괜히 어설픈 추측이 아이와의 관계만 악화시킬까 봐 것 같아 몹시 조심스러웠다. 방과 후 형진이를 남겨 놓고 이야기를 나누다 혹시 담배 피우냐고 단도직입적으로 물어보았다. 아이는 고개를 빳빳이 들고 잠시 나를 노려보더니 바로 시선을 떨구었다. "아니, 선생님이 혹시 냄새를 잘못 맡을 수도 있고 아버지께서 피운 담배 냄새가 옷에 밸 수도 있지만 나는 네가 피운 것이 아니길 바래. 너는 이제 겨우 열한 살이니까."

아이의 꼿꼿한 시선에 내가 먼저 주눅이 들어 화를 억지로 참으며 대답을 기다렸다. 처음엔 아니라고

하더니 형진이는 곧 동네 형들이 시켜서 함께 담배를 피운 적이 있다고 했다. 동네 오락실에는 선생님이 자주 찾아와 아예 먼 곳으로 원정을 다닌다는 이야기, 낮에 부모님이 계시지 않는 빈집에 모여 점심을 대충 먹고 아이들이 올 때쯤엔 아차산이나 지하철역 등에 모여 싸움도 하고 같이 노는 경우도 있다는 이야기들도 슬슬 풀어놓았다. 아이는 사회에서 흔히 말하는 온갖 음습한 경험들을 차례차례 겪으면서 나름대로 그 방면에 자부심(?)까지 느껴 가고 있는 중이었다. 또래 집단의 놀이들은 시시해 보여 우습고 어른의 세계를 잘못 모방해 영웅심리만 부풀어 있는 아이를 보면서 기가 막혀 말이 안 나올 지경이었다. 이제 겨우 열한 살 나이에 지나치게 많은 것들을 경험해 버린 아이의 눈빛은 불안해 보이기까지 했다. 그러는 사이 형진이는 점점 더 나와 학급의 공동 경험으로부터 멀어져 가고 있었다.

어디서부터 무엇이 잘못된 것일까? 잃어버린 아이의 순수함과 정상적인 일상생활, 어느 것이 우선되어야 할까? 작은 서민용이기는 하지만 아파트 아이들도 많은 편이고 학교 주변에 유해환경이 그렇게 많은 것도 아닌데 형진이는 학교로부터 점점 멀어져 갔다. 속수무책으로 상담을 흉내 낸 나의 교육방식들도 우왕좌왕 방향 없이 흔들려 어떻게 할 수가 없었다.

어렵사리 아이의 아버지와 연락이 되고 체육 시간 중에 찾아온 형진이의 아버지와 대면하게 되었다. 한 아이의 아버지이자 가정의 지주로서 그가 버티고 살아온 세월의 무게를 한꺼번에 보아 버린 느낌이 들었다. 남루한 행색에 지칠 대로 지친 아버지는 아이의 행동을 다르게 변화시킬 의지라곤 조금도 남아 있지 않은 듯 보였다. 집을 나간 아내를 찾기 위해 숨바꼭질하며 지내 온 세월 때문에 아이의 잘못된 행동을 바로잡기 위한 어떤 여력도 남아 있지 않은 형편이라고 울먹이며 말했다.

"아무리 그래도 아이를 그렇게 방치하는 것은 부모로서 너무 무책임한 것 아닙니까? 어른의 일을 아이들에게 전가시키며 아이가 어떻게 되든 어른인 당사자들의 삶만을 중시한다면 누가 아이를 돌보겠습니까." 하며 언성을 높이는 내 앞에서 형진이는 아버지와 나를 번갈아 가며 주시했다. 자신의 잘못으로 대신 꾸중을 듣고 있는 아버지. 짧게 스쳐 지나간 형진이의 원망 어린 표정. 아이와의 오랜 시달림과 줄다리기 같은 '출석' 싸움으로 나 또한 지쳐 있었지만 이성을 잃고 그간의 어려움을 토로하는 나는 아이의 아버지와 무엇이 달랐을 것인가.

"아버지가 오셨으니 아버지 보는 앞에서 아이를 몇 대 때리겠습니다. 다시 결석을 하거나 생활을 엉망으로 한다면 선생인 나 또한 아버지와 마찬가지로 형진이를 방치하겠으니 그리 아십시오."

운동장 한가운데서 아이를 몇 대 때리고, 아버지도 형진이도 나도 눈물을 흘렸다. 눈물의 의미는 각자 다를 수 있겠지만 바르게 커 가기를 바라는 마음은 아버지도 나도 같았을 것이다. 그리고 때리고 맞아야만 가능한 우리의 관계에 대한 슬픔은 아마 아이와 내가 같았을 것이다.

그 뒤 아이는 비교적 충실하게 학교에 나와 실제로 나의 바람이 맞았구나 하는 기쁜 생각도 들었다. 그러나 그것도 잠시, 어느 날부터인가 아이의 얼굴빛이 노랗게 변하는가 싶더니 눈동자마저 몽롱히 풀리는 것이 아닌가. 형진이의 낯빛은 예사로 보아 넘기기엔 무언가가 있어 보였다.

아침을 굶고 왔겠다 싶어 사 먹인 빵도 자주 토했고 두려움에 쫓기는 듯한 불안함으로 눈동자가 전보다 자주 깜박거리는 것을 느낄 수 있었다. 말로만 듣던 본드 흡입을 했다는 것을 알게 되었을 때 내가 느낀 절망과 분노는 거의 극에 달할 지경이었다.

교사가 아이를 지도한다는 것이 얼마나 피상적인 일이며 부질없는 짓인가. 경험하지 않은 일을 모두 세세히 아이 편에서 이해하고 받아들일 수 있다는 믿음은 또 얼마나 허구에 가득 찬 이론에 불과한가. 열한 살 아이의 경험에 비해 마흔을 넘긴 나의 경험은 온실 속의 화초처럼 연약하여 얼마나 현실성 없어 보이는지.

그렇게 온갖 놀라운 경험들로 들쭉날쭉하던 아이는 학년 말이 되어 갈 때쯤 조금씩 정상궤도로 올라서기 시작했다. 집 나갔던 엄마가 돌아오셔서 가정이 다소 안정된 탓이 가장 컸겠지만, 수시로 아이를 찾아 두리번거리던 고학년 형들에 대한 연계지도와 아이를 향한 나의 간곡한 기도 역시 얼마간 영향을 미치지 않았나 싶다.

아이가 나이에 맞는 평범하고 일상적인 이야깃거리를 잃어버릴 때 나는 그것을 문제 발생의 시초라고

진단한다. 또래의 생각과 비슷하게 주위의 시선에 무난히 흡수될 때 교사는 편안함을 느끼고 교육의
모든 이론들이 제 구실을 하며 교사 편에서 그것을 지탱시켜 준다. 그러나 그것은 얼마나 위험한 착각
인가. 아이들은 천차만별이고, 모든 것을 열린 시선으로 받아들이기 위해 교사의 오감은 무한대로 열
려 있어야 했다.

형진이는 나의 스승이었다. 열한 살 나이를 비껴지나는 듯 또래 아이들을 물끄러미 바라보던 아이의
시선이 늘 가슴 아프긴 했지만 어쩌면 아이는 세상의 고통과 절망을 나름대로 받아들이고 있었다.

새 학년이 되고 운동장이나 복도에서 마주칠 때 아이가 나를 피하지 않고 고개를 끄덕여 인사를 건네
는 것이 내겐 참 고마운 일이다. 파란 보리싹처럼 흔들리며 커 가는 형진이를 볼 때마다 가정과 학교
의 조화로운 관심이 얼마나 중요한지를 새삼 느끼게 된다. 어머니로서, 교사로서 사명감마저 든다. 문
득 경험만큼 위대한 스승은 없다는 말이 떠오른다.

2. 세상으로 아이들 내보내기

최은희 | 충남 아산 거산초 교사

평범해 보이지 않는 아이들, 영재 프로그램에 보내기까지

규태의 얼굴을 특징 잡아 그리라면 나는 그 애 입을 세 개 정도 그릴 것이다. 4학년 첫날부터 하고 싶
은 말도 너무 많고 궁금한 것 또한 무척 많았다. 그러다 보니 공부 시간에 산만한 정도를 넘어서서 곧
잘 수업을 방해(?)하기도 했다. 규태가 지나치게 시끄러울 때에는 골탕을 먹일 요량으로 내가 갑자기
질문을 하는데, 규태는 원하는 대답을 어려움 없이 척척 해내서 오히려 나를 머쓱하게 만들었다. 공부
시간에는 내가 묻는 말에 답하랴 저 멀리 다른 모둠에 앉아 있는 아이들 이야기에 참견하랴 짝이랑 수
다 떨랴 얼마나 부산스러운지 모른다. 처음 몇 주는 아이가 산만한 것에 신경이 쓰였고, 그래서 협박
도 하고 꾸지람도 하며 규태 입을 조금이라도 틀어막으려고 안간힘을 썼다.

그렇게 한 달이 지나고 두 달이 지나면서 나는 점점 규태가 다른 아이들과는 조금 다르다는 것을 느끼

기 시작했다. 기억력도 뛰어나고 상식이 깊고 방대했으며 유추하거나 종합하는 사고력도 돋보였다. 또 창의적인 대답이나 질문으로 나를 곤경에 빠뜨리기도 하였다.

규태를 볼 때마다 사고의 틀이나 창의성이 매우 크게 느껴지면서, 영재아에 대한 전문적인 지식이나 프로그램을 알지 못하는 내가 이 아이를 끌어안기에는 역량이 부족하다는 생각을 하게 되었다.

그러나 아이의 지능지수나 다른 참고할 만한 자료가 전혀 없는 상황에서 이 아이가 영재아다 아니다 하는 판단을 내리기가 주저되었다. 그래서 나는 먼저 학교 근처에 있는 순천향대학교 교육과학부 이신동 교수에게 영재교육을 의뢰하고 있는 김 선생과 이 선생께 규태의 상황을 자세하게 말해 주었다. 이야기를 들은 김 선생은 아동의 발달적 특성에 대한 연구를 하고 있는 이신동 교수에게 아이의 지능 검사와 창의성 검사를 의뢰해 보는 게 좋겠다고 했다. 나는 규태 어머니께 조심스럽게 아이에게 영재 교육을 받게 해 보는 것이 어떠냐고 말문을 열었다.

그러나 규태 어머니는 다른 사람들로부터 아이가 똑똑하다는 이야기는 들었지만 영재아라고는 생각 해 보지 않았다며 매우 조심스러워했다. 혹여 부모나 아이가 지나치게 기대를 했다가 오히려 실망하 면 어찌하나 하며 나에게 조금 더 살펴봐 주길 부탁했다. 그렇게 몇 달이 지나 6월 말 정도, 내가 다시 규태 어머니에게 제안을 했고 규태는 창의성과 지능검사를 받게 되었다.

그런데 뜻밖의 문제가 생겼다. 규태가 검사를 받으러 가지 않겠다고 버티는 것이었다. 친구들이 아무 도 받지 않는 걸 자기가 왜 받아야 하느냐며 꼭 받아야 한다면 친한 친구 시형이와 같이 받겠다는 것 이었다. 시형이 어머니가 학교에 찾아와 함께 받아 보면 어떻겠냐고 할 때 조금 주저되었다. 왜냐하면 시형이는 무슨 일이든 열심히 하고 공부도 잘하지만 특별히 창의성이나 사고력이 두드러져 보이지는 않았기 때문이다.

그렇지만 내가 본 시형이의 모습이 그 아이 능력의 전부라는 것을 자신할 수 없었기에 함께 검사를 받 아 보라고 대답을 했다. 하지만 내심 시형이나 부모님이 나중에 결과를 보고 실망하지 않을까 하는 불 안한 마음이 가슴 한켠에 있었던 것도 사실이다.

그런데 뜻밖에도 검사 결과는 두 아이 모두 영재성을 가지고 있다고 나왔다. 규태는 무지몽매한 내가

봐도 특출난 녀석이라 그럴 것이라 짐작했지만 시형이도 영재성이 있다는 결과를 확인하고 실은 나도 놀랐다. 그때 나는 교사가 아이의 능력을 파악하는 데는 한계가 있다는 것과 아이의 표면적인 활동이나 모습만을 보고 편견을 갖지 말아야 한다는 깨달음을 얻었다.

시형이와 규태는 9월부터 영재교육 프로그램에 나가고 있다. 매주 두 번씩 가는데 처음이라 그런 것도 있겠지만 매일 거기 가서 공부했으면 좋겠다며 신나고 즐거워한다.

프로그램을 살펴보니 감각을 통해 배우는 창의력, 상상력 키우기(수리 영역), 일반 상식(과학 공간 지각 영역), 창의적인 아이디어 만들기, 논리 영역, 언어 영역, 기억력 높이기 따위이다. 학교에서 제시된 교육과정에서는 담기 어려운 부분을 배우는 것이라 아이들의 학습에 대한 욕구가 무척 큰 것으로 보인다.

아이들의 담임교사로서 나는 아이들 교육을 맡아 주고 있는 이 교수와 지속적인 연락을 취하며 아이들의 상황을 꾸준히 파악하고 내가 학교에서 구체적으로 어떤 일을 도와주어야 하는지 찾아 나가는 것이 내가 해야 할 몫이라고 본다.

공부 시간이 두려운 아이, 심리상담소에 보내기까지

○○는 공부 시간에 늘 엎드려 있거나 잠을 잔다. 처음에 나는 이 아이가 친구들이나 나에게 적응하는 데 문제가 있나 의심스러웠다. 수학 시간 첫날, 만 단위를 배우는데 ○○는 한 시간 내내 고개를 숙이고 있었다. 당연히 수학 교과서에 나오는 문제도 풀지 못했다.

공부가 끝나고 나는 ○○를 불러다 놓고 오늘 배운 내용을 열심히 설명했다. 한참을 설명한 뒤에, "이제 알겠지, 응?" 짐짓 다정한 목소리로 물었다. 그런데 ○○는 대답을 하지 않았다.

"○○야, 잘 들어 봐. 니가 내 설명을 잘 안 들어서 그래. 자 봐, 아주 쉬워."

한숨을 푹 내쉰 뒤 내가 다시 수학책을 끌어당기자 ○○가 갑자기 울기 시작했다. 그러면서, "나는 원래 공부 못해요." 하는 것이다.

그 말을 듣는 순간 나는 쇠몽둥이로 머리를 얻어맞은 것 같았다. 울고 있는 ○○를 얼른 끌어안고 "미

안해. 내가 몰랐어." 하고 사과를 했다. ○○는 학습장애를 가진 아이라 수학과나 국어과 학습 능력이 1학년 수준도 못 되는 아이였다. 이런 아이를 내가 열심히 하지 않았기 때문에 모른다며 몰아붙인 것이다. 아이가 얼마나 상처를 입었을까?

그동안 학교를 다니면서 ○○는 공부 시간마다 어디로 도망가고 싶었을 것이다.

그런 아이의 마음도 읽지 못하고 수학 공부가 무어 그리 중요한 것이라고 아이의 숨통을 막히게 한 것인가? 수업 시간에 고개를 들라 소리칠 때 이 아이 마음은 어땠을까? 나는 미안해서 어쩔 줄 몰랐다. 진정으로 마음 한켠이 시렸다.

그날 ○○는 내 품에서 한참을 울었다.

아이를 보내 놓고 나서 아이의 어머니에게 전화를 했다. 어머니 말은 유치원 때 발표회를 한 뒤, 아이가 자기는 못난이라고 말하기 시작했고 학교에 들어가서도 전혀 공부를 하려 하지 않았다는 것이다. 짐작으로는 마음에 상처가 되는 말을 들은 것 같다고 눈시울을 적셨다.

나는 ○○가 학교 공부에 두려움을 느껴 학교생활에 흥미를 잃지 않을까 걱정이 되기 시작했다. 그래서 아이 수준에 맞는 그림책(6세나 7세 정도의 발달 단계에 맞는)을 읽게 하였다. 물론 친구들이 없는 자리에서 검사를 해 주고 칭찬을 해 주었다.

공부에 자신이 없다 보니 ○○는 수업 시간에 하는 어떤 일에도 관심을 보이지 않았다. 나는 점차 버거워졌다. 아이를 따로 남겨서 공부를 하자니 시간도 없었고 또 아이가 친구들과 동떨어져서 공부하는 걸 무척 자존심 상해 했다. 그렇다고 4학년이나 된 아이를 책도 못 읽는 아이로 놔둘 수도 없고, 가

습만 답답했다. 아이를 도와주고 싶었다. 그렇지만 도대체 아이가 학습장애를 갖게 된 원인이 무엇이고 어떻게 치료를(?) 해 주어야 하는지 알지 못했다. 그러니 아이를 볼 때마다 나는 죄지은 사람처럼 부끄럽고 속상했다.

또 ○○가 학습에 장애를 갖고 있다 보니 모든 일에 자신감이 없고 의기소침해 있는 경우가 많았다. 공부를 못해도 제가 좋아하는 일이나 잘하는 일을(체육과 전 영역에 뛰어난 소질을 갖고 있다.) 신명 나고 자신감 넘치게 할 수 있도록 해 주고 싶은데 어떻게 해야 하는지 답이 나오지 않았다.

그러던 중 전교조 충남지부 아산지회에서 개최한 교사연수 '성격 유형별로 살펴본 우리 아이 학습지도'에서 연우심리연구소 소장님의 강의를 듣게 되었다. 강의를 듣는 내내 나는 어쩌면 상담을 통해 ○○가 가진 학습장애의 원인을 찾아낼 수 있지 않을까 하는 생각을 하게 되었다. 그래서 개인적으로 ○○에 대해 자세하게 말씀을 드렸더니 상담을 받아 보는 게 좋을 것 같고 또 빠르면 빠를수록 아이의 문제를 해결하는 데 도움이 될 수 있을 것 같다는 희망적인 말씀을 하셨다.

나는 ○○의 부모님을 학교로 모셔서 내가 ○○를 진정으로 도와주고 싶은데 여러 가지 어려움도 많고 한계도 있으니 전문가의 도움을 받아 보는 게 어떠냐고 했다. 다만 내가 직무를 유기하거나 아이의 문제를 다른 사람에게 떠넘기려 하는 것이 아니라는 사실을 거듭 말씀 드렸다.

다행히 ○○의 부모님은 내 뜻을 오해 없이 받아들이셨고 아이의 문제를 해결하기 위해 노력해 주는 마음이 고맙다며 상담을 받기로 했다. 나는 ○○가 성공적으로 상담을 받아서 밝은 얼굴로 학교에 오고 공부 시간에도 제 능력에 맞는 공부를 할 수 있게 되길 간절히 바랐다. 그러나 상담을 받고 온 뒤에 보내 온 ○○ 어머니의 편지는 나를 또 곤혹스럽게 했다.

전화해 드리기로 해 놓고 너무 바빠 잊었네요. 죄송합니다.

이제 생각나 전화 드리려다 혹시 바쁘실지 몰라 메일을 보내기로 했어요. 서울 갔다 온 거는 별 소득이 없습니다. 저희가 알고 있는 말만 듣고 왔거든요. 공부로 성공하기 어려우니 운동을 시키래요. 그래서 공부로 성공하길 바라는 게 아니라는 설명을 하다가 내가 지금 무얼 바라나 싶

더라구요. 우리에게 주어진 사명인데 주위에 떠넘기려 하지 않았나 싶어 공연히 ○○ 에게도 미

안해지더라구요.

그래도 ○○ 가 복이 있어 좋은 선생님 만나 생활하게 됐으니 조급하게 생각하지 않을래요. 저희

는 큰아이 기르면서 이미 욕심 버리는 훈련은 했거든요. 너무 많이 늦어 걱정이긴 하지만 참고

기다리다 보면 언젠가는 올라가겠지요.

어느 선생님이 말씀하시데요. 한 반에 사오십 명 있지만 이 중에 공부 파먹고 사는 사람 몇이나

되겠느냐고요. 저도 그렇게 생각해요. 공부만 잘하는 아이는 싫다고 생각했더니 하나님께서 들

으셨나 봐요. 그래도 지금은 공부하는 학생이니 공부를 못하면 위축되는 게 사실이라 어떻게 기

죽지 않게 자기의 소질을 계발해 줄지가 고민이네요.

선생님! 방학 동안 읽히게 그림동화나 소개해 주세요. 그 전에 읽던 것이 너무 좋아 저도 큰 소리

로 읽고 또 읽었죠. 진작 다른 책 소개해 달라고 말씀 드린다는 게 늦었어요. 그냥 하던 대로 하려

구요. 선생님! 늘 죄송하고 고맙게 생각하는 거 표현하지 않지만 아시지요?

그럼 무더위에 건강 조심하세요.

○○는 지금도 그림책을 읽거나 기초적인 연산 정도를 공부하고 있다. 물론 조금씩 학습능력이 향상

되고는 있지만 아이를 볼 때마다 내 무능이 드러나 보여서 마음이 아프다.

우리가 만나는 아이들은 생김새만큼이나 제각각의 능력을 가지고 있다. 그 다른 능력을 가진 아이들

을 제한된 교실에서 정해진 교육과정으로 가르치는 것은 여러 가지로 어려움이 있다. 그것은 교사 개

인의 능력으로 해결될 수 있는 것이 아니다. 이렇게 다양한 모습을 가진 아이들을 교사 혼자 떠안는다

는 것 역시 힘든 일이다.

이런 아이들을 상황에 맞는 전문가를 통해 문제를 해결할 수 있도록 도움을 주어야 한다고 생각한다.

내 품에서 끌어안기에 벅찬 아이를 과감히 세상으로 내보내는 일. 그것이 아이들에게 새로운 삶의 길

을 열어 주어야 하는 우리 교사의 진정한 몫이 아닐까?

3. 더 이상 도둑 잡기 놀이는 없다

이동갑 | 전 충북 청주 수곡초 교사

학년 초가 되면 한바탕 벌어지는 '없어진 물건 찾기'는 때로 외마디 비명으로, 웅성대는 수군거림으로, 또는 말 없는 불신으로 교실의 공기를 무겁게 만들어 버린다.

교실에서 물건이 없어지면 교실은 서로 불신하는 분위기에 휩싸이게 되고 담임교사는 시험대에 서게 된다. 어떤 경우이든 중요한 것은 그것이 '도둑 잡기'가 되어서는 안 된다는 점이다. 이유는 분명하다. 가져간 아이도 내 새끼이고, 교육의 대상이기 때문이다. 교실에서 없어진 물건이 돈이든 학용품이든 도난 사건은 학교와 교사에 대한 전면적인 선전포고처럼 다가오지만, 그 이면에는 상처받은 어린 영혼의 긴급한 구조 신호가 담겨 있다. 도난 사건 뒤에 서 있는 한 인간을 보아야 한다. 인간이 보이면 교사는 여유를 갖게 된다.

하지만 경험이 부족한 교사에게는 자신만 보인다. 자신의 교실에서 일어나서는 안 될 일이 일어났다는 것, 그리고 자신이 그 일을 충분히 통제하지 못할 뿐만 아니라 무기력하게 끌려가고 있음을 아이들이 눈치 채는 것에 대한 분노는 교사로 하여금 교육보다는 '도둑 잡기'에 열중하게 한다.

아이들의 눈을 감기고 손을 머리에 올리게 한 채 범인은 제발 자수하라는 식의 호소와 읍소로부터, 교사만 가지고 있는 마술 주머니와 지문 찍기 등의 협박을 지나, 물증은 없지만 심증이 가는 사람 이름 적어 내기까지의 눈물겨운 노력이 이어지고, 결국 관계의 단절이라는 파국을 향해 치닫게 된다. 나는 해마다 학교마다 교실마다 벌어지는 이 '놀이'에 대해 깊은 연민과 고통스러운 마음으로 끼어들고자 한다.

어린이날의 습격

초임지인 면단위 학교에서 6학년을 담임할 때의 일이었다. 5월 5일 어린이날이 지난 바로 다음 날, 면사무소 예비군 중대장이 얼굴이 시뻘겋게 달아올라 우리 반 정훈이를 찾았다.

이유를 물었더니 어제 어린이날 우리 반 정훈이가 주동이 되어 예비군 중대 무기고의 장석을 뜯고 목총 다섯 자루, 방독면 세 개, 꽂을대(M16 총열을 닦는 기구) 두 개 등을 가져가고 바닥에 소화기를 뿌려 초토화하였다는 것이다.

정훈이와 단짝 친구인 진호를 함께 불렀더니, 자신들이 그 사건과 관계가 있으며 그 일로 인해 꾸중을 들을까 겁이 나서 가출하려고 비닐하우스에 이불까지 갖다 놓았노라고 묻지 않은 이야기까지 털어놓았다. 이 일의 시작이 어디인가 싶어 행적을 더듬었더니 학교 옆 약국에서 금고를 들고 나오다가 경찰서에서 하룻밤 잔 일이며, 시내에 나가 가판대에서 테이프를 훔친 일까지 감자 넝쿨처럼 끝이 없다.

선생님이 용돈 주랴?

학교에서도 쉬는 시간이 끝나면 자주 오락실에서 찾아와야 하는 정훈이인지라 나는 이 일이 쉽게 해결될 일이 아님을 깨닫고 있었다. 일단 주변의 자원을 확보하고자 하였으나 외조부모 밑에서 크는 정훈이는 이런 일이 있을 때면 으레 삼촌에게 죽도록 맞는데 주로 나무에 달아 놓고 때린다고 한다. 선생님도 빨리 때리고 이 일을 매듭지었으면 하는 태도이다. 맞는 것이 죽도록 겁나지만 맞고 나면 속이 후련해지기도 한다니 이 아이를 어쩌랴!

"너는 커서 뭐가 되고 싶니?" 하고 물었더니 댄스가수의 백댄서가 되는 것이 꿈이라 한다. 정훈이가 유일하게 잘하는 것은 춤추는 일이다. 그러더니 헤드 스핀이나 토마스, 나인티 나인 등을 자유롭게 구사하는 것을 보여 주었다. 이것이 정훈이의 자산이므로 학기 말 '이것은 내가 최고' 시간에 공연을 할 수 있도록 계획을 세우고 친구들 앞에 자주 발표하는 시간을 가졌다. 아이들의 감탄을 받으며 정훈이는 틈만 나면 땀을 뻘뻘 흘리며 연습에 연습을 거듭했다. 처음으로 학교에 오는 재미가 생긴 것이다.

왜 남의 돈을 가져갔는지 물었더니, 컵 떡볶이도 먹고 싶고 오뎅도 먹고 싶은데 용돈을 주는 사람이 없기 때문이란다.

내가 주랴? 정말요? 그럼, 선생님이 너한테 거짓말 할까? 얼마 주시게요? 네가 남의 물건에 손을 안 댈 수 있다면 얼마든지 주마. 일주일에 만 원이면 될까? 너무 많아요! 그럼 5천 원? 그것도 많아요! 그럼 얼마? 네가 말해 봐. 용돈으로 얼마가 있으면 일주일 동안 다른 친구들의 물건이나 돈에 손을 대지 않을 수 있을까? 1,000원만 있으면 돼요! 컵 떡볶이 사 먹고 오락 한 판 하고, 그래도 300원 남아요.

(정훈이는 50원짜리 동전으로 3, 4시간 오락을 한다. 그러면 주인이 몇백 원 쥐어 주며 제발 그만하라고 부탁한다.) 그래, 좋다. 이제 선생님이 매주 금요일마다 용돈으로 1,000원씩 줄 테니 그것을 어디에 사용했는지 이야기하기로 하자. 좋아요!

일주일이 지나 이야기를 시작했다. 지난 일주일 잘 지냈니? 평소에 네 표정이 아주 밝던데. 좋았어요. 선생님은 어땠어요? 나도 좋았지. 용돈은 부족하지 않았니? 어디에 썼는지 내게 말해 줄 수 있겠니? 그러죠 뭐. 월요일에 300원짜리 컵 떡볶이를 사 먹고요. 참, 지우개도 하나 샀어요. 그리고 옆에 있던 우리 반 명환이에게 제가 좀 나누어 줬어요! 그래? 친구들과 나누어 먹었단 말이지? 양이 얼마 되지 않았을 텐데 그것을 친구들과 나누어 먹다니 대단히 좋은 일을 했구나! 그때 기분이 어땠니? 좋았죠! 저도 옛날에 명환이한테 얻어먹은 적이 있었거든요. 그랬구나. 300원이 비록 작은 돈처럼 생각되지만 친구들과 나누어 먹을 만큼 행복한 돈이기도 하였구나. 학용품을 산 것은 아주 잘한 일 같아. 그래요? 정훈아, 생각해 보자. 우리는 글씨를 잘못 썼을 때 지우개로 지울 수 있지만 그래도 자국이 남잖아. 다른 사람의 마음을 아프게 하면 용서받았다 하더라도 흔적은 남겠지. 저는 이제 다른 사람 물건 안 훔칠 거예요. 선생님도 정훈이의 결심이 너무 좋아서 행복해지는구나. 선생님은 정훈이의 결심을 믿어! 그리고 늘 기도하지. 정훈이가 다른 사람의 물건을 가지고 싶을 때 그것을 이길 수 있는 힘을 주세요, 하고 말이야!

돌처럼 굳어 버린 양심에 새살이 돋아나는 순간이었다. 가끔 정훈이와 함께 시내 뷔페 식당에 가면 너무 많이 먹어서 화장실에서 토해 내던 모습이 나를 아프게 했다. 문제는 여름방학이었다. 방학을 건너뛰면 도로 아미타불이 될 것 같아 2주에 한 번은 만났다. 휴일에는 가까운 산에 오르기도 했다.

2학기가 되어서도 매주 금요일 1,000원의 용돈을 매개로 한 우리의 만남은 졸업 무렵까지 지속되었다. 한두 번 실수가 있기는 했지만 정훈이는 양심과의 싸움에서 고착된 습관의 껍질을 깨어 내며 학급의 자랑스러운 일원이 되었다. 정훈이가 초등학교를 졸업한 뒤 중학교에서 그 일이 되풀이될까 적이 가슴 졸였는데 특별한 일 없이 생활하고 있는 것을 보고 헤어졌다. 그 뒤 3년이 지날 무렵 스승의 날에 정훈이로부터 편지가 왔다. 너무 반갑고 기쁜 선물이었다.

4. 아주 특별한 내 친구

정현주 | 경기 남양주 금곡초 교사

"언제부터 아픈 것을 알게 되셨나요?"

"처음엔 잘 몰랐는데 아가였을 때 병원에 갔더니 목젖이 갈라졌다고 했어요. 왜 그런지는 몰랐고 그 당시부터 수술하고 치료받고 그랬지요."

"왜 토끼와 닭을 보러 자주 가나요?"

"글쎄요……. (웃음) 아마도 오성이와 두희는 동물들을 사랑하나 봐요. 어릴 때부터 귀여운 동물들을 보면 좋아했어요."

"학급약속을 지키지 않으면 우리가 어떻게 해 주는 것이 좋은가요?"

"학교에 다니면서 즐거웠던 일과 안 좋았던 일은요?" …….

함께하기 위한 길 찾기

6학년 매화반은 오성이와 두희 어머님을 모시고 간담회를 열었습니다.

우리 반 두 친구 오성이와 두희는 특수학급에 다닙니다. 6학년에는 모두 네 명의 특수학급 어린이가 있고 그 가운데 남자 어린이 두 명이 우리 반이지요. 새 학기가 시작되는 봄이 오면 모란반(특수학급 이름입니다) 정 선생님과 친구들은 새 선생님과 새 친구들에게 적응하기 어려워 많이 긴장하곤 합니다. 두희는 3월 중순까지 매일 복도에서 교실로 들어오기를 망설여서 친구들이 억지로 끌고 들어오기도 했습니다. 오성이와 함께 공부 시간에 화장실을 가겠다고 나가선 둘이 손잡고 몰래 본관과 후관 사이의 작은 토끼장으로 달려가는 일도 잦았구요.

함께 지낸 3월부터 한 달, 두 달, ……, 우리 모두에겐 절실한 고민이 생겼습니다. 학급 친구들뿐 아니라 담임인 저 역시, 친절한 허용과 지켜야 할 규칙 사이에서 얼마나 헤매고 있었는지요. 수업 중에도 틈만 나면 사라지기 일쑤인 두 아이를 여러 친구들이 찾아 나서 억지로 끌고 오다가 오성이가 화내면서 아이들을 때리고 울음을 터뜨릴 때에도, 공부 안 하고 책도 안 펴고 자꾸 딴 짓만 하는 두희를 보고 고민하고 한숨 짓다가도, 너그러이 돌봐 주어야 하는지 엄격한 잣대를 가지고 대해야 하는지 혼란스

러울 뿐이었습니다. 무엇이 진정으로 오성이와 두희를 위한 일이고 모두가 건강하게 함께 지내는 일인지, 해답이 필요했습니다. 그 해답을 찾기 위한 첫걸음이 바로 '간담회'였던 거지요.

4월 어느 토요일, 교실 앞쪽에는 두 어머님과 사회자인 제가 앉고 책상을 둥그렇게 배치해 둘러앉은 우리는 각자 마실 음료수를 자리에 놓고 긴 이야기를 나누었습니다. 처음 취지는 우리와 별다른 차이 없이 자라 온 두 친구의 어린 시절을 알게 하여 조금 더 가까워지도록 하려는 생각이었습니다. 텔레비전에서 토론회 하는 장면을 자주 봐서 그런지, 처음 해 보는 것인데도 아이들이나 진행하는 저나 즐겁고 진지하게 참여하였고, 두희와 오성이도 엄마 말씀을 열심히 들었습니다. (히힛, 오성이는 여전히 오른손으로 한쪽 머리를 받치고 집에서 텔레비전 보는 것처럼 옆으로 길게 드러누워 있었어요.)

두희 어머니가 미리 준비해 오신 편지를 읽었습니다. 두희의 성장기와 학교생활, 학교 친구들과의 여러 가지 일들, 매화반 친구들에 대한 격려와 당부의 말씀까지. 간간이 지난 일을 생각하며 눈물짓느라 멈추실 때마다 우리 친구들도 함께 숙연해져서 같이 눈물짓기도 하고 박수를 치기도 했습니다. 여러 건강한 새끼 돼지들보다 저 구석에 혼자 있던 아파 보이는 새끼 돼지를 꼬옥 안아 주었다는 오성이 어머니의 태몽을 들으며, 아마도 하느님이 늘 활발하고 마음 따뜻한 오성이 어머님께 우리 귀한 오성이를 잘 키워 달라고 부탁하신 게 아닌가 하는 생각이 들었습니다.

'또 다른 친구' 알아 가기

4월의 필독 책도 해답을 찾기 위한 고민 속에서 선택되었습니다. 《나와 조금 다를 뿐이야》(이금이, 푸른책들), 《아주 특별한 우리 형》(고정욱, 대교출판), 그리고 《또 다른 친구 1, 2, 3》(글·서훤, 그림·나종대, 파라다이스 복지재단).

《나와 조금 다를 뿐이야》는 자폐증을 지닌 수아라는 친구의 사촌 형제의 경험과 느낌을 담은 책이었고, 《아주 특별한 우리 형》은 뇌성마비 형과 함께 살게 되면서 생활 속에서 겪게 되는 갈등과 진심으로 마음을 열고 가족으로 받아들이는 과정을 그려 낸 이야기였습니다. 주변 친구들의 이야기도 간간이 나오지만 많이 부족해서, 학급 친구로서 함께 지내야 하는 우리들의 절실한 필요(?)에 대한 답을 찾기는 힘들었습니다. 그때, 때마침 모란반 정민주 선생님이 당신이 자문을 맡았던 책이라며 세 권짜리 만화책 한 질을 추천해 주셨습니다. 그 시기적절함이라니!

《또 다른 친구》는 '자폐증 공무원 테츠유키'라는 실존 인물의 이야기입니다. 테츠유키가 태어날 때부터 초등학교 다닐 때까지 가족과 어린이집 보육원과 초등학교, 지역사회 속에서 어떻게 사람들과 만나고 문제를 해결해 나갔는지를 씩씩하고 밝은 테츠유키 어머니의 설명으로 재미있게 그려 내고 있습니다. 너무나 밝고 따뜻한 이야기에 책 세 권을 순식간에 읽어 버렸습니다.

게다가 다른 책보다 돋보이는 것은 자폐 친구에 대한 자세한 소개에 더하여 '이럴 때에는 이렇게 대해 주세요.' 하고 필요한 장면마다 테츠유키 어머님이 자세히 설명해 준다는 점입니다. 테츠유키와 친구들의 경험을 바탕으로 친구로서 대할 때에 어떻게 하는 것이 더 나은지 친절하게 안내해 준 이야기는 비슷한 상황인 우리들에게 더 없이 좋은 정보였습니다.

테츠유키의 성격은 우리 반의 두희와 참 많이 닮아서 책을 읽는 친구들은 그 장면 하나하나에 깊이 공감하고 빨려 들어갔습니다. 아마도 모두 그동안 있었던 일들과 자신의 생각을 책 속에 나오는 친구들과 비교해 가며 여러 가지를 느꼈을 것입니다.

같이 행복한 삶을 배우며

지금 우리 반 친구들은 언어나 감정의 경계를 뛰어넘어서 함께 어울립니다. 오성이가 장난기가 발동하거나 심술이 나서 누렁코를 일부러 흥 하고 풀어 대면 아무렇지도 않게 쳐다보며 "얼른 닦어." 하고 미리 준비해 둔 휴지를 스윽 내밉니다. 공부 시간에 뒤돌아보고 떠들면 몸짓 손짓으로 조용히 해야 한다고 주의를 주기도 합니다. 두희가 한자를 열심히 썼거나 일기장에 일기를 써 오면 나보다 먼저 친구들이 칭찬해 주고 웃어 줍니다.

5학년이던 작년 가을 대운동회 때 오성이와 두희는 달리기를 하지 않으려 했습니다. 그때 친구들이 등수와 상관없이 함께 달리자고 자원해서 모두 손 잡고 룰루랄라 함께 달려 다 같이 즐거운 일등을 했던 적이 있었죠. 그랬던 두 친구가 올해 어린이날 기념 운동회 때에는 더 이상 겁내지 않고 스스로 달

렸습니다. 일등은 못했지만 결승선까지 달린 1조의 오성이와 2조의 두희가 자랑스럽습니다.

아! 우리가 처음 고민하던 해답을 찾았냐고요? 저의 설명보다는 우리 학급의 표현력 좋은 두 친구의 글로 대신하겠습니다. 하나는 간담회를 끝내고 쓴 소감문이고 또 하나는 테츠유키의 이야기를 읽고 느낀 점을 쓴 것인데, 이 두 친구들뿐 아니라 우리 학급의 대부분이 같은 생각으로 공감하고 있답니다.

〈간담회를 끝내고〉

오성이와 두희는 평소에 친하면서도 다가가기 힘든 친구라고 생각했습니다. 그래서 더 많이 알았으면 싶다 하던 찰나에 이런 기회가 있어서 좋았습니다.

두희 어머니가 편지를 읽으며 우실 때 제 눈에서도 눈물이 찔끔 나왔습니다. 어쩌면 우리는 두희와 오성이를 동생으로 보고 있었는지도 모릅니다. 그렇지만 이제는 챙겨 줘야 할 존재가 아니고 혼자 해낼 수 있도록 하고 하지 못하는 것은 친구처럼 같이 도와주고 가끔은 우리도 도움을 받는 그런 편한 관계가 되어야겠습니다. 세월이 흘러 어른이 되어도 두희와 오성이의 마음속에 내 초등학교 6학년 때 친구들과 선생님은 참 편하고 좋았다고 생각할 수 있게 해야겠습니다. (이슬)

〈또 다른 친구〉

《또 다른 친구》라는 만화책을 읽었다. 테츠유키라는 장애를 가진 아이가 있었는데 보육원 아이들이 테츠유키랑 놀아 주고 보살펴 주고 칭찬도 해 주었다. 그리고 학교를 보내는데 학교 친구들도 보육원 친구들처럼 착하다. 엄마는 수영과 스케이트를 배워 테츠유키의 동생에게 가르쳐 준다. 그래서 동생이 테츠유키에게 스케이트와 수영을 가르쳐 주는데 그 장면이 감동적이었다. 자기와 조금 달라도 부끄러워하지 않는 것. 나는 동생이 한 말 중에 이것이 제일 인상 깊었다. "나는 형을 보살펴 주는 것이 아니라 같이 노는 거야." 진짜로 선생님께서 이 책을 추천해 주셨는지 알 것 같다. (허별희)

정보 쌈지

〈서울〉

강북청소년수련관 청소년상담실
주소 : 서울특별시 강북구 수유동 산 20-1
전화번호 : (02) 900-6650
홈페이지 : www.nanna.seoul.kr

구로청소년쉼터 청소년상담실
주소 : 서울특별시 금천구 가산동 345-58
전화번호 : (02) 3281-8200
홈페이지 : www.youthzone.or.kr

서울시립근로청소년복지관 청소년상담실
주소 : 경기도 광명시 하안동 740
전화번호 : (02) 898-4941
홈페이지 : www.boram.or.kr

노원청소년수련관 청소년상담실
주소 : 서울특별시 노원구 상계 6동 772
전화번호 : (02) 3391-0079
홈페이지 : www.youthcenter.or.kr

목동청소년수련관 청소년상담실
주소 : 서울특별시 양천구 목동 918
전화번호 : (02) 2646-8341
홈페이지 : www.mokdongcounsel.co.kr

문래청소년수련관 청소년상담실
주소 : 서울특별시 영등포구 문래동 3가 73
전화번호 : (02) 676-6114
홈페이지 : www.myway.or.kr

보라매청소년수련관 청소년상담실
주소 : 서울특별시 동작구 신대방동 395
전화번호 : (02) 934-1355~6
홈페이지 : www.boramyc.or.kr

서울시 청소년종합상담실
주소 : 서울특별시 중구 수표동 27-1 서울
청소년수련관 6층
전화번호 : (02) 2285-1318
홈페이지 : www.teen1318.or.kr

수서청소년수련관 청소년상담실
주소 : 서울특별시 강남구 수서동 749
전화번호 : (02) 2226-8555
홈페이지 : www.hisangdam.or.kr

신림청소년쉼터 청소년상담실
주소 : 서울특별시 관악구 신림 5동 1428-12 대경빌딩 3층
전화번호 : (02) 876-8796
홈페이지 : shelter.or.kr

중랑청소년수련관 청소년상담실
주소 : 서울특별시 중랑구 면목동 1382-10
전화번호 : (02) 490-0200
홈페이지 : www.jjang.or.kr

아하! 청소년성문화센터 청소년상담실
주소 : 서울특별시 영등포구 영등포동 7가 57
전화번호 : (02) 676-1318
홈페이지 : counsely.ymca.or.kr/sex

청소년정보문화센터 청소년상담실(스스로넷 미디어센터)
주소 : 서울특별시 용산구 갈월동 101-5
전화번호 : (02) 793-2000
홈페이지 : www.mediaschool.co.kr

청소년을 위한 내일여성센터
주소 : 서울특별시 서대문구 창천동 114-9
전화번호 : (02) 3141-6191
홈페이지 : www.ausung.net

바리아동여성상담센터
주소 : 서울특별시 송파구 송파동 19-9 삼현빌딩 4층 403호
전화번호 : (02) 419-7332
홈페이지 : barie.hihome.com

자폐증클리닉센터(한국인지과학연구소 부설)
주소 : 서울특별시 강남구 논현동 121-3
전화번호 : (02) 549-9915
홈페이지 : www.autismcenter.or.kr

원광아동상담센터
주소 : 서울특별시 강남구 신사동 598-3호
전화번호 : (02) 516-2550
홈페이지 : childcounsel.co.kr

한마음상담연구소
주소 : 서울특별시 반포동 49-11 희정빌딩 2층
전화번호 : (02) 535-0312
홈페이지 : www.hanmam.co.kr

맑은놀이치료센터
주소 : 서울특별시 서초구 서초동 1307-7 센터프라자 601, 602호
전화번호 : (02) 593-1995
홈페이지 : www.paideia.co.kr

이화여자대학교 발달장애아동센터
주소 : 서울특별시 서대문구 대신동 85-1 하늬솔빌딩 B동 2층
전화번호 : (02) 312-9656
홈페이지 : home.ewha.ac.kr/~disabled

서울언어치료센터
주소 : 서울특별시 송파구 석촌동 184-8 301호
전화번호 : (02) 419-4192
홈페이지 : myhome.naver.com/sslcc

해바라기아동센터
주소 : 서울특별시 마포구 신수동 63-14 구 프라자 7층
전화번호 : (02) 3274-1375
홈페이지 : www.child1375.or.kr

한국아동상담센터
주소 : 서울특별시 서초구 방배동 1808 안석빌딩 4층
전화번호 : (02) 3476-5009, 3476-5019
홈페이지 : www.adongclinic.co.kr

마음사랑상담센터
주소 : 서울특별시 강남구 신사동 591 동양
빌딩 8층
전화번호 : (02) 511-4411
홈페이지 : www.maumsarang.co.kr

서울특별시립동부아동상담소
주소 : 서울특별시 동대문구 장안 2동 329-1
전화번호 : (02) 2248-4567~9
홈페이지 : www.bhang.seoul.kr

자광아동가정상담원
주소 : 서울특별시 강남구 논현동 243-7 2층
전화번호 : (02) 542-3623, 3625
홈페이지 : www.jkcounsell.org

한양여대 한양아동심리교육센터
주소 : 서울특별시 성동구 행당동 한양여자
대학 유아교육관
전화번호 : (02) 2290-2457
홈페이지 :
www.hywoman.ac.kr/spectrum

강남아동상담센터
주소 : 서울특별시 서초구 서초동 1355-8
중앙로얄오피스텔 605호
전화번호 : (02) 523-2662
홈페이지 : www.kncsangdam.co.kr

〈부산〉

근로청소년복지회관 청소년상담실
주소 : 부산광역시 사상구 덕포 2동 247-6
전화번호 : (051) 301-5236
홈페이지 : www.youth.busan.kr

금정근로청소년회관 청소년상담실
주소 : 부산광역시 금정구 부곡 3동 200-
63
전화번호 : (051) 581-2071
홈페이지 : www.youth-center.busan.kr

사상구청소년수련관 청소년상담실
주소 : 부산광역시 사상구 모라 2동 1365-1
전화번호 : (051) 316-2214~6
홈페이지 : www.yzzang.com

부산광역시 아동청소년회관 청소년상담실
주소 : 부산광역시 서구 아미 2가 125
전화번호 : (051) 242-2000
홈페이지 : www.child-youth.go.kr

부산광역시 청소년종합상담실
주소 : 부산광역시 진구 전포 2동 664-4
전화번호 : (051) 804-5010
홈페이지 : www.cando.or.kr

부산진구 청소년문화의 집
주소 : 부산광역시 부산진구 전포 1동 산44-1
전화번호 : (051) 805-3114
홈페이지 : www.teenagerymca.or.kr

양정청소년회관 청소년상담실
주소 : 부산광역시 부산진구 양정 2동
260-5
전화번호 : (051) 868-0950
홈페이지 : www.power1318.org

함지골청소년수련관 청소년상담실
주소 : 부산광역시 영도구 동삼동 산149-4
전화번호 : (051) 405-5223
홈페이지 : www.busanyouth.or.kr

부산성폭력상담소
주소 : 부산광역시 동래구 명륜 1동 533-
230 율곡빌딩 10층 1006호
전화번호 : (051) 514-1400
홈페이지 : www.wopower.or.kr

우리가족아동상담센터
주소 : 부산광역시 연제구 거제 1동 226-4
301호
전화번호 : (051) 506-6009
홈페이지 : www.woori-family.com

〈대구〉

달서구 청소년상담실
주소 : 대구광역시 달서구 상인동 1539-6
달서구 청소년수련관 내
전화번호 : (080) 680-2000
홈페이지 : dalbi.tgymca.or.kr

대구광역시 청소년종합상담실
주소 : 대구광역시 달서구 송현동 702 대구
시 청소년수련원 내 3층
전화번호 : (053) 635-2000
홈페이지 : www.teenhelper.org

수지의 집
주소 : 대구광역시 수성구 범어 3동 5-1
전화번호 : (053) 741-3122
홈페이지 : susie.nahome.cc/susie.htm

학산종합사회복지관
주소 : 대구광역시 달서구 월성동 86
전화번호 : (053) 634-7230
홈페이지 : www.welian.or.kr

〈인천〉

연수구 청소년상담실
주소 : 인천광역시 연수구 연수 3동 동사무
소 4층
전화번호 : (032) 810-7307~8
홈페이지 : www.yeonsu.go.kr/ge_03/
talk/talk_01.htm

인천광역시 청소년종합상담실
주소 : 인천광역시 남동구 간석 4동 614-6
성산효도대학원대학교 내
전화번호 : (032) 891-2000~1
홈페이지 : www.inyouth.or.kr

〈광주〉

광주광역시 청소년종합상담실
주소 : 광주광역시 동구 금남로 1가 19
YMCA 3층
전화번호 : (062) 226-8181
홈페이지 : www.kycc.or.kr

북구청소년수련관 청소년상담실
주소 : 광주광역시 북구 문흥동 1009-1 문
흥근린공원 내
전화번호 : (062) 267-3310
홈페이지 : www.bukguyouth.net

전남대학교 아동연구실
주소 : 전남대학교 가정대학 가정관리학과
아동연구실 111호실
전화번호 : (062) 530-1323
홈페이지 :
altair.chonnam.ac.kr/~homg/kids

〈대전〉

대전광역시 청소년종합상담실
주소 : 대전광역시 중구 문화동 1-13 기독
교연합봉사회관 3층
전화번호 : (042) 257-2000
홈페이지 : www.dycc.or.kr

〈울산〉

울산광역시 동구청소년상담실
주소 : 울산광역시 동구 전하 3동 663-1
전하3동사무소 4층
전화번호 : (052) 233-5279
홈페이지 : www.friend5279.or.kr

울산광역시 청소년종합상담실
주소 : 울산광역시 남구 신정1동 1263-1 가
족보건센터 4층

전화번호 : (052) 227-2000
홈페이지 : www.counteen.or.kr/new2

〈경기〉

가평군 청소년상담실
주소 : 경기도 가평군 가평읍 대곡리 316
여성회관 3층
전화번호 : (031) 582-2000
홈페이지 : gp1318.com/html

경기도 청소년종합상담실
주소 : 경기도 수원시 팔달구 인계동 1116-
1 경기문화재단 9층
전화번호 : (031) 237-1318
홈페이지 : www.hi1318.or.kr

고양시 청소년상담실
주소 : 경기도 고양시 덕양구 토당동 3-39
고양시 청소년수련관 2층
전화번호 : (031) 970-4003
홈페이지 : www.koymca1318.or.kr

과천시 청소년상담실
주소 : 경기도 과천시 문원동 갈현 한마음
센터 3층
전화번호 : (031) 502-1318
홈페이지 : www.gc1318.or.kr

광주군 청소년상담실
주소 : 경기도 광주시 경안동 24-1 경안배
수펌프장 2층
전화번호 : (031) 760-2929
홈페이지 : 없음

구리시 청소년상담실
주소 : 경기도 구리시 인창동 673-4 구리
시 청소년수련관 2층
전화번호 : (031) 557-2000, 568-6353
홈페이지 : www.goodmind.or.kr

군포시 청소년상담실
주소 : 경기도 군포시 산본동 1122 군포시
립도서관 내 2층
전화번호 : (031) 390-1277
홈페이지 : www.gunpo1318.net

김포시 청소년상담실
주소 : 경기도 김포시 사우동 263-1 김포
시청 문화체육과
전화번호 : (031) 985-1387
홈페이지 : www.gimpo.go.kr/html/
home/sub5_4_1.htm

남양주시 청소년상담실
주소 : 경기도 남양주시 지금동 159-7 남
양주시 제2청사 2층
전화번호 : (031) 565-2000, 552-6167
홈페이지 : www.nyc1318.net

동두천시 청소년상담실
주소 : 경기도 동두천시 생연동 386-2
전화번호 : (031) 865-2000
홈페이지 : www.ddc21.net/yougth/
you_index.html

부천시 청소년상담실
주소 : 경기도 부천시 원미구 상1동 394-2
호 복사골문화센터 301호
전화번호 : (032) 325-3002
홈페이지 : www.zzang1318.or.kr

수원시 청소년상담실
주소 : 경기도 수원시 팔달구 인계동 수원
청소년문화센터 1층
전화번호 : (031) 212-1318
홈페이지 : www.suwon1318.or.kr

시흥시 청소년상담실
주소 : 경기도 시흥시 대야동 484-5 (구)시
청사 내
전화번호 : (031) 318-7100
홈페이지 : www.ddosang.or.kr

안산시 청소년상담실
주소 : 경기도 안산시 초지동 604-3 초지
종합사회복지관 4층
전화번호 : (031) 482-1318, 502-1318
홈페이지 : www.aycc.org/ansan/

안성시 청소년상담실
주소 : 경기도 안성시 낙원동 68-1 시민회
관 4층
전화번호 : (031) 676-1318, 670-1141
홈페이지 : www.an1318.net

안양시 청소년상담실
주소 : 경기도 안양시 만안구 안양 5동
627-98
전화번호 : (031) 446-0242
홈페이지 : www.egfriend.or.kr

양주시 청소년상담실
주소 : 경기도 양주시 덕정동 151-53 시립
도서관 4층
전화번호 : (031) 820-2873, 858-1318
홈페이지 : www.yj1318.net

양평군 청소년상담실
주소 : 경기도 양평군 양평읍 양근리 257-
3 군립도서관 3층
전화번호 : (031) 770-2175, 2177
홈페이지 : www.yp1318.or.kr

여주군 청소년상담실
주소 : 경기도 여주군 북내면 천송리 545-
1 청소년수련실 3층
전화번호 : (031) 882-8889
홈페이지 : www.yju1318.or.kr

연천군 청소년상담실
주소 : 경기도 연천군 현가리 73-6 청소년
수련원 내
전화번호 : (031) 839-2000, 834-3600
홈페이지 : www.toktok1318.or.kr

오산시 청소년상담실
주소 : 경기도 오산시 오산동 843-9
전화번호 : (031) 372-4004
홈페이지 : www.osan1318.or.kr

용인시 청소년상담실
주소 : 경기도 용인시 김량장동 303-3
전화번호 : (031) 336-4900
홈페이지 : www.yongin1318.or.kr

의왕시 청소년상담실
주소 : 경기도 의왕시 오전동 413-1 의왕시
문화복지회관 1층
전화번호 : (031) 459-1332
홈페이지 : www.uw21.net/uiwang_html/
sub9/3.html

의정부시 청소년상담실
주소 : 경기도 의정부 2동 352 청소년회관
3층
전화번호 : (031) 872-1388, 5751
홈페이지 : www.ujb1318.or.kr

이천시 청소년상담실
주소 : 경기도 이천시 창전동 139 다목적
복지회관 2층
전화번호 : (031) 634-2778
홈페이지 : my.netian.com/~tkdeka

파주시 청소년상담실
주소 : 경기도 파주시 금촌 2동 952-4 여
성회관 1층
전화번호 : (031) 946-0022
홈페이지 : www.pajuyouth.or.kr

평택시 청소년상담실
주소 : 경기도 평택시 비전동 829-10 평택
YMCA
전화번호 : (031) 656-8442, 8443
홈페이지 : www.pt1318.or.kr

포천군 청소년상담실
주소 : 경기도 포천군 군내면 하성북리 산
103-1 여성회관
전화번호 : (031) 533-1318
홈페이지 : counsel.pcs21.net

하남시 청소년문화의집
주소 : 경기도 하남시 신장동 520 하남시
청 사회복지과 청소년상담실
전화번호 : (031) 790-6680~1
홈페이지 : www.1318azit.net

화성시 청소년상담실
주소 : 경기도 화성시 봉담읍 상리 27-1 농
업기술센터 2층
전화번호 : (031) 227-7801, 7802
홈페이지 : www.mars1318.or.kr

모퉁이쉼터
주소 : 경기도 부천시 원미구 역곡 1동
114-11
전화번호 : (032) 343-1880
홈페이지 : www.motungii.or.kr

함께하는 아동발달센터
주소 : 경기도 고양시 덕양구 행신동 995
자인한방병원 별관 5층
전화번호 : (031) 817-8175
홈페이지 : www.ihamgge.com

마라아동상담센터
주소 : 경기도 성남시 분당구 수내동 19-3
대덕플라자 4층
전화번호 : (031) 712-1685
홈페이지 : www.maranet.co.kr

비고츠키 아동청소년 상담센터
주소 : 경기도 고양시 일산구 마두동 737
두성코아 3층 303호
전화번호 : (031) 902-0052
홈페이지 : www.vygo.co.kr

아주행동수정센터
주소 : 경기도 수원시 팔달구 인계동 삼호
빌딩 1107호
전화번호 : (031) 224-3630
홈페이지 : www.childnara.co.kr

인성개발아동상담소
주소 : 경기도 안산시 일동 84-4 2층
전화번호 : (031) 501-0691
홈페이지 : www.kcptc.or.kr

〈강원〉

강릉시 청소년상담실
주소 : 강원도 강릉시 임당동 126-14
전화번호 : (033) 646-8666
홈페이지 : www.gn1318.or.kr

강원도 청소년종합상담실
주소 : 강원도 춘천시 사농동 277-1 도수련
원 2층
전화번호 : (033) 256-2000
홈페이지 : www.gycc.org

원주시 청소년상담실
주소 : 강원도 원주시 단계동 909
전화번호 : (033) 744-1318
홈페이지 : www.wj1318.or.kr

〈충북〉

음성청소년문화의집 청소년상담실
주소 : 충북 음성군 음성읍 읍내리 66-17
전화번호 : (043) 871-3066
홈페이지 : www.esyouth.com

제천시 청소년상담실
주소 : 충북 제천시 화산동 415 문화회관 3층
전화번호 : (043) 642-7939
홈페이지 : www.jc1318.or.kr

청주시 청소년상담실
주소 : 충북 청주시 흥덕구 송정동 140-16
전화번호 : (043) 261-0777
홈페이지 : jouth.jsc.ac.kr/jouth/
counsel/counsel_01.htm

충주시 청소년상담실
주소 : 충북 충주시 호암동 562
전화번호 : (043) 856-7804, 842-2007
홈페이지 : chungsky.org

충청북도청소년종합상담실
주소 : 충북 청주시 상당구 문화동 89 충청
도청 별관 2층
전화번호 : (043) 252-6540
홈페이지 : www.cyber1004.or.kr

〈충남〉

공주시 청소년상담실
주소 : 충남 공주시 옥룡동 123 금강사회복
지관 내
전화번호 : (041) 854-2862
홈페이지 : 없음

금산군 청소년상담실
주소 : 충남 금산군 금산읍 상리 176-43
금산문화원 내
전화번호 : (041) 751-2007
홈페이지 : 없음

논산시 청소년상담실
주소 : 충남 논산시 지산동 785 논산시 청
소년수련관 내
전화번호 : (041) 736-2041
홈페이지 : www.ns7979.wo.to

당진군 청소년상담실
주소 : 충남 당진군 당진읍 읍내리 232-40
노인복지회관 4층
전화번호 : (041) 357-2000

홈페이지 : 청소년상담실.net

보령시 청소년상담실
주소 : 충남 보령시 대천동 618-9 종합사
회복지관
전화번호 : (041) 936-5710
홈페이지 : www.dongmuya.or.kr

부여군 청소년상담실
주소 : 충남 부여군 부여읍 동남리 9-9
전화번호 : (041) 836-1898
홈페이지 : counsel.tokebi.co.kr

서산시 청소년상담실
주소 : 충남 서산시 읍내동 249-1 인주빌
딩 2층
전화번호 : (041) 669-2000
홈페이지 : www.haemaum.com

서천군 청소년상담실
주소 : 충남 서천군 서천읍 군사리1구
724-1
전화번호 : (041) 953-4040
홈페이지 : 1318.seocheon.go.kr

아산시 청소년상담실
주소 : 충남 아산시 온천 2동 145-31 노인
복지관 내 3층
전화번호 : (041) 532-2000
홈페이지 : www.ttore.net

연기군 청소년상담실
주소 : 충남 연기군 조치원읍 죽림리 79 청
소년수련원 내
전화번호 : (041) 867-2000
홈페이지 : 없음

예산군 청소년상담실
주소 : 충남 예산군 예산리 산 4-15 문예회
관 내
전화번호 : (041) 335-5700~1
홈페이지 : 없음

청양군 청소년상담실
주소 : 충남 청양군 청양읍 읍내리 48-2
복지회관 2층
전화번호 : (041) 942-9596
홈페이지 : cheongyang.chungnam.kr

충청남도 청소년종합상담실
주소 : 충남 천안시 원성동 543-4 천안신
협동부지점 3층
전화번호 : (041) 554-2000
홈페이지 : www.nettore.or.kr

태안군 청소년상담실
주소 : 충남 태안군 태안읍 남문1구 205
전화번호 : (041) 674-2800
홈페이지 : 없음

홍성군 청소년상담실
주소 : 충남 홍성군 홍성읍 옥암리 1084 청
소년수련관 내
전화번호 : (041) 634-4858
홈페이지 : www.hsytc.com

남서울대학교 아동가족상담센터
주소 : 충남 천안시 성환읍 매주리 21 남서
울대학교 부설 아동가족상담센터
전화번호 : (043) 580-2000
홈페이지 : www.nsuchild.com

〈전북〉

고창군 청소년상담실
주소 : 전북 고창군 고창읍 월암리 316 고
창청소년수련관 2층
전화번호 : (063) 563-6792, 560-2444
홈페이지 : 없음

군산시 청소년상담실
주소 : 전북 군산시 송풍동 954-3 청소년
수련원 1층
전화번호 : (063) 468-2870

홈페이지 : www.gunsan0924.or.kr

김제시 청소년상담실
주소 : 전북 김제시 검산동 산 62-1 청소년
수련관 3층
전화번호 : (063) 545-0112
홈페이지 : youth.egimje.net

남원시 청소년상담실
주소 : 전북 남원시 동충동 171-2 학생종합
회관 4층
전화번호 : (063) 633-1977
홈페이지 : namwon1318.or.kr

무주군 청소년상담실
주소 : 전북 무주군 무주읍 읍내리 236-2
사회단체 종합회관 4층
전화번호 : (063) 324-6688
홈페이지 : 없음

부안군 청소년상담실
주소 : 전북 부안군 부안읍 봉덕리 643-3
부안군립도서관 2층
전화번호 : (063) 583-8772, 580-4518
홈페이지 : www.counland.or.kr

순창군 청소년상담실
주소 : 전북 순창군 순창읍 남계리 966-7
전화번호 : (063) 653-4646
홈페이지 : www.sunchang.go.kr/teenager

완주군 청소년상담실
주소 : 전북 완주군 삼례읍 삼례리 288-12
완주문화의 집
전화번호 : (063) 291-7373
홈페이지 : wanju0924.or.kr

익산시 청소년상담실
주소 : 전북 익산시 모현동 2가 303-1 청
소년문화의 집 2층
전화번호 : (063) 856-2003
홈페이지 : www.helper1318.co.kr

임실군 청소년상담실
주소 : 전북 임실군 임실읍 이도리 277번지
군민회관 1층
전화번호 : (063) 644-2000
홈페이지 : www.imsil1318.co.kr

장수군 청소년상담실
주소 : 전북 장수군 장수읍 장수리 176-7
군민회관 옆
전화번호 : (063) 350-2564, 351-2000
홈페이지 : 없음

전라북도 청소년종합상담실
주소 : 전북 전주시 덕진구 금암 2동
1600-6 YMCA회관 4층
전화번호 : (063) 275-2000
홈페이지 : www.youthjb.or.kr

전주시 청소년상담실
주소 : 전북 전주시 완산구 효자동 1가
547-1 YMCA 2층
전화번호 : (063) 227-1005
홈페이지 : www.jjsangdam.or.kr

정읍시 청소년상담실
주소 : 전북 정읍시 연지동 39-6 (구)군청 1층
전화번호 : (063) 531-3000
홈페이지 : www.counsel1318.or.kr

진안군 청소년상담실
주소 : 전북 진안군 진안읍 군하리 143 군
민회관 1층
전화번호 : (063) 433-2377
홈페이지 : 없음

〈전남〉

나주시 청소년상담실
주소 : 전남 나주시 대호동 307-17
전화번호 : (061) 333-1367
홈페이지 : www.njyc.net

목포시 청소년상담실
주소 : 전남 목포시 산정동 1749 목포시 사
회복지관 내
전화번호 : (061) 272-2546
홈페이지 : youth.mokpo.go.kr

여수시 청소년상담실
주소 : 전남 여수시 고소동 636-4
전화번호 : (061) 690-2929
홈페이지 : 없음

전라남도 청소년종합상담실
주소 : 순천시 장천동 78-3
전화번호 : (061) 724-2000
홈페이지 : gominssak.or.kr

〈경북〉

경산시 청소년상담실
주소 : 경북 경산시 서상동 143-18 2층
전화번호 : (053) 815-4106
홈페이지 : www.we-ok.or.kr

경상북도 청소년종합상담실
주소 : 경북 안동시 신안동 290-3
전화번호 : (054) 853-3011~3
홈페이지 : we7942.or.kr/center.cgi

경주시 청소년상담실
주소 : 경북 경주시 황성동 1053-231
전화번호 : (054) 749-2000
홈페이지 : www.kyongjuyouth.or.kr

구미시 청소년상담실
주소 : 경북 구미시 원평동 120-18
전화번호 : (054) 472-2000
홈페이지 : www.youthcoc.org

김천시 청소년상담실
주소 : 경북 김천시 남산동 49-15
전화번호 : (054) 431-2009

홈페이지 : talkme.or.kr

문경시 청소년상담실
주소 : 경북 문경시 모전동 59-2
전화번호 : (054) 556-3000
홈페이지 : we7942.mg21.go.kr

상주시 청소년상담실
주소 : 경북 상주시 계산동 490번지 상주
시 청소년수련관 1층
전화번호 : (054) 530-6618, 535-3511
홈페이지 : sj7942.org

영주시 청소년상담실
주소 : 경북 영주시 하망동 320-7
전화번호 : (054) 634-1318
홈페이지 : yj1318.or.kr

영천시 청소년상담실
주소 : 경북 영천시 완산동 907-15
전화번호 : (054) 338-2000
홈페이지 : www.we79.or.kr

울진군 청소년상담실
주소 : 경북 울진군 울진읍 연지리 793
전화번호 : (054) 785-6937
홈페이지 : uljinuth.org

청송군 청소년상담실
주소 : 경북 청송군 청송읍 월막리 317-2
전화번호 : (054) 874-4004
홈페이지 : cs-youth.or.kr

포항시 청소년상담실
주소 : 경북 포항시 북구 환호동 185
전화번호 : (054) 252-0020
홈페이지 : youth.ipohang.org

〈경남〉

거제시 청소년상담실
주소 : 경남 거제시 신현읍 고현리 769-1
복지회관 내
전화번호 : (055) 635-5222, 636-2000
홈페이지 : counsel.geoje.go.kr

거창군 청소년상담실
주소 : 경남 거창읍 김천리 31 거창군 청소
년문화의 집 내
전화번호 : (055) 941-2000
홈페이지 : www.geochang.go.kr/young

경상남도 · 창원시 청소년종합상담실
주소 : 경남 창원시 삼동동 293 늘푸른전
당 내
전화번호 : (055) 273-2000
홈페이지 : www.counsel.kyongnam.kr

고성군 청소년상담실
주소 : 경남 고성군 고성읍 교사리 377 고
성군 청소년문화의 집 내
전화번호 : (055) 673-7942
홈페이지 : teen1318.goseong.go.kr

김해시 청소년상담실
주소 : 경남 김해시 구산동 93-4 김해 청
소년문화의 집
전화번호 : (055) 321-9190, 324-9199
홈페이지 : 없음

마산시 청소년상담실
주소 : 경남 마산시 중앙동 3가 4-11
전화번호 : (055) 245-7941
홈페이지 : ms-ycc.masan.go.kr:8080

밀양시 청소년상담실
주소 : 경남 밀양시 내일동 268-17 밀양시
청소년문화의 집 2층
전화번호 : (055) 352-7942, 355-2000
홈페이지 : www.my1318.co.kr

사천시 청소년상담실
주소 : 경남 사천시 벌리동 259 벌리주공
아파트 내 벌리사회복지관 2층
전화번호 : (055) 832-7942, 852-2000
홈페이지 : www.coun7942.or.kr

산청군 청소년상담실
주소 : 경남 산청군 상청읍 지리 329-1 산
청문화의 집 1층
전화번호 : (055) 973-8424
홈페이지 : www.sancheong.ne.kr/
youthcounseling

양산시 청소년상담실
주소 : 경남 양산시 북부동 327-2 중앙동
사무소 2층
전화번호 : (055) 372-2000
홈페이지 : www.yangsan.gyeongnam.kr/
yangsan-city/sub_1doc/young/

의령군 청소년상담실
주소: 경남 의령군 의령읍 중동리 261-1
전화번호 : (055) 570-2000
홈페이지 : goodfriend.ur21.org

진주시 청소년상담실
주소 : 경남 진주시 본성동 5 진주시 청소
년수련관 4층
전화번호 : (055) 744-2000
홈페이지 :
www.jinju.go.kr/kor/teenagers

진해시 청소년상담실
주소 : 경남 진해시 중평동 8-1
전화번호 : (055) 547-5511, 551-2000
홈페이지 : www.jinhae.go.kr/jyci/

창녕군 청소년상담실
주소 : 경남 창녕군 창녕읍 교하리 36-1 청
소년문화의 집 2층
전화번호 : (055) 532-2000
홈페이지 : www.cng.go.kr/young

통영시 청소년상담실
주소 : 경남 통영시 도남동 산 75 통영시
청소년수련관 2층
전화번호 : (055) 644-2000
홈페이지 :
www.tycoun.or.kr/swf/main_01.swf

하동군 청소년상담실
주소 : 경남 하동군 하동읍 읍내리 1563-6
하동문화예술복회관 1층
전화번호 : (055) 883-3000
홈페이지 : 없음

함안군 청소년상담실
주소 : 경남 함안군 가야읍 말산리 156-1
문화의 집 청소년상담실
전화번호 : (055) 583-0924
홈페이지 :
www.haman.go.kr/other/young/

함양군 청소년상담실
주소 : 경남 함양군 함양읍 운림리 함양읍
사무소 1층
전화번호 : (055) 963-7922
홈페이지 :
www.hygn.go.kr/kor/counsel

경남가족상담연구소
주소 : 경남 창원시 용호동 73-32 경남빌
딩 5층
전화번호 : (055) 263-9181~2
홈페이지 : www.knft.co.kr

〈제주〉

서귀포시 청소년상담실
주소 : 제주도 서귀포시 중앙동 269-4 서
귀포시 청소년문화의 집 2층
전화번호 : (064) 763-7179
홈페이지 : www.gominpia.or.kr

제주도 청소년종합상담실
주소 : 제주도 제주시 연동 2305-4 3층
전화번호 : (064) 746-7179
홈페이지 : www.doum1004.or.kr

05

교실 안팎 안전사고

학교든 어디서든 아이들은 분주하게 마련인지라

교사나 어른들의 시선을 벗어날 때가 많습니다.

안전사고는 그야말로 이런 상황에서 눈 깜짝할 새 일어납니다.

아이들을 지도하면서 알차게 교육활동을 꾸리는 것도 중요하지만

안전사고로 인한 문제를 예방하는 데도 신경을 써야 합니다.

뿐만 아니라 아이들의 마음을 살펴 도움을 주는 일도

교사가 놓쳐서는 안 될 안전사고 예방법 가운데 하나입니다.

크든 작든 안전사고로 아이들 몸이 상하게 되면, 교사에게도 그만큼의 상처가 된다. 안전사고를 예방하기 위해서는 무엇보다 교육활동의 안전성에 대한 세심한 주의와 배려가 필요하다. 아울러 교사는 평소 사고에 대처하는 요령을 익혀 두어야 한다.

아이들은 본능적으로 몸을 부대끼며 움직이는 장난을 좋아한다. 하지만 그 행동의 결과를 미리 예측하거나 위험 상황을 미리 감지하는 경우는 거의 드물다. 때로는 감정을 다스리지 못해서 폭력적이거나 위험한 방식으로 의사를 표현하기도 한다. 그러다 보니, 학교에서는 가벼운 사고에서부터 건강과 생명을 좌우하는 사고에 이르기까지 예측불허의 사고가 쉴 없이 일어난다.

교사가 아이들을 지도하면서 알차게 교육활동을 꾸리는 것도 중요하지만 안전사고로 인한 문제를 예방하는 데도 신경을 써야 한다. 특히, 아이가 큰 장애를 입게 되거나 생명에 치명적인 타격을 받는다면 교사에게도 지울 수 없는 아픔이 된다. 교사와 아이에게 치명적인 상처를 안기는 한두 번의 안전사고가 교사에게서 참다운 교육활동에 대한 의욕을 빼앗고 더 크게는 자신감을 잃게 하여 열정이 없는 교육을 하게 만들 수도 있다.

안전사고는 불의의 순간에 일어나는 것으로, 교사가 나름대로 주의를 기울였음에도 사고를 막지 못하는 경우도 있다. 하지만 중요한 것은 그러한 불행이 일어나지 않도록 교사로서 최선을 다해야 한다는 점이다. 안전사고가 언제 어떻게 일어날지 모르지만 안전사고를 예방하기 위해 세심히 배려하고 아이들의 생활지도에 신경을 써, 최소한 교사로서 직무를 게을리했다는 말은 듣지 말아야 한다.

교실에서 사고가 일어나도 교사가 대수롭지 않게 넘어가는 일도 많다. 가벼운 상처라고 보건실로 보내지도 않고, 아이들 사이에서 흔히 일어나는 일이겠거니 생각하는 교사의 '안전불감증'은 안전사고보다 더 심각한 일이다. 동학년회의를 하는 사이에 한 아이가 와서 "아이들이 싸워요."라고 하는데도 "응, 알았어. 가 있어." 하고는 회의 자리를 벗어나지 않는 교사도 있다. 어떤 싸움이 어떻게 벌어지고 있는지, 혹은 이미 어떤 상황이 벌어져서 빨리 응급처치를 하거나 보건실로 보내야 하는지 등에 대한 판단이 필요할 수도 있는데 말이다. 안전사고 예방을 위한 생활지도가 아이들에게 꼭 필요한 교육내용이라면, 교사는 안전사고가 일어났을 때 사고에 대처하는 요령을 반드시 숙지하고 있어야 한다.

유형별 안전사고 예방법

학교 안팎에서 아이들에게 일어나는 안전사고의 유형은 아주 다양하다. 수업 시간에 문구용품을 잘못 다루어 일어나는 사고부터 시작해 친구끼리 놀다가 예기치 않은 사고가 일어나기도 한다. 또 탄력이 거의 없는 콘크리트 바닥의 학교 강당에서 운동을 하다가 사고를 당하는 경우도 있다. 학교 밖에서 이루어지는 현장 체험학습에서도 안전사고를 늘 염려하게 된다.

최근에는 아이들의 정서적인 문제에서 비롯된 안전사고도 늘어나고 있다. 경쟁하는 놀이가 승부욕으로 과열되거나 분노의 감정이 격한 언행으로 번져 치고 박는 싸움이 되어 사고로 이어진다. 주먹으로 친구의 얼굴과 배를 때려 상처를 내거나 복강 내 출혈을 초래하는 사고, 말다툼하다 화가 나서 친구를 뒤로 확 밀어 버려 뇌진탕 혹은 뇌 내 출혈을 일으킨 사고, 화풀이로 물건이나 유리창을 내리쳐 깊은 골절상을 입어 수술로 이어진 경우, 축구를 하다 규칙을 어겼다는 이유로 상대 선수를 넘어뜨려 가슴을 밟아 외상을 일으키는 경우 등 물리적인 위험보다 심리적인 이유에서 비롯된 사고가 무척이나 많다.

학교 안팎에서의 안전사고의 위험을 줄이는 것도 중요하지만, 아이들의 마음을 살펴 도움을 주는 일도 교사가 놓쳐서는 안 될 안전사고 예방법 가운데 하나이다.

칼, 가위 따위로 일어나는 안전사고

수업 중에 일어나는 안전사고 가운데는 칼 때문에 일어나는 사고가 많다. 연필을 깎는다고 칼을 쥐고 있는 상태에서 친구들이 장난을 걸자 무의식중에 함께 장난을 치다 일어나는 사고이다. 교실에서 칼로 인한 사고를 예방하기 위해서는 우선 개인이 칼을 소유하지 못하게 해야 한다. 칼과 같은 위험한 물품(컴퍼스, 쇠자, 가위, 조각칼 따위)은 이름표를 붙여 정해진 곳에 보관하는 것이 좋다. 수업 시간에 필요할 때만 꺼내서 나누어 주고 활동이 끝나면 다시 거두어 둔다. 개인적으로 연필을 깎을 때에는 교사에게 확인받고 칼을 가져 간 다음 지정된 장소에서만 칼을 쓸 수 있도록 한다.

수업 중에 칼을 사용할 때에도 활동을 진행하기 전에 아이들에게 반드시 칼의 위험성과 다루는 법을 가르치도록 한다. 쓰기 전에 옆 친구가 어디에 있는지 살펴보고, 다 쓴 뒤에는 안전하게 닫아 두거나 칼집에 넣어 두도록 한다.

칼로 인한 사고는 자칫 핏줄이나 힘줄을 다치게 하는 경우가 많기 때문에 바로 교사가 응급처치를 하고, 보건교사에게 연락한 뒤 병원으로 갈 일인지 아닌지 판단해야 할 것이다.

유리창 때문에 일어나는 안전사고

아이들이 집단적으로 생활하는 학교에 유리가 매우 많은 것은 사실 이렇게 위험한 일이다. 아무리 생활지도를 철저히 해도 아이들의 움직임은 시한폭탄과 같아서 언제 어떤 방향으로 튈지 모른다. 그런데 사방이 유리이다. 유리 때문에 일어나는 안전사고를 예방하기 위해서는 근본적으로 학교를 건축할 때 안전한 강화유리를 써야 한다.

때로는 유리가 너무 깨끗해서 사고가 나기도 한다. 뛰어가면서 출입문을 손으로 급하게 잡다가 유리에 손을 대서 사고가 일어나는 경우도 있다. 장난으로 필통을 집어던진 것이 유리창을 깨뜨려 유리창 옆에 있는 아이에게 유리조각이 튀는 일도 있다. 다른 곳에 정신을 팔다가 유리창이 닫혀 있는 걸 모르고 창문 밖으로 고개를 내민다는 것이 부딪혀 유리창이 깨지는 경우도 있다. 요즘은 거의 없어졌지만 창문을 닦겠다며 창틀에 올라갔다가 창문이 떨어지면서 일어나는 안전사고도 있다.

교사가 없는 상태에서 일어나는 유리창 안전사고는 아주 위험하다. 유리창 사고를 예방하기 위해서는 위험한 위치에 쪽지를 붙여 놓아야 한다. 그리고 아이들에게 끊임없이 유리창에 주의할 것을 당부해야 한다. 한지로 문양을 만들어 유리창에 바르거나 스테인드글라스를 해서 붙여 놓는 것도 안전사고를 예방하는 좋은 방법이다. 유리가 깨질 때 파편이 튀지 않기 때문이다.

유리로 인한 사고에서 가장 조심해야 할 부분은 깨진 유리조각을 대충 치운 상태에서 아이들이 그냥 생활하는 것이다. 깨진 유리조각을 잘못 처리해서 2차 사고가 일어나지 않도록 주의해야 한다.

모퉁이에서 일어나는 안전사고

초등학교 아이들이 생활하는 학교 공간이 대부분 직각으로 만들어졌다는 것은 다시 한 번 생각해 보아야 할 점이다. 건축비가 싸고, 설계하기 쉽고, 공간을 최대한 넓게 사용할 수 있다는 장점이 있기는 하지만 아이들 입장에서 보면 너무도 많은 위험요소가 도사리고 있다. 실내에서 뛰지 않는다는 생활지도가 제대로 되어 있지 않으면 저쪽에서 무엇이 나올지 전혀 모르는 상황에서 직각으로 된 모퉁이는 정말 위험하다.

모퉁이에서 일어나는 사고를 예방하기 위해서는 실내에서 뛰지 않게 하는 생활지도와 함께 모퉁이 앞에서 물건을 던지거나 갑자기 뛰어나가지 않도록 지도해야 한다. 모퉁이에 화분을 놓는다든지 아이들이 만든 대형 조형작품을 설치해 놓는 것도 안전사고를 예방하는 한 방법이다.

계단에서 일어나는 안전사고

계단에서의 안전사고는 대부분 많은 아이들이 한꺼번에 이동하는 상황에서 일어나기 때문에 대형사고로 이어지기 쉽다. 따라서 학급 전체가 이동할 때에는 교사가 가장 앞장 서서 가는 것이 좋다. 교사가 앞에 서면 아이들이 앞서 뛰어가는 일은 줄어든다.

쉬는 시간이나 점심 시간과 같이 교사가 없을 때 놀다가 다치는 일을 예방하기 위해서도 노력해야 한다. 계단 난간을 타고 내려가다 떨어져서 팔이나 머리를 다치는 경우가 있다. 이를 예방하기 위해서는 아이들이 이런 행동을 못하게끔 학교에서 계단 난간 손잡이에 중간 턱(길이 10cm 정도 되는 막대)을 만들어 놓아야 한다. 누가 더 많이 계단을 건너뛰나 겨루는 아이들도 있다. 반복적으로 생활지도를 하는 수밖에 없지만 가끔 그런 놀이를 하다 크게 다친 아이들의 예화를 들려주는 것도 한 방법이다.

체육 시간 주의 사항
· 반드시 준비체조를 한다.
· 몸이 좋지 않은 아이에게 억지로 운동을 시키지 않는다.
· 단위 시간 수업을 하면서 일어날 수 있는 안전사고에 대해 미리 알려 준 뒤 수업을 진행한다.
· 기구를 이용하는 경우 정해 준 구역에서 벗어나지 않도록 한다.
· 철봉, 뜀틀, 평균대를 이용한 수업에서는 반드시 주변에 매트를 깔고 한다.

체육 시간에 일어나는 안전사고

초등학교의 안전사고는 대부분 체육 시간에 일어난다. 비슷한 사고가 반복되는 것은 그만큼 안전지도에 대해 무감각하다는 뜻이기도 하다. 그러므로 교사는 늘 체육 시간 안전사고에 대한 경각심을 가지고 수업을 진행해야 한다. 몇 가지 주의 사항을 지키면 어느 정도 안전사고를 예방할 수 있다.

현장 체험학습에서 일어나는 안전사고

● 이동 중 일어나는 사고 – 차 안에서는 반드시 안전띠를 매자

움직이는 차 안에서 아이들이 다치는 경우가 있다. 주로 안전띠를 매지 않아서 일어나는 사고이다. 버스 통로를 돌아다니거나 무릎을 굽히고 뒤를 돌아보며 뒷사람과 놀이를 하면 버스가 급정거하거나 회전을 할 때 특히 위험하다. 차를 타면 자리에서 일어나지 않도록 해야 한다. 교사가 아이를 불러내서 통로에서 노래를 부르게 하거나 춤을 추게 하는 경우도 있는데, 이동 중일 때에는 절대로 해서는 안 된다.

● 산에 갔을 때 일어나는 사고 – 일정한 범위 안에서 움직이도록 하자

수목원이나 산으로 현장 체험학습을 가는 경우에는 자유 시간에 사고가 가장 많이 일어난다. 아이들은 손이 닿을 만한 곳에 좀 굵은 나무 가지가 있으면 본능적으로 매달리고 나무에 올라간다. 종류에 따라 잘 부러지는 나무가 있는데 이런 나무에 매달렸다 떨어져 뼈를 다치는 아이들이 있다. 남자 아이들은 부러진 나뭇가지를 들고 칼싸움을 하며 놀다 나뭇가지에 눈이 찔리거나 나무 가시에 손을 다치기도 한다. 또 계곡에서 돌을 던지는 놀이를 하다가 힘 조절이 되지 않아 돌에 맞아 다치기도 한다.

현장 체험학습 장소에 안전장치가 잘 되어 있으면 좋겠지만 아이들은 언제 어디서나 사고를 당할 수 있는 위험성을 안고 있다. 때문에 교사가 한눈에 아이들을 볼 수 있도록 노는 장소의 범위를 정해 주어야 한다.

> **현장 체험학습 날 교사의 역할**
>
> 1. 각 반 선생님들은 아이들에게 꼭 안전교육을 해 주시기 바랍니다.
> 2. 선생님들은 정해진 장소에서 아이들을 지도해 주시기 바랍니다. (아이들이 타는 대표적인 놀이기구 앞, 타지 말아야 할 놀이기구 앞)
> 3. 선생님의 전화번호를 아이들이 꼭 외울 수 있도록 해 주십시오.

● 놀이공원에서 일어나는 사고 – 모둠끼리 움직이도록 하자

현장 체험학습 장소를 놀이공원으로 정하는 것에 대해서는 논란이 많다. 간혹 의미 있는 프로그램을 준비하여 놀이공원를 교육적 체험 장소로 활용하는 교사도 있지만, 답답한 교실에서 공부하고 학원 가느라 지쳐 있는 아이들에게 즐겁게 놀 수 있는 자유를 준다는 목적으로 가는 경우가 대부분이다. 어쨌든 그렇게 정해졌다면 안전사고 방지를 위한 계획을 제대로 세웠는지 점검해 볼 일이다. 놀이공원에서의 사고는 안전사고 중에서도 아주 위험한 사고가 대부분이며, 요즘 점점 사고가 늘어나고 있다.

놀이공원에서는 주로 안전수칙을 지키지 않아 일어나는 사고가 많다. 놀이시설을 이용할 때에는 안전띠나 안전막대(안전바)를 하게 되어 있는데 함부로 풀거나 손을 밖으로 뻗는 등 기본적인 수칙을 지키지 않아서 일어난다. 또 혼자 다니다 일

현장 체험학습 놀이공원 안에서 지켜야 할 약속

놀이공원에 도착해서 선생님께 주의 사항을 듣고 나면 여러분들은 다음과 같이 활동해야 합니다. 여러분의 안전을 위한 것이니 잘 지켜 주세요.

1. 10시 30분부터 2시까지 여러분끼리 놀이기구를 타고 점심을 먹게 됩니다.
2. 2시까지 집합 장소에 모입니다. 집합 장소는 정문 분수대 앞입니다. 반별로 서 있습니다. (모둠 시간 지킴이는 꼭 시계를 가지고 와야 합니다.)
3. 놀이기구를 탈 때에는 반드시 정해진 모둠원끼리 함께 움직여야 합니다. 절대 혼자 행동해서는 안 됩니다.
4. 놀이공원 안에서는 모둠원끼리 한 줄로 서서 다닙니다. 절대로 뛰어다니지 않습니다. (놀이공원 중간중간에 선생님들이 계십니다. 뛰어다니는 아이들은 놀이시설을 탈 수 없습니다.)
5. 여러분 나이에 탈 수 없는 놀이기구를 타서는 안 됩니다. (선생님들이 탈 수 없는 놀이기구 앞에 서 있습니다.)
6. 점심도 모둠끼리 먹어야 합니다. 혼자서 먹지 마세요. 그리고 점심을 먹지 않고 놀이기구를 계속 이용하는 일은 없어야 합니다.

행을 잃어버려 아무 시설도 이용하지 못하는 아이들도 있다. 저학년인 경우에는 도우미 학부모나 교사가 꼭 동행해야 한다.

모둠으로 움직인다고 해서 모든 안전사고를 예방할 수는 없다. 다만, 집합 시간에 한두 명이 늦어서 모두가 기다리는 일이라든지 타지 못하게 한 놀이시설을 이용하는 것을 막을 수는 있다.

● 실과, 과학 시간에 일어나는 안전사고 – 불을 조심하자

실과 시간이나 과학 시간에는 주로 불로 인한 안전사고가 많이 일어난다. 아이들에게 불을 사용하게 하는 것은 매우 위험한 일이다. 과학 시간에 알코올램프를 이용하여 실험을 할 때, 산소

화기를 다룰 때 주의할 점

· 불을 사용하기 전에 소화기를 옆에 준비해 놓는다.
· 소화기는 교사가 사용하되 전체를 대상으로 소화기 사용법을 알려 준다.
· 과학 시간에 불을 사용할 때에는 반드시 모래를 준비한다. 대부분 알코올램프 상자의 모래만으로도 충분하지만 작은 부대 하나 정도는 준비해 놓는 것이 좋다. (산소나 수소 발생시 더 주의를 기울여야 한다.)
· 실과 시간에 휴대용 가스레인지를 이용하여 음식을 만들 때에는 학부모 명예교사의 도움을 받는다. (아이들이 휴대용 가스레인지를 직접 켜거나 만지는 일은 없도록 한다.)
· 실과실에서 화기를 사용하는 경우에도 늘 소화기와 모래가 준비되어 있는지 확인하고 수업을 진행한다.

혹은 수소를 발생시키는 실험을 할 때, 실과 시간에 음식 만들기를 하면서 휴대용 가스레인지를 사용할 때는 특히 조심해야 한다.

반드시 교실에 소화기와 모래상자 등을 비치해 두고, 아이들에게 화기 사용과 관련해 안전 수칙을 알려 주어야 한다.

안전사고 처리 방법

안전사고가 일어났을 때

안전사고가 나면 가장 먼저 교사가 처리할 수 있는 것인지, 보건실로 가야 하는 것인지, 아니면 병원으로 가야 하는 것인지 빨리 판단해야 한다. 그리고 나서 침착하게 상황별로 응급처치의 기본 원리를 시행해야 한다.

보건교사에게 의뢰하기 전에 응급처치 기본 원리를 따라 적절하게 대처하면 보건교사가 보다 빠르고 효율적으로 아이를 치료할 수 있다. 아이의 빠른 치유를 돕는 것은 물론이다.

보건교사에게는 전문적인 도움을 요청할 수 있다. 이를 위해서 평소에 보건교사와 아이들의 건강 정보를 공유하고 있어야 하며 그에 적절하게 교육활동을 조절할 수 있어야 한다. 예고 없이 터지는 안전사고는 어쩔 수 없다 하더라도, 평소 지병을 앓고 있던 아이가 있다면 보건교사와의 일상적 공조는 필수적이다.

1차 응급처치가 이루어지면 사고가 일어난 당시에 옆에 있던 아이들(싸움 때문에 일어난 사고라면 가해 아이도 포함해서)에게 당시의 상황을 면밀하게 들어 두는 것이 좋다. 이후에 보건교사나 의사가 치료를 할 때 도움이 될 수 있다.

사고가 난 즉시 학부모에게 연락하는 것도 중요하다. 아이의 1차적 보호자는 학부모이기 때문에 학부모는 아이의 상황에 대해 최우선으로 알 권리가 있다.

응급처치가 필요한 경우를 대비해서 교사가 기본적인 응급처치법을 알아 두는 것도 좋다. 학교가 시내 중심가나 대로변에 있으면 바로 가까운 병원으로 옮기는 것이 좋겠지만 그렇지 못한 학교에서는 담임교사가 기본적인 응급처치 요령을 알고 있어야 한다.

교실에 갖추어 두면 좋을 응급용품

아이들이 아픔과 불편을 호소하는 데에는 매우 여러 가지 원인이 있다. 아이가 아프다고 하면 무조건 보건실로 보내는 것은 바람직하지 않다. 단순 외상이나 벌레에 물린 가려움 정도는 교실에 상비약을 갖추어 두고 담임교사가 돌보아 주는 것이 좋다. 날카로운 물건에 가볍게 긁혔거나 여름철에 교실에서 벌레에 물렸을 때, 교사가 약을 발라 주며 "많이 아프겠네. 이거 바르면 금방 나아질 거야. 조금만 참자." 하며 따뜻한 말을 건네면 아이와 친근한 관계를 형성하는 계기가 될 수도 있다.

교실에 거즈, 일회용 반창고, 외상연고, 물파스, 생리식염수 등을 갖추고 있으면, 교사도 손쉽게 다친 아이를 도울 수 있다. 특히 거즈는 응급처치에도 꼭 필요한 것인데, 피를 흘리는 경우에도 무조건 보건실로 보낼 것이 아니라 거즈로 지혈을 하고 보내는 것이 좋다. 일회용 반창고는 가벼운 상처의 통증을 덜어 주기 위해 일시적으로 사용할 수 있다. 그러나 물에 젖게 두거나 너무 장시간 붙이는 것은 좋지 않다. 생리식염수는 상처를 씻을 때 필요하다. 외상연고는 가벼운 찰과상이나 딱지가 앉은 상처 부위의 습도를 유지해 주는 데 좋다.

> **담임교사가 할 수 있는 응급처치 기본 원리**
>
> · 상처 부위를 흐르는 물로 씻어 깨끗하게 한다.
> · 피가 흐를 경우 환부를 심장보다 높게 두고, 지압으로 지혈을 한다.
> · 코피가 날 때에는 머리를 앞으로 숙이고 엄지와 검지를 이용하여 코의 윗부분을 꽉 쥐고 입으로 호흡한다.
> · 가벼운 화상을 입었을 때에는 찬물에 담근다.
> · 타박상에는 냉찜질을 한다.
> · 벌에 쏘였을 때는 침을 제거하고 냉찜질을 한다.
> · 골절되었을 때에는 환부를 고정시킨다.

보건실 다시 생각하기

보건교사와 연대하자

보건교사의 주된 역할은 보건실에서 만나는 개별적인 아이들을 통해 전교생의 건강 문제 유형과 양상을 파악하고 흐름을 분석할 수 있는 기초 자료를 마련하고, 전문적인 중재(처치, 교육, 상담, 지도, 안정, 건의, 의뢰 등)를 하는 것이다.

새 학년이 되면 보건교사가 간질이나 소아암, 당뇨 등의 질병을 앓는 아이의 현황이나 명단을 담임에게 전달해 준다. 일괄적으로 전달해 주지 않는 학교라면 담임교사가 먼저 찾아가서 문의해 볼 수도 있다. 보건교사는 이러한 아이를 지속적으로 상담하며 일지를 쓰고 있기 때문에, 간질을 앓는 아이의 경우 발작을 보일 때 어떻게 대처해야 하는지, 약물 투여를 하는 아이에게는 어떤 배려가 필요한지 등을 물어보고 그 내용을 정확히 알아 두어야 한다. 그 밖에 질병의 형태나 특징, 투약하는 방법, 치료 방식, 비밀 유지의 여부 등도 함께 알아 두도록 한다. 학부모 상

> **일반적으로 보건실에 상비된 약품**
>
> · 내복약 : 타이레놀, 정로환, 위청수, 쌍화탕, 판콜A, 화콜, 미놀트로키, 백초시럽, 포푸렉실 시럽
> · 외용약 : 에어파스, 멘소레담로션, 제놀파스, 안티푸라민, 후시딘연고, 쎄레스톤지, 오라메디, 바크로비, 데카론 안약, 계안, 물파스, 포비딘
> · 드레싱용 : 일회용 반창고, 탄력붕대, 거즈붕대, 반창고

담을 통해 새로 발병한 아이를 알게 되거나 전·입학한 아이 가운데 병을 앓고 있는 아이가 발견되면 보건교사에게 알려 주고 지속적으로 긴밀하게 연대하여 아이의 치료를 돕도록 한다.

아이의 심리를 안정시켜 주고 나서 보내자

보건실에 오는 아이들은 크게 두 종류로 나뉜다. 학교에서 활동을 하다 다쳐서 오는 경우와 복통이나 두통을 호소하며 오는 경우이다. 다쳐서 오는 아이는 원인과 대처 방법이 분명하지만, 복통과 두통을 호소하는 아이들 가운데는 심리적인 요인이 통증으로 나타나는 경우가 많다. 이런 아이들은 대부분 보건교사의 따뜻한 말 한마디와 손길, 그리고 잠시의 휴식만으로도 해결된다. 그렇기 때문에 교실에서 선생님이 먼저 심리적인 면에 문제가 있는 것은 아닌지 한 번쯤 대화해 보는 것이 좋다.

글쓴이 · 도움 주신 분들 김미영 | 전북 순창 복흥초 보건교사 · 신명기 | 서울 영훈초 교사

한뼘 더!

학생 사고,
개인적으로 해결하지 마세요

송대헌 | 교육혁신위원회 전문위원

학교에서 사고가 나면 학교장이나 학부모로부터 '책임져야 할 교사'로 지목된 교사가 '협상'이라는 걸 한다. 교사는 우선 학생이 다쳤다는 죄책감, 책임감 같은 것을 짊어지고 있다. 그러니 학부모와 이야기가 제대로 될 리 없다. 이치를 따지거나 객관적 상황을 이야기하면 '비도덕적인 교사'로 몰리지 않을까 전전긍긍한다. 게다가 교장 등으로부터 '조용히, 빨리 끝내라.'는 압력을 받고 있다. 학부모로부터는 '고소하겠다.'는 등의 이야기를 듣기도 한다. 교육청에 진정서를 내는 일도 다반사이다. 학생의 친척 중에서 '똑똑하다.'는 사람이 나타나서 학부모를 부추겨 잘 되던 이야기도 뒤틀리는 경우가 많다.

객관적인 판단과 도덕적 의무는 별개

학부모들은 도덕적으로 접근해서 경제적으로 보상을 받으려 한다. 이럴 때 교사도 도덕적으로 판단하고 경제적으로 보상하려 든다면 다친 학생이나 교사 모두에게 손해이다. 보상 책임을 져야 할 곳은 따로 있는데 학부모가 교사에게 집착하는 바람에 실제로 보상 책임이 교사에게 돌아가면 학부모가 얻는 경제적 보상도 적어진다.

우선 모든 사고의 일차적 책임은 학교를 설립·경영하는 쪽에 있다는 사실을 알아야 한다. 공립학교에서 사고가 나면 일차적으로 교육감에게 그 배상 책임이 있다. 공무원인 교원이 자신의 공무인 교육활동을 수행하는 과정에서 문제가 발생하여 학생에게 피해를 주었다면, 해당 학부모는 공립학교의 설립·경영자인 교육감에게 우선 배상을 요구해야 하는 것이다. 사립의 경우에도 마찬가지이다. 민법에 있는 사용자의 배상책임 규정에 따라 사립학교의 교원을 고용한 설립·경영자에게 그 배상을 요구할 수 있다. 이렇게 경영자에게 배상을 요구해서 받은 뒤에, 그 경영자가 해당 교사에게 배상한 금액을 도로 반환할 것을 요구할 것인가의 여부(구상권)는 다시 결정할 사항이다. 해당 교사가 중대한 과실이나 고의로 그 사고를 일으킨 경우가 아니라면 구상권을 행사하지 않는다.

이렇게 되면 학부모는 경영자로부터 배상을 받게 된다. 이때 교사가 도덕적 의무감을 느끼낀다면 얼마간 위로를 할 수 있을 것이다. 이런 절차를 밟는 것이 학생에게도 유리하다.

즉, 사고가 일어났을 때, 당황하지 말고 차분하게 사고의 원인과 책임 소재를 밝히는 것이 중요하다. 그리고 그러한 책임 소재를 가려서 교사 개인이 배상해야 할 일인지, 아니면 교육감이나 사립 경영자가 배상할 일인지, 혹 사고를 유발한 사람이 있다면 그 사람에게 배상을 요구할 것인지를 따져서 일을 진행해야 한다.

또 학부모와 만나서 사건 해결을 협의하는 과정에는 반드시 중재가 가능한 교사가 참여하는 것이 좋다. 그러는 편이 객관적이고 이성적으로 문제를 해결해 나갈 수 있다.

학생 사고에 대해 교사가 지는 책임

학생 사고와 관련하여 교사가 직면하는 상황은 피해보상(민사), 업무상 과실(형사), 징계(행정) 등 세 가지로 압축된다. 학생 사고에 책임이 있다면 피해 학생이 당한 경제적 피해(치료비와 앞으로의 경제적 손실)에 대한 손해배상과 심적 피해에 대한 위자료를 부담하는 것이다. 그러한 사고가 교사의 중대한 과실이나 고의에 의한 것이었다면, 그에 대한 업무상 과실 부분에 상응하는 형사적 책임이 따를 수 있다. 또한 행정적으로 성실의무 위반 등의 책임을 물어서 징계를 받을 수도 있다.

이 세 가지는 동시에 일어날 수 있는 일이다. 손해배상을 했다고 해서 형사 책임이나 행정적인 징계가 면책되는 것은 아니다. 또 형사적인 책임을 다했다고 해서 손해배상이 면제되는 것도 아니다. 오히려 형사적인 면에서 위법으로 확인되면 피해자는 민사소송을 해서라도 손해배상을 받으려 할 것이다.

교사가 모든 것을 책임지는 것은 아니다

학생 사고와 관련한 법령은 없다. 어떤 범위의 사고를 교사가 책임져야 하는지에 대해서 정해 놓은 것은 없다는 뜻이다. 다만 대법원에서 판례로 정리된 것이 있기는 하다.

"학교의 교장이나 교사는 학생을 보호 감독할 의무를 지는 것이나 이러한 학생에 대한 보호 감독 의무는 ① 학교 내에서의 학생의 모든 생활 관계에 미치는 것은 아니고, ② 학교에서의 교육활동 및 이에 밀접 불가분의 관계에 있는 생활 관계에 한하며, ③ 그 의무의 범위

내의 생활 관계라고 하더라도 사고가 학교생활에서 통상 발생할 수 있다고 하는 것이 예측되거나 또는 예측 가능성(사고 발생의 구체적 위험성)이 있는 경우에만 교장이나 교사는 보호 감독의무 위반에 대한 책임을 진다고 할 것이고, ④ 그 예측 가능성에 대하여는 교육활동의 때, 장소, 가해자의 분별 능력, 가해자의 성품과 행실, 가해자와 피해자의 관계, 기타 여러 사정을 고려하여 판단할 필요가 있다."

위에서 보면 교원이 부담해야 할 책임은 학교 안에서 일어나는 '모든 사고'에 대한 것이 아니라 학교에서 이루어지는 '교육활동 및 이에 밀접 불가분의 관계'에 있는 것에 한하며, 그러한 관계가 있다 하더라도 사고의 '예측 가능성'이 없는 돌발적인 상황에 대해서는 책임을 지지 않는다는 것이다. 그리고 예측이 가능한지의 여부는 당시 상황을 보고 판단해야 한다는 것이다.

상황을 정확하게 파악하는 것이 중요하다

사고가 일어나면 사고의 원인과 경위를 정확하게 파악하는 것이 중요하다. 주변의 학생들이나 다른 목격자의 진술을 받아 놓아야 나중에 일처리를 쉽게 할 수 있다. 목격자가 있으면 그 목격자의 진술을 자필로 받아 놓는 것이 좋다. 사진을 찍어 두는 것도 좋다.

대부분 사고가 나면 경황이 없어서 당시 상황에 대한 증거를 확보하지 못하는 경우가 많다. 그런데 나중에 배상 문제로 분쟁이 일어나면, 대부분의 사람들이 목격자 진술을 피한다. 분쟁에 휘말리지 않겠다는 것이다. 학교에서 일어나는 체벌 사고나 성희롱(폭력) 사고도 마찬가지이다. 사건 직후에 본 사람과 들은 사람들로부터 바로 진술을 받는 것이 맨 처음 해야 할 일이다.

학교안전공제회를 이용하자

학교안전공제회는 교육청에 등록된 법인이다. 이 법인은 교장을 회원으로 하고, 교육청 관리들을 주요 간부로 하여 운영되고 있다. 학생 사고에 대한 배상 책임에서 자유로울 수 없는 교육청의 관리들과 교장들이 그 책임의 면제를 위해서 설치한 법인체이다.

이 법인의 운영기금은 교육청의 지원금과 회원들의 회비로 충당한다. 그런데 이 회비는 교장들의 사비로 내는 것이 아니라 학생들로부터 징수하거나 학교회계의 학생복리비 예

산에서 충당하고 있다.

학교안전공제회에서는 교육활동과 관련이 있는 학생 사고에 대해서 보상금을 지급하고 있다. 보상금 지급은 학교장이 신청한다. 학교장은 사고의 경위와 함께 신청서를 낸다. 거기에 해당 학부모와 합의각서를 작성해서 첨부하도록 되어 있다.

현재 학교안전공제회는 그 설립과 운영, 그리고 보상금 지급액과 과정, 과실상계(피해자에게도 과실이 있는 경우 감안하여 배상액 삭감) 등에 많은 문제를 노출하고 있으며, 일반 국가배상법에 규정된 것보다 그렇게 유리하지 않다. 따라서 새로운 대안을 마련해야 한다는 목소리가 높다.

한편, 5만 원 미만의 치료비는 학교예산 가운데 학생복리비에서 지출이 가능하다. 학생이 사소한 사고로 다쳐서 교사가 병원에 데리고 가 간단한 치료를 했을 경우, 우선 학생 치료비는 학교예산의 학생복리비에서 받을 수 있고, 교사는 학생을 데리고 병원에 다녀왔으므로 출장비를 받을 수 있다.

공제회 수준에서 해결되지 않는 사고는 교원단체와 함께 풀어야

학교안전공제회 수준에서 해결되지 않는다면 일단 개인적으로 풀어 갈 수 없는 수준에 이른 것이다. 앞에서 지적했듯이 학교안전공제회 자체가 문제가 많아서 학부모들의 요구 사항을 충족시키지 못하는 경우가 있다. 그렇게 되면 학부모들은 학교안전공제회가 아닌 다른 민사적인 방법이나 형사적인 방법을 동원하여 교사를 압박하게 될 것이다. 이 상황에서는 빨리 전교조 등 교원단체의 교권 담당자와 면담을 하는 것이 좋다.

모든 사건은 초기 대응이 중요하다. 학교안전공제회 수준에서 해결되지 않는 사건은 전문적인 상담과 대응이 필요하다. 교원단체 등에 상담을 신청하고, 만일 학부모가 너무 무리한 요구를 한다면 참교육학부모회 등 학부모단체의 도움을 받는 것도 좋다.

항상 명심할 일은 개인적으로 해결하려고 하지 말라는 것이다. 앞에서 지적했듯이 책임감 때문에 혼자서 적당히 해결하려고 돈을 주는 것은 올바른 해결 방식이 아니며, 초기부터 그렇게 해서 나중에 감당하기 어렵게 된 사례도 많다.

정보 쌈지

아픈 아이, 이렇게 도와주세요

기본적인
응급처치 요령

· **복통** : 옷을 느슨하게 하고 편한 자세를 취한 뒤 수건에 따뜻한 물을 적셔 배를 감싸면 복통이 덜해진다.

· **식중독** : 밥을 먹고 난 뒤 얼마 되지 않아 배가 아프거나 메슥거리는 증상이 나타나면 미지근한 물이나 소금물을 마시고 손가락을 입 안에 넣어 자극시켜 토해 내도록 한다.

· **이가 빠졌을 때** : 거즈가 있으면 거즈로 피가 나는 잇몸을 누르고, 입을 다물고 있게 한다. 거즈가 없는 경우에는 혀로 상처 부위를 누르고 있게 한다. 이가 빠졌을 때에는 꼭 빠진 이를 찾아야 한다. 이를 찾으면 생리식염수에 담아 치료할 병원에 보낸다.

· **열이 나면** : 가만히 눕힌다. 오한이 있으면 보온에 신경 써야 한다. 땀으로 젖은 옷을 갈아입힐 때는 마른 수건으로 몸을 먼저 닦아 낸다. 수시로 물을 먹여 탈수를 예방한다.

· **체하면** : 일단 아무것도 먹이지 말고 따뜻한 물이나 보리차를 먹인다. 깨끗하게 소독한 바늘로 오른쪽 엄지손톱 아래 바깥자리 쪽을 따서 피를 내 주는 것도 도움이 된다.

· **토하면** : 옷을 느슨하게 해 주고 토사물로 인해 기도가 막히지 않도록 옆으로 눕힌다. 손가락에 손수건을 말아 입과

코 주변의 토사물을 깨끗이 닦아 낸다. 갈증을 호소하면 얼음 조각을 입 안에 넣어 준다. 나중에 의사에게 보여 줄 수 있도록 토사물을 보존해 둔다.

· **출혈이 심할 때** : 상처에 칼, 철사, 유리와 같은 물질이 삽입된 경우에는 이물을 제거하지 말고 이물 주위를 손바닥으로 누르면서 구급차를 기다리는 것이 좋다. 이물이 없을 경우, 가능한 한 빨리 피를 멎게 하는 것이 중요하다. 살점이 떨어졌을 때에는 살점을 찾아 빠른 시간 내에 병원으로 옮기도록 한다. 소독한 가제나 깨끗한 헝겊을 여러 장 겹쳐서 상처에 대고 세게 눌러 준다. 피가 나오는 정도가 줄어들면 소독을 하고 그 위에 붕대를 단단히 감도록 한다. 그러나 혈액의 흐름을 방해할 정도로 너무 세게 감지는 말아야 한다. 상처 부위가 손이나 발일 때에는 심장보다 높게 들어주면 빨리 멎는다. 응급처치를 했는데 피가 멈추지 않거나 상처가 크고 깊다면 병원으로 빨리 데려가야 한다.

· **불에 데었을 때** : 옷에 불이 붙은 경우에는 불을 끈 뒤 불씨를 완전히 제거한다. 이때 피부와 직접 접촉하고 있는 셔츠, 바지, 양말 등은 벗기지 않는다. 화상 부위에 이물질(간장, 기름, 바세린, 된장 등)을 바르지 말아야 하며, 소독약을 바르는 것도 삼가는 것이 바람직하다. 화상 부위가 넓지 않은 경우(손바닥 반쪽의 범위)와 1도 화상의 경우에는 흐르는 수돗물로 열을 식힌다. 그러나 가능하면 금하는 것이 바람직하며, 화상 부위에 얼음을 대는 것도 바람직하지 않다. 소독거즈로 화상 부위를 덮어 줄 때에는 붕대나 탄력붕대로 압박하면 안 된다. 화학물질에 의하여 화상을 입은 경우에는 구급차가 도착하기 전에 수돗물로 화상 부위를 계속 세척한다. 단 상처를 세척한 물이 다른 신체 부위와 접촉하지 않도록 상처 부위를 최대한 낮추어 세척해야 한다.

· **전기 쇼크** : 플러그를 뽑아 전류를 차단한다. 전류 차단이 불가능할 때는 나무의자나 빗자루 등을 이용해서 쇼크를

일으킨 물체로부터 아이를 밀어낸다. 절대로 맨손으로 아이를 만져서는 안 된다. 아이가 숨을 쉬고 있는지, 맥박이 뛰는지 확인한다. 할 수 있다면 인공호흡과 심장마사지를 한다. 아이가 의식을 잃었지만 호흡을 하고, 맥박도 뛰고 있다면 옆으로 뉘어 회복기의 자세를 취하게 한다. 119에 전화해서 구급차를 부른다.

· **벌에 쏘였을 때** : 우선 독침을 찾아 전화카드 등으로 밀어서 제거하고 지혈대를 감아 벌독이 전신에 퍼지는 것을 방지한 뒤, 스테로이드 연고를 바르거나 항히스타민제를 복용시켜 가까운 병원 응급실로 간다. 가능하다면 얼음찜질을 하는 것도 좋다.

· **손가락에서 반지가 안 빠질 때** : 손가락에 낀 반지를 빼고 싶은데 빠져 나오지 않을 때 비누를 이용한다. 손을 물에 적신 뒤 비누를 묻힌 수건으로 반지 위를 문지른다. 반지와 손가락 사이에도 비누거품이 들어갈 수 있게 한다. 이어 다른 손가락으로 반지를 돌려 빼면 쉽게 빠져 나온다. 얼음물도 반지를 빼는 좋은 도구가 된다. 찬 물에 손을 넣으면 손가락 피부가 수축하며 헐거워지기 때문이다.

· **귓속에 물이 들어갔을 때** : 휴지를 조그맣게 잘라 손끝으로 말아서 가느다란 실 모양으로 만들어 물이 들어간 귓속으로 살살 돌리면서 끝까지 집어넣는다. 그러면 물이 순간적으로 휴지로 만든 실 끝에 흡수돼 간단히 해결된다.

· **찰과상** : 상처 주위를 깨끗이 닦아 내고 그 위에 날달걀 껍데기를 붙인 다음 솜으로 감싸고 붕대로 감아 준다. 이렇게 하면 다소 깊은 상처라도 곪지 않고 깨끗이 낫는다.

· **피부에 박힌 가시** : 피부에 가시가 깊이 박혀 좀처럼 빠지지 않을 경우, 고약을 발라 보자. 고약이 가시를 빨아낼 뿐만 아니라 열과 통증을 없애 주므로 좋다.

· **간질 발작** : 의식을 잃으면서 갑자기 쓰러지게 되므로, 우선 주위에 있는 위험한 물체(난로, 끝이 예리한 물건 등)를 제거한다. 아이를 바로 눕힌 뒤에 꽉 조이는 의복의 단추나 허리띠를 느슨하게 한다. 간질 발작이 시작되기 전이라면 아이의 입에 기도기를 삽입하여 발작에 의하여 혀가 손상되지 않도록 하고 기도기가 없다면 고무막대 등을 입 속에 넣는다. 발작이 진정되면 바로 손가락을 이용하여 입 안에 고여 있는 분비물이나 타액을 제거해야 한다.

· **열사병** : 더운 환경에 장시간 노출된 아이들은 열경련, 열피로, 열사병과 같은 위험에 처할 수 있다. 열경련과 열피로는 비교적 경미한 증상으로 근육통, 탈수, 뜨거운 피부, 전신쇠약, 오심과 구토, 의식 혼미 등이 나타날 수 있다. 열사병은 중추신경계의 체온조절 기능이 소실되어서 고열과 의식 소실이 나타나는 질환으로 매우 위급한 상황이다. 아이를 그늘지고 신선한 장소로 옮긴다. 의식을 잃을 경우에는 머리를 뒤로 젖히고 턱을 들어서 기도를 유지한다. 의식이 있는 경우에는 이온 음료수(포카리스웨트, 게토레이 등)나 소금물을 먹인다. 피부가 매우 뜨거운 경우에는 의복을 제거하고 차가운 물을 몸에 뿌린 뒤에 부채질을 하여 체온을 내리도록 한다.

· **골절, 탈구, 염좌** : 손상 부위가 움직이지 않도록 주의하면서 상처의 외부로 출혈이 있는지 살핀다. 출혈이 있으면 소독 거즈나 깨끗한 수건으로 상처를 덮고 압박을 가하여 지혈을 한다. 손상 부위를 부목으로 고정시킨다. 부목이 없으면 돌돌 만 신문, 긴 자, 나무 등을 이용할 수 있다. 구급차가 현장에 도착할 때까지 움직이지 않도록 한다.

· **외상** : 말을 걸어서 의식을 확인하고 의식을 잃지 않도록 한다. 의식이 명료하고 신체 가운데 일부가 아프다고 말하더라도 체위를 변화시키지 말고 처음 발견한 자세대로 유지하면서 구급차를 기다린다. 의식이 없으면 바로 눕힌 자세로 호흡과 맥박을 확인하며, 호흡이 없다면 인지와 중지로 턱을 들어 올리고 기도를 유지하면서 인공호흡을 실시한다. 외부 출혈이 있다면 손바닥으로 15분 이상 압박하여 지혈시킨다.